תלמוד בבלי

— מהדורת נאה —

עירובין חלק ד

Steinsaltz Center

KOREN

Please note that the number ranges that appear at the bottom of each daf of the Vilna pages indicate the corresponding pages of the Koren Talmud Bavli translation and commentary.

תלמוד בבלי

הוצאת קורן ירושלים

מהדורת נאה

מסכת עירובין
דף עו. עד דף פט.

COMMENTARY BY

Rabbi Adin Even-Israel Steinsaltz

EDITOR-IN-CHIEF

Rabbi Dr Tzvi Hersh Weinreb

EXECUTIVE EDITOR

Rabbi Joshua Schreier

•

STEINSALTZ CENTER
KOREN PUBLISHERS JERUSALEM

א ג ד מיי' פ"ג מהל' עירובין הלכה א טור ש"ע א"ח סי' שעב סעיף ל:

*חַלּוֹן [ג]שֶׁבֵּין ב' חֲצֵירוֹת, ד' עַל ד' בְּתוֹךְ עֲשָׂרָה — מְעָרְבִין שְׁנַיִם. וְאִם רָצוּ — מְעָרְבִין א'. פָּחוּת מִד' עַל ד', אוֹ לְמַעְלָה מִי' — מְעָרְבִין שְׁנַיִם וְאֵין מְעָרְבִין אֶחָד.§ **גמ'** לֵימָא תְּנַן סְתָמָא כְּר"ש בֶּן גַּמְלִיאֵל, *דְּאָמַר: כׇּל פָּחוּת מִד' כְּלָבוּד דָּמֵי! אֲפִי' תֵּימָא כְּרַבָּנַן. עַד כָּאן לָא פְּלִיגִי רַבָּנַן עֲלֵיהּ דְּרשב"ג — אֶלָּא לְעִנְיַן לְבוּדִין, אֲבָל לְעִנְיַן פִּתְחָא — אֲפִי' רַבָּנַן מוֹדוּ, דְּאִי אִיכָּא ד' עַל ד' — חָשֵׁיב, וְאִי לָא — לָא חָשֵׁיב.§ "פָּחוּת מִד' וכו'.§ פְּשִׁיטָא! כֵּיוָן דְּאָמַר ד' עַל ד' בְּתוֹךְ עֲשָׂרָה — מִמֵּילָא אֲנָא יָדַעְנָא דְּפָחוּת מִד' וּלְמַעְלָה מִי' לֹא! הָא קמ"ל: טַעְמָא דְּכוּלֵּיהּ לְמַעְלָה מִי', [ד]אֲבָל מִקְצָתוֹ בְּתוֹךְ י' — מְעָרְבִין שְׁנַיִם. וְאִם רָצוּ — מְעָרְבִין אֶחָד. תָּנֵינָא לְהָא, דְּת"ר: כּוּלּוֹ לְמַעְלָה מִי' וּמִקְצָתוֹ בְּתוֹךְ עֲשָׂרָה, כּוּלּוֹ בְּתוֹךְ י' וּמִקְצָתוֹ לְמַעְלָה מִי' — מְעָרְבִין שְׁנַיִם. וְאִם רָצוּ — מְעָרְבִין אֶחָד. הַשְׁתָּא כּוּלּוֹ לְמַעְלָה מִי' וּמִקְצָתוֹ בְּתוֹךְ י' אָמְרַתְּ "מְעָרְבִין שְׁנַיִם וְאִם רָצוּ מְעָרְבִין א'" כּוּלּוֹ בְּתוֹךְ י' וּמִקְצָתוֹ לְמַעְלָה מִי' מִיבָּעְיָא?! *זוֹ וְאצ"ל זוֹ קָתָנֵי. א"ר יוֹחָנָן: חַלּוֹן עָגוֹל צָרִיךְ שֶׁיְּהֵא בְּהֶיקֵּפוֹ עֶשְׂרִים וְאַרְבָּעָה טְפָחִים, וּשְׁנַיִם וּמַשֶּׁהוּ מֵהֶן בְּתוֹךְ י', שֶׁאִם יְרַבְּעֶנּוּ נִמְצָא מַשֶּׁהוּ בְּתוֹךְ י'. מִכְּדִי *)כׇּל שֶׁיֵּשׁ בְּהֶיקֵּפוֹ שְׁלֹשָׁה טְפָחִים — יֵשׁ בּוֹ בְּרוֹחְבּוֹ טֶפַח, בְּתְרֵיסַר סַגְיָא! הָנֵי

*) [לעיל יג: וש"נ]

חלון שֶׁבֵּין שְׁתֵּי חֲצֵירוֹת. בְּתוֹךְ עֲשָׂרָה. מְפָרֵשׁ בַּגְּמָ' שֶׁיְּהֵא קְצָת הֵימֶנּוּ, וַאֲפִי' מַשֶּׁהוּ, בְּתוֹךְ עֲשָׂרָה לַקַּרְקַע: מְעָרְבִין שְׁנַיִם. שְׁנֵי עֵירוּבִין, אֵלּוּ לְעַצְמָן וְאֵלּוּ לְעַצְמָן. וַאֲסוּרִין זוֹ עִם זוֹ: וְאִם רָצוּ מְעָרְבִין אֶחָד. עֵירוּב אֶחָד, שֶׁיִּתְּנוּ אֵלּוּ עֵירוּבָן בָּאַחֶרֶת וִיעָרְבוּ עִמָּהֶן, וְיִהְיוּ כְּאֶחָד: פָּחוּת מֵאַרְבַּע. לָאו פֶּתַח הָוֵי. לְמַעְלָה מֵעֲשָׂרָה נַמִּי, דְּאִילּוּ כׇּל הַכּוֹתֶל אֵינוֹ גָּבוֹהַּ יוֹתֵר — הָוֵי מְחִיצָּה מַעַלְיָיתָא. הִלְכָּךְ, כְּשֶׁאֵין כְּלוּם מִן הֶחָלָל בְּתוֹךְ עֲשָׂרָה — לָאו פֶּתַח הוּא, וְאֵין מְעָרְבִין אֶחָד וַאֲסוּרוֹת זוֹ עִם זוֹ דֶּרֶךְ רֹאשׁ הַכּוֹתֶל, וְדֶרֶךְ אוֹתוֹ חַלּוֹן, וְדֶרֶךְ חוֹרִים וּסְדָקִים: **גמ'** רַבָּן שִׁמְעוֹן. בְּפִירְקָא קַמָּא[א] בַּבָּרַיְיתָא בְּגְמָרָא: הָא קַמַּשְׁמַע לָן טַעְמָא דְּכוּלֵּיהּ לְמַעְלָה מִי' כו'. דְּאִי מֵרֵישָׁא הָוֵה אָמֵינָא: כּוּלּוֹ בְּתוֹךְ י' בָּעֵינַן: וּמִקְצָתוֹ. אֲפִילּוּ מַשֶּׁהוּ: צָרִיךְ שֶׁיְּהֵא בְּהֶיקֵּפוֹ עֶשְׂרִים וְאַרְבָּעָה. דְּבְלָאו הָכִי לָא מָצֵית לְמִינְקַט בְּגַוֵּויהּ חַלּוֹן מְרוּבָּע ד' עַל ד'. כׇּל חַלּוֹן עָגוֹל בְּתַחְתִּית אֶמְצָעִיתוֹ נָמוּךְ, וּמֵאֶמְצָעִיתוֹ לְכָאן וּלְכָאן הָוֵה מַגְבִּיהַּ וְהוֹלֵךְ. וְצָרִיךְ לָזֶה שֶׁיְּהוּ שְׁנֵי טְפָחִים וּמַשֶּׁהוּ אוֹרֶךְ מֵהֶקֵּיפוֹ בְּתוֹךְ י' מֵאֶמְצָעוֹ לְכָאן טֶפַח וּמֵאֶמְצָעוֹ לְכָאן טֶפַח וְעוֹד מַשֶּׁהוּ מִשּׁוּם דְּכִי מְרַבְּעִינַן לֵיהּ מַדְלִינַן לֵיהּ מִינֵּיהּ שְׁנֵי טְפָחִים מִן הַהֶיקֵּף עִגּוּל שֶׁבֵּין קֶרֶן לְקֶרֶן לְכׇל צַד, דְּסַתְמִינַן לְהוּ, וּמוֹקְמִינַן לָהּ אַרִיבּוּעָא. וְנִמְצָא אוֹתוֹ מַשֶּׁהוּ הַנִּשְׁאָר בְּסוֹף י'[ב] עַל פְּנֵי רוֹחַב הַחַלּוֹן, כִּדְאָמַר לְקַמָּן: רִבּוּעָא מִגּוֹ עִגּוּלָא פַּלְגָא בָּעֵית לְדַלּוּיֵי, כְּלוֹמַר, חֲצִי מִדָּה הַנּוֹתֶרֶת בְּרִיבּוּעַ רִיבָּה הָעִגּוּל עָלָיו. וְהֶיקֵּף הַמְרוּבָּע ט"ז, נִמְצָא הָעִגּוּל רִבָּה עָלָיו ח' הֲרֵי ב' טְפָחִים לְכׇל צַד:
ה"מ

לימא תנן סתמא כרשב"ג. דקס"ד, דלרבנן כיון דנג' יולא מתורת לבוד חשוב פתח:
הא קמ"ל טעמא דכוליה למעלה. ואגב דהדר ותנא למעלה מעשרה, תנא נמי פחות מארבעה על ארבעה: **ושנים** ומשהו מהן בתוך י'. לא כמו שפירש בקונט': ב' טפחים ומשהו אורך מהיקפו בתוך י' מאמלעו ולכאן טפח ומאמלעו ולכאן טפח. אלא כמו שפירש ריב"ן: אלו שני טפחים ומשהו זקופים מלמטה למעלה. דחלון זה הוי שמונה טפחים על שמונה טפחים, מאחר דבעגולו כ"ד טפחים — על כרחך באמלעו ח' טפחים, דכל שבהיקפו שלשה טפחים יש ברוחבו טפח. וכשתסיר שני טפחים למטה וכן למעלה וכן משני לדדין — ישארו ד' על ד'. הלכך צריך שיהא החלון ב' טפחים ומשהו בתוך י' באורך זקיפת החלון באמלעיתו, כדי שיהא משהו מן המרובע בתוך עשרה:
ורבי

הגהות הב"ח

(א) רש"י ד"ה רבן שמעון בפירקא קמא נ"ב ראש דף ט: (ב) ד"ה לריך וכו' בסוף עשרה הוא על פני:

[ר"ה לב: לג. יבמות יג. ל: כתובות נח. נדרים יד: הוריות ב: כריתות יז:]

לעיל ע. וש"נ

פ"ז חלון שבין ב' חצירות ד' על ד' בתוך י' מערבין שנים ואין מערבין כו'. אוקימנא להא מתניתין אפילו לרבנן דסבירא להו דשלשה לא אמרינן בהו לבוד ותלתא סגי הכא דלהווי פתחא אי איכא (י') [ד'] טפחים הוי פתחא ואי לא לא ואוקימנא נמי דהאי חלון שיש בו ד' על ד' טפחים אי הוו הני ד"ט כולהו למעלה מי' טפחים [ומקצתן בתוך י'] אם רצו מערבין אחד. תנינא להא דתנו רבנן כולו למעלה מי' ומקצתו בתוך י' כו'. תנא [בתוספתא] באהלות פי"ג עמוד המוטל באויר אינו מביא את הטומאה תחת דופנו עד שיהא בהיקפו כ"ד טפחים ר' (אסי) [יוסי] א' כ"ה *). אין לך כ"ה טפחים שאין הארץ אוכלת טפח וכה"א ויהיו הרמונים תשעים וששה אי אפשר לומר: א"ר יוחנן [חלון] עגול צריך שיש בהיקפו כ"ד טפחים ומהן ב' טפחים ומשהו בתוך י' שאם ירבענו נמצא משהו בתוך י' ואסיקנא דר' יוחנן בדייני דקיסרי דטעו ואמרי ריבועא דנפיק מגו עיגולא פלגא אמרה לשמעתיה. פי' (בהדיא) [מכדי] דכל שיש בהיקפו ג"ט יש בו רוחב טפח מדכתיב ויעש את הים מוצק י' באמה וגו' וקו ל' באמה יסוב אותו סביב. וכבר פירשנוהו בפרק הראשון וגם פירשנוהו במסכת סוכה בפרק א בסוכה העשויה כבשן וכיון שכל מה שיש בהיקפו שלשה טפחים יש בו רוחב טפח (המרובע) [והמרובע] היוצא מן העיגול לטעמיה דדייני דקיסרי

*) חסר כאן וצ"ל שהיה ר' יוסי אומר אין לך כו' וכ"ה אומר רימונים תשעים וששה וגו' ואומר כל הרימונים מאה על השבכה סביב אי אפשר לומר מאה שהרי כבר נאמר וכו' אמור מעתה ארבעה בלועין בכותל ותשעים וששה נראה מבחוץ ע"כ.

רב נסים גאון

פ"ז חלון שבין שתי חצירות לימא תנן סתמא כרבן שמעון בן גמליאל דאמר כל פחות מד' עיקר מכותל זה כו' רבן שמעון בן גמליאל אומר פחות מד' אין צריך להביא קורה אחרת ואיתא נמי (סוכה דף כב) דברי רבן שמעון בן גמליאל בברייתא אמורה בפרק מבוי (דף יז) תנו רבנן קורה היוצאה בפרק הישן תחת המטה והיא שנויה בתוספתא דעירובין בפרק א':

עד

*הָנֵי מִילֵּי — בְּעִיגּוּלָא, אֲבָל בְּרִיבּוּעָא בָּעֵינַן טְפֵי. מִכְּדִי, *כַּמָּה מְרוּבָּע יָתֵר עַל הָעִגּוּל — רְבִיעַ, בְּשִׁיתְסַר סַגְיָא! ה"מ — עִיגּוּלָא דְּנָפֵיק מִגּוֹ רִיבּוּעָא, אֲבָל רִיבּוּעָא דְּנָפֵיק מִגּוֹ עִיגּוּלָא — בָּעֵינַן טְפֵי. מ"ט — מִשּׁוּם מוֹרְשָׁא דְּקַרְנָתָא. *מִכְּדִי, כָּל אַמְּתָא בְּרִיבּוּעַ אַמְּתָא וּתְרֵי חוּמְשֵׁי בַּאֲלַכְסוֹנָא, [א]בְּשִׁיבְסַר נְכִי חוּמְשָׁא סַגְיָא! רַבִּי יוֹחָנָן אָמַר כִּי *דַּיָּינֵי דְּקֵיסָרִי, וְאָמְרִי לָהּ כְּרַבָּנַן דְּקֵיסָרִי, דְּאָמְרִי: עִיגּוּלָא מִגּוֹ רִיבּוּעָא — רִיבְעָא, רִיבּוּעָא מִגּוֹ עִיגּוּלָא — פַּלְגָא. § "פָּחוֹת מִד' עַל ד' וכו'. § אָמַר רַב נַחְמָן: [ב]לֹא שָׁנוּ אֶלָּא חַלּוֹן שֶׁבֵּין ב' חֲצֵירוֹת, אֲבָל חַלּוֹן שֶׁבֵּין ב' בָּתִּים — אֲפִילּוּ לְמַעְלָה מֵעֲשָׂרָה נַמִי, אִם רָצוּ לְעָרֵב — מְעָרְבִין אֶחָד. מ"ט — °בֵּיתָא כְּמַאן דְּמָלֵי דָּמֵי. אֵיתִיבֵיהּ רָבָא לְרַב נַחְמָן: אֶחָד לִי חַלּוֹן שֶׁבֵּין ב' חֲצֵירוֹת, וְאֶחָד לִי חַלּוֹן שֶׁבֵּין ב' בָּתִּים, וְאֶחָד לִי חַלּוֹן שֶׁבֵּין ב' עֲלִיּוֹת, וְאֶחָד לִי חַלּוֹן שֶׁבֵּין ב' גַּגִּין, וְאֶחָד לִי חַלּוֹן שֶׁבֵּין ב' חֲדָרִים — כּוּלָּן ד' עַל ד' בְּתוֹךְ עֲשָׂרָה! תַּרְגּוּמָא אַחֲצֵירוֹת. וְהָא "אֶחָד לִי" קָתָנֵי! תַּרְגּוּמָא אַד' עַל ד'. בְּעָא מִינֵּיהּ ר' אַבָּא מֵרַב נַחְמָן: לוּל הַפָּתוּחַ מִן בַּיִת לַעֲלִיָּיה, צָרִיךְ סוּלָּם קָבוּעַ לְהַתִּירוֹ, אוֹ אֵין צָרִיךְ סוּלָּם קָבוּעַ לְהַתִּירוֹ? כִּי אָמְרִינַן בֵּיתָא כְּמַאן דְּמָלֵי דָּמֵי — הָנֵי מִילֵּי מִן הַצַּד, אֲבָל בָּאֶמְצַע — לֹא. אוֹ דִּילְמָא לָא שְׁנָא? אֲמַר לֵיהּ: אֵינוֹ צָרִיךְ. סָבוּר מִינָּהּ: סוּלָּם קָבוּעַ הוּא דְּאֵינוֹ צָרִיךְ, הָא סוּלָּם עֲרַאי — צָרִיךְ. אִיתְּמַר, *אָמַר רַב יוֹסֵף בַּר מַנְיוּמִי, אָמַר רַב נַחְמָן: [ג]אֶחָד סוּלָּם קָבוּעַ וְאֶחָד סוּלָּם עֲרַאי — אֵינוֹ צָרִיךְ. § **מתני'** *[ד]כּוֹתֶל שֶׁבֵּין ב' חֲצֵירוֹת, גָּבוֹהַּ עֲשָׂרָה וְרוֹחַב אַרְבָּעָה — מְעָרְבִין שְׁנַיִם, וְאֵין מְעָרְבִין אֶחָד. הָיוּ בְּרֹאשׁוֹ פֵּירוֹת — אֵלּוּ עוֹלִין מִכָּאן וְאוֹכְלִין, וְאֵלּוּ עוֹלִין מִכָּאן וְאוֹכְלִין, וּבִלְבַד שֶׁלֹּא יוֹרִידוּ לְמַטָּן. [ה]נִפְרְצָה הַכּוֹתֶל, עַד עֶשֶׂר אַמּוֹת — מְעָרְבִין שְׁנַיִם, וְאִם רָצוּ — מְעָרְבִין אֶחָד, מִפְּנֵי שֶׁהוּא כַּפֶּתַח. יוֹתֵר מִכָּאן — מְעָרְבִין אֶחָד, וְאֵין מְעָרְבִין שְׁנַיִם. § **גמ'** אֵין בּוֹ אַרְבָּעָה מַאי? אָמַר רַב: אֲוִיר שְׁתֵּי רְשׁוּיוֹת שׁוֹלֶטֶת בּוֹ, לֹא יָזִיז בּוֹ אֲפִילּוּ מְלֹא נִימָא.

וְרַבִּי

[לעיל ח. וש"נ] [סוכה ח.] לקמן פב. פו: ולב.

הני מילי בעגולא. כדת רוחב דבר עגול הוי טפח ודת רוחב עגול אין רחבו אלא באמצעו, ואנן רוחב ד' כדת מרובע בעינן, שרחב בדפנותיו כמדת אמצעו: **בשיתסר.** היקף סגיא, ד' היקף לכל רוח דמרובע: **ה"מ.** דסגי בהטפויי ריבעא למיהוי שיתסר בעגולא דנפיק מגו ריבועא, כגון חלון מרובע ד' על ד' היקיפו שיתסר. ואי מעגלת מגואי דאין רוחב ד' אלא באמצעו, אית ליה היקפא תריסר וטפי עליה מרובע רביע: **אבל.** הכא דבעית למינקט ריבוע ד' על ד' והיקפה שיתסר, ד' לכל רוח בגו עיגולא, לבד מאי דמדלית מעיגולא — בעי היקפא טפי, כדי למנקט בגוויה מורשי דריבועא, דהוי ד' הן והאלכסונן: **מכדי כל אמתא כו'.** וסגי ליה להאי עגולא בפותיא דד' טפחים, והאלכסונ' בעיגולא וכל דבר עגול שוה מדת אלכסונו למדת אמצעו, דהא אין לו זויות כמה בעי למיהוי פותיה — ד' ותמני חומשי, דהוו להו חמשה ותלת חומשי. וכי מקפת לעיגולא דהאי שיעורא כמה הוה היקפא — חמיסר פושכי ותשעה חומשי, דהוה להו שיבסר נכי חומשא: **ריבוע מגו עיגולא פלגא.** בעי למשקל מיניה פלגא דהאי שיעורא דפייש, דהיינו תילתא דמעיקרא, דהוו להו תמניא מכ"ד ופשו להו שיתסר, דסבירא להו דכל אלכסונא הכי הוי: **ל"ש.** דבעי' תוך עשרה: **שבין שני גגין.** ואליבא דרבנן, דאמרי לקמן: כשם שדיורין חלוקין למטה — כך חלוקין למעלה, דלא מצי לטלטל מגג זה לחבירו בלא עירוב: **תרגמא.** להאי בתוך עשרה דקתני, משום חצירות: **והא אחד לי קתני.** אלמא: כולן שוין: **תרגמא.** ל"אחד לי" דמשמע דכולן שוין — אארבעה על ארבעה: **בית ועלייה.** של שני בני אדם: **לול.** ארובה בקרקעית העלייה, והעלייה גבוה מקרקע הבית. מי אמרי' ביתא כמאן דמלי דמי, והוי כמאן דלא גבוה עשרה, ואין צריך סולם קבוע להיות שם במקום הפתח להתירן לערב זה עם זה, או לא אמרינן כמאן דמלי, ובעי סולם למיהוי כפתח ביניהן כדאמרי' ב"כיצד מעברין" (לעיל דף נט:) סולם תורת פתח עליו: **מן הצד.** בחלון שבכותל: **מתני'** **כותל** שבין שתי חצירות. האי דנקט רחב ארבע — משום סיפא נקט ליה, דבעי למיתני היו בראשו פירות — אלו עולין מכאן ואוכלין, ובלבד שלא יורידו למטה. דחשיב רשותא באנפי נפשיה, ולא מיבטל לא לגבי האי ולא לגבי האי. אבל לענין מיהוי מחיצה — בכל דהו פותיא הוי סתימה, ואין מערבין אחד: **ובלבד שלא יורידו.** כדפרישית: **יותר מכאן.** הוי פירצה, והוי להו כולהו כדיורי חצר אחת. ואם עירבה כל אחת לעצמה — הוו להו כחולקין את עירובן, ואוסרין אלו על אלו: **גמ'** **אויר ב' רשויות שולטות** בו. כיון דלא חשיב למיהוי רשות' בטיל לגבי תרווייהו, ורשות ב' החצירות שולטות בו, ואוסרין זה על זה, ואפי' על ראשו אסור לטלטל: מעלין

ורבי יוחנן **אמר** כדייני דקיסרי כו'. דקסבר, אמתא בריבועא תרי אמתא באלכסונא. וליתא להן דדייני דקיסרי, כדאמר בפ"ק דסוכה (דף ח:), דהא קא חזינא דלאו הכי הוא, שכל האורך והרוחב לא הוי אלא תרי אמה. ואע"ג דהתם מפרש שפיר מילתיה דר' יוחנן – הכא לא מצי לאוקומי אלא כדייני דקיסרי.

וכי היכי דאמר התם דליתא לדייני דקיסרי – ה"נ ליתא לדרבי יוחנן דהכא. וקשה: היאך טעו דייני דקיסרי, הא קא חזינן דלאו הכי הוא! ועוד: דכי היכי דקאמר עיגולא מגו ריבועא ריבעא – דהיינו מכל הריבוע, הכי נמי הוה להו למינקט ריבועא מגו עיגולא תילתא מכל העיגול, שהוא פלגא מן הריבוע שבפנים. או הוי להו למינקט עיגולא מגו ריבועא תילתא, מן העיגול שבפנים. וי"מ: דדייני דקיסרי לא דברו אלא לענין קרקע שבתוך הריבוע והעיגול, דלענין זה דבריהם אמת. שכשתעשה ריבוע ג' אמות על ג' אמות, ותעשה עיגול בפנים ג' על ג' ועוד ריבוע בתוך העיגול – תמצא כזה

בריבוע החיצון ארבע חתיכות אמה על אמה, ובעיגול מתוך ריבוע שלש חתיכות של אמה על אמה, דמרובע יותר על העיגול רביע ובריבוע הפנימי אין בו כי אם ב', שהרי הוא חציו של חיצון, דהיינו תילתא פחות מן העיגול. אלא שהתלמוד בסוכה ור' יוחנן דהכא[א] טעו בדבריהם, והיו סבורים שעל ההיקף אמרו. והשתא אתי שפיר מה דנקט פלגא, דהכל קאי אריבוע החיצון, כלומר: עיגולא מגו ריבועא ריבעא, כלומר: פחות רביע מריבוע החיצון. ריבועא מגו עיגולא פלגא ממה שנשאר בריבוע החיצון, על ריבוע הפנימי, דהוא נמי חציו של פנימי:

ובלבד שלא יורידו למטה. דוקא לפי שאין פתח ביניהם – שאין החצירות יכולין לערב יחד. אבל אם יש פתח בכותל זה ועירבו – מותר להוריד ולהביא לבתים מן החצר ומן הבתים מעלין על הכותל. ואתיא מתני' דלא כר"ש, דלדידיה מותר להוריד ולהביא אע"ג דלא עירבו. דאמר לקמן (דף פט.): גגות חצירות וקרפיפות רשות אחת לכלים ששבתו בתוכן – אי נמי, אפילו כר"ש אתיא. ומאי למטה – למטה לבתים. הכי איתא בריש "כל גגות" (לקמן דף נב.). וא"ת: ולרבנן אמאי אסור להוריד למטה לחצר? הא מודו רבנן דחצירות רשות לעצמן! דאמר רב יהודה בפרק "כל גגות" (לקמן דף נ:): כשתמצא לומר לדברי רבי מאיר כו', לדברי חכמים, גגות וחצירות – רשות אחת, וקרפיפות – רשות אחת. ושם פירש בקונטרס: דמותר להוציא מחצר לחצר לרבנן, והביא ראייה מברייתא, מדתניא התם: אנשי חצר ואנשי מרפסת כו'. וליכא למימר דעל גבי הכותל, כיון דלא ניחא תשמישתא חשיב כקרפף, ולהכי אסור להוריד לרבנן, דחצר וקרפף שתי רשויות הן. דא"כ, אפילו יש פתח ביניהן ועירבו – אסור להוריד למטה, דאין עירוב מועיל לקרפף, ואפילו מקרפף שלו אסור לטלטל לחצירו, כדאמרינן לעיל בפרק שני (דף כג:) גבי נזרע רובו – הרי הוא כגינה ואסור. ואם כן, מאי איריא כותל שבין שתי חצירות? אפילו יש לו כותל שלו בחצירו יהא אסור להשתמש על גביו, אי חשיב קרפף. ואומר ר"י: דודאי לא מטעם קרפף הוא דאסור, אלא משום דאסרי אהדדי. והא דשרו רבנן מחצר לחצר – היינו דוקא כשלא עירבה כל חצר לעצמה, דלא שכיחי מאני דבתים בחצר. אבל עירבה כל חצר לעצמה – גזרינן דילמא אתי לאפוקי מאני דבתים לחצר אחרת. וכן מוכחא ההיא דאנשי חצר ואנשי מרפסת בפרק "כל גגות" (לקמן דף נה:):

ורבי

ב א מיי' פ"ג מהלכות עירובין הלכה ב:

ג ב ג מיי' שם טוש"ע או"ח סי' שע"ב ס"ה:

ד ד מיי' שם הלכה ג טור ש"ע שם סעיף ו:

ה ה מיי' שם הלכה י טור ש"ע שם סעיף ז:

רבינו חננאל

ניפחת חציו הוצרך ר' יוחנן לומר (לטעותא והא) [לטעותייהו] דדייני דקיסרי צריך זה החלון שהוא עגול כ"ד טפחים היקפו שנמצא בו ח' טפחים על ח' טפחים והוא שליש היקפו כשתוציא מתוכו מרובע יפחת בסיתומין מכל צד ב"ט ואחרי כן ישאר באמצע ד"ט על (טפח) [ד' טפחים] חלל נמצא סתום מזה החלון מכל צלע מלמעלה טפחים ומלמטה טפחים נמצא באמצע ד' טפחים עכשיו כשסותם מן הצלע התחתון שהוא בתוך י' טפחים אם לא תתן לו יותר מב' טפחים בתוך הי' *) שאם יסתמו טפחים ישאר מקצת מחללו של חלון אחר שתרבענו בתוך י' טפחים רצו מערבין אחד לפיכך הוצרך ב' טפחים ומשהו שיסיימו הטפחים וישאר אותו משהו בכלל הריבוע פתוח בתוך י' האי דא' מכדי כמה יתר מרובע על העיגול רביע וכל אמתא בריבועא אמתא ותרי חומשי באלכסונא בשיבסר נכי חומשא סגי פשוטה היא. אמר רב נחמן מתני' דווקא חלון בין שתי חצירות הוא דבעינן בתוך עשרה אבל חלון שבין ב' בתים אפי' למעלה מעשרה מערבין אחד דביתא כמאן דמלי דמי. ומותיב רבא עליה מהא דתניא אחד חלון שבין ב' חצירות ואחד חלון שבין ב' בתים ואחד חלון שבין ב' עליות ואחד חלון שבין ב' גגין ואחד חלון שבין ב' (חידודין) [חדרים] כולן בתוך י' ופריק רב נחמן כי קתני אחד אחד אד' על ד' [אבל] בתוך י' לא בעינן אלא בחצירות וכיוצא בהן שאין עליה תקרה אבל בית וכיוצא בו אפי' לעיל מעשרה. בעא מיניה ר' אבא מרבן נחמן לול פתוח מבית ועליה צריך סולם קבוע להתירו או לא. ופשט ליה אין צריך (ולא) [דלא] שנא מן הצד ולא שנא באמצע אמרינן ביתא כמאן דמלי דמי. ואסיקנא אמר רב נחמן אחד סולם קבוע ואחד סולם עראי אינו צריך: מתני' כותל שבין ב' חצירות גבוה י' ורחב ד' כו' אין בו ד' מאי אמר רב בו ב' רשויות משתמשות בו ואסור להוציא בו ואפי' כמלא

סוכה ח.

[אהלות פי"ב מ"ו לעיל יד: וש"נ]

הגהות הגר"א

[א] תוס' ד"ה ור"י כו' דהכא טעו. נ"ב וח"ו שטעו אלא שר"י אמר בהיקיפו ר"ל ריבוע החיצון (וכאן נמחק תיבה אחת מכי"ק) והיקף האלכסון בעיגול הוא ה' טפחים וג' חומשין וריבוע חומש נמצא היקף ריבוע החיצון כ"ב טפחים וג' חומשין. ומ"ש וטעו ומשהו ר"ל בהיקף העיגול כפירש"י אלא שפירושו לגבי אחד שהוא נקודת ח"ב (מגוין בכי"ק בלויר שבתום') ואף שמעט יותר משנים הוא מעט קצ שיעור גודל הקצת על היתר והוא חצי חומש:]

גיר' הרא"ש אמר רב יהודה אמר ר"י בר מניומי אמר ר"נ

גליון הש"ס

גמ' ביתא כמאן דמלי דמי. שבת דף ה ע"א.

---

*) לפי שיטת לשון רבינו נראה דצ"ל שאם יסתמו טפחים לא ישאר מקצת מחללו של חלון אחר שירבעו בתוך י' לא היו יכולין לערבו כאחד לפיכך הוצרך וכו'.

וְרַבִּי יוֹחָנָן אָמַר: [א]אֵלּוּ מַעֲלִין מִכָּאן וְאוֹכְלִין, וְאֵלּוּ מַעֲלִין מִכָּאן וְאוֹכְלִין. תְּנַן: אֵלּוּ עוֹלִין מִכָּאן וְאוֹכְלִין, וְאֵלּוּ עוֹלִין מִכָּאן וְאוֹכְלִין. עוֹלִין – אִין, מַעֲלִין – לָא! הָכִי קָאָמַר: יֵשׁ בּוֹ אַרְבָּעָה עַל אַרְבָּעָה, עוֹלִין – אִין, מַעֲלִין – לָא. אֵין בּוֹ אַרְבָּעָה עַל אַרְבָּעָה – מַעֲלִין נַמִי. וְאָזְדָא רַבִּי יוֹחָנָן לְטַעְמֵיהּ, *דְּכִי אֲתָא רַב דִּימִי, א"ר יוֹחָנָן: מָקוֹם שֶׁאֵין בּוֹ אַרְבָּעָה עַל אַרְבָּעָה – מוּתָּר לִבְנֵי רְשׁוּת הָרַבִּים וְלִבְנֵי רְשׁוּת הַיָּחִיד לְכַתֵּף עָלָיו, וּבִלְבַד שֶׁלֹּא יַחֲלִיפוּ. וְרַב לֵית לֵיהּ דְּרַב דִּימִי?! אִי בִּרְשׁוּיוֹת דְּאוֹרָיְיתָא – הָכִי נַמִי. הָכָא בְּמַאי עָסְקִינַן – בִּרְשׁוּיוֹת דְּרַבָּנַן, *[ב]וַחֲכָמִים עָשׂוּ חִיזּוּק לְדִבְרֵיהֶם יוֹתֵר מִשֶּׁל תּוֹרָה. אָמַר רַבָּה, (*אָמַר) רַב הוּנָא, אָמַר רַב נַחְמָן: *[ג]כּוֹתֶל שֶׁבֵּין שְׁתֵּי חֲצֵירוֹת, צִידּוֹ אֶחָד גָּבוֹהַּ עֲשָׂרָה טְפָחִים וְצִידּוֹ אֶחָד שָׁוֶה לָאָרֶץ – נוֹתְנִין אוֹתוֹ לָזֶה שֶׁשָּׁוֶה לָאָרֶץ, מִשּׁוּם דַּהֲוָה לָזֶה תַּשְׁמִישׁוֹ בְּנַחַת וְלָזֶה תַּשְׁמִישׁוֹ *בְּקָשֶׁה, וְכׇל לָזֶה בְּנַחַת וְלָזֶה בְּקָשֶׁה – נוֹתְנִין אוֹתוֹ לָזֶה שֶׁתַּשְׁמִישׁוֹ בְּנַחַת. *אָמַר רַב שֵׁיזְבִי, אָמַר רַב נַחְמָן: [ד]חָרִיץ שֶׁבֵּין שְׁתֵּי חֲצֵירוֹת, צִידּוֹ אֶחָד עָמוֹק עֲשָׂרָה וְצִידּוֹ אֶחָד שָׁוֶה לָאָרֶץ – נוֹתְנִין אוֹתוֹ לָזֶה שֶׁשָּׁוֶה לָאָרֶץ, מִשּׁוּם דַּהֲוָה לֵיהּ לָזֶה תַּשְׁמִישׁוֹ בְּנַחַת וְלָזֶה תַּשְׁמִישׁוֹ בְּקָשֶׁה וכו'. וּצְרִיכִי, דְּאִי אַשְׁמְעִינַן כּוֹתֶל – מִשּׁוּם דִּבְגוֹבְהָא מִשְׁתַּמְּשִׁי אֱינָשֵׁי, אֲבָל חָרִיץ – בְּעוּמְקָא לָא מִשְׁתַּמְּשִׁי אֱינָשֵׁי, אֵימָא לָא. וְאִי אַשְׁמְעִינַן בְּחָרִיץ – מִשּׁוּם דְּלָא בְּעִיתָא תַּשְׁמִישְׁתָּא, אֲבָל כּוֹתֶל דִּבְעִיתָא תַּשְׁמִישְׁתָּא – אֵימָא לָא, צְרִיכָא. בָּא לְמַעֲטוֹ, אִם יֵשׁ בְּמִיעוּטוֹ אַרְבָּעָה – מוּתָּר לְהִשְׁתַּמֵּשׁ בְּכׇל הַכּוֹתֶל כּוּלּוֹ, וְאִם לָאו – אֵין מִשְׁתַּמֵּשׁ אֶלָּא כְּנֶגֶד הַמִּיעוּט. [ה]מַה נַּפְשָׁךְ? אִי אַהֲנֵי מִעוּטָא – בְּכוּלֵּיהּ כּוֹתֶל לִישְׁתַּמֵּשׁ, אִי לָא אַהֲנֵי – אֲפִילּוּ כְּנֶגֶד הַמִּיעוּט נַמִי לָא! אָמַר רָבִינָא: [ו]כְּגוֹן שֶׁעָקַר חוּלְיָא מֵרֹאשׁוֹ. אָמַר רַב יְחִיאֵל: [ז]כָּפָה סֵפֶל – מְמַעֵט. וְאַמַּאי? דָּבָר הַנִּיטָּל בְּשַׁבָּת הוּא, וְדָבָר הַנִּיטָּל בְּשַׁבָּת אֵינוֹ מְמַעֵט! לָא צְרִיכָא, דְּחַבְרֵיהּ בְּאַרְעָא. וְכִי חַבְרֵיהּ בְּאַרְעָא מַאי הָוֵי? וְהָא תַּנְיָא: *פַּגָּה שֶׁהִטְמִינָהּ בְּתֶבֶן, וַחֲרָרָה שֶׁהִטְמִינָהּ בְּגֶחָלִים, אִם מְגוּלָּה מִקְצָתָהּ – נִטֶּלֶת בְּשַׁבָּת! הָכָא בְּמַאי עָסְקִינַן – דְּאִית לֵיהּ אוּגְנַיִים. וְכִי אִית לֵיהּ אוּגְנַיִים מַאי הָוֵי? וְהָתְנַן: *הַטּוֹמֵן לֶפֶת וּצְנוֹן תַּחַת הַגֶּפֶן, בִּזְמַן שֶׁמִּקְצָת

רש"י

מַעֲלִין. מְחַלְּיָרָן לְרֹאשׁוֹ. וְהוּא הַדִּין דְּמוֹרִידִין, דִּמְקוֹם פְּטוּר הוּא וּבָטֵיל לְכָאן וּלְכָאן לְהָקֵל: מָקוֹם שֶׁאֵין בּוֹ ד'. רוֹחַב: וְעוֹמֵד בֵּין רה"י לרה"ר. וְיֵשׁ לָנוּ הֶיכֵּר, כְּגוֹן גָּבוֹהַּ מִן הָאָרֶץ ג' וְאִילּוּ הָיָה רוֹחַב ד' – הָיָה נִקְרָא רְשׁוּת לְעַצְמוֹ. וְהָוְיָא כַּרְמְלִית וְאָסוּר לְכָאן וּלְכָאן. אֲבָל עַכְשָׁיו נִקְרָא מְקוֹם פְּטוּר, וּמוּתָּר לְכָאן וּלְכָאן לְכַתֵּף עָלָיו מַשּׂאוֹי שֶׁלָּהֶן: וּבִלְבַד שֶׁלֹּא יַחֲלִיפוּ. דְּרַבָּנַן הִיא דְּאִילּוּ חִיּוּבָא לֵיכָּא, דְּבָעֵינַן עֲקִירָה מֵרְשׁוּת זוֹ וְהַנָּחָה לִרְשׁוּת זוֹ. וְהָכָא, עֲקִירָה מרה"י גְּמוּרָה וְהַנָּחָה לִמְקוֹם פְּטוּר, וַעֲקִירָה מִמְּקוֹם פְּטוּר וְהַנָּחָה לרה"ר גְּמוּרָה: וְרַב לֵית לֵיהּ דְּרַב דִּימִי. בִּתְמִיָּה, וְהָא מַתְנִיתָא הִיא בְּמַסֶּכֶת שַׁבָּת בְּפ"ק [דף ו.]: עוֹמֵד אָדָם עַל הָאַסְקוּפָּה, נוֹטֵל מֵעָנִי וְנוֹתֵן לוֹ, מִבַּעַל הַבַּיִת וְנוֹתֵן לוֹ, וּבִלְבַד שֶׁלֹּא יִטּוֹל מִזֶּה וְיִתֵּן לָזֶה: רְשׁוּיוֹת דְּאוֹרָיְיתָא. כְּגוֹן רְשׁוּת רַבִּים וְיָחִיד: דְּרַבָּנַן. חֲצֵירוֹת, דִּרְשׁוּת יָחִיד וְיָחִיד הוּא, וּמִדְּרַבָּנַן הוּא דְּאָסוּר: וְצִידּוֹ אֶחָד שָׁוֶה לָאָרֶץ. כְּלוֹמַר: גָּבוֹהַּ הוּא מִן הַתַּחַת, וְנָמוּךְ הוּא לַחֲבֶרְתָּהּ, כְּגוֹן שֶׁקַּרְקָעִיתָהּ שֶׁל זוֹ גְּבוֹהָה. כׇּל כַּמָּה דְּלָא גָּבוֹהַּ י' קָרֵי לֵיהּ שָׁוֶה לָאָרֶץ: נוֹתְנִין אוֹתוֹ. לְהַעֲלוֹת וּלְהוֹרִיד מֵעָלָיו, וַחֲבֵירוֹ אָסוּר: חָרִיץ. עַל פְּנֵי אוֹרֶךְ הַחֲצֵירוֹת, מַבְדִּיל בֵּין זוֹ לָזוֹ, הָוֵי מְחִיצָּה מֵעַלְיָיתָא: שָׁוֶה לָאָרֶץ. שֶׁאֵינוֹ עָמוֹק מִמֶּנָּה י' כְּגוֹן שֶׁקַּרְקָעִיתָהּ נָמוּךְ: אֵימָא לָא. מִשְׁתָּרֵי, דִּלְדִידֵיהּ נַמִי תַּשְׁמִישׁוֹ בְּקָשֶׁה הוּא: לָא בְּעִיתָא תַּשְׁמִישְׁתֵּיהּ. מַה שֶּׁמַּנִּיחַ בּוֹ מִשְׁתַּמֵּר: בְּעִיתָא תַּשְׁמִישְׁתֵּיהּ. שֶׁנּוֹפְלִים הַחֲפָצִים: בָּא לְמַעֵט. הַכּוֹתֶל קָאֵי. וְקס"ד שֶׁעָשָׂה תֵּל עָפָר לְמַטָּה בַּקַּרְקַע סָמוּךְ לַכּוֹתֶל, אוֹ בָּנָה אִיצְטַבָּא, אוֹ הִנִּיחַ שָׁם פִּסְפָּסִים: אִם יֵשׁ בְּמִעוּטוֹ ד'. אוֹרֶךְ, בְּכׇל מֶשֶׁךְ הַכּוֹתֶל – הָוֵי כְּפֶתַח. וְכֵיוָן דְּמִמֶּנּוּ וּלְמַעְלָה לֹא גָּבוֹהַּ עֲשָׂרָה – מִשְׁתַּמֵּשׁ בְּכׇל הַכּוֹתֶל, שֶׁהֲרֵי תַּשְׁמִישׁוֹ בְּנַחַת, שֶׁעוֹלֶה לוֹ דֶּרֶךְ פִּתְחוֹ: אִי אַהֲנֵי מִעוּטָא. לְמֶיהֱוֵי פִּתְחָא – כּוּלֵּיהּ שָׁרֵי: וְאִי לָא אַהֲנֵי. הָא בָּטֵיל לֵיהּ: אָמַר רָבִינָא. לָאו מִלְּמַטָּה עָסְקִינַן, דְּהָתָם וַדַּאי בְּצִיר מִד' לָא מַהֲנֵי לְמִידֵי. אֶלָּא כְּגוֹן שֶׁעָקַר חוּלְיָא מֵרֹאשׁוֹ. מִגּוֹבְהוֹ שֶׁל כּוֹתֶל קָרֵי רֹאשׁוֹ, כְּדִתְנַן: הָיוּ בְּרֹאשׁוֹ פֵּירוֹת. הִלְכָּךְ: אִי הָוֵי מִעוּטָא אַרְבָּעָה אוֹרֶךְ – הָוֵי פִּיתְחָא לְכׇל הַכּוֹתֶל, בְּצִיר מֵהָכָא – פִּיתְחָא הוּא דְּלָא הָוֵי, אֲבָל לְאִשְׁתַּמּוּשֵׁי בֵּיהּ שָׁרֵי דְּכֵיוָן דְּלָא גָּבוֹהַּ י' – לָא הָוֵי רְשׁוּתָא: כָּפָה סֵפֶל. סָמוּךְ לַכּוֹתֶל, וּמִיעֵט גּוֹבְהוֹ מֵעֲשָׂרָה. כׇּל הָנֵי מִיעוּטֵי כְּגוֹן דְּלֵיכָּא י' מֵרֹאשׁוֹ לְרֹאשׁ הַכּוֹתֶל: מַאי הָוֵי. הַשְׁתָּא נִיטָּל בְּשַׁבָּת הוּא: פַּגָּה. תְּאֵנָה בּוֹסֶר שֶׁטּוֹמְנִין אוֹתָהּ בַּתֶּבֶן לְהִתְבַּשֵּׁל. וְתֶבֶן מוּקְצֶה הוּא וְאָסוּר לְטַלְטְלוֹ, כְּגוֹן שֶׁהִקְצָהוּ לְלִבּוּן לְבֵנִים: וַחֲרָרָה שֶׁהִטְמִינָהּ. אֶתְמוֹל בְּגֶחָלִים, וְעַכְשָׁיו כָּבוּ. וּמ"מ מוּקְצִין הֵן. אֲבָל לֹא כָּבוּ – לֹא, דְּמִתּוֹךְ שֶׁנֶּהֱפָכִים מְכַבֶּה אֶת הַתַּחְתּוֹנוֹת וּמַבְעִיר אֶת הָעֶלְיוֹנוֹת, כִּדְאָמְרִינַן בִּכְרֵיתוֹת (דף כ.): דְּאִית לְהוּ אוּגְנַיִים. כְּעֵין סְפָלִים שֶׁלָּנוּ דְּעַכְשָׁיו עָפָר מוּנָּח עֲלֵיהֶן וַהֲוֵי מֵזִיז עָפָר מִמְּקוֹמוֹ וְדוֹמֶה לְחוֹפֵר: הַטּוֹמֵן. לְהַצְנִיעַ:

תוספות

ורבי יוחנן אמר אלו מעלין כו'. פירוש: מן הבית. דמן החלר אפילו ברחב ד' – שרי, דכר"ש מוקי לה רבי יוחנן לקמן בריש "כל גגות" (דף לנ.): **עולין** אין מעלין לא. תימה: דמאי קס"ד, וכי לא ידע דרבי יוחנן איירי באין לו ארבעה? וי"ל: דס"ד דטעמא דרבי יוחנן(א) משום דאין רגילות להשתמש שם, ולא אסרי אהדדי, והוא הדין ברוחב ד' – כיון שהוא גבוה י' ואין נח להשתמש שם, ולהכי לא פריך אלא לר' יוחנן, אבל לרב דטעמא משום דבטל הוא – לא שייך אלא באין בו ד' על ד': **הכא** במאי עסקינן ברשויות דרבנן. נראה דוקא כי הכא שהכל רה"י, אלא שלא עירבו. אבל מקום שאין בו ד' על ד' שבין רה"י לכרמלית – אין נראה שיחלוק רב, אלא מותר לבני רה"י ולבני כרמלית לכתף עליו. וקלת מוכח כן בפ"ק (דף ט.), דמוקי רבא הא דאמר רב: תוך הפתח, אע"פ שאין בו ד' על ד', לריך לחי אחר להתירו הפתוח לכרמלית משום דמלא מין את מינו, ולרה"ר שרי. ולא קאמר משום דעשו חיזוק. אלא ודאי אף לרב בין כרמלית לרה"י לא עשו חיזוק. ומיהו מלינו למימר: דהתם לא נקט טעמא דחיזוק, משום דאית ליה טעמא אחרינא: **ברשויות** דרבנן. בפרק "כילד (ב)משתתפין" מיקל רב דימי טפי משמיה דרבי יוחנן ברשויות דרבנן, ושרי אפילו להחליף כשיש בין רשות היחיד לכרמלית מקום שאין בו ד' על ד'. והא דאמר ר' יוחנן הכא אלו מעלין מכאן ואוכלין – מסיק דזעירי אמרה: **כותל** שבין ב' חצירות גבוה עשרה וצדו אחד שוה לארץ. לאו שוה ממש קאמר, דאם כן לאו היינו כותל, אלא הכל היא קרקעית חצר. אלא כל שאין גבוה י' שוה לארץ קרי ליה. כך פי' בקונטרס. וא"ת: לרב חסדא, דאמר בפרק "כל גגות" (לקמן דף לג:): גידוד ה' ומחילה ה' אין מצטרפין, מאי קאמר נותנין אותו לזה ששוה לארץ? הא אין מטלטלין בעליונה אלא בד'! וי"ל: דמכל מקום נפקא מינה, דתוך ד'(ג) מיהא שרי לטלטל מן הכותל לעליונה: **הטומן** לפת וצנון כו'. בשלא השרישו איירי, דכשהשרישו לא היו ניטלין בשבת. וא"ת: בשלמא גבי כלאים ושביעית אצטריך לאשמועי' דלא גזרינן כשמתכוון להטמין, אטו דילמא אתי ליטע. אבל מעשר, מה שייך כאן? אפי' השריש, כיון דליכא תוספת! ואי(ד) נקטינן לענין דשרי לעשר עליו מן התלוש, או ממנו על התלוש, ולא חיישינן דילמא אתי לפרושי מן התלוש על המחובר ומן המחובר על התלוש, א"כ, הוה ליה למנקט תרומה דגבי מחובר ותלוש רגיל להזכיר תרומה בכל מקום: אין תורמין מן התלוש על המחובר; פירות ערוגה זו תלושין יהיו תרומה על פירות מחוברין. ואור"י: דרגילות הוא שמתוספין מחמת ליחלוחית הקרקע, כעין שאנו רואין שומין ובצלים שמתוספין אפילו כשמונחים בחלון. ועל אותה תוספת קאמר דאין צריך לעשר, הואיל והיו מתוקנים מקודם לכן. ודוקא נקט הטומן, אבל אם לשם נטיעה עושה – חושש משום כולם:

רבינו חננאל

נימא ור' יוחנן אמר אם יש בכותל ד' ויש עליו פירות עולין בני אדם מחצר זו לחצר זו ואוכלין שם ואם אין בו ד' אפי' אם אינו להעלות בו מעלין. ר' יוחנן לטעמיה דאמר מקום שאין בו ד' על ד' מותר לבני רה"ר ולבני רה"י לכתף עליו ובלבד שלא יחליפו זה מזה. ואמרינן וכי רב לית ליה אהא דר' יוחנן לעולם אית ליה וכי אית ליה לרב האי סברא ברשויות דאוריי' כגון רה"י ורה"ר אבל ברשויות דרבנן כגון זה הכותל לית ליה דסברי חכמים עשו חיזוק לדבריהם יתר משל תורה לפיכך א' אסור להזיז בו אפי' כמלא נימא. אמר רב נחמן כותל שבין ב' חצרות גבוה ורחב ד' וצדו אחד שוה לארץ *) היה לזו ששוה לארץ תשמישו בנחת ולזה שצדו גבוה י' תשמישו בקשה וכל לזה תשמישו בנחת ולזה תשמישו בקשה נותנין אותו לזה שתשמישו בנחת וכן אמר רב נחמן בחריץ שבין שתי חצרות עמוק י' ורחב ד' וצדו אחד שוה לארץ נותנין אותו לזה שתשמישו בנחת כו'. וצריכא דאי אשמעי' כותל משום דבגובהה משתמשי אינשי. פי' עומדין ומשתמשין אבל חריץ דלא שחו ומשתמשי אימא לא כו': **בא** למעט הכותל שגבוה מי' טפחים. אם יש במיעוטו ד' באורך הכותל על ד' מותר להשתמש בכולו. ואם לאו אינו משתמש אלא כנגד מיעוטו פי' כנגד אותו המקום שמיעט בלבד. ואמר רבינא כגון שעקר חוליא מראשו של כותל כגון זה אינו משתמש אלא במקום מיעוטו בלבד: א"ר יחיאל כפה ספל בקרקעית הכותל וחבריה בארעא הוי מיעוט ואם (היינו) [רצו] מערבין אחד. ואקשינן עליה וכי חבריה מאי הוי. והתניא פגה טמונה בתבן (והדר) [וחררה] שהטמינה בגחלים אם מקצת מגולה ניטלת בשבת. ופריק כגון דאית ליה להאי ספל אוגנים והן שפתים נושכות לאחורי הספל ומשתקעין בעפר. ואין מגולין שאינו יכול ליטלו בשבת שהרי אוגנים משוקעין ואקשינן עליה ואפי' הכי כיון ששולי הספל מגולין הוה ליה כלי שהוא ניטל בשבת וכל דבר שניטל בשבת אינו ממעט כדתנן הטומן לפת וצנון תחת הגפן אם

*) נראה דחסר וצ"ל נותנין אותו לזה ששוה לארץ משום דהוי לזו וכו'.

עין משפט נר מצוה

ו א מיי' פ"ג מהל' עירובין הלכה ד טוש"ע סי' שעב סעיף ו:
ז ב שם ובסי' שמו סעיף א:
ח ג מיי' שם הל' טו טור ש"ע שם סי' שעב סעיף ו:
ט ד מיי' שם טוש"ע שם סעיף טז:
י ה מיי' שם הלכה ט טוש"ע שם סעיף ט:
יא ו מיי' שם טוש"ע שם סעיף ח:
יב ז מיי' שם הל' יג טוש"ע שם סעיף י:

מסורת הש"ס

שבת ח: לעיל ט. לקמן פה: פז. וקא:
[לקמן פז: כתובות נו.]
[נ"ל בר וכ"ה לקמן פג:]
שם
[שם]
שבת קכג.
כלאים פ"א מ"ט שבת נ: קיג.

הגהות הב"ח

(א) תוס' ד"ה עולין וכו' דטעמא דר' יוחנן דמשום וכו' להשתמש שם לא כצ"ל ואות ו' נמחק: (ב) ד"ה ברשויות דרבנן בפרק כילד נ"ב לקמן דף פג: (ג) ד"ה כותל וכו' לתוך ד' אמות מיהא שרי: (ד) ד"ה הטומן וכו' ואי נקטיה לענין וכו' אתי לאפרושי מן:

שֶׁמִּקְצָת עָלִין מְגוּלִּין – אֵינוֹ חוֹשֵׁשׁ [א]לֹא מִשּׁוּם כִּלְאַיִם וְלֹא מִשּׁוּם מַעֲשֵׂר, [ב]וְלֹא מִשּׁוּם שְׁבִיעִית, [ג]וְנִיטָּלִין בַּשַּׁבָּת. לָא צְרִיכָא, דְּבָעֵי מָרָא וַחֲצִינָא.§ "סוּלָּם הַמִּצְרִי – אֵינוֹ מְמַעֵט, וְהַצּוֹרִי – מְמַעֵט".§ הֵיכִי דָּמֵי סוּלָּם הַמִּצְרִי? אָמְרִי דְּבֵי רַבִּי יַנַּאי: [ד]כֹּל שֶׁאֵין לוֹ אַרְבָּעָה חֲווּקִים. אֲמַר לֵיהּ רַב אַחָא בְּרֵיהּ דְּרָבָא לְרַב אַשִׁי: מַאי טַעְמָא דְּסוּלָּם הַמִּצְרִי דְּלָא מְמַעֵט? אֲמַר לֵיהּ: לָא שְׁמִיעַ לָךְ הָא דְּאָמַר רַב אַחָא בַּר אַדָּא, אָמַר רַב הַמְנוּנָא, אָמַר רַב: מִשּׁוּם דַּהֲוָה לֵיהּ דָּבָר שֶׁנִּיטַּל בַּשַּׁבָּת, וְכׇל דָּבָר שֶׁנִּיטָּל בַּשַּׁבָּת – אֵינוֹ מְמַעֵט. אִי הָכִי, אֲפִי' צוֹרִי נַמִּי! [ה]הָתָם כּוֹבְדוֹ קוֹבְעוֹ. אָמַר אַבַּיֵי: [ו]כּוֹתֶל שֶׁבֵּין שְׁתֵּי חֲצֵירוֹת גָּבוֹהַּ עֲשָׂרָה טְפָחִים, וְהִנִּיחַ סוּלָּם רָחָב אַרְבָּעָה מִכָּאן וְסוּלָּם רָחָב אַרְבָּעָה מִכָּאן, וְאֵין בֵּין זֶה לָזֶה שְׁלֹשָׁה טְפָחִים – מְמַעֵט, שְׁלֹשָׁה – אֵינוֹ מְמַעֵט. וְלָא אֲמַרַן אֶלָּא דְּלָא הָוֵי כּוֹתֶל אַרְבָּעָה, אֲבָל הָוֵי כּוֹתֶל אַרְבָּעָה – אֲפִילּוּ מוּפְלָג טוּבָא נַמִּי. אָמַר רַב בֵּיבָי בַּר אַבַּיֵי: [ז]בָּנָה אִיצְטַבָּא עַל גַּב אִיצְטַבָּא, אִם יֵשׁ בָּאִיצְטַבָּא הַתַּחְתּוֹנָה אַרְבָּעָה – מְמַעֵט. אִי נַמִּי, אֵין בַּתַּחְתּוֹנָה אַרְבָּעָה וְיֵשׁ בָּעֶלְיוֹנָה אַרְבָּעָה, וְאֵין בֵּין זֶה לָזֶה שְׁלֹשָׁה – מְמַעֵט. וְאָמַר רַב נַחְמָן, אָמַר רַבָּה בַּר אֲבוּהּ: [ח]סוּלָּם שֶׁשְּׁלִיבוֹתָיו פּוֹרְחוֹת, אִם יֵשׁ בַּשְּׁלִיבָה הַתַּחְתּוֹנָה אַרְבָּעָה – מְמַעֵט, אִי נַמִּי, אֵין בַּשְּׁלִיבָה הַתַּחְתּוֹנָ' אַרְבָּע' וְיֵשׁ בַּשְּׁלִיבָה הָעֶלְיוֹנָה אַרְבָּעָה, וְאֵין בֵּין זֶה לָזֶה שְׁלֹשָׁה – מְמַעֵט. וְאָמַר רַב נַחְמָן, אָמַר רַבָּה בַּר אֲבוּהּ:

זיז

מִקְצָת עָלִין מְגוּלִּין. מִשּׁוּם שַׁבָּת – נָקַט לֵיהּ דְּבָעֵי לְמִיתְנֵי: נִיטָּלִין בַּשַּׁבָּת. שֶׁנּוֹטְלָן וְאוֹחֵז בֶּעָלִין שֶׁלָּהֶן: אֵינוֹ חוֹשֵׁשׁ. מִשּׁוּם כִּלְאֵי הַכֶּרֶם: וְלֹא מִשּׁוּם שְׁבִיעִית. אִם שָׁנָה שְׁבִיעִית הִיא: וְלֹא מִשּׁוּם מַעֲשֵׂר. לְשֶׁמָּא נִשְׁרָשׁ וְנִיתּוֹסֵף, וְאִם הָיָה חוֹשֵׁשׁ לְמַעֲשֵׂר – צָרִיךְ לְעַשֵּׂר אֶת תּוֹסַפְתּוֹ לֵיכָּא לְמֵיחַשׁ לְהָכִי דְּלֹא נִשְׁרָשׁ: מָרָא. פושיי"ר: חֲצִינָא. דולדוייר"א: סוּלָּם הַמִּצְרִי. הוֹאִיל וְקָטָן הוּא וְנוֹחַ לִיטְּלוֹ מִשָּׁם – אֵינוֹ מְמַעֵט: חֲווּקִין. אישקלונייו"ש: כּוֹבְדוֹ קוֹבְעוֹ.(א) וּמִתּוֹךְ שֶׁהוּא כָּבֵד אֵין נוֹטְלִין אוֹתוֹ מִשָּׁם, וְלֹא מִשּׁוּם אִיסּוּר אֶלָּא מִשּׁוּם שֶׁקָּשֶׁה לִיטְּלוֹ: סוּלָּם רָחָב ד' מִכָּאן. בֶּחָצֵר זוֹ וְכֵן בְּזוֹ וְהֵן עוֹלִין וְיוֹרְדִין מִזּוֹ לָזוֹ: וְאֵין בֵּין זֶה לָזֶה ג'. כְּלוֹמַר: אַפִּי' אֵינָן מְכוּוָּנִין זֶה נֶגֶד זֶה, אֲבָל אֵין מְרוּחָקִין זֶה מִכְּנֶגֶד זֶה ג' – הָווּ כִּמְכוּוָּנִין, וַהֲוֵי פֶּתַח. וְאִם רָצוּ מְעָרְבִין א'. אֲבָל מְרוּחָקִין זֶה מִכְּנֶגֶד זֶה ג' טְפָחִים – לָאו פֶּתַח הוּא: וְלָא אֲמַרַן. אֶלָּא בְּכוֹתֶל צַר שֶׁאֵין(ב) נוֹחַ לְהַלֵּךְ עָלָיו: אֲבָל. יֵשׁ בְּרׇחְבּוֹ ד' – אֲפִילּוּ מוּפְלָג טוּבָא, שֶׁהֲרֵי עוֹלֶה לְרֹאשׁוֹ וּמְהַלֵּךְ בְּרֹאשׁוֹ עַד שֶׁמַּגִּיעַ לְסוּלַּם חֲבֵירוֹ: בָּנָה אִיצְטַבָּא. שֶׁל עֵץ: עַל גַּבֵּי הָאִיצְטַבָּא. סָמוּךְ לַכּוֹתֶל, וְיֵשׁ אֲוִיר מַפְסִיק בֵּין זוֹ לָזוֹ שֶׁהָיָה לָעֶלְיוֹנָה רַגְלַיִם: אִם יֵשׁ. בַּתַּחְתּוֹנָה אוֹרֶךְ ד' וּבָהּ נִתְמַעֵט גּוֹבְהוֹ שֶׁל כּוֹתֶל מִי': מְמַעֵט. דַּל עֶלְיוֹנָה מֵהָכָא: אִי נַמִּי אֵין בָּהּ ד' וְיֵשׁ בָּעֶלְיוֹנָה ד' וְאֵין בֵּין זֶה לָזֶה ג'. חָשְׁבִינַן לְהוּ כְּחַד, וְאַע"פ שֶׁהַמִּיעוּט הַזֶּה קָצָר מִלְּמַטָּה, הוֹאִיל וּמִתְמַלֵּא שִׁיעוּרוֹ מִלְמַעְלָה – שַׁפִּיר דָּמֵי. אֲבָל יֵשׁ בֵּינֵיהֶן שְׁלֹשָׁה – תְּרֵי נִינְהוּ וּמִיעוּט בָּאֲוִיר לָאו שְׁמֵיהּ מִיעוּט: שֶׁשְּׁלִיבוֹתָיו פּוֹרְחוֹת. שְׁלִיבוֹת חֲווּקִין שקלוני"ש בְּלַעַ"ז. מַדְרֵגוֹת שֶׁלָּנוּ שֶׁקּוֹרִין גרדי"ן קָרֵי לֵיהּ נַמִּי סוּלָּם. וְסוּלָּם שֶׁאֵינוֹ עָשׂוּי כְּעֵין מַדְרֵיגָה אֶלָּא כְּעֵין שְׁלִיבוֹת שֶׁלָּנוּ, שֶׁיֵּשׁ אֲוִיר בֵּין חֲווּקֵיהֶן, וְהַיְינוּ פּוֹרְחוֹת, שֶׁפּוֹרְחוֹת זוֹ עַל זוֹ וּזְקָפוֹ אֵצֶל הַכּוֹתֶל: אִם יֵשׁ בַּשְּׁלִיבָה הַתַּחְתּוֹנָה אַרְבָּעָה. וּבָהּ נִתְמַעֵט הַכּוֹתֶל מֵעֲשָׂרָה – מְמַעֵט: אִי נַמִּי כו'. כִּדְפָרֵישִׁית גַּבֵּי אִיצְטַבָּא וּשְׁלִיבָה תַּחְתּוֹנָה נַמִּי, כְּשֶׁאֵין מוּבְדֶּלֶת מִן הַקַּרְקַע שְׁלֹשָׁה קָאָמַר:

זיז

מקצת עלין מגולין. משום שבת נקט לה. כך פי' בקונטרס. ופריך: כיון דכל העב מכוסה, ואין מגולה אלא מקצת עלין – דומה לספל שיש לו אוגנים. וא"ת: והא משמע בריש "כל הכלים" (שבת דף קכג.) דלרבנן דר"א בן תדאי, דאית להו טלטול מן הצד שמיה טלטול, פוגלא מלמטה למעלה אסור, שהעב הוא למטה, מ"מ מצנון שמקצת עלין מגולין דשרי, ולא חשיב אפי' טלטול מן הצד אע"פ שהעב תחת העלין כולו מכוסה? וי"ל: דמ"מ קל להגביהו ולנערו מן העפר יותר מכשהוא מונח מלמטה למעלה. וא"ת: דמשמע הכא דניעור לא חשיב טלטול מן הצד, מדשרינן מקצתה מגולה אפילו לרבנן. וכמה משניות דשרו לנער, כדתנן פרק "במה טומנין" (שם מט.): *נוער את הכסוי והן נופלות, ומעות שעל גבי הכר – מנער את הכר והן נופלות, [שבת דף קמב:] *ואבן שעל פי החבית – מטה על צידה והיא נופלת. [שם] *וא"כ, אמאי אסר רב בפרק "כירה" (שם דף מג:) גבי מת המוטל בחמה להופכו ממיטה למיטה משום דטלטול מן הצד שמיה טלטול. אע"ג דמניח אסרינן בפרק "נוטל" (שם דף קמב:) מטעם בסיס לדבר האסור – מת בשבת הוי כמו שכח. וכל דבר שדעתו ליטלו בשבת ולא להניחו בו כל השבת – אפי' מניח חשיב כשוכח, כי ההיא דנוער את הכסוי והן נופלות, אע"פ שבמתכוין כיסה בדבר שאינו ניטל. ואומר ר"י: דשאני טלטול דמת, שעיקר טלטול לצורך המת עצמו, שהוא איסור. ולא דמי לכל הני שעושה הטלטול לצורך היתר ולא לצורך איסור, כמו לפת וצנון שאין צריך לטלטול עפר. וכן גבי גיזי צמר ומעות ואבן, א"צ לטלטולם. להכי לא מייתי בפרק "כירה" (שם דף מג:) גבי פלוגתא דרב ושמואל אלא ההיא דר' יהודה בן לקיש(ג) דדמיא ליה, ולא מייתי עלה פלוגתא דר"א בן תדאי ורבנן. והשתא אתי שפיר דלא תיקשי ההיא דרב דאמרי בי רב בפרק "תולין" (שם דף קמא.), דמשמע דסברי דלא שמיה טלטול – כי זה אינו נראה לומר דפליגי. ואור"י: אע"ג דקי"ל בעלמא דטלטול מן הצד לא שמיה טלטול, דבריש "כל הכלים" (שם דף קכג.) פסיק רב נחמן כר"א בן תדאי – בההוא דמת הלכה כרב דאסר, דקי"ל הלכה כרב באיסורי. ומדמסיק עלה דכולי עלמא טלטול מן הצד שמיה טלטול, פירוש ר' יהודה בן לקיש ורבנן, והוה מצי למימר לא שמיה טלטול, ולאוקמי פלוגתייהו בטלטול גמור. ואין להאריך כאן:

אי הכי אפי' צורי נמי. משמע הכא דכל סולמות ניטלין בשבת, בין מצרי ובין צורי. ותימה: דבפ"ק דבילה (דף ט:) משמע דסולם של עלייה אסור לטלטל, ולא שרי התם אלא סולם של שובך, משום דשובכו מוכיח עליו. ואפי' הטוי סולם של עלייה אסר התם ללישנא בתרא דבני ר' חייא! ועוד: דר' חייא גופיה דאסר התם – משמע בשמעתין דשרי, דס"ל סולמות של בבל צריכין קבע. ודוחק להעמיד בסולם של שובך. ואין נראה נמי להעמיד הך דשמעתין כרב חנן בר אמי, דמפרש התם *דברה"ר פליגי אבל ברה"י מותר – דלית הלכתא הכי, אלא כרב קי"ל, דאמר: כל מקום שאסרו חכמים מפני מראית העין – אפי' בחדרי חדרים אסור, וכן פסק במגילת סתרים. [דף ט.] ואור"ת: דהכא בסולמות של בית, שדרך לטלטל מזוית לזוית. ולא דמי לסולמות של עלייה שהם גדולים, וחזו להטיח בהן גגו, וכן סולמות של שובך. וה"ר אברהם מפרש: דהתם בי"ט שמוליך הסולם ברה"ר ורואין אותו ואומר להטיח גגו הוא צריך, וכיון דאסור ברה"ר – אסור בחדרי חדרים. אבל בשבת דאין רגילות להוליכו ברה"ר – לא גזור בחצר. ולפי פירוש זה אסור לטלטל סולמות שלנו בי"ט: **אם** יש באיצטבא התחתונה ארבעה ממעט. פי' בקונט': אורך ארבעה, ובה נתמעט גובהו של כותל מעשרה. ומשמע דלא בעי ד' על ד'. וכן פירש סולם ששליבותיו פורחות – כעין סולמות שלנו, אורך החווקים יכול להיות ארבעה, אבל אין רחבים ארבעה, שעושין כמין מקלות דקים. ותימה: דבסמוך בעינן שיגיע סולם עד ראש הכותל, דבעי סולם י"ד או ז' ומשהו. ואין לומר דהתם בדלית ביה ד' – דבסתם סולם ברחב ד' איירי. אלא היכא דקאמר כל שהוא, כמו גבי זיז – דמשום זיז לא בעי רוחב ד'. וכן משמע דקאמר לקמן [דף עח.]: סולם מכאן וסולם מכאן וקשין באמצע מהו? חקק להשלים בכותל בכמה*? משמע דבעי רחב ארבעה. [שם ע"ב] ודוחק לומר דהא דבעינן שיגיע לראש הכותל, ולא סגי במה שמיעטו – איירי כשיש בין זה לזה ג', ושליבה התחתונה נמי גבוה מן הארץ שלשה, דהוי מיעוט באויר ולא שמיה מיעוט. ומפרש ר"י: דהכא בעינן ארבעה על ארבעה שיהא ראוי לעמוד ולהתעכב עליו ולעלות על הכותל, ולהכי לא בעינן אלא שיתמעט הכותל מעשרה, אבל לקמן בעי שיגיע עד ראש הכותל – לא איירי ברחב ד' על ד'. וסולם ששליבות פורחות – לא כעין סולמות(ד) אלא כעין מדרגות שקורין גרד"ש, ולא כעין מדרגות של אבנים שעושין כמין סטיו לפנים מסטיו, אלא המדרגות בולטין זה על גב זה, שיש חלל ואויר בין שליבה לשליבה. וזהו ל' "פורחות" – כמו "נמצא כבש פורח על גבי אמה יסוד ואמה סובב" דפרק "קדשי קדשים" (זבחים סב:). והשליבות רחבות ארבעה על ארבעה ולהכי ממעט, ואיצטריך לאשמעינן באיצטבא ובסולם ששליבותיה פורחות, דאי אשמעינן באיצטבא – הוה אמינא דסולם שאין(ה) התחתונה ארבעה ויש בעליונה ארבעה, אפי' יש בין זה לזה שלשה – ממעט, דלא חשיב מיעוט באויר, כיון דמאחורי הסולם מחובר הכל יחד, דהוי כאיצטבא אחת. ואי אשמעינן סולם – הוה אמינא דאיצטבא אפי' אין בין זה לזה ג' הוי מיעוט באויר, דאין האיצטבא התחתונה מבטלת האויר, ולא חשיבא כסולם כל שהוא דחזי לעלייה, ומבטל האויר שתחת הזיז. ור"ת מפרש: דהא דבעי שיגיע סולם(ו) על ראש הכותל – היינו בסולם שאין קבוע. [דף עו:] ואין נראה לר"י, דגבי לול הפתוח לעלייה מיבעיא לן לעיל* אי צריך סולם קבוע או לאו, משמע דבכל דוכתא בעינן סולם קבוע. ועוד: שאינו קבוע, כיון דניטל בשבת – אפי' מגיע עד ראש הכותל – אין לו להועיל, כמו חריץ שבין שתי חצירות, דתנן לקמן*: אפי' מלא קש או תבן – מערבין שנים ואין מערבין אחד, לפי שאין קבוע שם ועתיד ליטלו: [דף עח:]

אלא

עין משפט נר מצוה

יג א מיי' פ"ב מהל' כלאים הלכה יא טוש"ע י"ד סי' רצז סעיף יא:

יד ב מיי' פ"א מהל' שמטה ויובל הל' טו:

טו ג מיי' פכ"ה מהל' שבת הלכה טו סמג לאוין סה טור ש"ע א"ח סי' שיא סעיף ח:

טז ד ה ו מיי' פ"ג מהל' עירובין הלכה ד טוש"ע א"ח סי' שעב סעיף ח:

יז ז מיי' שם הלכה ה טור ש"ע שם סעיף יא:

יח ח מיי' פ"ג שם הלכה ה:

לפנינו הגירסא נוטל

רבינו חננאל

אם היו מקצת עליו מגולין אינו חושש לא משום כלאים ולא משום [מעשר ולא משום שביעית] ונטלין בשבת ופריק לא צריכא דהספל לא יכול למישמטיה אלא עד דחפיר במרא וחצינא שאינו ניטל בשבת לפיכך ממעט בכותל: סולם המצרי שאין לו ד' חווקים אינו ממעט מפני שהוא קל וניטל בשבת וכל הניטל בשבת אינו ממעט דחייש דלמא שקיל ליה אבל סולם צורי שהוא כבד ואינו ניטל בשבת ממקום למקום ממעט מפני שהסולם ניחא תשמישתיה. אמר אביי כותל שבין ב' חצרות גבוה י' טפחים והניח סולם רחב ד' טפחים מיכן וסולם רחב ד' טפחים מיכן זה שלא כנגד זה ואין בין זה הסולם לזה הסולם ג' טפחים אמרינן כל פחות מג' טפחים כלבוד דמי וכאלו ב' הסולמות זה כנגד זה הן וממעטו ואם רצו מערבין אחד כי לשתי החצרות תשמישן בנחת הוא. והני מילי בדלא הוי רחב הכותל ד"ט אבל אי הוי ד' טפחים כמרפסת ואע"ג דמפלגי סולמות הללו זה מזה טובא כיון דהוי רוחב הכותל (ב) [ד'] טפחים נעשה כמרפסת וחצר פתוחה לתוכו ואפי' זה שלא כנגד זה והסולמות מיעטו הן. וכאילו אין שם כותל שהרי תשמיש ב' החצרות הוא. וכן אם בנה איצטבא ע"ג איצטבא אם יש באיצטבא התחתונה ד' טפחים אי נמי אין באיצטבא התחתונה ד' טפחים ואין בין איצטבא התחתונה לאיצטבא העליונה אלא (ג' טפחים) פחות מג' אמרינן כלבוד דמי וכאילו רחב האיצטבא העליונה והתחתונה ביחד הן והן ד' וממעטין את הגובה. ודברי רב נחמן נמי בהאי טעמא שייך דא' סולם ששליבותיו פורחות כלומר המדרגות המשולבות זו בזו עודפות אחת על חברתה מוצאות זו מזו אם יש בשליבה התחתונה ד' טפחים ממעטת. ואם אין בה ד' טפחים והשליבה של מעלה ממנה קרובה בפחות מג' טפחים חשבינן להם כלבודות ופריחות זו מצטרפת לד' טפחים וממעט אותו הסולם בכותל ואם רצו מערבין אחד ועוד אמר ר"נ

זיז

הגהות הב"ח

(א) רש"י ד"ה כובדו קובעו למתוך: (ב) ד"ה ולא אמרן אלא בכותל צר שאין ברחבו ד' שאין נוח להלך עליו אבל יש כצ"ל והד"א: (ג) תוס' ד"ה מקצת וכו' דר' יהודה בן לקיש ורבנן דדמיא: (ד) ד"ה אם יש וכו' לא כעין סולמות שלנו אלא כעין (ה) בא"ד הוה אמינא דסולם שאין בשליבה התחתונה: (ו) בא"ד דבעי שיגיע סולם עד ראש הכותל:

א זיז היוצא מן הכותל ד' על ד', והניח עליו סולם כל שהוא – מיעטו. ולא אמרן אלא דאותביה עליה, אבל אותביה בהדי' – ארווחי ארווחיה. ואמר רב נחמן, אמר רבה בר אבוה: ב כותל תשעה עשר – צריך זיז אחד להתירו. כותל עשרים – צריך שני זיזים להתירו. אמר רב חסדא: ג והוא שהעמידן זה שלא כנגד זה. אמר רב הונא: ד עמוד ברה"ר, גבוה עשרה ורחב ארבעה, ונעץ בו יתד כל שהוא – מיעטו. אמר רב אדא בר אהבה: ה ובגבוה שלשה. אביי ורבא דאמרי תרוייהו: אף על פי שאין גבוה שלשה. מאי טעמא – לא משתמש ליה. רב אשי אמר: אפילו שגבוה שלשה, מאי טעמא – אפשר דתלי ביה מידי. אמר ליה רב אחא בריה דרבא לרב אשי: מלאו כולו ביתדות מהו? א"ל: לא שמיע לך הא *דאמר רבי יוחנן: בור וחולייתה מצטרף לעשרה? ואמאי? הא לא משתמש ליה! אלא מאי אית לך למימר – דמנח מידי ומשתמש. ו הכא נמי – דמנח מידי ומשתמש. אמר רב יהודה, אמר שמואל: כותל עשרה – צריך סולם ארבעה עשר להתירו. רב יוסף אמר: אפילו שלשה עשר ומשהו. אביי אמר: אפילו אחד עשר ומשהו. רב הונא בריה דרב יהושע אמר: ז אפילו שבעה ומשהו. אמר רב: סולם זקוף ממעט, גמרא, ולא ידענא מ"ט. אמר שמואל: ולא ידע *אבא טעמא דהא מלתא?! מידי דהוה אאיצטבא על גבי איצטבא. אמר רבה, אמר רבי חייא: ח דקלים שבבבל אינן צריכין קבע. מאי טעמא – כבידן קובעתן. ורב יוסף אמר רבי אושעיא: ט סולמות שבבבל אינן צריכין קבע, מ"ט – כבידן קובעתן. מאן דאמר סולמות – כל שכן דקלים, ומאן דאמר דקלים – אבל סולמות – לא. בעא מיניה רב יוסף מרבה: סולם מכאן וסולם מכאן וקשין באמצע, מהו? אמר ליה: י אין כף הרגל עולה בהן. קשין מכאן וקשין מכאן וסולם באמצע, מהו? אמר ליה: כ הרי כף הרגל עולה בהן.

חקק

רש"י

זיז היוצא מן הכותל ד' על ד'. טפחים: והניח עליו סולם כל שהוא. אפילו אין ברחבו ד' והעמידו בקרקע, וסמך ראשו בזיז – הוי כחד מיעוטא, והרי בעליון ארבעה. וכגון שאין חווקי הסולם מרוחקין שלשה: ולא אמרן אלא דאותביה עליה. סמך ראשו עליו, כדפרישית: אבל אותביה בהדיה. אצלו, וראשו נסמך לכותל: ארווחי ארווחיה. לזיז, ולא הוי האי סולם מתחתיו דרגא לזיז, ואין כאן מיעוט – שהוא מובדל מן הקרקע הרבה: צריך זיז אחד להתירו. בסולם כל שהוא, והזיז יוצא באמצעיתו, שאינו גבוה עשרה לא ממנו ולמטה, ולא ממנו ולמעלה: צריך שני זיזין. אחד קודם עשרה תחתונים, ואחד למעלה הימנו בתוך עשרה עליונים. דאי הוה גבוה עשרה – לא הוה סגי ליה בסולם כל שהוא, מידי דהוה אכותל: זה שלא כנגד זה. שיוכל לקבוע סולם שני מזה לזה: עמוד גבוה עשרה ברה"ר ורחב ד'. רה"י הוא, והנוטל ממנו והנותן על גביו – חייב. ואם נעץ בראשו יתד כל שהוא – מיעטו לרחבו מארבעה, וביטלו מתורת רה"י: יתד. קביל"א בלע"ז: ובגבוה היתד שלשה. אבל אם אינו גבוה שלשה – כגגו דעמוד חשיב, ולא ממעט: אפשר דתלי ביה מידי. וכיון דחזי לתשמישתיה דעמוד – מיניה חשיב, ולא ממעט: מלאו כולו ביתדות. לדידך, דאמרת (חד) חד תשמישתיה הוא, ולא ממעט – יתדות טובא מאי? מי אמרינן: כיון דלא משתמש בהאי רוחב – לאו רוחב הוא: בור וחולייתה. קרקע שניטלה מחפירת הבור, והקיפו בו פי הבור סביב: מצטרפת. להשלים עשרה לעומק הבור, לשווייה רה"י. וה"ה נמי דחלל הבור ועובי היקף החוליא מצטרפין להשלים ארבעה לרוחבו, לחייב הנוטל מעל גב החוליא כלום ואת הנותן על גבה. כדתנן ב"הזורק" [שבת דף צט.]: חוליית הבור והסלע, שהן גבוהין עשרה ורחבין ארבעה – הנוטל מהן והנותן על גבן חייב. ומההיא יליף ר' יוחנן לטעמיה, דאמר: מאי איריא דתני חוליית הבור והסלע – ליתני הבור והסלע. אלא הא קא משמע לן: דהבור וחולייתה מצטרפין לעשרה, וכי היכי דשמעינן מינה לגובה – שמעינן מינה נמי דמצטרפין לפותיא, דהא קתני ורוחבן ארבעה. והאי דנקט הכא לדר' יוחנן, ולא נקט מתני' – משום דבמתני' לא תני צירוף בהדיא: ואמאי. הוי גגה דחוליא רה"י? הא לא חזו ארבעה דידיה לתשמישתיה, מפני החלל שהוא מהן: אלא מאי אית לך למימר דמנח מידי. כגון דף או אבן על פיה, ומשתמש: הכא נמי. מניח דף ארבעה, או שוטח בגד על היתדות, ומשתמש עליו בנחת: סולם ארבעה עשר. שצריך למשוך רגלי הסולם ארבעה מן הכותל, לפי שאין סולם זקוף נוח לעלות: אפילו י"ג ומשהו. שכשתמשוך רגליו מן הכותל ארבעה לא יהא ראשו נמוך מן הכותל טפח, וכיון דלא הוי טפח לית לן בה: אחד עשר ומשהו. שכשתרחיק רגליו ארבעה יהא ראשו נמוך מן הכותל פחות משלשה – וכלבוד דמי: שבעה ומשהו. דס"ל כרב, דאמר לקמן: סולם זקוף ממעט, ואי זקיף ליה מגיע לפחות מג' לראש הכותל: אמר רב סולם זקוף ממעט גמרא. שמעתי מרבותי, וטעמא לא ידענא, דהא אין נוח לעלות: מידי דהוה אאיצטבא על גבי איצטבא. שהן מכוונות ואמרן לעיל* דממעטין: דקלים שבבבל. פיסקי דקלים של בבל שהניחן סמוך לכותל למעטו – אין צריך לקובען בקרקע. ואע"ג דדבר הניטל הוא, דתורת כלי עליהן דראויין למושב – אפ"ה כבידן קובען, שאין בא אדם ונוטלן, וכן סולמות: סולם. כל שהוא מכאן וסולם כל שהוא מכאן אצלו, ואין בשניהן לא בזה שני טפחים ולא בזה שני טפחים רוחב, וקבע קשין של תבואה כעין חווקין מזה לזה להשלימן לארבעה, מהו: אין כף הרגל עולה. בקשים, וסתם עליית הרגלים באמצע סולם הוא, וזה אין ראוי לכך: קשין מכאן ומכאן. להשלים רוחבו לארבעה, מהו: הרי כף הרגל עולה. בסולם, וראויין הקשין לאחוז היד בהן, ולעלות בסולם:

חקק

תוספות

אלא מאי אית לך למימר דמנח עליה מידי ומשתמש. אצירוף עשרה לא איצטריך לטעמא דמנח מידי, דאם הבור רחב ד' ואינו עמוק עשרה אלא ע"י צירוף חוליא – רה"י גמורה היא, ומשתמש ליה שפיר, כיון שכותלי הבור מכפנים גבוהים עשרה. וטעמא דמנח עליהן מידי – מה יש להועיל שם, כיון דאין חוליא גבוה י' מבחוץ לרה"ר. ולא קאי האי טעמא אלא היכא דאין הבור רחב ד' מבפנים אלא ע"י צירוף חוליא, והחוליא גבוה עשרה מבחוץ לרה"ר. דאע"ג דתוכו לאו רה"י הוא – על גביו רה"י, משום דאי בעי מנח עליה מידי ומשתמש. ואע"ג דרבי יוחנן לא הזכיר אלא צירוף עשרה – מכל מקום דייק ממילתיה. והא לא משתמש ליה משום דר' יוחנן אמתני' דפ' "הזורק" (שבת דף צט.) קאי, כדפירש בקונטרס דשמעינן מינה נמי צירוף ארבעה, דהא קתני ורחבן ד'. ותימה: דאמתני' דלקמן בפ' בתרא (דף צט:) דייק נמי רבי יוחנן הכי, גבי בור ברה"ר וחוליתו גבוה עשרה טפחים. וקאמר ר' יוחנן בגמ': אפילו תימא בסמוכין. והא קמ"ל – דבור וחוליתו מצטרפין לעשרה. והשתא תרתי למה לי? ואור"י: דההיא דשבת אצטריך לענין צירוף ארבעה, דלא קתני לקמן. ואי לאו ההיא דלקמן – מההיא דשבת לחוד לא הוה דייק, דהוה אמינא: דאגב סלע נקט חולית הבור, דבכל דוכתא רגיל להזכיר חוליא בהדי סלע:

צריך סולם ארבעה עשר להתירו. פי' בקונטרס: שצריך למשוך רגלי הסולם ארבעה מן הכותל. ולא דק, דכי משיך ליה י' טפחים נמי מן הכותל, שהוא שיעור גובה הכותל – יגיע ראש הסולם לראש הכותל, דארבעה עשר הוא שיעור אלכסון של י' על י', דכל אמתא בריבועא אמתא ותרי חומשי באלכסונא. וכן פי' ר"ח:

רב יוסף אמר י"ג ומשהו אביי אמר אפילו י"א ומשהו. וא"ת: אם תרחיק רגלי הסולם מן הכותל עשרה טפחים, וראש הסולם תסמוך לכותל – על כרחך יהיה ראש הכותל גבוה מן הסולם יותר מטפח לרב יוסף, ויותר משלשה טפחים לאביי. שהרי אם לא היה הסולם אלא י' טפחים – ממה נפשך הוה מתרחק יותר מד' טפחים, שהרי יפול הסולם לגמרי לארץ. וגם אין נראה דלרב יוסף ואביי נמי נשען ראש הסולם לראש הכותל, אלא שמקרבין רגלי הסולם יותר מלשמואל. ולאביי יהיה קרוב לזקוף, דלמה להן למינקט האי שיעורא, ולמה הזכירו רב יוסף ואביי אותו משהו? אלא נראה לר"י: דלסימנא בעלמא נקטי' הכי, דלעולם צריך להרחיק הסולם כשיעור גובה שנשען על הכותל, ושלא יהא גובה הכותל מן הסולם טפח לרב יוסף, ולאביי שלשה טפחים כשיעור לבוד, ולרב יוסף סגיא במשהו. ושלש עשרה פחות שני חומשין, שהוא אלכסון של ט' על ט'. ולאביי במשהו ועשרה טפחים פחות חומש, שהוא אלכסון ז' על ז':

אמר שמואל לא ידע כו'. אליבא דרב קאמר, אבל שמואל גופיה סבר דסולם זקוף אינו ממעט, דהא בעי סולם י"ד:

סולמות של בבל אין צריכין קבע. אע"ג שאין להם ד' חווקין, דכובדן קובען. ולא כמו שפירש רבינו שמואל דהיינו סולם צורי דלעיל – דאם כן לא ה"ל למימר סולמות של בבל. ועוד: דאההיא דלעיל ליכא מאן דפליג, והכא אמרינן סולמות לא:

חקק

עין משפט נר מצוה

יט א ב ג מיי' פ"ג מהל' עירובין הל' ו טוש"ע סימן שע"ב סעיף יב:
כ ד ה ו מיי' פי"ד מהלכות שבת הלכה ט:
כא ז מיי' פ"ג מהל' עירובין הלכה ג טוש"ע שם סעיף ח:
כב ח ט מיי' שם הלכה ז:
כג י כ מיי' שם טור ש"ע שם סעיף יג:

רבינו חננאל

זיז היוצא מן הכותל והניח עליו סולם כל שהוא כלומר אפי' אין בסולם ד' טפחים ממעט ולא אמרן אלא דאנחיה עליה דזיז אבל אשוויה אשוויה לא ממעט דאמרינן (אפתויי) [ארווחי] הוא דקא (מפתי) [מרוח] ליה לזיז פי' אם נתן הסולם בכותל עם הזיז יש לומר הזיז הרחיב ואינו ממעט דהא לא משתמש בסולם זה ע"ג הכותל אלא [משתמש] בסולם לעלות בזיז הוא נותן בעת שנתנו בצד הזיז על הכותל: אמר רב נחמן כותל י"ט טפחים גובהו זיז אחד ממעט אותו. כלומר נותנו למעלה בכותל בט' טפחים וחצי ונמצא בגובהה של כותל כט' טפחים וחצי ממועט נשארו מן הכותל ט' טפחים אחרים וחצי טפח כיון שאינן י' טפחים אינו אוסר. אבל אם גובהו של כותל כ' טפחים אינו ממעטו אלא ב' זיזין (זה) אחד (בי') [בתוך י'] טפחים והסולם ממעטו כאילו קרקע הוא עד אותו הזיז. וצריך זיז אחר (בעשרין) [בתוך עשרים]. וי"א סולם נתון על כל זיז וזיז. אמר רב חסדא והוא שהעמידן אלו זיזין זה שלא כנגד זה והסולמות עליהן. ואם היו הזיזין רחבין ד' טפחים שיכול להשתמש בהן אין צריך. אמר רב הונא עמוד ברה"ר גבוה י' ורחב ד' ונעץ בו יתד כל שהוא ממעט ונעתק מרשות היחיד ונעשה ככרמלית. ולא אמרן אלא בזמן שהיתד גבוה מן הקרקע ג' טפחים. אביי ורבא דאמרי אפי' גבוה ג' טפחים לא מידי הוא כלומר אינו ממעט. רב אשי אמר אע"פ שאינה גבוה ג' אפשר (דלית) [דתלי] ביה מידי כגון מחצלת וממעט. א"ל רב אחא בריה דרבא לרב אשי דאע"פ שאין גבוה היתד ג' טפחים חזי לאשתמושי ביה אפשר (דלית) [דתלי] ביה מידי. אם מלא לזה עמוד כולו יתדות להשתמש בו מהו. א"ל לא שמיעא לך הא דר' יוחנן בור וחוליתה מצטרפין לעשרה. אמאי והא לא קא משתמש ליה בבור כמו החוליא שהבור רחב מלמטה והחוליא צרה אלא מאי אית לך למימר דמנח מידי כגון מחצלת ומשוה הבור צר כמו החוליא ומשתמש הכא נמי בעמוד שהוא מלא יתידות מנח מידי עליהו ומשתמש. כיון שאמר כי הסולמות ממעטין ומתירין לשתי החצירות לערב אחד הוצרך שמואל לומר כמה יהא גובהו של סולם שהוא ממעט בכותל ואמר כותל שגובהו י' טפחים צריך סולם י"ד טפחים גובהו פי' כיון דקי"ל כי עודף האלכסון על המרובע ב' חומשין כדגרסינן כל אמתא בריבועא אמתא ותרי חומשי באלכסונא. והסולם לעולם שאינו נסמך על הכותל לעלות בו אלא באלכסון אבל זקוף אין דרך לעלות ולפיכך אמר כותל י' צריך להיות סולם כדי גובהו של כותל וישפיעהו כלפי חוץ באלכסון ולפיכך צריך כדי גובה כל הסולם ויתרון אלכסונו וכיון שהכותל י' טפחים וכל טפח צריך יתיר למדת האלכסון ב' חומשין לכל טפח הרי י' טפחים וב' חומשין ועשרין חומשין. עשרין חומשין הרי ד' טפחים נמצא גובה הסולם י"ד טפחים. רב יוסף אמר אפי' י"ג טפחים ומשהו דיי. שאין דרך להשפיעו זה הכולו. ופחות מטפח לא חשיב. אביי אמר אפי' אין בסולם אלא י"א ומשהו ומעמידו בראשו של כותל בפחות מג' וכל פחות מג' כלבוד דמי וכאילו בראש הכותל הוא סמוך. הלכך בי"א ומשהו דיי לו. רב הונא בריה דרב יהושע אמר אפי' ז' ומשהו. קסבר אפי' סולם זקוף ממעט וכל פחות מג' כלבוד דמי הלכך בז' טפחים ומשהו סגיא. אמר רב סולם זקוף ממעט ולא ידענא מ"ט. והלא אין דרך בני אדם לעלות בו. ואמר שמואל מידי דהוה אאיצטבא ע"ג איצטבא שהן זקופות וממעטות. דקלין שבבבל וסולמות שבבבל אין צריך לקבען אלא כיון שנתנו ע"ג הכותל ממעטין שבכידן קובען הואיל ואין ניטלין בשבת מפני הכובד שלהן. בעא מיניה רב יוסף מרבה סולם מיכן וסולם מיכן וקשין באמצע בין ב' הסולמות מהן. ופשט ליה אין כף הרגל עולה בהן (וממעט) [ואינו ממעט].
עוד

מסורת הש"ס

שבת דף צט. [לקמן צט:]

[ולרב קרי הכי משום חשיבות ועי' פרש"י בחולין לו. ד"ה לאבא וכו' ועי' תוס' שם וכן עוד בפרש"י דיבמות נז: ד"ה מודה ובתוס' שם ד"ה מה שמואל ועי"ע רש"י שבת לו. ד"ה אבא ובכורות מז. בה"ש ד"ה אבא]

[דף עז:]

כד א ב מיי' פ"ג מהל' עירובין הלכה יא טוש"ע סי' שעב סעיף יד:
כה ג ד מיי' שם הלכה ח טוש"ע שם סעיף טו:
כו ה מיי' שם הלכה יב טוש"ע שם סעיף טז:
כז ו מיי' שם הלכה יג טוש"ע שם סעיף יז:
כח ז מיי' שם הלכה יד טור ש"ע א"ח סימן שעג:
כט ח מיי' פ"ז מהל' טומאת מת הלכה ו סמג עשין רלח:

חָקַק לְהַשְׁלִים בַּכּוֹתֶל, בְּכַמָּה? א"ל: בַּעֲשָׂרָה. א"ל: חֲקָקוֹ כּוּלּוֹ בַּכּוֹתֶל, בְּכַמָּה? א"ל: מְלֹא קוֹמָתוֹ. וּמַאי שְׁנָא? א"ל: הָתָם — מִסְתַּלֵּק לֵיהּ, הָכָא לָא מִסְתַּלֵּק לֵיהּ. בְּעָא מִינֵּיהּ רַב יוֹסֵף מֵרַבָּה: עֲשָׂאוֹ לָאִילָן סוּלָּם, מַהוּ? תִּיבָּעֵי לְרַבִּי, תִּיבָּעֵי לְרַבָּנַן; תִּיבָּעֵי לְרַבִּי: עַד כָּאן לָא קָאָמַר רַבִּי הָתָם *"כָּל דָּבָר שֶׁהוּא מִשּׁוּם שְׁבוּת לֹא גָּזְרוּ עָלָיו" ה"מ — בֵּין הַשְּׁמָשׁוֹת, אֲבָל כּוּלֵּי יוֹמָא — לָא. אוֹ דִּילְמָא: אֲפִילּוּ לְרַבָּנַן, פִּיתְחָא הוּא, וְאַרְיָא הוּא דִּרְבִיעַ עֲלֵיהּ. עֲשָׂאוֹ לָאֲשֵׁירָה סוּלָּם, מַהוּ? תִּיבָּעֵי לְרַבִּי יְהוּדָה, תִּיבָּעֵי לְרַבָּנַן; תִּיבָּעֵי לְרַבִּי יְהוּדָה: ע"כ לָא קָאָמַר *רַבִּי יְהוּדָה הָתָם דְּמוּתָּר לִקְנוֹת בַּיִת בְּאִיסּוּרֵי הֲנָאָה — אֶלָּא הָתָם, *דְּבָתַר דִּקְנָה לֵיהּ עֵירוּב לָא נִיחָא לֵיהּ דְּלִינְטַר. אוֹ דִּילְמָא: אֲפִילּוּ לְרַבָּנַן פִּיתְחָא הוּא, וְאַרְיָא דִּרְבִיעַ עֲלֵיהּ? א"ל: אִילָן מוּתָּר, וַאֲשֵׁירָה אֲסוּרָה. מַתְקִיף לָהּ רַב חִסְדָּא: אַדְּרַבָּה, אִילָן שֶׁאִיסּוּר שַׁבָּת גּוֹרֵם לוֹ — נִיתְסַר, אֲשֵׁירָה שֶׁאִיסּוּר דָּבָר אַחֵר גּוֹרֵם לוֹ — לָא נִיתְסַר. אִיתְּמַר נַמִי, כִּי אֲתָא רָבִין, א"ר אֶלְעָזָר, וְאָמְרִי לָהּ א"ר אַבָּהוּ, א"ר יוֹחָנָן: כֹּל שֶׁאִיסּוּר שַׁבָּת גָּרַם לוֹ — אָסוּר, כֹּל שֶׁאִיסּוּר דָּבָר אַחֵר גָּרַם לוֹ — מוּתָּר. ר"נ בַּר יִצְחָק מַתְנֵי הָכִי: אִילָן — פְּלוּגְתָּא דְּרַבִּי וְרַבָּנַן, אֲשֵׁירָה — פְּלוּגְתָּא דְּרַבִּי יְהוּדָה וְרַבָּנַן.§

מתני' *חָרִיץ שֶׁבֵּין ב' חֲצֵירוֹת, עָמוֹק י' וְרוֹחַב ד' — מְעָרְבִין שְׁנַיִם, וְאֵין מְעָרְבִין אֶחָד, אֲפִילּוּ מָלֵא קַשׁ אוֹ תֶּבֶן. מָלֵא עָפָר אוֹ צְרוֹרוֹת *מְעָרְבִין אֶחָד, וְאֵין מְעָרְבִין שְׁנַיִם. נָתַן עָלָיו נֶסֶר שֶׁרָחָב אַרְבָּעָה טְפָחִים, וְכֵן ב' גְּזוּזְטְרָאוֹת זוֹ כְּנֶגֶד זוֹ — מְעָרְבִין שְׁנַיִם, וְאִם רָצוּ — מְעָרְבִין אֶחָד. פָּחוֹת מִכָּאן — מְעָרְבִין שְׁנַיִם, וְאֵין מְעָרְבִין אֶחָד.§

גמ' וְתֶבֶן לָא חָיֵיץ? וְהָא אֲנַן תְּנַן: *מַתְבֵּן שֶׁבֵּין שְׁתֵּי חֲצֵירוֹת, גָּבוֹהַּ עֲשָׂרָה טְפָחִים — מְעָרְבִין שְׁנַיִם, וְאֵין מְעָרְבִין אֶחָד. אָמַר אַבָּיֵי: לְעִנְיַן מְחִיצָה — כּוּלֵּי עָלְמָא לָא פְּלִיגִי דְּהָוְיָא מְחִיצָה, אֲבָל לְעִנְיַן חֲצִיצָה, אִי בַּטְלֵי' — חָיֵיץ, וְאִי לָא בַּטְלֵי' — לָא חָיֵיץ.§ "מָלֵא עָפָר".§ וַאֲפִילּוּ בִּסְתָמָא? *וְהָתְנַן: בַּיִת שֶׁמִּילְאָהוּ תֶּבֶן אוֹ צְרוֹרוֹת וּבִיטְּלוֹ — בָּטֵל. בִּיטְּלוֹ — אִין, לָא

חָקַק לְהַשְׁלִים בַּכּוֹתֶל. סוּלָּם צַר, וְחָקַק בַּכּוֹתֶל מִכָּאן וּמִכָּאן כְּנֶגֶד חֲווּקֵי הַסּוּלָּם. לְהַשְׁלִים רוֹחְבּוֹ בְּד': בְּכַמָּה. צָרִיךְ לְהַשְׁלִים הָרוֹחַב בְּגוֹבַהּ הַכּוֹתֶל: בַּעֲשָׂרָה. עַד עֲשָׂרָה יַשְׁלִימֶנּוּ, וְכֵיוָן דְּאִיכָּא בְּגוֹבַהּ עֲשָׂרָה רוֹחַב אַרְבָּעָה — הָוֵי בֵּיהּ שִׁיעוּר פֶּתַח וְאַף עַל גַּב דְּגָבוֹהַּ כּוֹתֶל טוּבָא לֵית לָן בָּהּ: חָקַק כָּל הַסּוּלָּם בַּכּוֹתֶל. כְּעֵין שְׁלִיבוֹת, וְרָחְבּוֹ בְּמֶשֶׁךְ הַכּוֹתֶל אַרְבָּעָה: בְּכַמָּה. גּוֹבַהּ, צָרִיךְ לָחוֹק רוֹחַב אַרְבָּעָה: מְלֹא קוֹמָתוֹ. שֶׁל כּוֹתֶל צָרִיךְ שֶׁיְּהֵא מֶשֶׁךְ הַחֲווּקִין אַרְבָּעָה: הָתָם. כִּי אִיכָּא סוּלָּם מַגִּיעַ לְרֹאשׁ הַכּוֹתֶל — נוֹחַ לַעֲלוֹת בּוֹ. וּמִיהוּ לָא חָשֵׁיב לְמֶיהֱוֵי פֶּתַח בְּצִיר מֵרוֹחַב ד'(א) הִלְכָּךְ, כִּי מְשַׁוֵּי לֵיהּ רוֹחַב אַרְבָּעָה בְּגוֹבַהּ עֲשָׂרָה — פִּיתְחָא הָוֵי. אֲבָל הָכָא — אֵין נוֹחַ לַעֲלוֹת כָּל כָּךְ: מִסְתַּלֵּק לֵיהּ. נוֹחַ לַעֲלוֹת לָאָדָם: תִּיבָּעֵי לְרַבִּי. דְּאָמַר בְּפֶרֶק "בַּכֹּל מְעָרְבִין" [לעיל לג:]: הַנּוֹתֵן עֵירוּב תְּחוּמִין בָּאִילָן — קָנָה עֵירוּב. דְּהָתָם טַעְמָא מִשּׁוּם מִיקְנָא שְׁבִיתָה בֵּין הַשְּׁמָשׁוֹת הוּא וְדָבָר שֶׁהוּא מִשּׁוּם שְׁבוּת כְּגוֹן שִׁמּוּשׁ בִּמְחוּבָּר — לֹא גָּזְרוּ עָלָיו בֵּין הַשְּׁמָשׁוֹת. אֲבָל לְגַבֵּי עֵירוּבֵי חֲצֵירוֹת — טַעְמָא מִשּׁוּם דְּפֶתַח מְשַׁוֵּי לְהוּ חַד עַל יְדֵי עֵירוּב, וְאִי לָא חָזֵי לְתַשְׁמִישְׁתֵּיהּ כּוּלֵּי יוֹמָא — לָאו פִּתְחָא מִיקְרֵי. הִלְכָּךְ, לָא שָׁרָא לְהוּ עֵירוּבַיְיהוּ בֵּין הַשְּׁמָשׁוֹת: וְאַרְיָא רְבִיעַ עֲלֵיהּ. אִיסּוּר שְׁבוּת אוֹמֵר לָנוּ סוּרוּ. וּמִכָּל מָקוֹם פֶּתַח (הָוֵי) שְׁמֵיהּ, וּמְשַׁוֵּי לְהוּ חַד לְהִשְׁתַּמֵּשׁ דֶּרֶךְ חוֹרִין, וְדַיּוֹ: עֲשָׂאוֹ לַאֲשֵׁרָה. אִילָן שֶׁעוֹבְדִין אוֹתוֹ, וְאָסוּר בַּהֲנָאָה. אִם תִּימְצֵי לוֹמַר בִּשְׁאָר אִילָן פֶּתַח הוּא, הָכָא דְּמַטְיָא לְהוּ הֲנָאָה עַל יָדֵיהּ מַאי: תִּיבָּעֵי לְר' יְהוּדָה. דְּאָמַר בְּפֶרֶק "בַּכֹּל מְעָרְבִין" בַּגְּמָרָא (דף לא.), רַבִּי יְהוּדָה אוֹמֵר: הַנּוֹתֵן אֶת עֵירוּבוֹ בַּקֶּבֶר — קָנָה עֵירוּב, וְאַף עַל גַּב דְּקֶבֶר אָסוּר בַּהֲנָאָה: הָכִי גָּרְסִינַן: הָתָם הוּא דְּבָתַר דִּקְנָה לֵיהּ עֵירוּב לָא נִיחָא לֵיהּ דְּלִינְטַר. לָא אִיכְפַּת לֵיהּ בִּשְׁמִירָתוֹ, וְאִישְׁתַּכַּח דְּלָא מִיתְהַנֵּי מִקִּיבְרָא אֶלָּא קְנִיַּית עֵירוּב לְחוּדֵיהּ, וְהַהִיא לָאו הֲנָאָה הִיא, כִּדְמְפָרֵשׁ הָתָם דְּאֵין מְעָרְבִין בִּתְחוּמִין אֶלָּא לִדְבַר מִצְוָה, וּמִצְוֹת לָאו לֵיהָנוֹת נִיתְּנוּ. אֲבָל עֵירוּבֵי חֲצֵירוֹת(ב) — לַהֲנָאָתוֹ הִיא, וְלָא לִדְבַר מִצְוָה, וְהָוְיָא הֲנָאָה: אוֹ דִּילְמָא. אַע"ג דְּאָסוּר בַּהֲנָאָה — הָא לָא מִשְׁתַּמֵּשׁ בָּהּ מִידֵּי, וּפִיתְחָא שְׁמֵיהּ וְאַרְיָא הוּא דִּרְבִיעַ עֲלֵיהּ. וּמִכָּל מָקוֹם הַחֲצֵירוֹת מְחוּבָּרִין: **מתני'** חָרִיץ. אָרוֹךְ הוּא, וּמַפְסִיק עַל פְּנֵי הֶחָצֵר כּוּלָּהּ: וְרוֹחַב ד'. טְפָחִים. דְּפָחוֹת מִכָּאן נוֹחַ לִפְסוֹעַ מִשְּׂפָתוֹ אֶל שְׂפָתוֹ: וַאֲפִילּוּ מָלֵא תֶּבֶן וְקַשׁ. לָאו סְתִימָה הִיא, דְּלָא מְבַטֵּיל לֵיהּ הָתָם, דְּסוֹפוֹ לִיטְּלוֹ: נָתַן עָלָיו נֶסֶר. מִשְּׂפָתוֹ לִשְׂפָתוֹ, כְּעֵין גֶּשֶׁר וְהָוֵי כְּפֶתַח: שְׁתֵּי גְּזוּזְטְרָאוֹת. נְסָרִין בּוֹלְטִין מִשְּׂפַת תִּקְרַת הָעֲלִיָּיה לְרה"ר, וְקוֹרִין לוֹ אלדויי"ר. וְאִם יֶשְׁנָן זוֹ אֵצֶל זוֹ בִּשְׁתֵּי עֲלִיּוֹת שֶׁל שְׁנֵי דִּיוֹרִין, וְנָתַן נֶסֶר רָחָב ד' כְּמִין גֶּשֶׁר מִזּוֹ לָזוֹ — הָוֵי נַמִי פֶּתַח: פָּחוֹת מִכָּאן. שֶׁאֵינוֹ רָחָב: **גמ'** לָא חָיֵיץ. לָא סָתֵים: וְהָתְנַן מַתְבֵּן שֶׁבֵּין שְׁתֵּי חֲצֵירוֹת כו'. גָּדִישׁ שֶׁל תֶּבֶן, וְקָתָנֵי "מְעָרְבִין שְׁנַיִם" — אַלְמָא: חָיֵיץ: לְעִנְיַן מְחִיצָה. אע"ג דְּעָתִיד לִיטְּלוֹ, כָּל כַּמָּה דְּהָוֵי הָתָם — מְחִיצָּה הִיא, דְּהָא מַפְסִיק. מִידֵּי דַּהֲוָה אַעֲבִיטִין וְאוּכָּפוֹת וּכְלֵי בְּהֵמָה, דִּתְנַן בְּפֶרֶק קַמָּא (דף טו:) דְּמַקִּיפִין בָּהֶן: אֲבָל לְעִנְיַן חֲצִיצָה. לָחוּץ בִּפְנֵי אֲוִיר הֶחָרִיץ, וְלִידוֹן כְּסָתוּם, דִּמְשַׁוְּיָא לֵיהּ כִּלְעַתָּא. לְהָדְיָא, וְאָמַר: לָא שְׁקֵילְנָא לֵיהּ מֵהָכָא — בָּטֵיל, וְאִי לָא — לָא: וַאֲפִילּוּ בִּסְתָמָא. דְּלָא יָדְעִינַן אִי שָׁקֵיל תּוּ אִי לָא: בַּיִת. שֶׁטּוּמְאַת מֵת בְּתוֹכוֹ, וּמִילְאָהוּ עָפָר אוֹ צְרוֹרוֹת וּבִיטְּלוֹ — מְבוּטָּל, וַהֲוֵי טוּמְאָה רְצוּצָה שֶׁאֵין לָהּ אֹהֶל לְעַצְמָהּ, וּבוֹקַעַת וְעוֹלָה עַד לָרָקִיעַ, וְהַמַּאֲהִיל עַד הַגָּג טָמֵא. וְכָל טוּמְאָה שֶׁאֵין לָהּ אֹהֶל טֶפַח בּוֹקַעַת וְעוֹלָה עַד הָרָקִיעַ, כִּדְאָמַר בִּבְרָכוֹת בְּפֶרֶק "מִי שֶׁמֵּתוֹ"*. לֹא

[לעיל לב: וש"נ] [לעיל לא.] [שם] [לקמן פג:] [עי' בנוסחת הרא"ש ועי' ג"כ נוסח המשנה זו ברב אלפס ורא"ה ג"כ בהרא"ש] [לקמן עט.] [סוכה ד. אהלות פט"ו מ"ז]

חקק להשלים בכותל בכמה. כגון שהכותל עב ובולט מלד הסולם, או שהסולם מונח בסוף הכותל בקרן זוית. ואיירי בכותל משופע. דהא רב יוסף אית ליה דסולם זקוף אינו ממעט, דבעינן שלש עשרה ומשהו, והכא רב יוסף קבעי לה: **אמר** ליה בעשרה. פירש בקונטרס: עד עשרה ישלימנו, אע"ג דגבוה כותל טובא – לית לן בה. וקשה לפירושו, דהא לא מסתלק ליה, כיון דהכי גבוה כותל טובא. וי"ל: נהי דלא חקק בכותל אלא עד עשרה – אין לחוש אלא שיגיע הסולם עד ראש הכותל. ור"ת מפרש: בעשרה – היינו שלא ישאר מן הסולם עד ראש הכותל עשרה: **אשירה** פלוגתא דרבי יהודה ורבנן. לית ליה לרב נחמן בר יצחק סוגיא דלעיל דפ' "בכל מערבין" (דף לא.), דמשמע התם דלכולי עלמא אסור לקנות בית באיסורי הנאה. והכא קאמר דבמותר לקנות בית באיסורי הנאה פליגי:

אפילו מלא קש ומלא תבן. בקש ותבן הניטלין בשבת איירי, ולא כההיא דלעיל [דף עז.] פגה(ג) הטמונה בתבן. דהא אמר בגמרא דאפילו ארנקי מבטל אינים. וא"ת: והא אמרינן אפילו פירות מבטלין מחילות, דאמרינן במסכת שבת בסוף "הזורק" (דף ק.): בור ברה"ר עמוק עשרה ורחב ד' מלא מים, וזרק לתוכו – חייב, מלא פירות וזרק לתוכו – פטור. מאי טעמא – מיא לא מבטלי מחילה, פירות – מבטלי מחילה! ואור"י: דמדאורייתא ודאי מבטלי, אבל לעירוב דרבנן הוא יש לחלק בין ניטל לשאינו ניטל. וקצת קשה, דמדמי לה בסמוך לבית שמילאהו, דהוי לענין אהל דאורייתא. ומההיא דאהל נמי תיקשי אההיא דשבת. **וכן** שתי גזוזטראות כו'. פי' בקונטר': בנותן נסר רחב ד' מזו לזו, דהוי נמי פתח. ותימה: כיון דע"י נסר רחב ד' איירי, היכי דייק בגמרא זו כנגד זו – אין, זו שלא כנגד זו – לא. אפילו מיפלגי טובא לישתרי ע"י נסר ד', כדאמר לעיל(ד) דכי הוי כותל ד' אפילו מיפלגי טובא! ומפרש ר"ת: דלא איירי בנותן נסר מזו לזו, ודין חריץ נותן לגזוזטראות. דאם יש מזו לזו ד' – מערבין שנים ואין מערבין אחד כמו חריץ. אבל בפחות מד' – רגיל לפסוע מזו לזו כמו גבי חריץ, וכדאמר במס' שבת בפ' "הזורק" (דף ק:) גבי רקק של מים, דהיכא דלא הוי ארבעה טפחים – מפסע פסעי ליה. מש"ה, כי ליכא ד' מזו לזו – מערבין שנים, ואם רצו – מערבין אחד, אפילו היא מופלגת שלשה, כשהן זו כנגד זו. אבל זו שלא כנגד זו – אין מערבין אחד, כשמשוכות זו מזו שלשה, כדאמרינן בגמרא. [ופחות מכאן דקאמר במתניתין חוזר וקאי אנסר]: **והתנן** בית שמילאהו תבן או צרורות וביטלו בטל. כך היא הגירסא בכל הספרים, וכן פירש ר"ת. ור"י אומר דההיא משנה במסכת אהלות (פט"ו משנה ז), ואין כתוב שם תבן אלא עפר או צרורות. ולא גרס נמי התם: וביטלו בטל, והכי איתא התם: בית שמילאהו עפר או צרורות וביטלו, וכן כרי של תבואה או גל של צרורות אפילו כגלו של עכן, ואפילו טומאה בצד כלים – טומאה בוקעת ועולה טומאה בוקעת ויורדת. והתלמוד מביאה בקוצר, וכן דרך התלמוד בכמה מקומות. ואין לומר דהך דמייתי היא

רבינו חננאל

עוד שאלו חקק בכותל להשלים ד' טפחים בחלון בכמה אמר בעשרה. כלומר מכלל העשרה אמר לו חקקו כולו לכותל שהוא כעין פתח בכמה אמר לו מלא קומתו. ומ"ש דבחלון אמרת די לו בעשרה. חלון בכלל י' טפחים וזה מלא קומתו א"ל גבי חלון דאית ליה רווחא מאבראי שנכנס ויוצא מסתלק ליה מן החלון ודיו ד' טפחים בתוך י' הכא דחקק כל הכותל שויה כפתח ולא מסלק נפשיה מהכא ובעי למיעל ולמיפק בגויה. ואי איכא מלא קומתיה אין ואי לא לא. הא דבעי רב יוסף מרבה עשאו לאילן סולם מהו תיבעי לרבי דאמר כל דבר שמשום שבות כגון עלייה באילן בשבת שהיא משום שבות לא גזרו עלי' בין השמשות הני מילי בין השמשות כגון העירוב אבל הכא דבעינן פיתחא כולי יומא לא. או דילמא אפי' לרבנן דפליגי עליה דר' פיתחא הוא ואריא רביע עליה. פי' האילן כמו פתח הוא כיון שיכול לעלות ולירד בו. וגזירת השבת שמנע מלעלות בו. עשאו לאשירה סולם מהו כו'. ר' יהודה דאמר אפי' בבית הקברות מפני שהוא יכול לחוץ ולוכל ואמרינן קסבר מותר לקנות בית באיסורי הנאה ורבנן פליגי עליה והוא מפורש בפרק בכל מערבין. ופשט ליה אילן מותר אשירה אסור מתקיף לה רב חסדא אדרבה איפכא מסתברא אשירה מותר אילן אסור כו' וקי"ל כוותיה דהא ר' יוחנן קאי כוותיה דאמר ר' יוחנן כל שאיסור שבת גרם לו אסור כל שאיסור דבר אחר גרם לו מותר. רב נחמן בר יצחק מתני לה בהדיא אילן פלוגתא דר' יוחנן ורבנן וקי"ל כרבנן: מתני' חריץ שבין ב' חצירות עמוק י' ורחב ד' מערבין שנים ואפי' מלא קש או תבן. ואסיקנא דתבן נמי חייץ והוה מיהו לענין ביטול בחריין ב' ביטלה אין ואי לא לא. ואקשינן עפר או צרורות ששנינו במשנתנו כי הן בטלין ואפי' בסתמא כלומר אע"פ שלא פירש כי ביטלם. והתניא (כ"ש לא תנן) [בית שמלאוהו תבן] או צרורות וביטלו הנה אי פריש כי ביטלו אין בסתמא

הגהות הב"ח

(א) רש"י ד"ה התם וכו' בציר מרוחב ארבעה בגובה עשרה הלכך: (ב) ד"ה הכי גרסינן וכו' אבל עירובי חצרות (להנאתו הוא) תא"מ ונ"ב ס"א לשווית פיתחא הוא: (ג) תום' ד"ה אפי' וכו' פגה שהטמינה בתבן: (ד) ד"ה וכן שתי וכו' כדאמר לעיל. נ"ב דף עז ע"ב:

גליון הש"ס

גמ' כל שאיסור דבר אחר גרם ליה מותר. עי' לקמן דף פ ע"ב תוד"ה אבל קורה:

[דף יז:]

רב נסים גאון

עד כאן לא קאמר רבי התם כל דבר שהוא משום שבות לא גזרו עליו בין השמשות. עיקר דברי רבי בפרק בכל מערבין (דף לד) וכבר פירשנום למעלה. תיבעי לר' יהודה תיבעי לרבנן תיבעי לר' יהודה עד כאן לא קאמר ר' יהודה דמותר לקנות בית באיסורי הנאה עיקרו בפרק בכל מערבין (דף לו) דתנן ר' יהודה אומר אפי' בבית הקברות מפני שהוא יכול לחוץ ולאכול:

שמעת

ל א מיי' פ"ג מהלכות עירובין הלכה יג טוש"ע א"ח סי' שעב סעיף יז:
לא ב מיי' שם הלכה יד טור ש"ע א"ח סי' שעג:
לב ג ד מיי' שם הלכה ג טוש"ע א"ח סי' שעב סעיף יט:
לג ה מיי' פכ"א מהל' שבת הלכה ט סמג לאוין סה טוש"ע א"ח סי' שכד סעיף יג:
לד ו מיי' שם וטוש"ע שם וסי' שעב סעיף יט:

לֹא בִּיטְּלוֹ – לָא. אָמַר רַב הוּנָא: מַאן תָּנָא אֳהָלוֹת – רַבִּי יוֹסֵי הִיא. אִי רַבִּי יוֹסֵי – אִיפְּכָא שָׁמְעִינַן לֵיהּ. דְּתַנְיָא: *רַבִּי יוֹסֵי אוֹמֵר: תֶּבֶן וְאֵין עָתִיד לְפַנּוֹתוֹ – הֲרֵי הוּא כִּסְתָם עָפָר וּבָטֵל, עָפָר וְעָתִיד לְפַנּוֹתוֹ – הֲרֵי הוּא כִּסְתָם תֶּבֶן וְלָא בָּטֵיל! אֶלָּא אָמַר רַב אַסִי: מַאן תָּנָא עֵירוּבִין – רַבִּי יוֹסֵי הִיא. רַב הוּנָא בְּרֵיהּ דְּרַב יְהוֹשֻׁעַ אָמַר: טוּמְאָה אַשַּׁבָּת קָרָמֵית?! הַנַּח אִיסּוּר שַׁבָּת, דַּאֲפִילּוּ אַרְנְקֵי נַמִּי מְבַטֵּל אִינִישׁ. רַב אַשִׁי אָמַר: בַּיִת אַחָרִיץ קָא רָמֵית? בִּשְׁלָמָא חָרִיץ – לְמִיטַּיְּמֵיהּ קָאֵי. אֶלָּא בַּיִת לְמִיטַּיְּמֵיהּ קָאֵי?!§ נָתַן עָלָיו נֶסֶר שֶׁרוֹחַב ד'.§ אָמַר רָבָא: אלֹא שָׁנוּ אֶלָּא שֶׁנָּתַן לְרָחְבּוֹ, אֲבָל לְאָרְכּוֹ – אֲפִילּוּ כָּל שֶׁהוּא נַמִּי, שֶׁהֲרֵי מִיעֲטוֹ מִד'.§ "וְכֵן שְׁתֵּי גְּזוּזְטְרָאוֹת זוֹ כְּנֶגֶד זוֹ".§ אָמַר רָבָא: בהָא (א)דְּאָמַרְתְּ זוֹ כְּנֶגֶד זוֹ – אִין, זוֹ שֶׁלֹּא כְּנֶגֶד זוֹ – לָא. וְזוֹ לְמַעְלָה מִזּוֹ, נַמִּי לָא אֲמַרַן אֶלָּא שֶׁיֵּשׁ בֵּין זֶה לָזֶה שְׁלֹשָׁה טְפָחִים, אֲבָל אֵין בֵּין זֶה לָזֶה שְׁלֹשָׁה – גְּזוּזְטְרָא עֲקוּמָּה הִיא.§ **מתני'** *גמַתְבֵּן שֶׁבֵּין שְׁתֵּי חֲצֵירוֹת גָּבוֹהַּ עֲשָׂרָה טְפָחִים – מְעָרְבִין שְׁנַיִם, וְאֵין מְעָרְבִין אֶחָד. אֵלּוּ מַאֲכִילִין מִכָּאן, וְאֵלּוּ מַאֲכִילִין מִכָּאן. נִתְמַעֵט הַתֶּבֶן מֵעֲשָׂרָה טְפָחִים – מְעָרְבִין אֶחָד, וְאֵין מְעָרְבִין שְׁנַיִם.§ **גמ'** אָמַר רַב הוּנָא: דוּבִלְבַד שֶׁלֹּא יִתֵּן לְתוֹךְ קוּפָּתוֹ וְיַאֲכִיל. וּלְאוֹקְמֵי שָׁרֵי? *וְהָאָמַר רַב הוּנָא, א"ר חֲנִינָא: המַעֲמִיד אָדָם אֶת בְּהֶמְתּוֹ עַל גַּבֵּי עֲשָׂבִים בְּשַׁבָּת, וְאֵין מַעֲמִיד אָדָם אֶת בְּהֶמְתּוֹ עַל גַּבֵּי מוּקְצֶה בְּשַׁבָּת! ודְּקָאֵים לָהּ בְּאַפָּהּ וְאָזְלָה וְאָכְלָה. וְלֹא יִתֵּן לְתוֹךְ קוּפָּתוֹ תֶּבֶן? וְהָתַנְיָא: בַּיִת שֶׁבֵּין שְׁתֵּי חֲצֵירוֹת וּמִילְאָהוּ תֶּבֶן – מְעָרְבִין שְׁנַיִם, וְאֵין מְעָרְבִין אֶחָד. זֶה נוֹתֵן לְתוֹךְ קוּפָּתוֹ וְיַאֲכִיל, וְזֶה נוֹתֵן לְתוֹךְ קוּפָּתוֹ וְיַאֲכִיל. נִתְמַעֵט הַתֶּבֶן מִי' טְפָחִים – שְׁנֵיהֶם אֲסוּרִים. כֵּיצַד הוּא עוֹשֶׂה? נוֹעֵל אֶת בֵּיתוֹ וּמְבַטֵּל אֶת רְשׁוּתוֹ, הוּא אָסוּר וַחֲבֵירוֹ מוּתָּר. וְכֵן אַתָּה אוֹמֵר *בְּגוֹב שֶׁל תֶּבֶן שֶׁבֵּין ב' תְּחוּמֵי שַׁבָּת. קָתָנֵי מִיהַת: זֶה נוֹתֵן לְתוֹךְ קוּפָּתוֹ וְיַאֲכִיל, וְזֶה נוֹתֵן לְתוֹךְ קוּפָּתוֹ וְיַאֲכִיל! אָמְרִי: בַּיִת כֵּיוָן דְּאִיכָּא (מְחִיצּוֹת וְ)תִקְרָה כִּי מִיפְחִית – מִינְכְּרָא לֵיהּ מִלְּתָא. הָכָא – לָא מִינְכְּרָא לֵיהּ מִלְּתָא.§ "נִתְמַעֵט הַתֶּבֶן מֵעֲשָׂרָה טְפָחִים שְׁנֵיהֶן אֲסוּרִין".§ הָא עֲשָׂרָה – שָׁרֵי, וְאע"ג דְּמִידְלַיָּא תִּקְרָה טוּבָא. שְׁמַע מִינָּהּ: *מְחִיצּוֹת שֶׁאֵין מַגִּיעוֹת לַתִּקְרָה – שְׁמָן מְחִיצּוֹת! אָמַר אַבַּיֵי: הָכָא בְּבַיִת שְׁלֹשָׁה עָשָׂר חָסֵר מַשֶּׁהוּ עָסְקִינַן, וְתֶבֶן עֲשָׂרָה. וְרַב הוּנָא בְּרֵיהּ דְּרַב יְהוֹשֻׁעַ אָמַר: אֲפִילּוּ תֵּימָא בְּבַיִת עֲשָׂרָה וְתֶבֶן

[תוספתא לאהלות פט"ו סוכה ד.]

[לעיל עח:]

שבת קכב.

[גי' הערוך ע' נב א' בניב של תבן פי' תבן מעובה כמו חבילות]

רש"ל מ"ז

[לעיל עב.]

[ג"ל עורך]

לֹא בִּיטְּלוֹ. לָא בָּטֵיל, וְאֵין הַטּוּמְאָה בּוֹקַעַת לְמַעְלָה מִן הַגַּג, שֶׁיֵּשׁ לָהּ אֹהֶל לְעַצְמָהּ: רַבִּי יוֹסֵי הִיא. מִשּׁוּם דְּאַיְּירִי בָּהּ רַבִּי יוֹסֵי, כִּדְאָמְרִינַן לְקַמָּן נָקֵיט לָהּ: תֶּבֶן. מִלְּאוּהוּ תֶּבֶן, וְיוֹדְעִין אָנוּ שֶׁאֵינוֹ צָרִיךְ לוֹ, מִכָּל מָקוֹם לֹא בִּיטְּלוֹ בְּפֵירוּשׁ: הֲרֵי הוּא כִּסְתָם עָפָר. כְּעָפָר שֶׁאֵין אָנוּ יוֹדְעִין אִם עָתִיד לְפַנּוֹתוֹ אִי לָא – דִּסְתָמֵיהּ בָּטֵיל. אַלְמָא: לְר' יוֹסֵי עָפָר סְתָם בָּטֵיל. סְתָם תֶּבֶן שֶׁאֵין אָנוּ יוֹדְעִין אִם יִצְטָרֵךְ לִיטְּלוֹ – לָא בָּטֵיל: עָפָר. וְיוֹדְעִין אָנוּ שֶׁיְּפַנֵּהוּ, דְּלָאו סְתָמָא הוּא: הֲרֵי הוּא כִּסְתָם תֶּבֶן. שֶׁאֵין אָנוּ יוֹדְעִין אִם יְפַנֵּהוּ אִם לָאו, דִּסְתָמָא לָא בָּטֵיל: הַנַּח אִיסּוּר שַׁבָּת. כְּגוֹן מַתְנִי' כֵּיוָן דְּעָפָר אֵינוֹ נִיטָּל בְּשַׁבָּת – סְתָמֵיהּ בָּטֵיל: אֲפִילּוּ אַרְנְקֵי. כִּיס מָלֵא מָעוֹת בָּטֵיל שָׁם. אֲבָל תֶּבֶן וְקַשׁ נִיטָּל לְמַאֲכַל בְּהֵמָה: לְמִיטַּיְּמֵיהּ קָאֵי. הִלְכָּךְ, סְתַם עָפָר בָּטֵיל לֵיהּ, וַאֲפִילּוּ לְרַבָּנַן: בַּיִת לְמִיטַּיְּמֵיהּ קָאֵי. בִּתְמִיָּה: לֹא שָׁנוּ. דְּבָעֵי נֶסֶר ד': אֶלָּא שֶׁנְּתָנוֹ לְרָחְבּוֹ. אָרְכּוֹ שֶׁל דַּף לְרוֹחַב הֶחָרִיץ, מִשָּׂפָה לְשָׂפָה, כְּעֵין גֶּשֶׁר: אֲבָל לְאָרְכּוֹ. שֶׁנָּתַן לְאָרְכּוֹ שֶׁל חָרִיץ דַּף ד' אוֹרֶךְ עַל גַּבֵּי יְתֵדוֹת אֵצֶל שְׂפָתוֹ, סָתַם קְצָת רוֹחַב הֶחָרִיץ וּמִיעֲטוֹ מִד': אֲפִילּוּ כָּל שֶׁהוּא. שֶׁהָיְתָה דַּף קְצָרָה (ב) אֲפִילּוּ אֵינָהּ אֶלָּא כְּאֶצְבַּע – הֲרֵי מִיעֲטוֹ לְרוֹחַב הֶחָרִיץ מֵאַרְבָּעָה בְּמֶשֶׁךְ מִדַּת הַפֶּתַח, וּמַתְנִי' רְחַב ד' תְּנַן: זוֹ שֶׁלֹּא כְּנֶגֶד זוֹ. שֶׁהָיְתָה זוֹ בּוֹלֶטֶת לִרה"ר יוֹתֵר מֵחֲבֶרְתָּהּ לָא סַגֵּי לְהוּ בְּנֶסֶר אַרְבָּעָה: אֵין בֵּין זוֹ לָזוֹ ג'. אֵין רְחוֹקָה זוֹ מִזּוֹ שְׁלֹשָׁה: **מתני'** מַתְבֵּן. גָּדִישׁ שֶׁל תֶּבֶן, וּמַפְסִיק עַל פְּנֵי רוֹחַב כָּל הַחֲצֵירוֹת: מַאֲכִילִין. מִן הַתֶּבֶן לִבְהֶמְתָּן, וְלָא חָיְישִׁינַן דִּילְמָא מְמַעֵיט תֶּבֶן מִי' דְּהָוְיָא לָהּ חֲדָא רְשׁוּתָא, וְאָסְרִי אַהֲדָדֵי, וְלָא מַסְּקִי אַדַּעְתַּיְיהוּ וּמְטַלְטְלִי בֶּחָצֵר. לְהָא לָא חָיְישִׁינַן, דְּהָא אֲפִילּוּ אִימְעִיט, אִי לָא הָוֵי מִיעוּט עַל פְּנֵי עֶשֶׂר אַמּוֹת וְיוֹתֵר – לָא אָסְרִי. דְּהָא עַד עֶשֶׂר פִּיתְחָא הָוֵי, וְאֵין בְּהֵמָה מְמַעֶטֶת כָּל כָּךְ בַּאֲכִילָתָהּ בְּשַׁבָּת אֶחָד: נִתְמַעֵט הַתֶּבֶן. עַל (ג) כָּל הֶחָצֵר – אוֹ בְּמֶשֶׁךְ י' אַמּוֹת וְעוֹד: מְעָרְבִין אֶחָד. אִם נִתְמַעֵט בַּחוֹל: **גמ'** שֶׁלֹּא יִתֵּן. בְּיָדַיִם לְתוֹךְ קוּפָּתוֹ, דִּלְמָא שָׁקֵיל טוּבָא וּמְמַעֵיט לֵיהּ מֵעֲשָׂרָה, וְקָא מְטַלְטֵל בֶּחָצֵר הָאוֹסֶרֶת. וּמַאֲכִילִין דְּקָתָנֵי בְּמַתְנִי' – שֶׁהַבְּהֵמָה בָּאָה וְאוֹכֶלֶת, וְהָתָם לָא חָיְישִׁינַן לְדִלְמָא מְמַעֵיט, דִּבְהֵמָה קָלֵי קָלֵי אָכְלָה. לִישָּׁנָא אַחֲרִינָא: לֹא יִתֵּן לְתוֹךְ קוּפָּתוֹ – מִשּׁוּם דְּמוּקְצֶ' מֵאֶתְמוֹל לִמְחִיצָּה זוֹ: וּלְאוֹקְמֵי. בְּהֶמְתּוֹ עַל הַתֶּבֶן כְּדֵי לֶאֱכוֹל – שָׁרֵי, וְלָא גָּזְרִינַן דִּילְמָא שָׁקֵיל בְּיָדַיִם וְסָפֵי לָהּ. אַלְמָא: חָמִיר עֲלֵיהּ אִיסּוּר דְּרַבָּנַן וְלֹא עָבַר עֲלֵיהּ: וְהָא א"ר חֲנִינָא מַעֲמִיד אָדָם אֶת בְּהֶמְתּוֹ ע"ג עֲשָׂבִים. מְחוּבָּרִים, לֶאֱכוֹל. וְלָא חָיְישִׁינַן דִּלְמָא עָקַר בְּיָדַיִם וּמַאֲכִיל לָהּ, דְּהָא חָמִיר עֲלֵיהּ אִיסּוּר שַׁבָּת. אֲבָל אִיסּוּר מוּקְצֶה – קִיל לֵיהּ, וְחָיְישִׁינַן דִּלְמָא שָׁקֵיל בְּיָדַיִם וְסָפֵי לָהּ. ה"נ, כֵּיוָן דְּאִיסּוּרָא דְּרַבָּנַן הוּא דְּאִיכָּא – נֵיחוּשׁ: דְּקָאֵים בְּאַפָּהּ. מַתְנִי' לָאו דְּמוֹקִים לָהּ עֲלָהּ בְּיָדַיִם, אֶלָּא קָאֵי בְּאַפָּהּ שֶׁלֹּא תֵּלֵךְ בְּמָקוֹם אַחֵר, וְאִיהִי אָזְלָה וְאָכְלָה – וְכוּלֵּי הַאי לָא גְּזוּר רַבָּנַן: בַּיִת שֶׁבֵּין שְׁתֵּי חֲצֵירוֹת. וּשְׁנֵי בָּתִּים מִשְּׁתֵּי הַחֲצֵירוֹת פְּתוּחִין לוֹ: כֵּיצַד הוּא עוֹשֶׂה. לְהַתִּיר מִיהַת אֶת הָאֶחָד. נוֹעֵל אֶת בֵּיתוֹ הַפָּתוּחַ לְאוֹתוֹ בַּיִת, וּמְבַטֵּל אֶת רְשׁוּתוֹ וּלְקַמָּן [עמו' ב] פָּרֵיךְ: תַּרְתֵּי לָמָּה לִי נְעִילָה וּבִיטּוּל: הוּא אָסוּר. לְהוֹצִיא מֵאוֹתוֹ בַּיִת לֶחָצֵר שֶׁלּוֹ, שֶׁהֲרֵי בִּיטֵּל רְשׁוּתוֹ, וְכָל הַבַּיִת כְּחָצֵר אַחֶרֶת הוּא: בְּגוֹב שֶׁבֵּין שְׁנֵי תְחוּמֵי שַׁבָּת. בּוֹר רָחָב לְהַכְנִיס בּוֹ תֶּבֶן, וְאִם בֵּין שְׁנֵי תְחוּמִין הוּא, חֶצְיוֹ בִּתְחוּם עִיר זוֹ וְחֶצְיוֹ בִּתְחוּם עִיר זוֹ – אֵלּוּ נוֹטְלִין וְאוֹכְלִין מִתּוֹךְ תְּחוּמָן בְּיוֹם טוֹב, וְכֵן אֵלּוּ. וְאֵין חוֹשְׁשִׁין שֶׁמָּא אֵלּוּ יִקְחוּ מִן הַתְּחוּם הַשֵּׁנִי: כֵּיוָן דְּאִיכָּא תִּקְרָה. נִיכָּר שֶׁגַּג הַגָּדִישׁ מִתְרַחֵק מִן הַתִּקְרָה, וְאִי מְפַחֵית מֵעֲשָׂרָה – רָמֵי אַנַּפְשֵׁיהּ וּפָרֵישׁ. וְלִישָּׁנָא דְּמוּקְצֶה נַמִּי אֵין אָסוּר מִשּׁוּם מוּקְצֶה אֶלָּא מִי' וּלְמַטָּה, דְּכָל מֵעֲשָׂרָה וּלְמַעְלָה – לָאו *גּוּרַת מְחִיצָּה הִיא. אֲבָל מַתְנִי' דְּקָאֵי מַתְבֵּן בֶּחָצֵר וְאֵין עָלָיו תִּקְרָה – לָא מִינְכְּרָא מִילְּתָא: שָׁמְעַתְּ מִינָּהּ מְחִיצּוֹת. הַמַּפְסִיקוֹת בַּבַּיִת, וְאֵין מַגִּיעוֹת לַתִּקְרָה – שְׁמָן מְחִיצּוֹת, וּתְיוּבְתָּא דְּמַאן דְּאָמַר בְּפֶרֶק "הַדָּר" (לעיל דף עב.) גַּבֵּי ה' חֲבוּרוֹת שֶׁשָּׁבְתוּ בִּטְרַקְלִין דְּבִמְחִיצּוֹת י' שָׁרוּ בַּ"ה, וּמִשּׁוּם דְּאֵין מַגִּיעוֹת לַתִּקְרָה לָא מִפַּלְגֵי דִּיוּרִין:

תֶּבֶן

היא ברייתא. דאין להביא ברייתא כיון שיכול להביא המשנה. ומה שאומר בפ"ק דסוכה (דף ד.): תבן ואין עתיד לפנותו, ועפר סתם – מחלוקת ר' יוסי ורבנן. אע"ג דבמתני' דאהלות לא איירי רבנן מידי בתבן, מ"מ מכל שכן דעפר שמעינן דבעי ביטול. והא דפשיטא ליה תבן וביטלו הוה מיעוט לרבנן – שפיר שמעינן מכל שכן דכרי דתבואה, דמהני ביטול. והא דקאמר התם, עפר סתם מחלוקת רבי יוסי ורבנן – הוה מצי למימר נמי: עפר ואין עתיד לפנותו. דבהא נמי פליגי רבנן, ואמרי: דלא בטיל אלא אם כן ביטלו ואין עתיד לפנותו לאו היינו ביטלו, כדמוכח התם. אלא משום רבי יוסי נקט עפר סתם, ולא חש להאריך ולמינקט תרוייהו:

מאן תנא אהלות ר' יוסי היא. אע"פ שלא היה יודע ברייתא זו דקא מייתי – יודע היה שרבי יוסי דיבר על ההיא משנה דאהלות. וכי האי גוונא איכא בפרק קמא דיומא (דף יד:) גבי מאן תנא תמיד – ר"ש איש המצפה היא:

הרי הוא כסתם עפר ובטל. וטומאה בוקעת ועולה, כדקתני באהלות. וא"ת: והא ר' יוסי קסבר דטומאה טמונה אינה בוקעת בפ' "העור והרוטב" (חולין דף קכה:), דקאמר ר' יוסי חבילי המטה וסריגי החלונות שפירסו על פני המת באויר, הנוגע שלא כנגד הנקב – טהור. ומוקי לה בסמוכין לו בפחות מטפח! ואומר ר"י: דמ"מ מהני ביטול, לענין שלא יבא טומאה לכלים שבצידו. והא דא"ר יוסי בפרק "הישן" (סוכה כא:): במקומו היה עומד וממלא, מפני קבר התהום – היינו דוקא בקבר, דכתיב קרא (במדבר יט): "או בקבר" שהמאהיל על הקבר טמא. אבל בעלמא קסבר ר' יוסי דאינה בוקעת וטהור: **דקאים** לה באפה ואזלה. ואם תאמר: אם כן מאי איריא דנקט רב הונא שלא יתן לתוך קופתו ויאכיל? כיון דאסור אפילו להעמידה, אע"ג דלא מטלטל! וי"ל: דאי הוה נקט ליה אסור להעמיד – לא הוה ידעינן מאי טעמא, כל כמה דלא אשמעינן שאסור לטלטל. הלכך אשמעינן שאסור ליתן לתוך קופתו, משום דלמא מיפחית ולאו אדעתא וממילא ידעינן דאסור להעמיד: **וכן** אתה מוצא בגוב של תבן. פירש בקונטרס: גוב = בור. ולא שייך בור גבי תבן, ויש מפרשים לשון קש וגבבא:

שמע מינה מחיצות שאין מגיעות לתקרה שמן מחיצות. בתמיה. פי': במחילות עראי כי הך. ולעיל (עב:) פסקינן כרבי יהודה הסבר, דאמר לב"ה עירוב אחד לכולן במחילות שאינן מגיעות לתקרה, והתם נמי במחילות עראי איירי, כדפי' התם(ד):

דכל

רבינו חננאל

בסתמא לא בטיל. ופריק רב הונא מאן תנא אהלות ר' יוסי ופליג אתנא דידן איני והא ר' יוסי איפכא קתני (דתנן) [דתניא בתוספתא] באהלות פ' [ט"ו] ר' יוסי אומר תבן ואין עתיד לפנותו הרי הוא כסתם עפר ובטיל. עפר (ואין עתיד) [ועתיד] לפנותו הרי הוא כסתם תבן ואינו בטל קתני מיהת הרי הוא כסתם עפר ובטל מכלל דר' יוסי סבר עפר סתם בטל אלא תנא דעירובין הוא ר' יוסי ופליג עליה תנא דאהלו' רב הונא בריה דרב יהושע א' גבי איסור שבת אפי' ארנקי בטיל וכ"ש עפר או צרורות רב אסי אמר בית אחריץ לא רמינן חריץ למטמייהו קאי הלכך סתמא בטיל אבל בית לאו למימליה קאי הלכך אי פריש דבטליה אין אי לא לא: **מתני'** נתן עליו נסר שרחב ד' טפחים כו' אמר רבה לא שנו שאם נתן בחריץ נסר פחות מד' טפחים מערבין שנים ואין מערבין אחד אלא בזמן שהושיט זה הנסר מזה הצד לצדו האחר של חריץ לרחבו אבל אם נתן זה הנסר לארכו של חריץ מצד אחר של חריץ אפי' פחות מד' מערבין אחד שהרי מיעט החריץ מד' טפחים לפי שרחב החריץ שנינו כי הוא [רוחב ד' ואם] נתן בו זה הנסר לארכו [הרי] מיעט רחבו מד' טפחים אמר רבא הא דתנן וכן ב' גזוזטראות זו כנגד זו מותר אבל זו שלא כנגד זו או למעלה מזו [לא] ולא אמרן [אלא] שיש ביניהן ג' טפחים אבל אין [ביניהן] ג' טפחים עמוקה היא ושרי: **מתני'** מתבן שבין ב' חצירות גבוה י' טפחים מערבין שנים ואין מערבין אחד. אלו מאכילין מיכן ואלו מאכילין מיכן. ואוקימנא מתבן שבין ב' חצירות גבוה י' טפחים לא שרי לכל חד וחד מינייהו אלא למיקם באפי בהמתו ממילא ואזלא ואכלה אבל ליתן תבן לתוך קופה או להעמידה על המתבן ולהאכילה אסור. ואם הוא מתבן בתוך הבית גבוה י' טפחים והבית בין שתי החיצונות זה נותן לתוך קופתו ומאכיל וזה נותן לתוך קופתו ומאכיל. ומ"ש בית דאית ליה מחיצות ותקרה כי מיפחית התבן מי' טפחים מינכרא מילתא דחזי ליה דקא מירחק מן התקרה וכיון דתתמעט מעשרה טפחים ידע דתרווייהו אסירי ואי בעי נועל פתח ביתו ומבטל רשותו והוא אסור וחבירו מותר. וכן אתה אומר בניב של תבן. פי' תבן מעובה כמין חבילות שבין ב' תחומי שבת. דין (נבוה) [ניב של תבן] ודין מתבן שבין ב' חצירות אחד הוא ולא שרו אלא למיקם באפי בהמתו ותיזיל היא ותיכול. אבל לתת לתוך קופתו או להאכילה הוא לא (דבר) [דכר] מפחית

הגהות הב"ח

(א) גמ' אמר רבא הא דתנן וכן שתי גזוזטראות וכו' זו כנגד זו אין זו שלא כנגד זו או זו למעלה מזו לא וזו למעלה מזו נמי: (ב) רש"י ד"ה אפילו כו' ואפילו אינה: (ג) ד"ה נתמעט התבן על פני רוחב כל החצר: (ד) תוס' ד"ה שמע וכו' כדפירש התם. נ"ב בד"ה במחיצות:

גליון הש"ס

גמ' מאן תנא עירובין ר' יוסי היא. עיין לקמן דף פ ע"א תד"ה בור מאי איכא למימר:

רב נסים גאון

שמעת מינה מחיצות שאין מגיעות לתקרה הויאן מחיצות הווייא דהא מילתא בפרק הדר עם הגוי (דף עב) פליגו בה ר' חייא ור' שמעון בר' חד אמר מחלוקת במחיצות שאין מגיעות לתקרה ויש בה עוד הדברים של ענין דיורין הבאן בשבת:

לה א מיי' פ"א מהלכות עירובין הלכה יז סמג עשין א טוש"ע א"ח סי' שסו סעיף ט:

[נ"ל במגורה]

לו ב מיי' שם הלכה כ וטוש"ע שם סעיף י:

לז ג מיי' שם הלכה יז וטוש"ע שם סעיף ט:

לח ד מיי' פכ"ט מהל' שבת הלכה ז סמג עשין כט טוש"ע א"ח סי' רעא סעיף יג:

לט ה ו מיי' פ"ב מהל' שבת הלכה יד סמג לאוין סה טוש"ע א"ח סי' שכח סעיף יח וסי' של סעיף ו:

ותבן שבעה ומשהו. דכל *פחות משלשה כלבוד דמי. בשלמא לאביי — היינו דקתני "מעשרה". אלא לרב הונא בריה דרב יהושע, מאי מעשרה? מתורת עשרה.§ "שניהן אסורין".§ שמע מינה: דיורין הבאין בשבת *אסורין. דלמא דאימעט מאתמול.§ "כיצד הוא עושה? נועל את ביתו ומבטל רשותו".§ תרתי?! הכי קאמר: או נועל את ביתו, או מבטל את רשותו. ואיבעית אימא: לעולם תרתי, כיון דדש ביה — אתי לטלטולי.§ "הוא אסור וחבירו מותר".§ פשיטא! לא צריכא דהדר אידך ובטיל ליה לחבריה. והא קמ"ל: *דאין מבטלין וחוזרין ומבטלין.§ "וכן אתה אומר בגוב של תבן שבין שני תחומי שבת".§ פשיטא! לא צריכא לרע"ק *דאמר: תחומין דאורייתא. מהו דתימא: ליגזור דלמא אתי לאיחלופי — קמ"ל.§

מתני' *כיצד משתתפין במבוי? [א]מניח את החבית, ואומר: הרי זו לכל בני מבוי. ומזכה להן [ב]על ידי בנו ובתו הגדולים, וע"י עבדו ושפחתו העברים, וע"י אשתו. אבל אינו מזכה לא ע"י בנו ובתו הקטנים, ולא ע"י עבדו ושפחתו הכנענים, מפני שידן כידו.§ גמ' אמר רב יהודה: [ג]חבית של שיתופי מבואות — צריך להגביה מן הקרקע טפח. אמר רבא: הני תרתי מילי סבי דפומבדיתא אמרינהו. חדא — הא. אידך: *[ד]המקדש, אם טעם מלא לוגמיו — יצא, ואם לאו — לא יצא. אמר רב חביבא: הא נמי סבי דפומבדיתא אמרינהו. *דאמר רב יהודה, אמר שמואל: [ה]עושין מדורה לחיה בשבת. סבור מינה: לחיה — אין, לחולה — לא. בימות הגשמים — אין, בימות החמה — לא. איתמר, אמר רב חייא בר אבין, אמר שמואל: [ו]הקיז דם ונצטנן — עושין לו מדורה בשבת, ואפילו בתקופת תמוז. אמר אמימר: הא נמי סבי דפומבדיתא אמרינהו. *דאיתמר: איזו היא אשירה סתם? אמר רב: כל שכומרין שומרין אותה, ואין

הלכה: ב מנחות

תבן שבעה ומשהו. ולקמן פריך: הא "נתמעט מעשרה" קתני: שניהן אסורין. לעיל קאי, דקתני נתמעט התבן מעשרה – אסרי אהדדי: שמע מינה דיורין הבאין בשבת. כי הכא, דאמש לא היו דיורין אלו שולטין מן התבן והלאה, ועכשיו הן שולטין בכל הבית: אסורין. ולא אמר: שבת הואיל והותרה הותרה. ופלוגתא היא בפ"ק (דף יז.)(א) גבי שיירא שחנתה בבקעה*: או נועל את ביתו. דגלי דעתיה דאסתלק מהכא, והיינו ביטוליה: ואיבעית אימא לעולם תרתי. ולענין היתר חבירו – בחדא סגי, ומיהו לדידיה בעי למיעבד הרחקה, דלא ליתי לטלטולי. והוא הדין דסבירא ליה להאי תנא בכל מבטלי רשות דבעי לנעול: לא צריכא אלא דהדר. האי מקבל רשותו, ובטיל ליה רשותיה להאי מבטל, לאחר שעשה צרכיו: פשיטא. מאי אולמיה דתחומין מחצירות, הא והא דרבנן היא: דרע"ק. במסכת סוטה בפרק "כשם" (דף כז.): מהו דתימא ניגזור דלמא אתי לאיחלופי. וליקח מתחום שאינו שלהן, וקא עברי אדאורייתא: מתני' מניח את החבית. משלו אם ירצה: ומזכה להן על ידי בנו ובתו. ואומר להן: קבלו חבית זו וזכו בה לשם כל בני מבוי: שידן כידו. ולא זכייה היא: גמ' צריך להגביה מן הקרקע. כשהוא מזכה אותה להן. דכל כמה דמנחא ברשותיה לא הויא זכייה. והכי תני לה בתוספתא (פ"ו): אם משלהן – אין צריך לזכות, ואם משלו – השליח מגביה מן הקרקע, ואומר זכיתי *לכם: סבי דפומבדיתא. רב יהודה וישיבתו, בשילהי פ"ק דסנהדרין*: מדורה. היסק גדול: איזו היא אשירה סתם. אף על גב דלא חזינן ליה דפלחוה, מחזקינן לה בהכי: ואין

דכל פחות מג' כלבוד דמי. ולאביי, אע"ג דבעלמא מהני לבוד בכי האי גוונא, כדאשכחן לעיל (דף טז:) גבי חבלים – הכא לא חשיב ליה. דהא מחילות שאין מגיעות נמי לא מחשבי להו הכא: שמע מינה דיורין הבאין בשבת אסורין. יש דיורין הבאין בשבת שאסורין – כגון ישראל וגר ששרויין *בדירה אחת, ומת גר מבעוד יום, כדאמר בפרק "הדר" (לעיל דף ע:) והכא בדיורין הבאין בשבת על ידי נפילת מחילה שבין שתי חצירות איירי, [דפליגי ביה רב ושמואל], ומיבעיא ליה לרב אושעיא בפרק "כל גגות" (לקמן דף צג:): ואיבעית אימא לעולם תרתי. פי' בקונטרס: ולענין היתר חבירו – בחדא סגי. מיהו, לדידיה בעי למיעבד הרחקה דלא ליתי לטלטולי והוא הדין דסבירא ליה להאי תנא בכל מבטלין רשות, דצריך לנעול. וקצת תימה באנשי חצר ששכח אחד מהן ולא עירב, היאך יכנס ויצא אם לא דרך חצר, אם צריך לנעילת דלת? ושמא י"ל: דבעי נעילת דלת, ובשעה שיצטרך להיכנס ולצאת – יפתח וינעול אחר כך. וקצת נראה דדווקא הכא צריך נעילת דלת. שעד עתה הורגלו לטלטל בלא שום עירוב, שהיה תבן מפסיק, ואיכא למיחש כדאמר כיון דדש ביה, אתי לטלטולי. אבל באנשי חצר ששכח אחד מהן ולא עירב, ולא הורגל לטלטל באותה חצר אלא על ידי עירוב או ביטול רשות – הלכך לא בעי נעילת דלת. ונראה דהכא נמי לא בעו לנעילת דלת אלא שבת ראשונה שאחר המיעוט, כיון שבשבת שעברה היו מטלטלין שם בלא עירוב ובלא ביטול רשות, אבל לשבת אחרת לא יצטרכו עוד לנעול. דאין סברא שעד לעולם יהא צריך נעילה, ולא נשוה אותו לשאר ביטול בשביל שהיתה שם מחילה מפסקת פעם אחת. ולעיל בפרק "הדר" (דף סח.) דאמר להו רבא: פנו לי מאני מבי גברי לבי נשי. [ופי' שם הקונטרס: רש"ל דפינה כליו, שלא יבוא להוציא משם לחצר], משמע קצת דחיישינן שמא יטלטל. ומיהו, אדרבה משמע דלא הוו בעו נעילת דלת. וגם רבא שצוה לפנות כליו משמע דוקא לפי שביטל הוצרך לפנות, שלא יוציא בשוגג ויאסור. אבל אם לא היה מבטל – לא היה צריך לא הוא ולא שאר בני החצר לפנות כלים, ולא לנעול. ומיהו, מצי למימר כמו שפי' בקונטרס: דליכא למיחש דלמא אתי לטלטולי אלא כשרואה אחרים מטלטלין. ויותר נראה הטעם דלמא יוציא ויחזיק. ונראה דאם הלכה כר' יהודה, *דאמר בשוגג אינו אוסר – אין נראה שיהא טעם שלא יוציא במזיד ויאסור, דאין לחוש שיוציא במזיד באיסור: והא קמ"ל דאין מבטלין וחוזרין ומבטלין. ומהך ברייתא לא תיקשי לרב דאמר פ' "הדר" (לעיל דף סח:) חוזרין ומבטלין, דהוא מוקי מילתיה כתנאי כדקאמר רב ששת התם: ומזכה להם על ידי בנו ובתו הגדולים כו'. אומר ר"ת: דלר' יוחנן, דאמר בפ"ק דב"מ (ד' יב:) גבי מציאה, לא גדול גדול ממש, והוא הדין הכא, וצריך ליזהר שלא לזכות העירוב ע"י בנו הגדול הסמוך לשלחנו, דידו כיד אביו הוא. ואע"ג דשמואל פליג עליה התם, ואומר: גדול – גדול ממש, קיימא לן כרבי יוחנן לגבי שמואל. ואין לתמוה לרבי יוחנן היאך יש יד לקטן לזכות, דהא מה נפשך אמה העבריה [נמי] קטנה היא. דאי אתיא שערות – מאי בעיא גביה, וקתני דמזכה על ידה. ואע"ג דבעלמא אין קטן זוכה לאחרים – *שאני שיתופי מבואות דרבנן. והכי איתא בהדיא בפרק "התקבל" (גיטין דף סד:). ואם תאמר: אמה העבריה היכי זוכה? והלא היא סמוכה על שלחן רבה! ואר"ת: דבשכרה קא אכלה. ולר"י נראה: דלא מהני טעמא דסמוך על שלחן – אלא בבנו שרגיל לפרנסו, ואם לא יהיה מציאתו לאביו יש לחוש שלא יתן לו מזונות. אבל שאר בני אדם הסמוכים על שלחנו של בעל הבית – אין מציאתן שלו. ומיהו, בתו אפילו נערה, ואינה סמוכה על שלחנו – מציאתה לאביה משום איבה, ודילמא מסר לה למנוול ומוכה שחין, כדאמר בפ' "נערה" בכתובות (דף מז.) דטעמא דאיבה שייך אפילו באינה סמוכה ואפילו בנערה: ועל ידי אשתו. בסוף נדרים (דף פח:) מוקי לה שיש לה בית באותו מבוי, דמגו דזכייה לנפשה זכייה נמי לאחריני. אבל אין לה בית – לא, דיד אשה כיד בעלה. ואם תאמר: אי במקבלת פרס – הא אינה צריכה לזכות לעצמה, כדאמר פרק "הדר" (לעיל עג.) דרבי יהודה בן בתירא מתיר בנשים ואוסר בעבדים. ואע"ג דהתם בעירוב בא אצלו, הכא נמי: כיון שהוא מזכה להם – מסתמא מניח העירוב בביתו. ואי אינה מקבלת פרס – אפילו אין לה בית נמי תזכה להם, דאין ידה כיד בעלה. וי"ל: דהכא כשנותן לה הבעל מעות למזונות. וכי האי גוונא לא חשיבא מקבלת פרס, אלא אם כן הביאה המאכל והמשתה מתוך ביתו ואוכלת. אי נמי: הכא במספקת במעשה ידיה. ולענין מציאה ולכל דבר הוי ידה כיד בעלה, דכסמוכה על שלחנו דמיא ולענין מקבלת פרס – לא דמיא. ואם תאמר: א"כ, בנו ובתו הקטנים יזכו לאחרים בעירובם כי האי גוונא על ידי מיגו כשיש להם בית באותה חצר, וכן עבדו ושפחתו הכנענים – דהא ודאי יש להם זכייה לענין עירוב, כיון שאוסרין כשיש להם חצר או בית כדאמר לעיל דאוסר בעבדים ומתיר בנשים. ולענין עירובי תחומין דאמרינן בריש "כילד משתתפין" (לקמן דף פב.) שהרב מערב על ידם, אטו אם ליתיה לרבם נאמר שלא יוכלו לערב? סתמא דמלתא תקינו להו רבנן זיכוי לענין עירוב. ונראה לר"י: דלפי המסקנא דנדרים אתי כר' יהודה בן בבא, דמתיר בעבדים ואוסר בנשים. לעיל בפרק "הדר" [עג.] ותרווייהו מקבלי פרס, ואשתו צריכה לערב, אבל עבד אין צריך לערב: צריך להגביה מן הקרקע טפח. מכאן אין להוכיח דהגבהה סגי בטפח* – דשאני שיתופי מבואות דרבנן. תדע, דהא לא קאתי הכא לאשמעינן דין הגבהה בכל מקום*: אם טעם מלא לוגמיו. פירש ר"ת: דהא מלא לוגמיו לאו דווקא מלא לוגמיו, אלא ר"ל כדמפרש בפ' בתרא דיומא (דף פ.): כל שאילו מסלקו לצד אחד ונראה כמלא לוגמא, ובפ' בתרא דיומא (שם) מוכח דמלא לוגמיו נפיש מרביעית, וב"ערבי פסחים" (דף קח:) אמר דבארבע כוסות יש שיעור רביעית, וכוס של קידוש אחד. מהן ואיך יטעום מלא לוגמא? הא אין בו כל כך:

רבינו חננאל

מפחית מי' טפחים כיון דליכא תקרה לא מינכרא מילת': ואוקימנא דהאי בית דאית ביה האי תיבנא גובהו י"ג טפחים חסר משהו והתבן י' טפחים (חסר משהו) דכל פחות מג' כלבוד דמי שנמצא התבן כאילו מגיע עד שמי תקרה דבעינן מחיצות המגיעות לתקרה מדקתני הוא אסור וחבירו מותר ש"מ דקסבר אין מבטלין וחוזרין ומבטלין. וכן אתה אומר בגיב של תבן שבין ב' תחומי שבת פשיטה לא צריכא לר' עקיבא דאמר תחומין דאורייתא: מתני' כיצד משתתפין במבוי כו' אמר רבה חבית של שיתופי מבוי צריך להגביהה מן הקרקע טפח והמקדש אם טעם מלא לוגמיו יצא. ואם לאו לא יצא. הני מילי תרי סבי דפומבדיתא אמרוה. שמואל אמר (אף) עושין מדורה לחיה בשבת סבור מינה לחיה אין לחולה לא אמר שמואל הקיז דם ונצטנן עושין לו מדורה אפי' בתקופת תמוז כו'. איזו היא אשירה אמר רב כל שהכומרים שומרין אותה

רב נסים גאון

לא צריכא לר' עקיבא דאמר תחומין דאורייתא כבר פירשנוה למעלה דעיקר דברי ר' עקיבא במס' סוטה (דף כז):

[וע"ע תוס' ב"ק כט: ד"ה אלא ותוס' כתובות לא. ד"ה לאי וד"ה נימא ותוס' קידושין כו. ד"ה אי נמי]

לעיל טז.

[נ"ל ומת אחד מהן ע' מהרש"א על תוס' ד"ה ש"מ]

בד"י אוסרין וכהן פי' שם ברש"י ותוס'

[לעיל סח.]

[לקמן קג. סוטה כז: וש"נ]

לעיל עג: נדרים פח: גיטין סד:

נ"ל להם

[דף יז:]

שבת קכט.

ע"ז מח.

[לעיל סט.]

הא אמרי' בפ' התקבל שאני שיתופי מבואות דרבנן וא"ת אמה וכו' כצ"ל רש"ל

[קידושין כה:]

הגהות הב"ח

(א) רש"י ד"ה אסורין וכו' בפ"ק. נ"ב פלוגתא דרב הונא ור' יצחק בדף יז ע"א:

גמרא

וְאֵין טוֹעֲמִין מִפֵּירוֹתֶיהָ. וּשְׁמוּאֵל אָמַר: [א]כְּגוֹן דְּאָמְרִי "הָנֵי תַּמְרֵי לְשִׁיכְרָא דְּבֵי נִצְרְפֵי דְּשָׁתוּ לֵיהּ בְּיוֹם חַגָּם". (אֲמַר אֲמֵימָר,) וַאֲמַרוּ לִי סָבֵי דְּפוּמְבְּדִיתָא: הִלְכְתָא כְּוָותֵיהּ דִּשְׁמוּאֵל, מֵיתִיבִי: כֵּיצַד מִשְׁתַּתְּפִין בַּמָּבוֹי — מְבִיאִים חָבִית שֶׁל יַיִן וְשֶׁל שֶׁמֶן וְשֶׁל תְּמָרִים וְשֶׁל גְּרוֹגְרוֹת וְשֶׁל שְׁאָר מִינֵי פֵּירוֹת, אִם מִשֶּׁלּוֹ — צָרִיךְ לְזַכּוֹת, וְאִם מִשֶּׁלָּהֶן — צָרִיךְ לְהוֹדִיעַ. וּמַגְבִּיהַּ מִן הַקַּרְקַע מַשֶּׁהוּ! מַאי "מַשֶּׁהוּ" נַמִי דְּקָאָמַר — טֶפַח. אִיתְּמַר, שִׁיתּוּפֵי מְבוֹאוֹת, רַב אָמַר: אֵין צָרִיךְ לְזַכּוֹת, וּשְׁמוּאֵל אָמַר: צָרִיךְ לְזַכּוֹת. עֵירוּבֵי תְחוּמִין, רַב אָמַר: צָרִיךְ לְזַכּוֹת. וּשְׁמוּאֵל אָמַר: אֵין צָרִיךְ לְזַכּוֹת. בִּשְׁלָמָא לִשְׁמוּאֵל — הָכָא — תְּנַן, וְהָכָא — לָא תְּנַן. אֶלָּא לְרַב, מַאי טַעְמָא? תַּנָּאֵי הִיא; דַּאֲמַר רַב יְהוּדָה, אֲמַר רַב: מַעֲשֶׂה בְּכַלָּתוֹ שֶׁל רַבִּי אוֹשַׁעְיָא שֶׁהָלְכָה לְבֵית הַמֶּרְחָץ וְחָשְׁכָה לָהּ, וְעֵירְבָה לָהּ חֲמוֹתָהּ. וּבָא מַעֲשֶׂה לִפְנֵי רַבִּי חִיָּיא, וְאָסַר. אָמַר לוֹ רַבִּי יִשְׁמָעֵאל בְּרַבִּי יוֹסֵי: בַּבְלַאי! כָּל כָּךְ אַתָּה מַחְמִיר בְּעֵירוּבִין?! כָּךְ אָמַר אַבָּא: כֹּל שֶׁיֵּשׁ לְךָ לְהָקֵל בְּעֵירוּבִין — הָקֵל. וְאִבַּעְיָא לְהוּ: מִשֶּׁל חֲמוֹתָהּ עֵירְבָה לָהּ, וּמִשּׁוּם דְּלָא זִיכְּתָה לָהּ, אוֹ דִּילְמָא: מִשֶּׁלָּהּ עֵירְבָה לָהּ, וּמִשּׁוּם דְּשֶׁלֹּא מִדַּעְתָּהּ? אֲמַר לְהֶן הַהוּא מֵרַבָּנַן וְרַבִּי יַעֲקֹב שְׁמֵיהּ: לְדִידִי מִיפָּרְשָׁא לִי מִינֵּיהּ דְּרַבִּי יוֹחָנָן: מִשֶּׁל חֲמוֹתָהּ עֵירְבָה, וּמִשּׁוּם דְּלָא זִיכְּתָה לָהּ. אֲמַר לֵיהּ רַבִּי זֵירָא לְרַבִּי יַעֲקֹב (*בְּרֵיהּ) דְּבַת יַעֲקֹב: כִּי מָטֵית הָתָם, אַקִּיף וְזִיל לְסוּלָּמָא דְּצוֹר, וּבְעֵי מִינֵּיהּ מֵרַב יַעֲקֹב בַּר אִידִי. בְּעָא מִינֵּיהּ: מִשֶּׁל חֲמוֹתָהּ עֵירְבָה, וּמִשּׁוּם דְּלָא זִיכְּתָה לָהּ, אוֹ דִּלְמָא: מִשֶּׁלָּהּ עֵירְבָה, וּמִשּׁוּם דְּשֶׁלֹּא מִדַּעְתָּהּ? אֲמַר לֵיהּ: מִשֶּׁל חֲמוֹתָהּ עֵירְבָה לָהּ, וּמִשּׁוּם דְּלָא זִיכְּתָה לָהּ. אָמַר רַב נַחְמָן, נְקִטִינַן: [ב]אֶחָד עֵירוּבֵי תְחוּמִין, (א)[ג]וְאֶחָד עֵירוּבֵי חֲצֵירוֹת, [ד]אֶחָד שִׁיתּוּפֵי מְבוֹאוֹת — צָרִיךְ לְזַכּוֹת. בָּעֵי רַב נַחְמָן: עֵירוּבֵי תַבְשִׁילִין, צָרִיךְ לְזַכּוֹת, אוֹ אֵין צָרִיךְ לְזַכּוֹת? אֲמַר רַב יוֹסֵף: וּמַאי תִּיבְּעֵי לֵיהּ? לָא שְׁמִיעַ לֵיהּ הָא דְּאָמַר ר"נ בַּר רַב אַדָּא אָמַר שְׁמוּאֵל: [ה]עֵירוּבֵי תַבְשִׁילִין צָרִיךְ לְזַכּוֹת?! אֲמַר לֵיהּ אַבַּיֵי: פְּשִׁיטָא דְּלָא שְׁמִיעַ לֵיהּ, דְּאִי שְׁמִיעַ לֵיהּ — מַאי תִּיבְּעֵי לֵיהּ? אֲמַר לֵיהּ: אַטּוּ עֵירוּבֵי תְחוּמִין מִי לָא אֲמַר שְׁמוּאֵל "אֵין צָרִיךְ לְזַכּוֹת", וַאֲמַר אִיהוּ "צָרִיךְ לְזַכּוֹת"? הָכִי הָשְׁתָּא?! בִּשְׁלָמָא הָתָם — פְּלִיגִי רַב וּשְׁמוּאֵל, וְקָא מַשְׁמַע לַן כְּחוּמְרִין דְּמָר וְכִי חוּמְרִין דְּמָר, אֲבָל הָכָא, אִי אִיתָא דִּשְׁמִיעַ לֵיהּ — מִי אִיכָּא דְּמַאן דְּפָלֵיג? הַהוּא טוּרְזִינָא דַּהֲוָה בְּשִׁיבָבוּתֵיהּ דְּרַבִּי זֵירָא, א"ל אוֹגִיר לַן רְשׁוּתָךְ. לָא אוֹגִיר לְהוּ. אֲתוּ לְקַמֵּיהּ דְּר' זֵירָא, אֲמַרוּ לֵיהּ: מַהוּ לְמֵיגַר מִדְּבֵיתְהוּ? אֲמַר לְהוּ: הָכִי אֲמַר ר"ל מִשְּׁמֵיהּ דְּגַבְרָא רַבָּה, וּמַנּוּ — רַבִּי חֲנִינָא: [ו]אִשְׁתּוֹ שֶׁל אָדָם מְעָרֶבֶת שֶׁלֹּא מִדַּעְתּוֹ. הַהוּא טוּרְזִינָא דַּהֲוָה בְּשִׁיבָבוּתֵיהּ דְּרַב יְהוּדָה בַּר אוֹשַׁעְיָא, אָמְרִי לֵיהּ: אוֹגַר לַן רְשׁוּתָךְ. לָא אוֹגַר לְהוּ. אָתוּ לְקַמֵּיהּ דְּרַב יְהוּדָה בַּר אוֹשַׁעְיָא, אָמְרִי לֵיהּ: מַהוּ לְמֵיגַר מִדְּבֵיתְהוּ? לָא הֲוָה בִּידֵיהּ, אָתוּ לְקַמֵּיהּ דְּרַב מַתְּנָה — לָא הֲוָה בִּידֵיהּ. אָתוּ לְקַמֵּיהּ דְּרַב יְהוּדָה, אֲמַר לְהוּ, הָכִי אֲמַר שְׁמוּאֵל: אִשְׁתּוֹ שֶׁל אָדָם מְעָרֶבֶת שֶׁלֹּא מִדַּעְתּוֹ. מֵיתִיבִי: נָשִׁים שֶׁעֵירְבוּ וְנִשְׁתַּתְּפוּ שֶׁלֹּא מִדַּעַת בַּעֲלֵיהֶן — אֵין עֵירוּבָן עֵירוּב, וְאֵין שִׁיתּוּפָן שִׁיתּוּף! לָא קַשְׁיָא; [ז]הָא — דְּאָסַר, הָא — דְּלָא אָסַר. הָכִי נַמִי מִסְתַּבְּרָא, דְּאִם כֵּן — קַשְׁיָא דִּשְׁמוּאֵל אַדִּשְׁמוּאֵל; דְּאָמַר שְׁמוּאֵל: [ח]אֶחָד מִבְּנֵי מָבוֹי שֶׁרָגִיל לְהִשְׁתַּתֵּף עִם בְּנֵי מָבוֹי, וְלֹא נִשְׁתַּתֵּף — בְּנֵי הַמָּבוֹי נִכְנָסִין לְתוֹךְ בֵּיתוֹ וְנוֹטְלִין שִׁיתּוּפָן מִמֶּנּוּ בְּעַל כָּרְחוֹ. רָגִיל — אִין, שֶׁאֵין רָגִיל — לָא. שְׁמַע מִינַּהּ. לֵימָא מְסַיֵּיעַ לֵיהּ: [ט] כּוֹפִין אוֹתוֹ לַעֲשׂוֹת לֶחִי וְקוֹרָה לַמָּבוֹי. שָׁאנֵי

רש"י

וְאֵין טוֹעֲמִין מִפֵּירוֹתֶיהָ. דְּאִי לָאו דְּפָלְחוּהָ לָא הָווּ פָּרְשֵׁי מִינָּהּ: נִצְרְפֵי. שֵׁם ע"ז שֶׁהָיְתָה בְּאוֹתָהּ מְדִינָה: צָרִיךְ לְהוֹדִיעַ. אִם חֲפֵצִין בְּכָךְ, שֶׁמָּא מַקְפִּידִין בְּעֵירוּבִין, וְאָמַר (*כפ"ק): הַמַּקְפִּיד עַל עֵירוּבוֹ – אֵינוֹ עֵירוּב שֶׁאֵינוֹ נוֹחַ בְּאוֹתָהּ פַּת לִיתֵּן לַחֲבֵירָיו. אֲבָל מִשֶּׁלּוֹ אֵין צָרִיךְ לְהוֹדִיעוֹ דְּזָכִין לוֹ לְאָדָם שֶׁלֹּא בְּפָנָיו: הָכָא תְּנַן. בְּעֵירוּבֵי חֲצֵירוֹת: "וּמְזַכֶּה לָהֶן": הָכָא לָא תְּנַן. בְּעֵירוּבֵי תְּחוּמִין קָתָנֵי לְקַמָּן (דף פב): כֵּיצַד מִשְׁתַּתְּפִין בִּתְחוּמִין כו', וְלָא קָתָנֵי וּמְזַכֶּה לָהֶן: שֶׁהָלְכָה לְבֵית הַמֶּרְחָץ. מִבְּעוֹד יוֹם, חוּץ לִתְחוּם עִירָהּ וְחָשְׁכָה לָהּ, וְאָסַר לָהּ לַחֲזוֹר: ר' חִיָּיא בַּבְלִי הָיָה, כִּדְאָמְרִינַן בְּמַסֶּכֶת סוּכָּה (דף כ.): עָלוּ ר' חִיָּיא וּבָנָיו וְיִסְּדוּהָ: וְאִיבַּעְיָא לְהוּ. גָּרְסִינַן: *בְּרֵיהּ דְּבַת יַעֲקֹב. אָבִיו לֹא הָיָה הָגוּן, לְפִיכָךְ לֹא הִזְכִּירוֹ: אַקִּיף. הַרְבֵּה עָלֵי הַדֶּרֶךְ בִּשְׁבִילוֹ: וְזִיל אַסּוּלָּמָא דְּצוֹר. דֶּרֶךְ מְסִילַּת(ב) צוֹר: רַבִּי חִיָּיא קָאֵי כְּרַב בִּתְחוּמִין. וְגַבֵּי חֲצֵירוֹת טַעְמָא דְּרַב מִשּׁוּם דְּכֵיוָן דְּקָאָסַר עֲלֵיהּ גָּמַר וּמַקְנֵי, וְאֵין צָרִיךְ זְכִיָּיה וְאע"ג דְּמַתְנִי' פְּלִיגָא עֲלֵיהּ דְּרַב – רַב תַּנָּא וּפָלֵיג: מִי אִיכָּא לְמַאן דְּפָלֵיג. מִי אַשְׁכַּחַן דְּפָלֵיג אִינִישׁ עֲלֵיהּ: טוּרְזִינָא. נָכְרִי הָיָה, מְמוּנֶּה עַל כְּלֵי זַיִין הָעֲשׂוּיִין לִשְׁמִירַת הָעִיר לְהִלָּחֵם עַל הַפָּרִיס וְדָר בָּעִיר: הָא דְּאָסַר. עַל בְּנֵי הַמָּבוֹי – לָא בָּעֵינַן דַּעְתֵּיהּ. וּמַתְנִי' בִּדְלָא אָסַר, כְּגוֹן חָצֵר שֶׁבֵּין שְׁנֵי מְבוֹאוֹת, וּרְגִילָה עִם זֶה וְלֹא עִם זֶה: הָכִי נַמִי מִסְתַּבְּרָא. דְּמוֹדֶה שְׁמוּאֵל הֵיכִי דְּלָא אָסַר: וְלֹא נִשְׁתַּתֵּף. אֵינוֹ רוֹצֶה, וּמִתְכַּוֵּין לֶאֱסוֹר עֲלֵיהֶן: שָׁאנֵי

תוספות

רב אמר א"צ לזכות. דכיון דאסר עליה – גמר ומקני ליה. ובתחומין צריך לזכות, דלא אסר עליה ולא גמר ומקני, כדפירש בקונטרס. ולשמואל, במבוי צריך לזכות – דלמקני רשות הוא, דקסבר עירוב משום קנין, בפ' "מי שהוציאוהו" (לעיל דף מט.) אפילו למ"ד עירוב משום דירה – צריך לזכות כדי שיהא קונה דירה בבית חבירו. ובתחומין סבר שמואל דאין צריך לזכות, דלא קני רשות אחרים הוא. אי נמי: כיון דאין מערבין עירובי תחומין אלא לדבר מצוה – משום מצוה גמר ומקני. ועוד: כיון דעירובי תחומין אין מערבין אלא מדעתו, אמירתו כשהוא אומר "לא וערב לי" חשובה כזכייה. והשתא יש דברים שאנו מחמירין בחצירות מתחומין, דחצירות צריך לזכות לשמואל ובעי פת, ובתחומין אין צריך לזכות ואין צריך פת. ויש דברים שאנו מחמירין בתחומין טפי, דבתחומין בעי ב' סעודות לכל אחד, ובחצירות בזמן שהן מרובין סגי [במזון ב' סעודות לכולם, ובזמן שהן מועטין סגי] בגרוגרת לכל אחד, כדאמרינן *סוף פירקין. והשולח עירוב ביד חרש שוטה וקטן אינו עירוב בתחומין, ובחצירות קטן גובה את העירוב:

מעשה בכלתו כו'. °פי' בקונטרס: דהאי עובדא בתחומין הוה, ואע"ג דבחצירות פליגא מתני' עליה דרב – רב תנא הוא ופליג. וקשיא, דעיקר הקושיא לא היתה אלא מחצירות, ומהא לא משני מידי! וי"ל: דבעירובי חצירות היה המעשה. וכן פירש רבינו חננאל. ורב סבר כרבי ישמעאל, וקסבר רב דתנא דידן תנא בחצירות דבעינן זיכוי, כל שכן בתחומין דתחומין, לכולי עלמא בעי זכיה. ולפירוש הקונטרס דמוקי לה בתחומין – יש לומר דרבי חייא ורבי ישמעאל בר' יוסי משום אביו אזדו לטעמייהו. דר' חייא אית ליה לעיל בספ"ק *דתחומין דאורייתא, ולהכי מחמיר בהו. ור' יוסי דמיקל – לטעמיה דאמר לעיל (דף לה.): ספק עירוב – כשר:

אמר רב נחמן נקיטינן אחד עירובי תחומין ואחד שיתופי מבואות צריך לזכות. וכן הלכה. וכן פסק בשאלתות *בפרשת "ויהי בשלח" דכולם צריכין לזכות: עירובי תחומין, וחצירות, ושיתופי מבואות, ועירובי תבשילין. ואע"ג דבעי רב נחמן עירובי תבשילין מאי – הא מסיק אביי דלא שמיע ליה דשמואל, דאי שמיע ליה לא הוה מיבעיא ליה:

אתו לקמיה דרב יהודה אמר להו הכי אמר שמואל אשתו של אדם כו'. ואם תאמר: ואמאי לא מייתי מדרב יהודה, דאמר בריש "הדר" (לעיל דף סד.) משמיה דשמואל: שכירו ולקיטו של נכרי נותן עירובו ודיו, °וכל שכן אשתו. והוה מייתי מנכרי אנכרי! ויש לומר: °דאשתו אאשתו ניחא ליה לאתויי:

רגיל אין שאינו רגיל לא. דרגיל אסר כמו פתח הרגיל, אבל שאינו רגיל – אינו אוסר, ונוטלים שיתופו בעל כרחו. דקאמר – היינו של בעל הבית, אבל דעת אשתו צריך. ואף על גב דאסיקנא דאשתו של אדם מערבת שלא מדעתו – אין ללמוד מכאן שתוכל לזכות לבני המבוי ולבני חצר לתת פת עבורם, נהי דבשביל עצמה יכולה ליתן שלא מדעת בעלה, אין לה כח לזכות לשכיניה שלא מדעת. וצריך ליזהר שלא תזכה האשה לשכיניה כשאין בעלה בעיר. ואף על גב דאם כל אחד ואחד נותן פת נראה דשרי, אפילו לא אסרי אהדדי כל זמן שלא מיחה הבעל, דמסתמא לא קפיד – מכל מקום אין לסמוך על זה לענין שתוכל לזכות לאחרים. ואם אין הבעל והאשה בעיר אלא בני ביתו – צריך לדקדק אם יכולין לערב בני ביתו בלא רשות משל בעל הבית, דהא בסמוך [עמוד ב] תנן: ניתוספו עליהן – מוסיף, וצריך להודיע וכשכלה האוכל נמי, קתני דצריך להודיע ממין אחר: שאני

עין משפט נר מצוה

מ א מיי' פ"ח מהלכות ע"ז הלכה ג טוש"ע י"ד סי' קמב סעיף יב:

מא ב מיי' פ"ו מהל' עירובין הלכה יט סמג עשין א טוש"ע א"ח סי' תיג:

מב ג מיי' פ"א מהל' עירובין הלכה כ סמג שם טוש"ע א"ח סי' שסו סעיף ט:

מג ד מיי' שם טוש"ע א"ח סי' שפו סעיף ג:

מד ה מיי' פ"ו מהל' י"ט הלכה ו סמג עשין ב לאוין עה טוש"ע א"ח סי' תקכז סעיף י:

מה ו ז מיי' פ"ב מהל' עירובין הלכה יב ופ"ה הלכה ה סמג עשין א טוש"ע א"ח סי' שסז וסי' שפב סעיף יח:

מו ח מיי' פ"ה מהל' עירובין הלכה ב סמג שם טוש"ע א"ח סי' שסז:

[מו] [ט מיי' פ"ה מהל' שכנים דין יב טוש"ע ח"מ ר"ס קסב וברב אלפס ב"ב פ"א דף קנז: בשם התוספתא וכן הביא הרא"ש ע"ש ובתוספתא דב"ב שלפנינו ליתא]

מסורת הש"ס

[נ"ל כפ"ד דף מט.] — רש"ל מ"ז — [נ"ל בריה] — [נ"ל בריה] — (לעיל דף מט.) — נ"ל בסמוך ע"ב — [דף יז:] — [סוף סי' מח וסי' נ]

הגהות הב"ח

(א) גמ' נקטינן אחד עירובי תחומין (ואחד עירובי חצירו') תא"מ ונ"ב ס"א נמחק: (ב) רש"י ד"ה וזיל אסולמא וכו' צור הס"ד ואח"כ מ"ה שהלכה לבית המרחץ מבע"י חוץ לתחום עירה ותשכה לה ואסר לה לחזור הס"ד:

גליון הש"ס

תוס' ד"ה מעשה כו'. לא ידעתי למאי נדחקו רש"י ותוס' בזה הא י"ל כפשוטו דרב ס"ל מסברא בהחלט דתחומין דיש לו אסמכתא מקרא חמור מחצירות או מטעם דבחצירות דאסרי אהדדי גמר ומקני. וא"כ דר"י בר"י דס"ל דבתחומים א"צ לזכות כ"ש בחצירות ואף הך תנא מסייע לו דבחצירות א"צ לזכות. אלא דרב עצמו מחמיר בתחומין כר"ח דאסר בתחומין ופשוט: **ד"ה** אתו לקמי'. וכ"ש אשתו. עי' לעיל דף סה ע"ב תד"ה דלא הוי שוכר ול"ע: **בא"ד** דאשתו אאשתו ניחא ליה לאתויי. ק"ל ממימרא דשמואל באשתו קמייתרא כיון דכבר אמר בשכירו ולקיטו מערבי' והיינו ג"כ אפי' בע"כ דהא מייתי ליה לעיל אההיא דלחמן בר ריסתק דלא רצה לא גזרו. וא"כ מכ"ש באשתו והיה נראה מזה ראיה גדולה לפשוט ספיקא דתוס' לעיל דף ע' ד"ה יורש בסה"ד לאפשר דשכירו ולקיטו רק דגוי אבל לא דישראל דסולכך שמואל לאשתו דהכא מיירי בישראל לזהו דוקא באשתו ולא בשכירו ולקיטו:

רבינו חננאל

ואין טועמין מפירותיה. ושמואל אמר כגון דאמרי הני תמרי לשיכרא דבי נצרפי ושתו ליה ביום אידם אמר אמימר אמרו לי סבו דפומבדיתא הלכתא כשמואל מותבינן על מאן דאמר צריך להגביה חבית של (שותפים) [שיתופי מבואות] מן הקרקע טפח והתניא כיצד משתתפין במבוי מניח אדם חבית של יין של שמן ושל תמרים ושל גרוגרות ושל שאר מיני פירות בין משלו ובין משל חבירו צריך להודיע ומגביהה מן הקרקע כל שהוא ופריק מאי כל שהוא דקתני טפח: **איתמר** שיתופי מבואות רב אמר אין צריך לזכות ושמואל אמר צריך לזכות. עירובי תחומין רב אמר צריך לזכות ושמואל אמר אין צריך לזכות. בשלמא לשמואל דתנן בשיתופי מבוי ומזכה להן אלא לרב דאמר בשיתופי מבוי אין צריך לזכות קשיא ליה מתני' ופריק תנאי היא. ר' חייא סבר צריך לזכות. ור' ישמעאל ב"ר יוסי אמר משום אביו אין צריך לזכות דתניא מעשה בכלתו של ר' אושעיא שהלכה למרחץ ועירבה לה חמותה משלה ולא זכתה לה ואסר לה ר' חייא ואמר לו ר' ישמעאל ב"ר יוסי בבלאי כל כך אתה מחמיר בעירובין כך אמר אבא כל שיש לך להקל בעירובין (בעירובין) הקל. וכן אמר ר' יוחנן דחמותה משל עצמה עירבה ולא זיכתה לכלתה ולפיכך אסר ר' חייא. אמר רב נחמן נקטינן אחד שיתופי מבואות ואחד עירובי תחומין צריך לזכות. בעי רב נחמן עירובי תבשילין צריך לזכות או לא. ואמר רב יוסף מאי תיבעי ליה הא אמר שמואל צריך לזכות: ההוא טורזינא דלא בעא לאוגורי להו רשותיה לבני מבוי ואזלו ואגרו אינהו מדביתהו. ואמר להו ר' זירא שפיר עבדיתו דאשתו של אדם מערבת לו שלא מדעתו וכן באשתו של גוי משכרת בלא רשות בעלה. ואם בא בעלה הגוי ומיחה בטילה אותה השכירות ונאסרו וחזרו לאיסורן. וכן אמר רב יהודה בר הושעיה משמיה דשמואל אשתו של אדם מערבת לו שלא מדעתו. ואותבינן עלייהו והתניא נשים שעירבו ונשתתפו שלא מדעת בעליהן אין עירובן עירוב ואין שיתופן שיתוף. ופרקינן *) מתניתא בדלא אסר עלייהו כגון שאינו רגיל לערב עמהן וגם אינו אוסר עליהן. כלומר אינו ממחה על אשתו

*) נראה דל"ל כאן דר' חנינא ושמואל בדלא אסר וכו' כצ"ל וכן מסיים רבינו להדיא בסוף הענין ודשמואל ודר"ח היכי שלא אסר וכו':

רב נסים גאון

ובא מעשה לפני ר' חייא ואסר אמר לו ר' ישמעאל בר' יוסי בבלאי כל כך אתה מחמיר בעירוב. ר' חייא בבלי הוה ואיתא בסוף פרק א' דמסכת סוכה (דף כ) אמר ריש לקיש הריני כפרת ר' חייא ובניו שבתחלה נשתכחה תורה מישראל עלה עזרא מבבל ויסדה חזרה ונשתכחה עלה ר' חייא הבבלי ובניו ויסדוה ובפרק ל"ו כריתות (דף ח) ר' הושעיה הוה שכיח קמיה דבר קפרא שבקיה ואתא לקמיה דר' חייא ואתה מוצא [שם] שבר קפרא שואלו בשביל ר' חייא מה בבלי אומר בדבר זה:

שמעת

שאני התם דליכא מחיצות.(א)[א][א] *ל"א: *מצד שאני. איתמר, רב חייא בר אשי אמר: אעושין לחי אשירה. ור' שמעון בן לקיש אמר: עושין קורה אשירה. מאן דאמר קורה — כל שכן לחי, ומאן דאמר לחי — באבל קורה לא, כתותי מכתת שיעוריה.§ **מתני'** נתמעט האוכל — מוסיף ומזכה, ואין צריך להודיע. *גנתוספו עליהן — מוסיף ומזכה, וצריך להודיע. דכמה הוא *שיעורן? בזמן שהן מרובין — מזון שתי סעודות לכולם, בזמן שהן מועטין — כגרוגרת *לכל אחד ואחד. *אמר ר' יוסי: הבמה דברים אמורים — בתחילת עירוב, אבל בשירי עירוב — כל שהוא.(ג) *וולא אמרו לערב בחצירות אלא כדי שלא לשכח את התינוקות.§ **גמ'** במאי עסקינן? אילימא במין אחד — מאי איריא נתמעט, אפילו כלה נמי! אלא בשני מינין — אפילו נתמעט נמי לא, דתניא: זכלה האוכל, ממין אחד — אין צריך להודיע, מב' מינים — צריך להודיע! איבעית אימא: ממין אחד, ואיבעית אימא: משני מינין. איבעית אימא ממין אחד, מאי נתמעט — נתמטמט. ואיבעית אימא משני מינין — חכלה שאני.§ "ניתוספו עליהן מוסיף ומזכה וכו'.§ *אמר רב שיזבי, אמר רב חסדא, זאת אומרת: חלוקין עליו חביריו על ר' יהודה. *דתנן, אמר רבי יהודה: במה דברים אמורים — בעירובי תחומין, אבל בעירובי חצירות — מערבין בין לדעת ובין שלא לדעת. פשיטא דחלוקין! מהו דתימא: הני מילי — בחצר שבין שני מבואות, אבל חצר של מבוי אחד — אימא לא, קמשמע לן.§ "כמה הוא שיעורו וכו'.§ כמה הוא מרובין? אמר רב יהודה, אמר שמואל: שמונה עשרה בני אדם. שמונה עשרה ותו לא? אימא: טמשמונה עשרה ואילך. ומאי(ג) שמונה עשרה דנקט? אמר רב יצחק בריה דרב יהודה: לדידי מיפרשא לי מניה דאבא, כל שאילו מחלקו למזון שתי סעודות ביניהן ואין מגעת גרוגרת לכל אחד ואחד — הן הן מרובין, וסגי במזון שתי סעודות. ואי לא (הן הן) מועטין נינהו. ואגב אורחיה קא משמע לן דשתי סעודות הויין שמונה עשרה גרוגרות.§ **מתני'** בכל מערבין ומשתתפין, חוץ מן המים ומן המלח, דברי ר"א. רבי יהושע אומר: ככר הוא עירוב, יאפילו מאפה סאה והוא פרוסה — אין מערבין בה. ככר *)כאיסר והוא שלם — מערבין בו.§ **גמ'**

*) [בסדר המשנה הגיר' באיסר עי' תי"ט ד"ה ככר]

שאני התם דליכא מחיצות. ומבוי מגולה הוא, ואינו נוח לשומרו, הילכך כופין אותו. אבל להתיר בטלטול — לעולם אימא לך דבעינן דעת: כ"ש לחי. דאין לו שיעור לרחבו ועוביו: אבל קורה. צריכה טפח לקבל אריח, וברייתא כדי לקבל אריח. והאי אשירה, כיון דבעי שריפה, דכתיב (דברים יב): "ואשריהם תשרפון באש" — שיעורה לאו שיעורא היא, דכשרופה דמיא: **מתני'** נתמעט האוכל. משיעורו. ולקמן מפרש שיעורא במתני': ואינו צריך להודיע. שהרי כולן נתרצו בתחלה: וצריך להודיע. לדיורין שניתוספו אם דעתן בעירוב, וכגון שמערב משלהן. וטעמא פרישית לעיל. ותרתי קתני: מוסיף ומזכה — אם משלו מערב, וצריך להודיע — אם משלהן מערב: מרובין ומועטין. מפרש בגמרא: שירי עירוב. שנתמעט משיעורו: כל שהוא. אין צריך להוסיף, [ורבי יוסי פליג את"ק]: לא אמרו לערב בחצרות. לאחר שנשתתפו: אלא שלא לשכח. תורת עירובי חצירות מהתינוקות הבאין, הלכך, מקילינן ביה: **גמ'** במאי עסקינן. דקתני: בנתמעט אין צריך להודיע, הא כלה לגמרי — צריך להודיע, אם בא לערב: במין אחד. שחוזר ומערב מן המין הראשון: מב' מינין. שעירב בשניה ממין אחר: צריך להודיע. וקא סלקא דעתך: והוא הדין לנתמעט: נתמטמט. כלה לגמרי: איבעית אימא מב' מינין. ודווקא נקט נתמעט, ודקא קשיא לך מברייתא — כלה שאני. דברייתא כלה דווקא נקט. אבל נתמעט, אפילו מב' מינין — אין צריך להודיע: זאת אומרת חלוקין כו'. דלא תימא האי "במה דברים אמורים" לפרושי אתי: במה דברים אמורים. דצריך דעת: בעירובי תחומין. שמא אין נוח לו לקנות כאן כדי להפסיד לרוח שכנגדה: פשיטא. דשמעינן מיניה דחלוקין, דהא בעירובי חצירות נקיט ואתי, וקתני "צריך להודיע": מהו דתימא. לעולם רבי יהודה בההוא מפרש הוא, ומתני' דהכא בחצר שבין שני מבואות, דלא ידעינן בהי ניחא ליה: קמ"ל. רב שיזבי, דשמיעא ליה מרביה דבמבוי אחד עסקינן: ותו לא. בתמיה. כ"ש דטפי מהכי הוו מרובין: לדידי מיפרשא לי מיניה דאבא. דלקולא קתני. בזמן שהם מרובים, דגרוגרת דידהו הוי יותר מב' סעודות — סגי בב' סעודות, ולא בעינן גרוגרת לכל חד וחד. כשהן מועטים, דלא מטי גרוגרת דידהו לב' סעודות — סגי בגרוגרת לכל אחד, ולקולא: כל שאילו מחלק מזון ב' סעודות ביניהן ואין גרוגרת לכל א'. שיש בהן בני אדם יותר ממנין גרוגרות של שתי סעודות — מרובין נינהו. ותנן במתני' דלא בעי כגרוגרת לכל אחד, אלא: כשיש בו מזון שתי סעודות — סגי: ואי לא. שאין מנינם רב כמנין גרוגרות של שתי סעודות — לא בעי שתי סעודות, אלא כגרוגרת לכל אחד. היינו פירוש דמתניתין. ורב יהודה דנקט שמנה עשרה, ולא תנא כדאמרינן — אגב אורחיה, דבעי לפרושי מתניתין נקט חושבנא, ולאשמעינן דמזון שתי סעודות הוו שמנה עשרה גרוגרות: **מתני'** ככר. שלם: מאפה סאה. שאפה סאה בככר אחד, ונטל ממנו מעט ושוייה פרוסה — אין מערבין בה, וטעמא מפרש בגמרא: ככר. קטן, כמדת איסר: והוא שלם מערבין בו. ובלבד שיהיו שם ככרות הרבה כגרוגרת לכל אחד ואחד: גמ'

שאני התם דאיכא מחיצה. פר"ת: דין הוא דכופין אותו לעשות לחי וקורה. דמהני מחיצות להתיר לטלטל בתוכו אע"פ שנעשו בעל כרחו של אדם, ולא דמי לעירוב. דבין הוה משום דירה ובין משום קנין — אין לו להועיל בעל כרחו של אדם. ובקונטרס לא פירש כן. ובספרים דגרס שאני התם דליכא מחיצות יש לפרש כן, דכי ליכא מחיצות לאסור לטלטל בתוכו — דין הוא שנכוף אותו לעשות תקנה להתיר לטלטל, אבל אין לנו לכופו לעשות תקנה לטלטל מן הבתים ומן החצירות לתוכו: **אבל** קורה כתותי מכתת שיעוריה. אע"ג דלחי נמי בעי שיעור גובה, וגם רוחב משהו מיהא בעי — מכל מקום, כיון דלא בעי אלא שיעור זוטא — לא החמירו בו. וה"ר אברהם פירש: לחי, אם היה מדבק הכותים בכותל — הוי לחי, ובלבד שלא יהו ניטלות ברוח. ואין להקשות מהא *דפסלינן לולב של אשירה אפילו ביו"ט שני, דמשמע דכמאן דליתיה דמי, דגבי לולב של מצוה החמירו. וא"ת: דמכשרינן לעיל* סולם של אשירה, אע"ג דבעי רחב ד'! ולא אמר מיכתת שיעורא כמו קורה! ואור"י: דהתם חשיב פתח, כיון דחזי לעלייה אי לאו איסורא דאשירה. אבל קורה — הצריכו חכמים שיעורא של חשיבות:

אלא בב' מינין אפילו נתמעט נמי דתניא כו'. ס"ד דכלה דנקט בברייתא — משום מין א' נקטיה, דאפילו בכלה אין צריך להודיע: **אגב** אורחא קמ"ל דב' סעודות הוויין י"ח גרוגרות. הקשה ר"ת, דבפרק "כיצד משתתפין" (לקמן דף פב:) תנן, רבי שמעון אומר: ב' ידות לככר, משלש לקב. דהיינו שיעור שתי סעודות ה' ביצים ושליש ביצה, שהככר הוא ח' ביצים. כשתחלק י"ח גרוגרות לחמש ביצים ושליש ביצה דזה וזה הוי שיעור שתי סעודות, תמלא לכל ביצה שלש גרוגרות וג' שמינית של גרוגרות, דבחמש ביצים ושליש ביצה יש י"ו שליש ביצה. וגרוגרת גדולה מכזית, כדמוכח בריש "המצניע" (שבת דף צא.) ובתורת כהנים קתני, ובפרק בתרא דיומא (דף פ.) דשיערו חכמים דאין בית הבליעה מחזקת יותר מכבילת תרנגולת. ובכריתות פרק "אמרו לו" (דף יד.) אמרינן גבי יש אוכל אכילה אחת כו' דאין בית הבליעה מחזיק יותר מב' זיתים. ואע"ג דפליגי תנאי לקמן אדר' שמעון — כר"ש קי"ל. דבכל דוכתי אמר כביצה לטמא טומאת אוכלין — דהיינו כר"ש, כדקתני לקמן בגמ' (דף פג.): ואי [חצי] חציה לטמא טומאת אוכלין. ולר"ש עולה השיעור כביצה, אבל לשאר תנאי אינו כן, ואכולהו תנאי קאי כדמוכח הסוגיא לקמן! ואומר ר"י: דלכולהו תנאי הוי כביצה לטמא אוכלים. והא דקתני לקמן בברייתא ואי חצי חציה כו', לא קאי אר"מ ואר' יהודה, אלא ארבי שמעון ור' יוחנן בן ברוקה שהזכירו שיעור ככר, תדע, דהא קתני בברייתא בגמ' כמה שיעור חצי פרס — שתי ביצים חסר קימעא דברי ר' יהודה. משמע דקאי בשיטתיה דר"ש, דחשיב חצי חציה לפסול את הגוויה בשתי ביצים. והשתא לא קשה מידי, דבשתי סעודות של עירוב לא קי"ל כר"ש אלא כר"מ, או כרבי יהודה. כדמוכח לקמן דרב יוסף ורבה כר"מ בריש "כיצד משתתפין" (לקמן דף פב.). ותרתי ריפתא נמי דקאמר רב יהודה ורב אדא בר אהבה — היינו כר"מ או כר' יהודה:

איתיביה

עין משפט נר מצוה

מז א מיי' פי"ז מהל' שבת הלכה יב סמג עשין א טוש"ע א"ח סי' שסג סעיף ח:

מח ב מיי' שם הלכה יג וטור ש"ע שם סעיף טז:

נט ג מיי' פ"ה מהל' עירובין הלכה ו סמג שם טוש"ע א"ח סי' שסח סעיף ב:

נ ד מיי' פ"ו שם הלכה ט' סמג שם טוש"ע שם סעיף ג:

[עי' תוס' סוכה לא: ד"ה באשירה]

[דף עח:]

נא ה מיי' פ"ה [ולא] שם ובפירושו כתב שאין הלכה כרבי יוסי] וסמג שם טוש"ע שם סעיף ז:

נב ו מיי' פ"ה שם הלכה יג וסמג שם טוש"ע א"ח סי' שסו:

נג ז ח מיי' שם הלכה ו וסמג שם טוש"ע א"ח סי' שסח סעיף ה: [לקמן פג.]

לעיל מו: ולקמן פב: נה.

נד ט מיי' שם פ"א הלכה ט וטוש"ע שם סעיף ג:

נה י מיי' שם הלכה ח סמג עשין א טוש"ע א"ח סי' שסו סעיף ו:

רבינו חננאל

מפני שעירבה עמהן אבל אם ממחה על ידי אשתו אוסר על בני חצר וכן קאמר שמואל בך (אסר) [דבאסר] עלייהו [אינו עירוב]. דאמר שמואל אחד מבני מבוי שרגיל ומשתתף עם בני מבוי ונמנע ולא רצה לישתתף בני מבוי נכנסין לביתו ונוטלין ממנו שיתופי מבוי על כרחו. *) קשין אהדדי דהא הוא דאמר מדעתו אלא לאו הא דמזכה על ידה ואמר איני רוצה בזה העירוב שעירבה אשתי ושמואל והדר חנינא היכא דלא אמר כגון שלא מיחה. נימא מסייע ליה כופין אותו (ועושין) ועושה לחי וקורה למבוי ודחינן שאני התם דאיכא מחיצות: פי' נתמעט האוכל מכדי ב' סעודות מוסיף ומזכה לכל בני מבוי ואינו צריך להודיעם עכשיו כי נתמעט והוספתי עליו וזכיתי לכם שכבר הודיעם מקודם לכן ועל אותה ידיעה הן סמוכים אין צריכין ידיעה אחרת ואוקימנא למתניתין במין אחד. ומאי נתמעט כלומר דקתני נתמטמט מוסיף ומזכה וא"צ להודיע ואיבעית אימא מתניתין בב' מינין ודוקא נתמעט ולא כלה אבל כלה כולו אבל כלה צריך להודיע כדתניא [ממין] אחד אינו צריך להודיע. מב' מינין צריך להודיע. ניתוספו עליהן מוסיף ומזכה (וא"צ) [וצריך] להודיע. הא מתניתא פליגא על ר' יהודה דהא ר' יהודה אמר בעירובי חצירות אמר מערבין לו לאדם שלא מדעתו דתנן א"ר יהודה בד"א שאין מערבין לו לאדם אלא מדעתו בעירובי תחומין אבל בעירובי חצירות מערבין לו מדעתו ושלא מדעתו שזכין לו לאדם כו'. ואוקימנא דודאי חולקין עליו חכמים. ואי מחתם הוה אמינא בחצר של ב' מבואות הוא דפליגי אבל בחצר של מבוי אחד אימא לא כמו שהוא מפורש בסוף פרק זה קמ"ל. וכמה הן מרובין משבעה עשר ואילך קי"ל שיעור העירוב מזון ב' סעודות לרבים וכ"ש למועטין. וכל עירוב שאילו בא לחלקו למי שעירב להן ואין מגיע לכל אחד ואחד כגרוגרת משיעור ב' סעודות הוו להו מרובין. וסגי להו בב' סעודות וקי"ל די"ח גרוגרות הן ב' סעודות לפי חשבון ר' יוחנן בן ברוקא שנותנין כשיעור הזה שיעור העירוב ... ואם הוא פחות צריך להוסיף בעירוב למלאות לכל אחד ואחד כגרוגרת. א"ר יוסי בד"א שצריך למזון ב' סעודות למרובין או כגרוגרת לכל אחד ואחד למועטין בתחלת העירוב. אבל בזמן שעירב כשיעור שנתנו חכמים לערב ונתמעט ונשתייר הימנו כל שהוא כשר: **מתני'** בכל מערבין ומשתתפין חוץ מן המים כו' בכלל

*) נראה דצ"ל רגיל אין שותף רגיל לא. קשיין אהדדי דהא הוה דאמר ... שלא מדעתו אלא לאו א"ל.

מסורת הש"ס

[ועי' כ"ב ח"ח ח"מ סי' לט דף קמב ע"ג]

[לקמן פח:]

בק"ד שיעורו

[ובסדר המשנה ובפי' הרמב"ם הגיר' להוצאת שבת]

הגהות הב"ח

(א) גמ' דליכא מחיצות איתמר רב חייא בר אשי כצ"ל ותיבות ל"א מלד שאני נמחק: (ב) שם במשנה כל שהוא לא כצ"ל ותיבות ו' נמחק: (ג) שם גמ' ומאי שנה נמחק:

הגהות הגר"א

[א] גמ' ל"א מלד שאני. נ"ב בכ"ד שאני. [ועי' בפי' הגאון על א"ח סי' שסג ס"ק י']:

הגהות מהר"ב רנשבורג

[א] גמ' ל"א מלד שאני. עי' עלי אלמוגים ... ודבריו רחוקים מהאמת. והנכון מה שהראיתי בזה בביאור הגאון מוהר"א ווילנא זצ"ל בש"ע א"ח סי' שסג ס"ק י' ...

המחבר שם סוף ס"א אבל כופין אותו בב"ד לערב עמהן וכתב הגאון שם ס"ק י' וז"ל אבל כופין תוספתא וגמ' בעירובין דף ע"ב ליטנא אחרינא בב"ד שאני וכו"ל. וט"ס שם בגמ' שכתוב מלד שאני עיין שם. עכ"ל הגאון. ודברי אלהים חיים ... למ"ש הרכ"י וטור שם סי' שסג שמקור דין זה נלמד מדברי הה"מ. כ"א מתוספתא ותלמוד ערוך הוא. וכמ"ש הגאון המחבר:

גמ' לְאַפּוֹקֵי מִדְּר' יְהוֹשֻׁעַ דְּאָמַר פַּת אִין מִידֵי אַחֲרִינָא לָא קָא מַשְׁמַע לָן מַתְנִי' בַּכֹּל. אֲפִילּוּ יַיִן וּפֵירוֹת. וְאִי מֵהַהִיא הֲוָה אָמֵינָא: הָתָם הוּא דִּבְעִירוּבֵי תְּחוּמִין עָסְקִינַן. וְהָתָם מוֹדֶה רַבִּי יְהוֹשֻׁעַ, דְּלֵיכָּא לְמֵיחַשׁ מִשּׁוּם אֵיבָה כִּי הָכָא בְּעִירוּבֵי חֲצֵירוֹת דְּטַעְמָא מִשּׁוּם אֵיבָה, כִּדְלְקַמָּן. אֲבָל בְּעִירוּבֵי חֲצֵירוֹת – אֵימָא לֹא, לְהָכִי הֲדַר תַּנְיֵיהּ גַּבֵּי חֲצֵירוֹת. לִישָּׁנָא אַחֲרִינָא גָּרְסִינַן: לְאַפּוֹקֵי מִדְּר' מֵאִיר, דְּאָמַר: בְּפַת אִין, בְּמִידֵי אַחֲרִינָא לָא, בְּפ' "הַדָּר" (לעיל דף עא:), קמ"ל: בַּכֹּל, וְהָיָא הִיא: אֵיתִיבֵיהּ אַבַּיֵי בַּכֹּל מְעָרְבִין עִירוּבֵי חֲצֵירוֹת גָּרְסִינַן וּבַכֹּל מִשְׁתַּתְּפִין שִׁיתּוּפֵי מָבוֹי. בֵּין בְּפַת וּבֵין בְּיַיִן בֵּין בִּשְׁאָר פֵּירוֹת: וְלֹא אָמְרוּ לְעָרֵב בְּפַת כו'. וּבַכֹּל מְעָרְבִין דְּרֵישָׁא – הָכִי קָאָמַר: בְּכָל מִינֵי פַּת מְעָרְבִין עִירוּבֵי חֲצֵירוֹת: מַאן שָׁמְעַתְּ לֵיהּ דְּאָמַר פַּת אִין מִידֵי *אַחֲרִינָא לֹא רַבִּי יְהוֹשֻׁעַ. וּלְלִישָּׁנָא אַחֲרִינָא ר' מֵאִיר: וְקָתָנֵי בַּכֹּל. אַפַּת. וּמַתְנִי' נָמֵי, מַמַּאי דְּבַכֹּל דְּתָנֵי אַכָּל מִילֵּי קָאָמַר, וּלְאַפּוֹקֵי מֵהָא דְּר' יְהוֹשֻׁעַ אָתָא – דִּילְמָא בַּכֹּל דְּקָתָנֵי אַפַּת קָאֵי, כִּבְרַייתָא. וְהָכִי קָאָמַר: בְּכָל מִינֵי פַּת מְעָרְבִין בַּחֲצֵירוֹת, וּמִשְׁתַּתְּפִין בַּמָּבוֹי בְּכָל מִילֵּי – חוּץ מִמַּיִם וּמֶלַח: אֶלָּא אָמַר רַבָּה בַּר בַּר חָנָה. אִי אִיכָּא לְמֵימַר דְּאַפְּקָא מַתְנִי' מִדְּר' יְהוֹשֻׁעַ – אַסֵּיפָא דְּמִלְּתָא פְּלִיגָא, דְּאָמַר: פְּרוּסָה לֹא, קָא מַשְׁמַע לָן בַּכֹּל: מִשּׁוּם אֵיבָה. שֶׁבָּאִין לִידֵי מַחֲלוֹקֶת, שֶׁאוֹמֵר: אֲנִי נוֹתֵן שְׁלֵימָה וְאַתָּה פְּרוּסָה: לְקִלְקוּלוֹ. זֶה פָּרוּס וְזֶה שָׁלֵם: חַלָּתָהּ. אֵינוֹ חִסָּרוֹן, שֶׁזֶּהוּ תִּיקּוּנָהּ: כְּדֵי דִּימּוּעָהּ. אִם נִדְמַעַת, שֶׁנָּפְלָה תְּרוּמָה בְּחוּלִּין וְעָשׂוּ מִמֶּנָּה כִּכָּר זוֹ, וְנָטְלוּ מִמֶּנָּה דִּימּוּעָהּ אֶחָד מִמֵּאָה לְתַקְּנָהּ: חַלַּת נַחְתּוֹם. קְטַנָּה הִיא, וְאֵין זֶה חִסָּרוֹן: תְּפָרָהּ בְּקֵיסָם. כִּכָּר שֶׁנִּפְרְסָה, וְתָפַר הַפְּרוּסוֹת בְּקֵיסָם וְנִרְאֵית שְׁלֵימָה: יְדִיעַ תִּיפְרָהּ. נִיכָּר מְקוֹם תְּפִירָתָהּ, וְהָוְיָא כִּפְרוּסָה: דִּשְׁאָר מִינֵי הֲוָה. מִינִין הַרְבֵּה הָיוּ מְעוּרָבִין בָּהּ, דְּהַהִיא וַדַּאי לָאו פַּת הִיא, דִּכְתִיב גַּבֵּי יְחֶזְקֵאל: "וְאַתָּה קַח לְךָ חִטִּין" וגו' וּכְתִיב (שם כד): "לֶחֶם אֲנָשִׁים לֹא תֹאכֵל" אַלְמָא: לָאו לֶחֶם הוּא: וְעוּגַת שְׂעוֹרִים תֹּאכְלֶנָּה אָמַר רַב חִסְדָּא. הַאי שְׂעוֹרִים לָאו דַּוְוקָא, דְּהָא שְׁאָר מִינִין טוּבָא הָווּ בָּהּ, אֶלָּא לְשִׁיעוּרִין תֹּאכְלֶנָּה – בְּמִשְׁקָל, דֶּרֶךְ רְעָבוֹן וְלֹא לְשׂוֹבַע: *עֲרִיבָתָהּ כַּעֲרִיבַת שְׂעוֹרִין. מְגוּנָּה, וְלֹא יָפָה כְּתִיקּוּן עֲרִיבַת חִטִּים שֶׁמְּיַיפָּה תִּיקּוּן הָעוּגָה עֲגוּלָּה וְנָאָה: מתני' נוֹתֵן אָדָם מָעָה לַחֶנְוָנִי. שֶׁהוּא מוֹכֵר יַיִן, וְדָר עִמּוֹ בַּמָּבוֹי: אוֹ לְנַחְתּוֹם. מוֹכֵר כִּכָּרוֹת, וְדָר עִמּוֹ בֶּחָצֵר, שֶׁיְּזַכֶּה לוֹ בְּעֵירוּב עִם חֲבֵרָיו אִם יָבוֹאוּ בְּנֵי הַמָּבוֹי לָקַחַת מִמְּךָ כִּכָּר לְעֵירוּב אוֹ יַיִן לְשִׁיתּוּף – יְהֵא לִי חֵלֶק בּוֹ: לֹא זָכוּ לוֹ מָעוֹתָיו. שֶׁאֵין מָעוֹת קוֹנוֹת עַד שֶׁיִּמְשׁוֹךְ. וַאֲפִי' עֵירֵב הַחֶנְוָנִי הַזֶּה לְכָל הָאֲחֵרִים, וְזִיכָּה גַּם לָזֶה – אֵינוֹ עֵירוּב, שֶׁהֲרֵי לֹא נִתְכַּוֵּון לְזַכּוֹת לוֹ בְּמַתְּנַת חִנָּם כִּשְׁאָר מְזַכִּין בְּעֵירוּב אֶלָּא לִקְנוֹת הַמָּעָה וַהֲרֵי אֵינָהּ קְנוּיָה לוֹ דְּכֵיוָן דְּמָעוֹת אֵינָן קוֹנוֹת – לֹא סָמְכָה דַּעְתֵּיהּ דְּהַאי, וְלָא הָוֵי דַּעְתֵּיהּ לְאַקְנוּיֵי, וְנִמְצָא מְעָרֵב לוֹ בְּמָעוֹתָיו שֶׁלֹּא מִדַּעְתּוֹ:

תורה אור

גמ' תָּנֵינָא חֲדָא זִימְנָא: *"בַּכֹּל מְעָרְבִין וּמִשְׁתַּתְּפִין חוּץ מִן הַמַּיִם וְהַמֶּלַח"! אָמַר רַבָּה: לְאַפּוֹקֵי מִדְּרַבִּי יְהוֹשֻׁעַ, דְּאָמַר: כִּכָּר אִין, מִידֵּי אַחֲרִינָא לָא – קָמַשְׁמַע לָן "בַּכֹּל". אֵיתִיבֵיהּ אַבַּיֵי: בַּכֹּל מְעָרְבִין עֵירוּבֵי חֲצֵירוֹת וּבַכֹּל מִשְׁתַּתְּפִין שִׁיתּוּפֵי מְבוֹאוֹת, וְלֹא אָמְרוּ לְעָרֵב בְּפַת אֶלָּא בְּחָצֵר בִּלְבַד. מַאן שָׁמְעַתְּ לֵיהּ דְּאָמַר: פַּת אִין מִידֵּי אַחֲרִינָא לָא – רַבִּי יְהוֹשֻׁעַ, וְקָתָנֵי: בַּכֹּל! אֶלָּא אָמַר רַבָּה בַּר בַּר חָנָה: לְאַפּוֹקֵי מִדְּרַבִּי יְהוֹשֻׁעַ, דְּאָמַר: שְׁלֵימָה אִין, פְּרוּסָה לָא – קָמַשְׁמַע לָן "בַּכֹּל". וּפְרוּסָה מַאי טַעְמָא לָא? אָמַר רַבִּי יוֹסֵי בֶּן שָׁאוּל, אָמַר רַבִּי: מִשּׁוּם אֵיבָה. אֲמַר לֵיהּ רַב אַחָא בְּרֵיהּ דְּרָבָא לְרַב אַשִׁי: עֵירְבוּ כּוּלָּן בִּפְרוּסוֹת, מַהוּ? א"ל: °שֶׁמָּא יַחֲזוֹר דָּבָר לְקִלְקוּלוֹ. א"ר *יוֹחָנָן בֶּן שָׁאוּל: נִיטְּלָה הֵימֶנָּה כְּדֵי חַלָּתָהּ וּכְדֵי דִּימּוּעָהּ – מְעָרְבִין לוֹ בָּהּ. וְהָתַנְיָא: כְּדֵי דִּימּוּעָהּ – מְעָרְבִין לוֹ בָּהּ, כְּדֵי חַלָּתָהּ – אֵין מְעָרְבִין לוֹ בָּהּ! לָא קַשְׁיָא; הָא – [א]בְּחַלַּת נַחְתּוֹם, הָא – בְּחַלַּת בַּעַל הַבַּיִת. *דִּתְנַן: [ב]שִׁיעוּר חַלָּה אֶחָד מֵעֶשְׂרִים וְאַרְבָּעָה, הָעוֹשֶׂה עִיסָּה לְעַצְמוֹ וְעִיסָּה לְמִשְׁתֵּה בְנוֹ, אֶחָד מֵעֶשְׂרִים וְאַרְבָּעָה. נַחְתּוֹם שֶׁהוּא עוֹשֶׂה לִמְכּוֹר בַּשּׁוּק, וְכֵן הָאִשָּׁה שֶׁעָשְׂתָה לִמְכּוֹר בַּשּׁוּק – אֶחָד מֵאַרְבָּעִים וּשְׁמוֹנָה. אָמַר רַב חִסְדָּא: [ג]תְּפָרָהּ בְּקֵיסָם – מְעָרְבִין לוֹ בָּהּ. וְהָא תַּנְיָא: אֵין מְעָרְבִין לוֹ בָּהּ! לָא קַשְׁיָא; [ד]הָא – דִּידִיעַ תִּיפְרָהּ, הָא – דְּלָא יְדִיעַ תִּיפְרָהּ. א"ר זֵירָא, אָמַר שְׁמוּאֵל: מְעָרְבִין בְּפַת אוֹרֶז וּבְפַת דּוֹחַן. אָמַר מָר עוּקְבָא: לְדִידִי מִיפַּרְשָׁא לִי מִינֵּיהּ דְּמָר שְׁמוּאֵל, [ה]בְּפַת אוֹרֶז – מְעָרְבִין, וּבְפַת דּוֹחַן – אֵין מְעָרְבִין. אָמַר רַב חִיָּיא בַּר אָבִין, אָמַר רַב: [ו]מְעָרְבִין בְּפַת עֲדָשִׁים. אִינִי?! וְהָא הַהִיא דַּהֲוַאי בִּשְׁנֵי דְּמָר שְׁמוּאֵל, וְשַׁדְיֵיהּ לְכַלְבֵּיהּ וְלָא אֲכָלָהּ! הַהִיא דִּשְׁאָר מִינִים הֲוַיָא, דִּכְתִיב: °"וְאַתָּה קַח לְךָ חִטִּין וּשְׂעוֹרִים וּפוֹל וַעֲדָשִׁים וְדוֹחַן וְכוּסְּמִים" וגו'. רַב פַּפָּא אָמַר: הַהִיא צְלוּיָה בְּצוֹאַת הָאָדָם הֲוַאי, דִּכְתִיב: °"וְהִיא בְּגֶלְלֵי צֵאת הָאָדָם תְּעֻגֶנָה לְעֵינֵיהֶם". מַאי "וְעוּגַת שְׂעוֹרִים תֹּאכְלֶנָּה"? אָמַר רַב חִסְדָּא: לְשִׁיעוּרִים. רַב פַּפָּא אָמַר: *עֲרִיבָתָהּ *כַּעֲרִיבַת שְׂעוֹרִים, וְלֹא *כַּעֲרִיבַת חִטִּים.§

(יחזקאל ד) (שם)

מתני' נוֹתֵן אָדָם מָעָה לַחֶנְוָנִי וְלַנַּחְתּוֹם כְּדֵי שֶׁיְּזַכֶּה לוֹ עֵירוּב, דִּבְרֵי רַבִּי אֱלִיעֶזֶר. וַחֲכָמִים אוֹמְרִים: [ז]לֹא זָכוּ לוֹ מָעוֹתָיו.

ומודים

איתיביה אביי בכל מערבין עירובי תחומין כו'. כך היא הגירסא בספרים ישנים, וכן גרס ר"ת. ופירש ה"ר אברהם כולה סוגיא דה"ק: תנינא חדא זימנא בכל מערבין כו' משמע סתמא בין בעירובי חצירות בין בעירובי תחומין. אמר רבה, לאפוקי מר' יהושע דאמר: פת אין כו', והאי בכל מערבין – אכולהו עירובין קאי, ואכולהו פליג ר' יהושע, ואומר: פת – אין, מידי אחרינא – לא. ולהכי איצטריך תרי זימני, דאי לא הדר ותנא בבא דהכא – הוה מוקמינן ההיא דלעיל בתחומין דאיירי בהו כולי פירקא. ומילתא דר' יהושע דהכא הוה מוקמינן בחצירות. דמיירי בהו לעיל ולא מפקא ההיא דלעיל כלל מרבי יהושע דהכא. אבל השתא, דמיתניא נמי גבי מלתיה דרבי יהושע – מפקא מדידיה, דלאיפלוגי קאתי: "איתיביה אביי" אביי פריך על מה שאמר שסבר רבי יהושע דאפילו בתחומין אין מערבין אלא בפת, והכי גרסינן בכל הספרים הישנים: בכל מערבין עירובי תחומין(א) קאמר כו' קס"ד דהאי בכל מערבין – בכל מיני פירות קאמר, מאן שמעת ליה דאמר פת אין מידי אחרינא לא – רבי יהושע, דהא אמרינן דר' אליעזר בכל מערבין בין בחצירות בין בתחומין קאמר. וקתני לה גבי תחומין(ב) בכל דבר, אלמא: תחומין בכל דבר לרבי יהושע. אלא לאפוקי מרבי יהושע כו'. אלא האי בכל מערבין – ה"ק: בכל עניני פת מערבין, בין בשלמין בין בחסרין. והשתא מיירי מתני' בכל מערבין דווקא בחצירות דאיירי בהו לעיל, ופליג על ר' יהושע דבעי שלמין בחצירות. והא דלא שני אפירכא דאביי דודאי רבי יהושע מודה דתחומין בכל דבר, ובמתניתין תנן בכל מערבין אפילו בחצירות, ור' יהושע פליג בחצירות לחודייהו – היינו משום דאי ר' אליעזר איירי בתרוייהו ור' יהושע לא פליג אלא אחצירות, הוה ליה לפרושי דאחצירות לחודייהו קאי*: [ועי' תוס' שבת לד. ד"ה ל"ק]

כדי חלתה וכדי דימועה מערבין לו בה. ונראה לר"י: דווקא בטבולה לחלה ובמדומע איירי דאי לא בעיא תיקון – איכא איבה אפילו בחסרון מועט. דלישנא דמתניתין משמע דשלמים לגמרי בעי. ומיהו, לשון כדי קשה, דהוה ליה למימר חלתה ודמועתה! ואור"י: דנקט כדי – לאשמועינן דאפילו נטל לשם חלה, אם הפריש יותר מכדי צורך – איכא איבה. ואם תאמר: כיון דאשמעינן כדי חלתה, דהוה אחד מארבעים ושמונה כל שכן כדי דימועה דהוה יותר ממאה! ואור"י: דס"ד דדימוע, כיון דחזי הכי לכהן – אפילו בפורתא איכא איבה:

והא ההיא דהואי בשני דמר שמואל כו'. עשו לנסות מה טעמא, לפי שצוה הקב"ה ליחזקאל לעשות:

דכתיב ואתה קח לך כו'. פ"ה: וכתיב בתריה "לחם אנשים לא תאכל", אלמא: לאו לחם הוא. והגיה ר"ת: דהאי לחם אנשים – בהגדאה כתיב, רחוק מפרשה זו כמה דפין. והכי פירושא: ההיא דשאר מינין הואי, דכתיב "ואתה קח לך" ולימי המצור ושעת הדחק נאכל, ולא פת הוא, אלא לנפש רעבה – דכלבא בכפניה גלליה בלע [ב"ק נב.].

לא זכו לו מעותיו. פירש הקונטרס: ואפילו עירב החנוני הזה לכל האחרים, וזכה גם לזה – אינו עירוב, שהרי לא נתכוון לזכות לו במתנת חנם כשאר מזכין בעירוב אלא לקנות המעה – והרי אינה קנויה לו. ובחנם פירש כן, דאפילו מתכוין לו להקנות לו בחנם, ואפילו זיכה לו ע"י אחר, או לקח המעה וקנה לו מן השוק – אינו עירוב, כיון שהנותן מתכוין לקנות לו מן החנוני, ואין המעה קונה לו. וכל הזכיות שעושה החנוני – שלא מדעת בעל הבית קא עביד, ואין מערבין אלא לדעתו. ולשון הקונטרס נמי מוכיח כן בסמוך:

נו א טור ש"ע סי' שסז סעיף ו:
נז ב מיי' פ"א מהלכות בכורים הלכה ב סמג עשין קמא טוש"ע י"ד סי' שכב סעיף א:
נח ג ד טור ש"ע א"ח סי' שסו סעיף ו:
נט ה ו מיי' פ"א מהל' עירובין הלכה ח וטוש"ע שם סעיף ח:
ס ז מיי' פ"ו מהלכות עירובין הלכה כ סמג עשין א טור ש"ע א"ח סי' שסט:

לעיל כו: קידושין לד.
גי' הרא"ש יונתן
חלה פ"ב מ"ז
בקד"י הגי' בגמ' וברש"י בכ"מ עריכתה כעריכת. וכ"ג הגאון יעב"ץ זצ"ל:

הגהות הב"ח

(א) תוס' ד"ה איתיביה וכו' בכל הספרים הישנים בכל מערבין עירובי תחומין כו' קס"ד כצ"ל ותיבת קאמר נמחק: (ב) בא"ד וקתני לה גבי תחומין דמערבין בכל דבר אלמא:

גליון הש"ס

גמ' שמא יחזור דבר לקלקולו. גיטין דף ה ע"ב:

רבינו חננאל

[איתיביה אביי] בכל מערבין עירובי תחומין ובכל משתתפין שיתופי מבואות ולא אמרו לערב בפת אלא בעירובי חצירות בלבד ואוקימנא להא ברייתא (לר') [דר'] יהושע היא דקתני בתחומין ובמבואות בכל ובחצירות בפת. והני מילי בשלימה אבל בפרוסה לא. ופרוסה מ"ט לא משום איבה דאמר אמאי מייתינא אנא שלימה והאי פרוסה. ואמרינן ואי אייתו כולהו פרוסות דליכא איבה מאי ושנינן גזירה שמא יביא אחד פרוסה ואחד שלימה ויבואו לידי קלקול איבה כדאמרן. וסוגין דשמעתין כר' יהושע דאמר שלימה אין פרוסה לא: א"ר יונתן בן שאול א"ר אם ניטלה מככר העירוב כדי חלתה כדי חלת הנחתום העושה למכור בשוק או אשה העושה למכור בשוק שהוא אחד וארבעים ושמונה בעיסה וכדי דימוע שהוא אחד ממאה ועוד. דתנן בתרומות (פ"ד מ"ז) (פ') ר"א אומר תרומה עולה באחד ומאה ר' יהושע אומר במאה ועוד. ר' יוסי בן המשולם אמר [ועוד קב למאה] סאה. שתות (לדומע) [למדמע]. ואמר בתלמוד א"י והלכה כדבריו של ר' יוסי בן המשולם נמצא המדמע סאה במאה סאין הן חסר הין יתר שיעורו במאה וכשם שתרומה מדמעת כך חלה מדמעת. ואם ניטלה ממנה כזה השיעור ונשתייר בה מזון ב' סעודות מערבין לו בה. אבל אם ניטלה ממנה חלק אחד מכ"ד כדי חלת העושה עיסה לעצמו או למשתה בנו אין מערבין בה שכבר נעשית כפרוסה. וכן אם נפרסה כבר ותפרה בקיסם ונראית שלימה מערבין לו בה. אבל אם נראית פרוסה כגון דידע תיפרה אין מערבין לו בה. משמיה דשמואל אמרו מערבין בפת אורז אבל לא בפת דוחן. ועוד אמרו משמו מערבין בפת עדשים. ואם היא פת עשויה ממינים הרבה כגון חטים ושעורים ופול ועדשים ודוחן וכוסמין *) ועוגת שעורים תאכלנו לשיעורין תאכלנה כלומר כשיעור כך וכך. רב פפא אמר עריכתה כעריכת שעורים ולא כעריכת חטין כדתנן אוכלין עראי מן העיסה עד שתגלגל בחטין ותטמטם בשעורין גלגלה בחטין וטימטם בשעורין האוכל ממנה חייב מיתה כיון שהיא נותנת המים מגבהת חלתה ובלבד שלא יהיה שם ה' רבעים קמח: ירושלמי מפני מה אמרו מערבין בחצרות מפני דרכי שלום ומעשה באחת שהיתה דבובה עם חבירתה ושלחה עירובה ביד בנה נסתיה וגפפתיה ונשקתיה אתא אמר לאימיה אמר הכין רחמה לי מתוך כך עשו שלום הה"ד כל נתיבותיה שלום:

*) נראה דחסר כאן וצ"ל ודוחן וכוסמין אין מערבין לו בה: מאי ועוגת שעורים וכו' כצ"ל.

באלעבה

מתני'

סא א מיי' פ"ו מהל' עירובין הלכה יח וסמג א טוש"ע א"ח סי' תיד סעיף א:

[וע"ע תוס' ע"ג ה: ד"ה ערב]

סב ב מיי' פ"א שם הלכה כ וסמג שם טוש"ע א"ח סי' שמו סעיף י ובהג"ה וסי' שלב סעיף ח:

סג ג ד מיי' פ"ט מהל' מכירה הלכה ז סמג עשין פב טור ש"ע ח"מ סי' קלט סעיף ג:

סד ה ו ז מיי' פ"ו מהלכות עירובין הלכה כ סמג עשין א טוש"ע א"ח סי' שסט:

סה ח מיי' פ"ה שם הלכה ו טור ש"ע א"ח סי' שסח סעיף ב:

וּמוֹדִים בִּשְׁאָר כָּל הָאָדָם שֶׁזָּכוּ לוֹ מָעוֹתָיו, [א]שֶׁאֵין מְעָרְבִין לָאָדָם אֶלָּא מִדַּעְתּוֹ. *אָמַר רַבִּי יְהוּדָה: בַּמֶּה דְּבָרִים אֲמוּרִים — בְּעֵירוּבֵי תְחוּמִין, אֲבָל בְּעֵירוּבֵי חֲצֵירוֹת — [ב]מְעָרְבִין לְדַעְתּוֹ וְשֶׁלֹּא לְדַעְתּוֹ, לְפִי *שֶׁזָּכִין לָאָדָם שֶׁלֹּא בְּפָנָיו וְאֵין חָבִין לָאָדָם שֶׁלֹּא בְּפָנָיו. § **גמ'** מ"ט דְּר' אֱלִיעֶזֶר? הָא לֹא מָשַׁךְ! אָמַר רַב נַחְמָן, אָמַר רַבָּה בַּר אֲבָהוּ: עֲשָׂאוֹ ר"א כְּד' פְּרָקִים בַּשָּׁנָה. *דִּתְנַן: [ג]בְּד' פְּרָקִים אֵלּוּ מַשְׁחִיטִין אֶת הַטַּבָּח בְּעַל כָּרְחוֹ, אֲפִילּוּ שׁוֹר שָׁוֶה אֶלֶף דִּינָר וְאֵין לַלּוֹקֵחַ אֶלָּא דִּינָר אֶחָד — כּוֹפִין אוֹתוֹ לִשְׁחוֹט. לְפִיכָךְ, אִם מֵת — מֵת לַלּוֹקֵחַ. מֵת לַלּוֹקֵחַ?! *הָא לֹא מָשַׁךְ! אָמַר רַב הוּנָא: בְּשֶׁמָּשַׁךְ. אִי הָכִי, אֵימָא סֵיפָא: בִּשְׁאָר יְמוֹת הַשָּׁנָה אֵינוֹ כֵּן; לְפִיכָךְ, אִם מֵת — מֵת לַמּוֹכֵר. אַמַּאי? הָא מָשַׁךְ! א"ר שְׁמוּאֵל בַּר יִצְחָק: לְעוֹלָם בְּשֶׁלֹּא מָשַׁךְ, הָכָא בְּמַאי עָסְקִינַן — בְּשֶׁזִּיכָּה לוֹ עַל יְדֵי אַחֵר. בְּד' פְּרָקִים אֵלּוּ, דִּזְכוּת הוּא לוֹ — זָכִין לוֹ שֶׁלֹּא בְּפָנָיו, בִּשְׁאָר יְמוֹת הַשָּׁנָה דְּחוֹב הוּא לוֹ — אֵין חָבִין לוֹ אֶלָּא בְּפָנָיו. *וְרַב אִילָא אָמַר ר' *יוֹחָנָן: [ד]בְּד' פְּרָקִים אֵלּוּ הֶעֱמִידוּ חֲכָמִים דִּבְרֵיהֶן עַל דִּבְרֵי תוֹרָה. *דְּאָמַר רַבִּי יוֹחָנָן: דְּבַר תּוֹרָה מָעוֹת קוֹנוֹת, וּמִפְּנֵי מָה אָמְרוּ "מְשִׁיכָה קוֹנָה" — גְּזֵירָה שֶׁמָּא יֹאמַר לוֹ: נִשְׂרְפוּ חִיטֶּיךָ בָּעֲלִיָּיה. § "וּמוֹדִים בִּשְׁאָר כָּל הָאָדָם כו'. § מַאן שְׁאָר כָּל אָדָם? אָמַר רַב: [ה]בַּעַל הַבַּיִת. וְכֵן אָמַר שְׁמוּאֵל: בעה"ב. דְּאָמַר שְׁמוּאֵל: ל"ש אֶלָּא נַחְתּוֹם, אֲבָל בעה"ב — קוֹנֶה. וְאָמַר שְׁמוּאֵל: [ו]ל"ש אֶלָּא מָעָה, אֲבָל כְּלִי — קוֹנֶה. וְאָמַר שְׁמוּאֵל: [ז]לֹא שָׁנוּ אֶלָּא דְּאָמַר לוֹ "זְכֵה לִי", אֲבָל אָמַר "עָרֵב לִי" — שָׁלִיחַ שַׁוְיֵהּ, וְקָנֵי. § "א"ר יְהוּדָה בד"א וכו'. § *אָמַר רַב יְהוּדָה, אָמַר שְׁמוּאֵל: הֲלָכָה כְּרַבִּי יְהוּדָה. וְלֹא עוֹד, אֶלָּא: כָּל מָקוֹם שֶׁשָּׁנָה רַבִּי יְהוּדָה בְּעֵירוּבִין — הֲלָכָה כְּמוֹתוֹ. אֲמַר לֵיהּ רַב חָנָא בַּגְדָּתָאָה לְרַב יְהוּדָה: אָמַר שְׁמוּאֵל אֲפִילּוּ בְּמָבוֹי שֶׁנִּיטְּלוּ קוֹרוֹתָיו אוֹ לְחָיָיו?! אֲמַר לֵיהּ: בְּעֵירוּבִין אָמַרְתִּי לָךְ, וְלֹא בִּמְחִיצוֹת. אֲמַר לֵיהּ רַב אַחָא בְּרֵיהּ דְּרָבָא לְרַב אַשִׁי: *הֲלָכָה מִכְּלָל דִּפְלִיגִי? *וְהָאָמַר ר' יְהוֹשֻׁעַ בֶּן לֵוִי: כָּל מָקוֹם שֶׁאָמַר ר' יְהוּדָה "אֵימָתַי" וּ"בַמֶּה" בְּמִשְׁנָתֵנוּ — אֵינוֹ אֶלָּא לְפָרֵשׁ דִּבְרֵי חֲכָמִים! וְלָא פְּלִיגִי?! וְהָא אֲנַן תְּנַן: *נִתּוֹסְפוּ עֲלֵיהֶן — מוֹסִיף וּמְזַכֶּה וְצָרִיךְ לְהוֹדִיעַ! הָתָם [ח]בְּחָצֵר שֶׁבֵּין שְׁנֵי מְבוֹאוֹת. וְהָאָמַר *רַב שֵׁיזְבִי, אָמַר רַב חִסְדָּא: זֹאת אוֹמֶרֶת חֲלוּקִין עָלָיו חֲבֵירָיו עַל רַבִּי יְהוּדָה! *אֶלָּא גַּבְרָא

וּמוֹדִין בִּשְׁאָר כָּל אָדָם. מְפָרֵשׁ בַּגְּמָרָא: בַּעַל הַבַּיִת שֶׁאָמַר לוֹ חֲבֵרוֹ הֵילָךְ מָעָה זוֹ וּזְכֵה לִי בָּעֵירוּב וְהָלַךְ וְזִיכָּה לוֹ — שֶׁקָּנָה עֵירוּב, דְּהוֹאִיל וְאֵין בעה"ב רָגִיל לִמְכּוֹר כִּכָּרוֹת לֹא נִתְכַּוֵּין זֶה אֶלָּא לַעֲשׂוֹתוֹ שָׁלִיחַ, וְנַעֲשָׂה כְּאוֹמֵר לוֹ עָרֵב לִי. וְגַבֵּי חֶנְוָנִי גּוּפֵיהּ, אִי א"ל "עָרֵב לִי" אָמְרִינַן בַּגְּמָרָא דְּקָנֵי: שֶׁאֵין מְעָרְבִין לוֹ לָאָדָם אֶלָּא לְדַעְתּוֹ. הִלְכָּךְ, גַּבֵּי חֶנְוָנִי כִּי א"ל זְכֵי לִי — לֹא נִתְכַּוֵּין אֶלָּא לִקְנוֹת הֵימֶנּוּ, וְלֹא סָמַךְ עָלָיו שֶׁיַּעֲשֶׂה שְׁלוּחוֹ. וּמָעוֹת אֵינָן קוֹנוֹת, וְלֹא סָמְכָה דַּעְתֵּיהּ — נִמְצָא מְעָרֵב לוֹ שֶׁלֹּא לְדַעְתּוֹ. אֲבָל אִם מָשַׁךְ כִּכָּר וְהִנִּיחוֹ אֶצְלוֹ לְכָךְ — שָׁלִיחַ עֲשָׂאוֹ: עֵירוּבֵי תְחוּמִין. חוֹב הוּא לוֹ שֶׁמַּפְסִיד לְצַד הָאַחֵר, וְשֶׁמָּא אֵינוֹ נוֹחַ לוֹ: **גמ'** בְּד' פְּרָקִים. דְּמָתְרֵץ ר' יוֹחָנָן לְקַמָּן דְּהֶעֱמִידוּ בָּהֶן חֲכָמִים דִּבְרֵיהֶם עַל דִּין תּוֹרָה דְּמָעוֹת קוֹנוֹת. אַף כָּאן, מִפְּנֵי תִּיקּוּן שַׁבָּת — הֶעֱמִידוּ דִּבְרֵיהֶם עַל דִּין תּוֹרָה: בְּד' פְּרָקִים אֵלּוּ. בְּפ' "אוֹתוֹ וְאֶת בְּנוֹ" בְּחוּלִּין (דף פג.): עיו"ט הָרִאשׁוֹן שֶׁל פֶּסַח, וְעי"ט שֶׁל עֲצֶרֶת, וְעֶרֶב ר"ה. וְעי"ט הָאַחֲרוֹן שֶׁל חַג, וְעֶרֶב יוה"כ בַּגָּלִיל: וְאֵין לַלּוֹקֵחַ. בְּאוֹתוֹ הַשּׁוֹר אֶלָּא דִּינָר, שֶׁנָּתַן לוֹ דִּינָר מִבְּעוֹד יוֹם בְּשָׁוֶה דִּינָר בָּשָׂר: אִם מֵת. הַשּׁוֹר אִבֵּד הַלּוֹקֵחַ מַה שֶּׁנָּתַן: אֵינוֹ כֵּן. אֵין מַשְׁחִיטִין אוֹתוֹ עַל כָּרְחוֹ, וְאִם רָצָה טַבָּח — מַחֲזִיר לוֹ אֶת הַדִּינָר: בְּשֶׁזִּיכָּה לוֹ. טַבָּח לַלּוֹקֵחַ בְּשׁוֹר זֶה שָׁוֶה דִּינָר ע"י אַחֵר. שֶׁמָּסַר הַשּׁוֹר לְאַחֵר, וְאָמַר לוֹ: זְכֵה לוֹ בּוֹ בְּשֵׁם פְּלוֹנִי. וְהוּא לֹא עֲשָׂאוֹ שָׁלִיחַ לְאוֹתוֹ אַחֵר הַזּוֹכֶה בִּשְׁבִילוֹ: זְכוּת הוּא לוֹ. לְהוֹצִיא מָעוֹת וְלִקְנוֹת בָּשָׂר, שֶׁהַכֹּל דַּרְכָּן בְּכָךְ: חוֹב הוּא לוֹ. שֶׁמּוֹצִיא הוֹצָאוֹת: דְּבַר תּוֹרָה מָעוֹת קוֹנוֹת. דִּכְתִיב בְּפוֹדֶה מִן הַהֶקְדֵּשׁ (ויקרא כז): "וְנָתַן הַכֶּסֶף וְקָם לוֹ" — ק"ו בְּלוֹקֵחַ מִן הַהֶדְיוֹט: נִשְׂרְפוּ חִיטֶּיךָ. שֶׁנָּתַתָּ לִי מָעוֹת עֲלֵיהֶן. הִלְכָּךְ, מוֹקְמִינַן לְהוּ בִּרְשׁוּת מוֹכֵר, כִּי הֵיכִי דְּלִימְסַר נַפְשֵׁיהּ עֲלַיְיהוּ וְנִיטְרַח לְאַצּוֹלִינְהוּ: אֲבָל כְּלִי. קִנְיַן סוּדָר: בַּעַל הַבַּיִת. פָּרֵישִׁית טַעְמָא לְעֵיל: אֶלָּא דְּאָמַר זְכֵה לִי. דְּלָא שַׁוְיֵהּ שָׁלִיחַ, אֶלָּא כִּשְׁאָר מוֹכְרִין דְּעָלְמָא, אֲבָל אִם אָמַר עָרֵב לִי — שְׁלִיחָא שַׁוְיֵהּ, וְסָמְכָא דַּעְתֵּיהּ. דְּקַיְימָא לָן: חֲזָקָה שָׁלִיחַ עוֹשֶׂה שְׁלִיחוּתוֹ, בְּפֶרֶק "בַּכֹּל מְעָרְבִין" (לעיל ד' לב.) הִלְכָּךְ, מְעָרֵב לְדַעְתֵּיהּ הוּא: אָמַר שְׁמוּאֵל אֲפִילּוּ בְּמָבוֹי שֶׁנִּיטְּלוּ קוֹרוֹתָיו. בְּשַׁבָּת, דְּמֵיקֵל בָּהּ ר' יְהוּדָה בְּפ' "כָּל גַּגּוֹת" *וְאָמַר: מוּתָּרִין לְאוֹתוֹ שַׁבָּת: בְּעֵירוּבִין. כָּל הֵיכָא דְּאַיְירֵי בְּהִלְכוֹת קְנִיַּית עֵירוּב: גַּבְרָא

בארבעה פרקים כו'. בפ' "אותו ואת בנו" (חולין דף פג.) מפרש: ערב יו"ט הראשון של פסח, ועיו"ט של עלרת, וערב יו"ט האחרון של חג, וערב ר"ה, ועיו"כ בגליל. והא דלא חשיב עיו"ט ראשון של חג – אומר ר"ת: משום דכו"ע טרידי בסוכה ולולב, ואין להם פנאי להרבות בשחיטה כל כך*.

לעולם כשלא משך. מלתא דרב הונא דאוקמי כשמשך אתא לפרושי דהיינו משיכה שזיכה לו ע"י אחר, ומש"ה לא קאמר אלא דלא הדר ביה כלל:

דבר תורה מעות קונות. פירש בקונטרס: דכתיב בפודה מן ההקדש: "ונתן הכסף וקם לו", וק"ו בלוקח מן ההדיוט. ור"ש לקיש דאמר משיכה מפורשת מן התורה ואין מעות קונות, קסבר: מהקדש לא ילפינן. דכסף קני ליה – משום דלא שייכא ביה משיכה דכל היכא דאיתיה בי גזא דרחמנא איתא. ואין נראה זה הטעם נכון כ"כ, דמ"מ נילף מהקדש שיקנה גם הכסף בהדיוט! ואומר ר"י: משום דתרתי לא מצי למקני בהדיוט, דפרק "הלוקח עובר פרתו" (בכורות דף יג:) דריש ר' יוחנן: "או קנה מיד עמיתך", הא לנכרי – במשיכה, ואם היה קונה משיכה וכסף לר"ל, אם כן, לנכרי במה? וכ"ת: הא לנכרי בכסף דקאי א"מיד עמיתך" דדריש ליה אמשיכה, מכל מקום מדנכרי בחד דוקא – ישראל נמי בחד דוקא, וככי האי גוונא קאמר התם. ועוד מפרש ר"י: דהיינו טעמא דמעות קונות דבר תורה – דסתם קנין דקרא בכסף מיירי, כדאשכחן בכמה דוכתי(א) קנין בכסף: "אוכל בכסף תשבירני" (דברים ב) "שדות בכסף יקנו" (ירמיה לב). ואף על גב דכתיב "ספר המקנה" דנפקא לן *מהתם קנין שטר – מ"מ סתם קנין דבכל דוכתין הוי בכסף. ועוד: מוכח קרא דבכסף איירי, דכתיב [ויקרא כה]: "אל תונו" ואמוכר ואלוקח קאי: **שמא** יאמר חיטיך נשרפו בעלייה. וא"ת: למה עקרו חכמים קנין כסף לגמרי, דהוי דאורייתא, היה להם לתקן דמבעי כסף ומשיכה! ותירץ ר"י: משום תקנת השוק עשו כן, שלא להצריך תרתי, משיכה ומעות. וריב"ן תירץ: דאם המשיכה לבדה לא תקנה – אם כן יאמר הלוקח למוכר נשרפו חיטיך בעלייה. ואם תאמר: א"כ, כשנתן הלוקח מעות ולא משך, יאמר לו המוכר נשרפו מעותיך בעלייה, כיון דאין המעות קונות לו! ואי לאו תירוץ ריב"ן הייני יכולין לומר דלא חיישינן להכי, משום דלא שכיח שיאחר המשיכה לאחר נתינת המעות, כיון דאין מעות קונות. אבל לפי תירוצו לא נוכל לומר כן. דאם כן, לא היה לו נמי למיחש שמא יאמר הלוקח נשרפו חיטיך בעלייה, דלא שכיח שיאחרו הכסף אחר משיכת הפירות, כיון דמשיכה לחוד לא היתה קונה. וי"ל: דמעות נוח לשמרן, ואין טורח בהצלתם כמו פירות, דאין יכול להציל אלא בטורח גדול. ועוד אומר ר"י: דגבי מעות אין שייך לומר נשרפו מעותיך בעלייה, דאפילו הוי עלייהו שומר חנם – הא אמרינן בפרק "המפקיד" (ב"מ דף מג.) דאין להם שמירה אלא בקרקע, ואי לא מותיב להו בקרקע – הוי פשיעותא לגבי נורא, כדמוכח התם גבי ההוא דאותיב זוזי בצריפתא דאורבני. וא"ת: והיכי חיישינן שמא יאמר לו נשרפו חיטיך בעלייה, הא הוי עלייהו שומר שכר ואם לא יציל ישלם. דכי היכי דגבי זוזי הוי מוכר עלייהו שומר שכר, כדמשמע בפ' "הזהב" (שם דף מט.) גבי ההוא גברא דיהיב זוזי אשומשמי, אוקירו שומשמי והדר ביה. וא"ל: שקול זוזך, ולא שקלינהו, ואגנוב. ואמר רבא: דכל כה"ג לא מיבעיא דשומר שכר לא הוי כו'. משמע: דאי לא הוה אומר ליה שקול זוזך – הוי עלייהו שומר שכר. וה"נ גבי חיטין, הוי נמי שומר שכר! ואור"י: דלעולם גבי זוזי נמי לא הוי שומר שכר, והא דקאמר: לא מיבעיא דשומר שכר לא הוי, ה"פ: לא מיבעיא היכא דנותן לו שכר, וקאמר לו שקול זוזך, דסליק נפשיה מחיוב שומר שכר – אלא אפילו שומר חנם לא הוי. וכה"ג צריך לפרש באידך עובדא (שם ע"ב), דא"ל: ליהוי הנך זוזי גבך פקדון, דתסכה לי. וא"ל: הא ביתא קמך. ומסיק עלה: לא מיבעיא דשומר שכר לא הוי כו', היינו ע"כ בנותן לו שכר קאמר. ועוד י"ל דאע"ג דגבי זוזי הוי שומר שכר – היינו משום דשרי להוציאם. ואע"ג דמפקיד מעות אצל בעה"ב, תנן ב"המפקיד" (שם מג.) דלא ישתמש בהן, מ"מ מוכר ישתמש בהן כיון דדבר תורה מעות קונות – אליס כחו, ויכול להוציא. אע"ג דתקין רבנן דלא קני אלא במשיכה: ה"ג: **אמר** ר' יהושע ב"ל כל מקום ששנה רבי יהודה אימתי ובמה במשנתינו אינו אלא לפרש דברי חכמים וכ"נ כספרים דגרסי במשנתינו. דבברייתא מלינו דאימתי דרבי יהודה לחלוק בפרק "כיסוי הדם" (חולין דף פח.) גבי דם הניתז ושעל גבי הסכין, ופ"ק דגיטין (דף ז.) גבי המביא גט בספינה. ואין להאריך כאן.

[וע"ע תוס' ב"ק ע. ד"ה ולא היא ותוס' סוכה מא. בד"ה שמא יגדל ותוס' גיטין ז. ד"ה אמר ותוס' שבועות מח. סד"ה נשבע ותוס' חולין פח. ד"ה רבנן]:

ואלו

רבינו חננאל

מתני' נותן אדם מעות לחנוני או לנחתום כדי שיזכה לו עירוב דברי ר' אליעזר כו'. ואמרי' מ"ט דר' אליעזר והא לא משך אמר רב נחמן אמר רבה בר אבוה השוה ר' אליעזר מדותיו בעירובין כאותן ששנינו בשחיטת חולין (פ') (בפרק כסוי הדם) בד' פרקים אלו משחיטין את הטבח בע"כ ואסקה ר' יוחנן לעולם בשלא משך ושלא זיכה ובד' פרקים אלו העמידו דבריהן על דין תורה דדבר תורה מעות קונות. ומפני מה אמרו משיכה קונה גזירה [שמא] יאמר לו נשרפו חיטך בעלייה ומודים חכמים לר' יהודה בשאר כל אדם שזכו לו מעותיו. מאן שאר כל אדם. אמר רב מן בעה"ב. וכן אמר שמואל בעה"ב קני דלא שנו חלוקה אלא בנחתום ולא שנו בנחתום דלא קנו אלא מעה יהיב אבל יהיב כלי קני ולא שנו אלא דאמר ליה לנחתום זכי ליה אבל אמר ערב לי קניה: **פיסקא** א"ר יהודה בד"א שאין מערבין לו אלא מדעתו בעירובי תחומין שפעמים שהיא חובה לו שאתה מתירו בצפון ואוסרו בדרום כנגד מה שהתרת והוא אין לו צורך אלא בדרום נמצאת עושה לו חובה לפיכך אין חבין לו אלא בפניו (אלא) [אבל] בעירובי חצרות אתה מתירו תוספת ואינך אוסרו בדבר לפיכך זכין לו אפילו שלא מדעתו. אמר רב יהודה אמר שמואל הלכתא כר' יהודה ולא עוד אלא כ"מ ששנה ר' יהודה בעירובין הלכה כמותו והני מילי בעירוב אבל לא במחיצות ואקשינן למה הוצרך שמואל לומר הלכה כר' יהודה מכלל דחכמים פליגי עליה בהא. והאמר ר' יהושע כל מקום ששנה ר' יהודה אימתי ובמה [אינו] אלא לפרש דברי חכמים ומתני' במה היא ודחינן ולא פליגי והתנן ניתוספו עליהן מוסיף ומזכה וצריך להודיע הלא המשנה זו לרבנן היא ושנו בעירובי חצרות צריך להודיע. ושנינן התם דקתני צריך להודיע בחצר שבין ב' מבואות שכשאתה מתירו במבוי אחד אתה אוסרו במבוי האחר. ונמצאת לו חובה. אבל חצר אחד במבוי אחד לא פליגי עליה. איני והאמר רב חסדא אתה מדחה דברי ר' יהודה. ריב"ל ור' יוחנן נמי הודה בריב"ל בהא כי כל מקום ששנה

לעיל מו: פ. לקמן לה.

[גיטין יא: קידושין כג. וש"נ]

חולין פג.

[שם. ע"ש]

[בכורות יג: קידושין כו. כח:]

ב"מ מז: שם

לקמן לה.

[שבת קו: וש"נ]

[סנהדרין כד:]

[לקמן לז.]

[לעיל פ:]

[שם:]

ס"א א"ל

גיר' רש"ל יהודה

[קידושין כו.]

הגהות הב"ח

(א) תוס' ד"ה דבר וכו' בכמה דוכתי (קנין בכסף תא"מ ונ"ב ס"א קנין כספו:

גברא אגברא קא רמית?! מר סבר: פליגי, ומר סבר: לא פליגי. גופא, *א"ר יהושע בן לוי: כל מקום שאמר ר' יהודה, "אימתי" ו"במה" במשנתינו — אינו אלא לפרש דברי חכמים. ור' יוחנן אמר: "אימתי" — לפרש, ו"במה" — לחלוק. ו"אימתי" לפרש הוא? והא תנן:* אואלו הן הפסולים: המשחק בקוביא, ומלוה בריבית, ומפריחי יונים, וסוחרי שביעית. אמר ר' יהודה: באימתי — בזמן שאין לו אומנות אלא היא, אבל יש לו אומנות שלא היא — הרי זה כשר. ותני עלה בברייתא: וחכ"א: בין שאין לו אומנות אלא היא, ובין שיש לו אומנות שלא היא — הרי זה פסול! ההיא דרבי יהודה א"ר טרפון היא; *דתניא, א"ר יהודה משום ר"ט: לעולם אין אחד מהן נזיר, לפי שאין נזירות אלא להפלאה. אלמא: כיון דמספקא ליה אי נזיר אי לא נזיר הוא — לא משעביד נפשיה, הכא נמי: כיון דלא ידע אי קני אי לא קני — לא גמר ומקנה.§

הדרן עלך חלון

כיצד משתתפין בתחומין? מניח את החבית, ואומר: הרי זה לכל בני עירי לכל מי שילך לבית האבל או לבית המשתה. וכל שקיבל עליו, מבע"י — מותר, משתחשך — אסור, שאין מערבין משתחשך.§ **גמ'** *אמר רב יוסף: גאין מערבין אלא לדבר מצוה. מאי קמ"ל? תנינא: לכל מי שילך לבית האבל או לבית המשתה! מהו דתימא: אורחא דמלתא קתני, קמ"ל. "וכל שקיבל עליו מבע"י" — שמעת מינה: אין ברירה. דאי יש ברירה — תיגלי מילתא למפרע דמבעוד יום הוה ניחא ליה! אמר רב אשי: "הודיעוהו" ו"לא דהודיעוהו" קתני. אמר רב אסי: *הקטן בן שש יוצא בעירוב אמו. מיתיבי: קטן שצריך לאמו — יוצא בעירוב אמו. ושאין צריך לאמו — אין יוצא בעירוב אמו. ותנן נמי גבי סוכה כי האי גוונא: *וקטן שאין צריך לאמו — חייב בסוכה. והוינן בה: *ואיזהו קטן שאין צריך לאמו? אמרי דבי ר' ינאי: כל שנפנה ואין אמו מקנחתו. ר"ש בן לקיש אמר: כל שניעור ואינו קורא "אימא". אימא ס"ד? גדולים נמי קרו! אלא אימא: כל שניעור משנתו ואינו קורא "אימא אימא". וכמה, זכבר ארבע כבר חמש! אמר

רש"י

גברא אגברא. דר' יהושע בן לוי אדשמואל, שמואל דאמר הלכה, סבר: פליגי, ורבי יהושע סבר: לא פליגי: **הפסולין.** לעדות דכולן גזלנין מדבריהן הן, דאסמכתא לא קניא, ומגזל גזיל ליה: **בקוביא.** בעירבון: **מפריחי יונים.** אי תיקדמה יונך ליוני: **סוחרי שביעית.** דרחמנא אמר: "לאכלה" ולא לסחורה, וזה שחומד ממון לעבור עבירה על הממון — רשע הוא, והתורה אמרה: "אל תשת רשע עד" (שמות כג): **בזמן שאין להם אומנות אלא היא.** דקסבר ר' יהודה: אסמכתא שהוא נסמך על דעתו שהוא ינצחנו, ועל אותה אסמכתא הוא מתנה — קניא, ולאו גזלנין נינהו. ופסולייהו לפי שאין עסוקין ביישובו של עולם, דכיון דאין מכירין ובקיאין בטורח ונער בני אדם — אינן חסין על חבריהן מלהפסידן ממון: **וחכ"א כו'.** קא ס"ד: היינו ת"ק דמתני' אלמא: "אימתי" לחלוק: **ההיא.** ברייתא משום ר"ט היא, דאמר: אסמכתא לא קניא. אבל במתניתין לא פליג רבי יהודה אדתנא קמא אלא מפרש לטעמיה: **אין אחד מהן נזיר.** שנים שיושבין וראו אחד בא, ואמר אחד מהן: הריני נזיר שזה נזיר ואמר חבירו: הריני נזיר שאין זה נזיר: **להפלאה.** שיהא נדרו מפורש על הודאי, ולא בתורת ספק אי נזיר אותו הבא כנגדו: **אי קני.** אי נצח:

הדרן עלך חלון

כיצד משתתפין כו' וכל מי שמקבל מבעוד יום. לסמוך על עירוב זה ולילך — מותר: **גמ' אין מערבין.** לא התירו חכמים לצאת חוץ לתחום ע"י עירוב, אלא לדבר מצוה: **הודיעוהו מבעוד יום ולא הודיעוהו קתני.** הודיעוהו, אע"פ שלא נתרצה מבעוד יום ונתרצה משחשיכה — אמרינן: הוברר שקודם זמן קניית עירוב דעתו לכך היה. לא הודיעוהו עד שחשיכה מאי ברירה איכא? הא לא הוה ידע דאיכא עירוב, דנימא דעתיה עליה הואי: **יוצא בעירוב אמו.** עירבה אמו לעצמה, ולא זיכתה לו בעירוב — מוליכתו עמה, דכגופה דמי דמסתמא דעתה עליה, דלא סגי ליה בלאו אמו: **ותנן נמי גבי סוכה.** כלומר: וכי תימא בן שש צריך לאמו קרי ליה — הא ליכא למימר, דתנן נמי גבי סוכה* כי האי גוונא, ופרשינן התם הי קטן צריך לאמו: **חייב בסוכה.** מחנכינן ליה מדרבנן: **ואינו קורא אימא.** כיון דלא קרי — ההיא שעתא לאו צריך הוא: **ופרכינן אימא סלקא דעתך** גדול נמי קרי. כלומר: לא משוית ליה אין צריך לאמו עד שיהא ניעור משנתו ולא יקרא אימא, הא אי קרא אימא צריך לאמו משוית ליה — הא אפילו גדול דרכו בכך: **אלא כל שניעור משנתו ואינו קורא אימא אימא.** דלא *נוח עד דאתיא לקמיה — הוי "אינו צריך לאמו": **וכמה.** בר כמה שני הוי: **כבר ארבע כבר חמש.** קרי ליה אין צריך לאמו, כל חד לפום חורפיה. אלמא: מכי הוי בר חמש בעי לזכוייה, וטפי מבר(א) ד' לא קרי ליה צריך לאמו דליפוק: אמר

תוספות

ואלו הן הפסולין. מפורש בפרק "זה בורר" (סנהדרין דף כד:): **אמר** ר' יהודה אימתי(ב) כו' בזמן שאין לו **אומנות** כו'. אע"ג דמסקינן דפליגי רבנן עליה דרבי יהודה — הלכה כרבי יהודה. כדפסיק בפרק "זה בורר" (שם דף כו:), א"ר אבהו: הלכה כרבי יהודה. ומכאן משמע דשרי לשחוק בקוביא. דאפילו לרמי בר חמא דמפרש טעמא דמשחק בקוביא פסול משום דאסמכתא לא קניא — היינו לרבנן, אבל לר' יהודה דמכשר היכא דגמיר אומנות אחריתי — קסבר דכה"ג לאו אסמכתא היא, וטעם דלא הוי אסמכתא — כדפירש הקונטרס בפ' "זה בורר" (שם דף כד:) משום דלא דמי להאיך דב"מ (ד' קד:): אם אוביר ולא איעביד אשלם אלפא זוזי. דהתם הוי בידו, ולהכי לא גמר ומקני. דמעיקרא כי אתני — אדעתא דלא יהיב ליה(ג). אסמכתא קמתני דטועה, וסבור שלא יבא לידי כך. אבל הכא לא סמיך אמידי, משום דלא ידע אי נצח או לא. ובפרק "זה בורר" (סנהדרין דף כה.) משמע גבי מפריחי יונים, דקאמר: וצריכא, דאי תנא דתולה בדעת עצמו — התם הוא דאמר קים לי בנפשאי דידענא טפי, ולהכי הוי אסמכתא. משמע היכא דבידו — הויא אסמכתא טפי. וקשה לר"ת: דבסוף "איזהו נשך" (ב"מ דף עג:) גבי האי מאן דיהיב זוזי לחבריה למזבן ליה חמרא כו', ופריך: מ"ש דאם אוביר ולא איעביד אשלם במיטבא? ומשני: התם — בידו, הכא — לאו בידו. אלמא: משום דלאו בידו הויא אסמכתא טפי! ונראה: היכא דבידו לגמרי, ולא גזים כי ההוא דאם אוביר ולא איעביד אשלם במיטבא(ד) — לא הויא אסמכתא. וכן היכא דאין בידו כלל, ואפילו הכי גמיר ומקני — כגון קוביא, וכה"ג. אבל היכא דבידו ולא בידו, כי ההוא חמרא דפשע ולא זבן ליה, ואע"ג דיין מצוי הרבה לקנות — מ"מ כיון דתלוי באחרים, דאם לא ירצו למכור לו ממי יקנה — הלכך לא גמר ומקני, והוי אסמכתא גמורה. ועוד פר"ת טעם אחר: דדווקא כי ההוא דאם אני חוזר בי ערבוני מחול, דפרק "הזהב" (שם דף מח:), ומי שפרע מקצת חובו והשליש את שטרו ד"גט פשוט" (ב"ב דף קסח.), וכל כה"ג חשיב אסמכתא, שאינו מתכוין אלא להסמיך חבירו על דבריו שיאמינוהו. אבל הכא — אדעתא דהכי קעבדו שירויחו או זה או זה. ואותם המשחקים באמנה — אומר ר"י: דאינו חייב לשלם, דמה יקנה? דלמ"ד אסמכתא היא — לא קני אפילו בקנין, אלא בב"ד חשוב, כדמוכח בנדרים (דף כז:). ולמ"ד לאו אסמכתא היא — היאך יקנה בדברים בלא קנין, בשביל שנותן חבירו:

הדרן עלך חלון

כיצד משתתפין מניח את החבית. כל פירותיהן היו רגילים להניח בחבית, כדתניא לעיל [דף פ.]: מביאין את החבית של יין ושל שמן ושל גרוגרות ושל שאר כל מיני פירות: **אין** מערבין **אלא** לדבר מצוה. לעיל, *דתנן: אם באו נכרים למזרח וכו'. ומוקי לה בגמ' במרי מתא. ופי' שם בקונטרס: שצריך לצעוק לפניו — הוי נמי דבר מצוה, שהולך לצורך בני עירו, ומפקח על עסקי רבים: **שמע** מינה אין ברירה. דלא מסתבר דאפילו בעירובי תחומין דרבנן אין ברירה, כדאמרינן פרק "בכל מערבין" (לעיל דף לז:): מאן האי תנא דאפילו בדרבנן לית ליה ברירה: **קטן** בן שש יוצא **בעירוב אמו.** אף על גב דאין מערבין אלא לדבר מצוה — מכל מקום יוצא קטן בעירוב אמו, דאי אפשר לה להניחו משום דכרוך אחריה. א"נ: בקטן נמי איכא מצוה לחנכו:

עין משפט נר מצוה

סו א ב מיי' פ"י מהל' עדות הלכה ד ופי"ב הלכה א סמג לאוין רי"ד טוש"ע ח"מ סי' לד סעיף טז:

א ג מיי' פ"ו מהלכות עירובין הלכה ו סמג עשין א טוש"ע א"ח סי' תטו סעיף א:

ב ד מיי' שם הלכה יח וסמג שם טור ש"ע א"ח סי' תיג:

ג ה מיי' שם הלכה כא וסמג שם טוש"ע א"ח סי' תיד סעיף ב:

ד ו ז מיי' פ"ו מהלכות סוכה הלכה א סמג עשין מג טוש"ע א"ח סי' תרמ סעיף ב:

רבינו חננאל

ששנה ר' יהודה אימתי לפרש הוא. ואקשינן עליה איני והתנן בסנהדרין פרק דיני ממונות בג' זה בורר לו אחד אלו הן הפסולין המשחק בקוביא כו'. א"ר יהודה אימתי בזמן שאין לו אומנות אלא היא אבל יש לו אומנות שלא היא הרי זה כשר. וקתני בברייתא וחכ"א בין שיש לו אומנות שלא היא בין שאין לו אומנות אלא היא הרי זה פסול הנה חולקין דר' יהודה אמר כשר וחכ"א אפילו יש לו אומנות שלא היא הרי זה פסול. ופרקינן לעולם אימתי לפרש הוא והאי דקתני בברייתא וחכ"א [ר"י היא] ומפרש דברי ר' טרפון. (דתנן) [דתניא] ר' יהודה אומר משום ר' טרפון אין אחד מהן נזיר לפי שלא נתנה נזירות אלא להפלאה שנאמר איש כי יפליא (אלא) [אלמא] כיון דמספקא ליה אי נזיר הוא אי לא נזיר הוא לא ידע (דנחיל) [דנחית] ולא משעביד נפשיה הכא נמי גבי המשחק בקוביא לא ידע אי קני אי לא קני לא גמר ומקני:

הדרן עלך חלון

פ"ח כיצד משתתפין בתחומין מניח את החבית כו' אמר רב יוסף אין מערבין אלא לדבר מצוה כל מי שקבל עליו מבעו"י מותר. ש"מ אין ברירה אפילו בדרבנן דהא עירובי תחומין דרבנן נינהו ודלא כר' עקיבא ופריק רב אשי הודיעוהו קתני פי' הודיעוהו שצריך לערב לילך למקום פלוני כיון *) שמקבל נתברר כאלו מאתמול עירב. אמר רב יוסף קטן בן שש יוצא בעירוב אמו והא דתניא קטן יוצא בעירוב אמו

*) אולי צ"ל כיון שמקבל עליו אפילו משחשיכה נתברר וכו'.

רב נסים גאון

פ"ח ביצד. שמעת מינה אין ברירה אפי' בדרבנן בהרבה מקומות בתלמוד איתה להוויא דהא מילתא אבל פסק ההלכה איתא במסכת יום טוב בפרק משילין פירות (דף לח) והכין סליקא לה מילתא כי לית ליה לר' הושעיה ברירה בדאורייתא אבל בדרבנן אית ליה דרש מר זוטרא הילכתא כר' אושעיא:

ר'

מסורת הש"ס

[סנהדרין כה.] שם כד: [ר"ה כב.] סנהדרין כה. חגיגה י. נזיר לד. סב. נדרים יט: כח. לעיל לו: [דף כח.] סוכה כח. ס"א ינוח [לעיל דף לו:]

הגהות הב"ח

(א) רש"י ד"ה כבר ארבע וכו' טפי מבר (ארבע) תז"מ נ"ב ס"א חמש: (ב) תום' ד"ה אמר ר' יהודה אימתי בזמן כצ"ל ותיבת כו' נמחק: (ג) בא"ד אדעתא דלא יהיב ליה קמתני והוי אסמכתא דטועה וסבור וכו' משמע הכי גבי מפריחי: (ד) בא"ד ולא גזים כי ההוא דאם אוביר ולא איעביד אשלם במיטבא או היכא דלאו בידו כלל ואפי' הכי גמר ומקני כגון קוביא וכההיא גוונא לא הויא אסמכתא אבל היכא דבידו ולא בידו כצ"ל:

גליון הש"ס

תום' ד"ה קטן בן שש בסה"ד מצוה לחנכו. עי' תה"ד סימן לד:

עד

עין משפט נר מצוה

ה א ב ג מיי' פ"ו מהלכות עירובין הלכה כא סמג עשין א טוש"ע א"ח סי' תיד סעיף א:
ו ד מיי' שם הלכה ז וסמג שם טוש"ע א"ח סי' תט סעיף ז:
ז ה מיי' פט"ז מהלכות טומאת צרעת הלכה ו:
ח ו מיי' פ"ד מהלכות טומאת אוכלין הל"א:

אמר רב יהושע בריה דרב אידי: כי קאמר רב אסי – כגון שעירב עליו אביו לצפון, ואמו לדרום. דאפילו בר שש נמי, בצוותא דאמיה ניחא ליה. מיתיבי: קטן שצריך לאמו – יוצא בעירוב אמו, עד בן שש. תיובתא דרב יהושע בר רב אידי! תיובתא. לימא תיהוי תיובתיה דרב אסי?! אמר לך רב אסי: *"עד" ועד בכלל. לימא תיהוי תיובתיה דרבי ינאי ור"ל?! ל"ק; הא – דאיתיה אבוהי במתא, הא – דלא איתיה אבוהי במתא. ת"ר: [א]מערב אדם על ידי בנו ובתו הקטנים, על ידי עבדו ושפחתו הכנענים, בין לדעתן בין שלא לדעתן(א) אבל אינו מערב לא ע"י עבדו ושפחתו העברים, [ולא] על ידי בנו ובתו הגדולים, ולא על ידי אשתו, אלא מדעתם. תניא אידך: לא יערב אדם על ידי בנו ובתו הגדולים(ב) וע"י עבדו ושפחתו העברים, ולא ע"י אשתו, אלא מדעתן. אבל מערב הוא ע"י עבדו ושפחתו הכנענים, ועל ידי בנו ובתו הקטנים, בין לדעתן ובין שלא לדעתן – מפני שידן כידו. וכולן שעירבו, ועירב עליהם רבן – יוצאין בשל רבן, חוץ מן האשה, מפני שיכולה למחות. אשה מאי שנא? אמר רבה: אשה וכל דדמי לה.(ג) אמר מר: חוץ מן האשה, מפני שיכולה למחות. טעמא: דמחי, הא סתמא – נפקא בדבעלה. הא קתני רישא: "אלא מדעתם", מאי לאו דאמרי אין! לא, מאי "אלא מדעתם", [ב]דאשתיקו. לאפוקי היכא דאמרי "לא". הא "וכולן שעירבו ועירב עליהן רבן יוצאין בשל רבן"(ד) וסתמא הוא, וקתני חוץ מן האשה, דלא נפקי! אמר רבא: [ג]כיון שעירבו – אין לך מיחוי גדול מזה.§ **מתני'** *[ד]כמה הוא שיעורו? מזון שתי סעודות לכל אחד ואחד, מזונו לחול ולא לשבת, דברי ר"מ. רבי יהודה אומר: לשבת ולא לחול. וזה וזה מתכוונים להקל. ר' יוחנן בן ברוקה אומר: מככר בפונדיון מד' סאין בסלע. ר"ש אומר: שתי ידות לככר משלש לקב, [ה]חצייה לבית המנוגע, [ו]וחצי חצייה לפסול את הגוייה.§ **גמ'** וכמה מזון שתי סעודות? א"ר יהודה, אמר רב: תרתי ריפתא *איכרייתא. רב אדא בר אהבה אמר: תרתי ריפתא נהר פפיתא. א"ל רב יוסף לרב יוסף בריה(ה) דרבא: אבוך כמאן ס"ל? כר' מאיר ס"ל. אנא נמי כר"מ ס"ל, דאי כרבי יהודה – קשיא הא דאמרי אינשי *"רווחא לבסימא שכיח".§ "רבי יוחנן בן ברוקה אומר".§ תנא: וקרובים דבריהן להיות שוין. מי דמי?! דר"י – ארבע סעודתא לקבא, דר"ש – תשע סעודתא לקבא! *א"ר חסדא: צא מהן שליש לחנוני. ואכתי למר – תשעה, ולמר – שית! [*אלא כאידך] דרב חסדא, דאמר: *צא מהן מחצה לחנוני. ואכתי, למר – תשע, ולמר – תמני! היינו דקאמר "וקרובים דבריהם להיות שוין". קשיא דרב חסדא אדרב חסדא! ל"ק; הא – דקא יהיב בעל הבית ציבי, הא – דלא יהיב בעל הבית ציבי.§ "חצייה לבית המנוגע וחצי חצייה לפסול את הגוייה".§ תנא

אמר רב יהושע. ודאי כדאמרת בן ה' אינו יוצא עד שיערבו עליו, ורב אסי נמי בשעירבה אמו עליו קאמר. וקמ"ל: דאם עירב עליו אביו לרוח אחרת – בתר אמו שדינן ליה: **מיתיבי** כו' עד בן שש.(ו) הא ליכא למימר בשעירב עליו זה לכאן וזה לכאן, דהא "עד" קתני. דמשמע: בן שנה ובן שתים ושלש עד בן שש – יוצא בעירוב אמו. וכי היכי דבן שנה ובן שתים בלא זיכוי עירוב קאמר – בן ד' ובן ה' נמי בלא עירבו עליו קאמר. וכי נמי אמרינן עד ולא עד בכלל – הויא תיובתא דרב יהושע, דקתני דבן ה' צריך לזכות לו: **תיובתא: לימא תהוי תיובתיה דרב אסי.** ד"עד" ולא עד בכלל משמע, ואיהו אמר: אפילו בן שש: **לימא תיהוי תיובתיה דר' ינאי** ודריש לקיש. דמפרשי גבי סוכה בר ארבע ובר חמשה קרי ליה "אין צריך לאמו" והכא תני יוצא בעירוב אמו. ותניא לעיל דקטן שאינו צריך לאמו – אינו יוצא בעירובה: **הא דאיתיה לאבוה במתא.** והתינוק נכנס ויוצא עמו – לא קרי ליה צריך לאמו מבן ד' ולמעלה. וברייתא – בדליתיה לאבוה במתא. ורב יהושע לא מצי לשנויי הכי, דהא כי אותביניה לרב אסי לעיל: אם איתא דאית ליה לרב יהושע הא סברא – הכי הוה משני ליה לדרב אסי, בדליתיה לאבוה במתא, ונימא בדלא עירב שרי, ואשמעינן רבותא: **על ידן.** בשבילן: **ועירב רבן עליהן.** לרוח אחרת: **אשה מאי שנא.** מעבד עברי, ובנו ובתו הגדולים: **הא סתמא.** דאישתיקה, ולרוח אחרת נמי לא עירבה:
מתני' מתכוונין להקל. ר' מאיר סבר: בשבת אכיל איניש טפי, משום דבסים תבשיליה, ואמרי אינשי: רווחא לבסימא שכיח. ור' יהודה סבר: כיון דבשבת סועד שלש סעודות – אינו אוכל הרבה בכל סעודה: **ככר** הלקוח מן הנחתום בפונדיון כשנמכרים ארבע סאין בסלע. השתא ס"ד חצי קב הוי שתי סעודות. **כיצד:** ו' מעות לדינר, מעה שתי פונדיונין – נמצא דינר י"ב פונדיונין, נמצא סלע מ"ח פונדיונין. וסאה ו' קבין, לד' סאין – כ"ד קבין, הרי מ"ח חצאי קבין, חצי קב לפונדיון: **ר"ש.** ממעט משיעור, ואומר: תשע סעודות יש לקב, ודי לעירוב בב' ידות של ככר של ג' ככרות לקב. נמצאת ככר השלימה שלישית הקב, וב' ידותיה הוו שתי סעודות: **חצייה לבית המנוגע.** סתמא היא והכי קאמר: חצי ככר השלימה, ששיערו בה את העירוב ובין למר בין למר לשהיית בית המנוגע לטמא בגדים – הנכנס טמא מיד, דכתיב (ויקרא יד): "והבא אל הבית יטמא". אבל כבוס בגדים לא נאמרה בו עד שישהה כדי אכילה דכתיב (שם): "והאוכל בבית יכבס את בגדיו" ומוקמינן לה בתורת כהנים לשוהה כדי סעודה ואע"פ שלא אכל. וחצי ככר זו הוי כדי אכילה. אע"ג דלר"ש לענין עירובין הוי בככר ג' סעודות – התם הוא דבשיעור העירוב נתכוונו כולן להקל, אבל שיעור סעודה – קים להו לרבנן הכי, ובעינן שישהה בכדי אכילת חצי ככר זו. והוא פרס דכוליה התלמוד. על שם ששיעורה בפרוסה, כלומר: בחצי ככר: **לפסול את הגוייה.** האוכל אוכלין טמאין כחצי פרס – נפסלה גוייתו מלאכול בתרומה. ומדרבנן הוא, דאין אוכל מטמא אדם, ורבנן גזרו שהאוכלו יפסל בתרומה עד שיטבול. כדאמר בפרק בתרא דיומא (דף פ:): הבא לטומאת גוייה דלאו דאורייתא: **גמ'** וכמה. לר"מ ולר' יהודה קבעי: **ריפתא איכרייתא.** שנושאין האכרים עמהם לשדה אכרים מנהיגי שוורים: **נהר פפיתא.** הוא מקום נהר פפא: **אבוך כמאן.** מהנך תנאי סבירא ליה בעירוב, כר' יהודה או כר' מאיר? דקי"ל בעירוב לכל אדם כדי מזונו, ואם בא לשער בעצמו – באיזו ישער, בשבת או בחול: **דאי כר' יהודה קשיא לי הא דאמרי אינשי רווחא לבסימא שכיח.** כלומר: המעיים מתרווחין לפנות מקום לדבר המתוק: **דבריהן.** דרבי יוחנן בן ברוקא ורבי שמעון: **צא מהן שליש לחנוני.** רבי יוחנן בן ברוקה לא הזכיר חצי קב ששיער לך אלא בככר הלקוח מן החנוני בפונדיון, והרי החנוני משתכר בחצי קב שלקח בפונדיון שליש, ומוכר ב' שלישי חצי קב בפונדיון. והך שני שלישי אשמעינן רבי יוחנן דאיכא שתי סעודות – הרי בחצי קב שלש סעודות: **ציבי.** עצים לאפות, אין החנוני משתכר אלא שליש: וחצי

עד ועד בכלל. לא בעי לשנויי: הא דאיתיה לאבוה במתא כו' כדמשני בסמוך – דא"כ הוי פליגי דרבי ינאי ור"ל אדרב אסי, והלכתא כרב אסי, דמייתי לה התלמוד בסוף פ' "אע"פ" (כתובות דף סה:):
הא דאיתיה לאבוה במתא כו'. לרב יהושע בריה דרב אידי לא הוי מצי לשנויי הכי, דהא לא מפליג בין איתיה לליתיה, מדלא משני הכי, וכן פירש בקונטרס:
מערב ע"י בנו ובתו הקטנים. ואור"י: דאף רבי יוחנן מודה הכא דקטן קטן ממש:
מפני שידן כידו. אעבדו ושפחתו קאי, כדאמרינן בריש "הזורק" בגיטין (דף עז:): דיד עבד קני ליה רביה:
וחצי חציה לפסול את הגברייה. והיינו שני ביצים. אומר ר"ת: דפסול גברייה גזירת קדמונים היתה, ולא מי"ח דבר – דהאוכל אוכל ראשון ואוכל שני. תדע, דבפרק בתרא דיומא (דף פ:) סלקא דעתיה דהוי דאורייתא, ובעי למדרשיה מ"ולא תטמאו בהם ונטמתם בם". וי"ח דבר היו בקיאין. ואם היתה דאורייתא – א"כ חסר להו! ועוד: דלשון פסול גברייה משמע דדוקא פסול הגוף, דנפסל גופו מלאכול בתרומה, וגזירה דהאוכל אוכל ראשון – פסול מגע הוא. אלא ודאי פסול גברייה גזרו קודם י"ח דבר הרבה. ולא גזרו על מגעו שיפסל, אלא גופו מלאכול בתרומה. וגזרו על טומאת פנים אטו טומאת חוץ, שהרואה אוכל תרומה אחר שאכל אוכלין טמאין, או שתה משקין טמאים – סבור שמותר ליגע בהן גם בתוך תרומה טהורה, כמו שבתוך מעיו נוגעין זה בזה. ודווקא בשני ביצים, אבל בכביצה, אף על פי שראוי לטמא אחרים – לא גזרו, דא"א שלא ישאר קצת בין השינים והחניכין או מתעכל קצת במעיו. וכיון דאפקוה מכביצה – אוקמוה אשני ביצים, שהוא חצי הסעודה דבית המנוגע, ולר' יוחנן בן ברוקה אכילה ומחצה. אבל במשקין טמאין, שאינם מתעכלין ונכנס הכל במעיו – לא בעינן יותר מרביעית. אבל בי"ח דבר דהאוכל אוכל ראשון – גזרו אפילו בכביצה, ושיפסול תרומה במגע, כדמפרש טעמא בפרק קמא דשבת (דף יד.) משום דזמנין דאוכל אוכלין טמאין כו'. ואין להאריך כאן:
וחצי

רבינו חננאל

עד בן שש מוקי ליה עד ועד בכלל: **ת"ר** לא יערב אדם לא ע"י בנו ובתו הגדולים ולא ע"י עבדו ושפחתו העברים ולא ע"י אשתו אלא מדעתן. ואוקימנא מאי מדעתן בשהודיען ואפילו בסתמא מערב עליהן אלא אם ימחו ויאמרו לא. אבל מערב ע"י בנו ובתו הקטנים וע"י עבדו ושפחתו הכנענים בין מדעתן ובין שלא מדעתן וכולן שעירבו ועירב רבן עליהן יוצאין בשל רבן חוץ מן האשה וכל דכוותה והן בניו הגדולים ועבדיו [ושפחותיו] העברים מפני שיכולין למחות וכיון שעירבו לעצמן אין לך מיחוי גדול מזה ואין יוצאין אלא בעירוב של עצמן: **מתני'** וכמה שיעורו מזון ב' סעודות לכל אחד ואחד מזונו לחול דברי ר' מאיר כי בשבת דכיון דקבע סעודתי' על היין אכיל טפי וכי רעבתן דמי ולא בעינן אלא (בחול) [לחול] דהוה ליה סעודה בינונית ר' יהודה אומר כסעודת השבת. דכיון דאית ליה בשבת בשר ודגים לא אכיל פת אלא פחות מסעודתו בחול. וזהו שאמרו ושניהן מתכוונין להקל. בא ר' יוחנן בן ברוקה לתת שיעור בעירוב בדבר ידוע דאמר מככר בפונדיון מד' סאין בסלע פי' שיעור סאה ו' קבין (כשהן) [שהן] כ"ד רטיל והסלע ו' דינרים (כמו) [ואם] שיהיה השער שבשוק ד' סאין בסלע נמצא סאה בדינר וחשבון הדינר שש מעה כסף והמעה ב' פונדיונות נמצאו י"ב פונדיונין בדינר וכבר הוזכרנו למעלה כי סאה היא כ"ד רטלין כשתימכר סאה בדינ' (רטלה בפונדיונין) [ב' רטיל בפונדיון] נמצאת ככר של עירוב (ריטלין) [ב' רטלין בפונדיון] זהו ב' סעודות כל סעודה רטל. ר' שמעון אומר [שתי] ידות לככר מג' ככרות בקב הוי עירוב נמצא שיעור הככר רטל ושליש (ב') [וב'] ידותיה הן שיעור העירוב. תנא וקרובין דבריהן להיות שוין. אוקמה רב חסדא הא דאמר ר' יוחנן בן ברוקה בתר דאפיק מחצה מהן לחנוני. באתרא דלא יהיב בעה"ב עצים לתנור. נמצאת חצי סאה פת אפויה בדינר. נמצאת רטיל פת בפונדיון והוא ב' סעודות ולר' שמעון דאמר ב' סעודות של עירוב הן ב' ידות לככר מג' לקב נמצאו ב' ידות של זה הככר רטל פחות (*) י"ב תישועין והיינו דאמר וקרובין להיות שוין. הא דא"ר יוחנן בן ברוקה ב' סעודות מד' סעודות בקב ור' שמעון דאמר ב' סעודות מתשע סעודות בקב דבריהן פשוטין הן ומתני' אליבא דר' יהושע שנויה דאמר

*) אולי צ"ל רטיל פחות תישוע כי כל הככר מחזיק י"ב תישועין וצ"ע.

הגהות הב"ח

(א) גמ' בין שלא לדעתן מפני שידן כידו אבל אינו מערב: (ב) שם תניא אידך וכו' הגדולים ולא ע"י עבדו: (ג) שם וכל דדמי לה (אמר מר וכו' דמחי) תא"מ ונ"ב ס"א היא גופא קשיא אמרת מפני שיכולה למחות טעמא דמחי: (ד) שם דסתמא הוא: (ה) שם א"ל רב יוסף לרב יוסף בריה דרבה אבוך: (ו) רש"י ד"ה מיתיבי וכו' עד בן שש והכא ליכא למימר:

מסורת הש"ס

[ברכות סו: וש"נ]
[עמוד ד' א]
כתובות סד: כלים פי"ז מי"א
[שם מקום ויש מפרשים ככרין שאוכלין הרועי' ערוך ערך אכר]
מגילה ז:
[כתובות סד:]
רש"לנ[שם]

רב נסים גאון

ר' יוחנן בן ברוקה אומר ככר בפונדיון מד' סאין בסלע ר' שמעון אומר ב' ידות לככר מג' לקב חציה לבית המנוגע וחצי חציה לפסול את הגויה הפונדיון הוא חלק אחד משנים עשר בדינר ואיתיה לפירוש דיליה בפ' האשה נקנית (קידושין יב) דתניא שש מעה כסף [דינר] והמעה ב' פונדיונות והסאה הוא ו' קבין והקב כ"ד ביצה וכבר פירשו הגאונים ז"ל כי שיעור הביצה משקל (י"ג) (*) כספים פחות שליש מכספים של ארץ ישראל יעלו בו' ביצים ק' כספים נמצא בקב משקל ת' כסף ובגמרא דבני מערבא במס' תרומות (פ"ה ה"א) אמרו כמה קבא עביד כ"ד ביעין והסלע יש בו ד' דינרין שבכל דינר י"ב פונדיונות יעלה הסלע למ"ח פונדיונות ואיתיה לפירושיה בגמ' דבכורות בפ' יש בכור לנחלה (דף נ) והלא סלע הקדש מ"ח פונדיון ובגמ' דקידושין דבני מערבא (פ"א ה"א) גרסי תני ר' חייא סלע ד' דינרין ונפקא לן ממתני' דפרק הזהב דסלע ד' דינרין דתנן (בב"מ דף נא) כמה תהא הסלע חסרה ולא יהא בה אונאה ר"מ אומר ד' איסרות מאיסר לדינר מכלל שהסלע יש בו ד' דינרין והכי אמרי בפרק האשה נקנית (ירושלמי קידושין הלכה א) חילפיי אותבוני על כיף נהרא דלא אפיקית מתניתא דר' חייא רבה מן מתני' זרקוני לנהרא אמרון ליה והא תני ר' חיי' סלעא ד' דינרין אמר לון אף אנן תנינא כמה תהא הסלע חסרה ולא יהא בה אונאה ר' מאיר אומר ד' איסרות מאיסר לדינר. חציה לבית המנוגע עיקרו מן הכתוב (ויקרא יד) והאוכל בבית יכבס את בגדיו ופירשוהו בתורת כהנים אם סופנו לרבות את אע"פ שאינו שוכב מה ת"ל

*) אולי צ"ל מז.

תָּנָא: [א]וַחֲצִי חֲצִי חֶצְיָהּ לְטַמֵּא טוּמְאַת אוֹכָלִין. *וְתַנָּא דִּידַן, מ"ט לָא תָּנֵי טוּמְאַת אוֹכָלִין? מִשּׁוּם דְּלָא שָׁווּ שִׁיעוּרַיְיהוּ לַהֲדָדֵי. דְּתַנְיָא: כַּמָּה שִׁיעוּר חֲצִי פְּרָס — ב' בֵּיצִים חָסֵר קִימְעָא, דִּבְרֵי רַבִּי יְהוּדָה. ר' יוֹסֵי אוֹמֵר: ב' בֵּיצִים שׂוֹחֲקוֹת. שִׁיעֵר רַבִּי ב' בֵּיצִים וְעוֹד. כַּמָּה וְעוֹד? אֶחָד מֵעֶשְׂרִים בְּבֵיצָה. וְאִילּוּ גַּבֵּי טוּמְאַת אוֹכָלִין תַּנְיָא: רַבִּי נָתָן וְרַבִּי דּוֹסָא אָמְרוּ: כַּבֵּיצָה שֶׁאָמְרוּ — כָּמוֹהָ וּכִקְלִיפָּתָהּ, וַחכ"א: [ב]כָּמוֹהָ בְּלֹא קְלִיפָּתָהּ. אָמַר רַפְרָם בַּר פַּפָּא, אָמַר רַב חִסְדָּא: זוֹ דִּבְרֵי רַבִּי יְהוּדָה וְרַבִּי יוֹסֵי, אֲבָל חכ"א: [ג]כְּבֵיצָה וּמֶחֱצָה שׂוֹחֲקוֹת. *וּמַאן חֲכָמִים — רַבִּי יוֹחָנָן בֶּן בְּרוֹקָה. פְּשִׁיטָא! שׂוֹחֲקוֹת אֲתָא לְאַשְׁמוּעִינַן. כִּי אֲתָא רַב דִּימִי, אֲמַר: שִׁיגֵּר בּוֹנְיוֹם לְרַבִּי מוֹדְיָא דְּקוּנְדִּים דְּמִן נָאוּסָא, וְשִׁיעֵר רַבִּי מָאתָן וּשְׁבַע עֶשְׂרֵה בֵּיעִין. הָא סְאָה דְּהֵיכָא? אִי דְּמִדְבָּרִית — קמ"ד הָוְיָא, וְאִי דִּירוּשַׁלְמִית — קע"ג הָוְיָא. וְאִי דְּצִיפּוֹרִית — ר"ז הָוְיָין! לְעוֹלָם דְּצִיפּוֹרִית, אַיְיתֵי חַלְּתָא שְׁדֵי עֲלַיְיהוּ. חַלְּתָא כַּמָּה הָוְיָין — תְּמָנֵי, אַכַּתִּי בָּצַר לֵיהּ?! אֶלָּא: אַיְיתֵי וְעוֹדוֹת דְּרַבִּי שְׁדֵי עֲלַיְיהוּ. אִי הָכִי, הָוֵי לֵיהּ טְפֵי! כֵּיוָן דְּלָא הָוֵי כְּבֵיצָה — לָא חָשִׁיב לֵיהּ. ת"ר: סְאָה יְרוּשַׁלְמִית יְתֵירָה עַל מִדְבָּרִית שְׁתוּת, וְשֶׁל צִיפּוֹרִית יְתֵירָה עַל יְרוּשַׁלְמִית שְׁתוּת. נִמְצֵאת שֶׁל צִיפּוֹרִית יְתֵירָה עַל מִדְבָּרִית שְׁלִישׁ. שְׁלִישׁ דְּמַאן? אִילֵימָא שְׁלִישׁ דְּמִדְבָּרִית, מִכְּדִי שְׁלִישׁ דְּמִדְבָּרִית כַּמָּה הָוֵי — אַרְבְּעִין וּתְמַנְיָא, וְאִילּוּ עוֹדְפָא — שִׁיתִּין וּתְלָת! וְאֶלָּא שְׁלִישׁ דִּירוּשַׁלְמִית, שְׁלִישׁ דִּידָהּ כַּמָּה הָוֵי — חַמְשִׁין וּתְמַנְיָא, נְכֵי תִּילְתָּא. וְאִילּוּ עוֹדְפָא שִׁיתִּין וּתְלָת! וְאֶלָּא דְּצִיפּוֹרִי שְׁלִישׁ דִּידָהּ כַּמָּה הָוֵי — שִׁבְעִין נְכֵי חֲדָא, וְאִילּוּ עוֹדְפָא — ס"ג! אֶלָּא א"ר יִרְמְיָה, ה"ק: נִמְצֵאת סְאָה שֶׁל צִיפּוֹרִי יְתֵירָה עַל מִדְבָּרִית קָרוֹב לִשְׁלִישׁ שֶׁלָּהּ, וּשְׁלִישׁ שֶׁלָּהּ קָרוֹב לְמֶחֱצָה דְּמִדְבָּרִית. מַתְקִיף לָהּ רָבִינָא: מִידֵּי "קָרוֹב" "קָרוֹב" קָתָנֵי?! אֶלָּא אָמַר רָבִינָא, ה"ק: נִמְצֵאת שְׁלִישׁ שֶׁל צִיפּוֹרִי בְּוְעוֹדִיּוֹת שֶׁל רַבִּי, יְתֵירָה עַל מֶחֱצָה שֶׁל מִדְבָּרִית שְׁלִישׁ בֵּיצָה. תָּנוּ רַבָּנַן: [ד]"רֵאשִׁית עֲרִיסוֹתֵיכֶם" [במדבר ט] — כְּדֵי

תורה אור

רש"י

וַחֲצִי חֲצִי חֶצְיָהּ לְטַמֵּא טוּמְאַת אוֹכָלִין. לְרַבִּי יוֹחָנָן בֶּן בְּרוֹקָה כִּדְאִית לֵיהּ דְּהַיְינוּ כְּבֵיצָה חָסֵר רְבִיעַ – שֶׁהֲרֵי הוּא שִׁיעֵר בְּכִכָּר שֶׁל רוֹבַע קַב, כִּדְאָמַר מֶחֱצָה שָׂכָר לַחֶנְוָנִי. נִמְצָא כִּכָּר בְּפוּנְדְּיוֹן רוֹבַע קַב, וְהֵן ו' בֵּיצִים חֶצְיָהּ, ג' בֵּיצִים לְבֵית הַמְנוּגָּע, וַחֲצִי חֶצְיָהּ בֵּיצָה וּמֶחֱצָה – לִפְסוֹל אֶת הַגְּוִיָּה וּלְטוּמְאַת אוֹכָלִין ג' רְבִיעֵי בֵּיצָה. וּלְר"ש שֶׁשִּׁיעֵר בְּכִכָּר מִג' לְקַב, כִּכָּר שְׁלֵימָה – ח' בֵּיצִים, חֶצְיָהּ ד' חֲצִי חֶצְיָהּ – ב' חֲצִי חֲצִי חֶצְיָהּ – בֵּיצָה: דְּלָא שָׁווּ שִׁיעוּרַיְיהוּ לַהֲדָדֵי. לָא הָוְיָא שִׁיעוּר טוּמְאַת אוֹכָלִין חֲצִי שִׁיעוּר פְּסוּל גְּוִיָּה מְלוּמְלָם, אֶלָּא יֵשׁ שֶׁאוֹמְרִים פָּחוֹת וְיֵשׁ שֶׁאוֹמֵר יוֹתֵר: דְּתַנְיָא כַּמָּה שִׁיעוּר חֲצִי פְּרָס. לִפְסוֹל אֶת הַגְּוִיָּה: חָסֵר קִימְעָא. בְּבֵיצִים קְטַנִּים שִׁיעֲרוּהָ, וְאַלִּיבָּא דְּר"ש דְּאָמַר בְּמַתְנִי' ב' בֵּיצִים: שִׁיעֵר רַבִּי. סְאָה אַחַת שֶׁהוּבְאָה לְפָנָיו, וּמָצָא לְמִנְיַן קַבִּין שֶׁבָּהּ יוֹתֵר מִכ"ד בֵּיצִים לְקַב, דְּהַיְינוּ לְכִכָּר שֶׁל שְׁלִישִׁית הַקַּב יוֹתֵר מֵח' וְחֶצְיָהּ יוֹתֵר עַל ד' וַחֲצִי חֶצְיָהּ ב' בֵּיצִים וְעוֹד אֶחָד מִכ' בְּבֵיצָה לְכָל בֵּיצָה, דְּהַיְינוּ לַחֲצִי פְּרָס אֶחָד מֵעֶשֶׂר בְּבֵיצָה תּוֹסֶפֶת. וְיֵשׁ שֶׁשּׁוֹנִין: אֶחָד מִמ' בְּבֵיצָה, וּמְפָרְשִׁי לְב' הַבֵּיצִים תּוֹסֶפֶת אֶחָד מִמ' וְתוּ לָא. וְהַמְדַקְדֵּק בַּלָּשׁוֹן הַזֶּה א"א לְהַעֲמִידוֹ לְקַמָּן, וַאֲנִי שְׁנֵיהֶן שָׁמַעְתִּי: כָּמוֹהָ וּבִקְלִיפָּתָהּ. אַלְמָא: לָא שָׁוֵי לַחֲצִי שִׁיעוּר דִּפְסוּל גְּוִיָּה, דְּאִי לְרַבִּי יְהוּדָה – חָסֵר קִימְעָא בָּעֵי מֶיהֱוֵי, וְאִי לְרַבִּי יוֹסֵי – בֵּיצָה וּקְלִיפָּתָהּ שׂוֹחֲקוֹת בָּעֵי מֶיהֱוֵי, וְאִי לְרַבִּי – וְעוֹדוֹת בָּעֵי דְּהַיְינוּ טְפֵי: בְּלֹא קְלִיפָּתָהּ. נַמִי זוּטָר טְפֵי אֲפִילּוּ מִפַּלְגֵי שִׁיעוּרֵיהּ דַּחֲצִי פְּרָס דְּרַבִּי יְהוּדָה: זוֹ דִּבְרֵי ר' יְהוּדָה. הָךְ בָּרַיְיתָא דַּחֲצִי פְּרָס דִּלְעֵיל: ר' יוֹחָנָן בֶּן בְּרוֹקָה. וְאוֹקִימְנָא אַלִּיבֵּיהּ דְּבְכִכָּר שֶׁל רוֹבַע הַקַּב ו' בֵּיצִים, שִׁיעוּר לָעֵירוּב חֶצְיָהּ – ג', חֲצִי חֶצְיָהּ – בֵּיצָה וּמֶחֱצָה: פְּשִׁיטָא. דְּהָא רַב חִסְדָּא גּוּפֵיהּ הָכִי אוֹקְמָא לְעֵיל גֵּא מֵהֶן מֶחֱצָה לַחֶנְוָנִי: בּוֹנְיוֹם. שֵׁם הָאִישׁ: מוֹדְיָא קוּנְדְּסָא. שֵׁם הַסְּפָה: דְּמִן נָאוּסָא. מֵאוֹתוֹ מָקוֹם: דְּמִדְבָּרִית. שֶׁהֵן ו' קַבִּין, וְקַיְ"ל: קַב ד' לוּגִּין, וְלוֹג ו' בֵּיצִים – הֲרֵי כ"ד בֵּיצִים לְקַב, קמ"ד לִסְאָה: וְאִי דִּירוּשַׁלְמִית. דְּאָמַר לְקַמָּן דְּעוֹדֶפֶת שְׁתוּת עַל סְאָה שֶׁהָיְתָה בִּימֵי מֹשֶׁה, וּשְׁתוּת הֵבִיאוּ מִבַּחוּץ – דְּהַיְינוּ חֲמִישִׁית כַּשִּׁיעוּר הָרִאשׁוֹן, הֲרֵי נִיתּוֹסְפוּ כ' עַל ק' וְנִיתּוֹסְפוּ חֲמִישִׁית עַל מ' דְּהַיְינוּ ח' וּבֵיצָה חָסֵר חוֹמֶשׁ עַל ד' – הֲרֵי תּוֹסֶפֶת כ"ט חָסֵר חוֹמֶשׁ, תְּנֵס עַל קמ"ד – הֲרֵי קע"ג, וּבַהֲהוּא בְּלִיר חוּמְשָׁא לָא דָּק: וְאִי דְּצִיפּוֹרִית. דְּאָמַר לְקַמָּן יְתֵירָה עַל יְרוּשַׁלְמִית שְׁתוּת מִלְּבַר: מָאתָן וְשִׁבְעָה הָוְיָין. לְמֵאָה עֶשְׂרִים תּוֹסֶפֶת לְע' י"ד תּוֹסֶפֶת שֶׁהֵן חוֹמֶשׁ שֶׁל ע' שֶׁנִּיתּוֹסֵף עָלֶיהָ חֵלֶק חֲמִישִׁי שֶׁמִּתְּחִילָּה, שֶׁהוּא חֵלֶק שִׁשִּׁי לַמִּדָּה הַגְּדוֹלָה דְּהַיְינוּ שְׁתוּת מִלְּבַר, כְּלוֹמַר: עַל הַחֲמִשָּׁה הֵבִיאוּ שִׁשִּׁי מִן הַחוּץ, הֲרֵי תּוֹסֶפֶת ל"ד. תְּנֵס עַל קע"ג – הֲרֵי ר"ז. וּבְתוֹסֶפֶת שֶׁל ג' הַבֵּיצִים חוּמְשִׁין לָא דָּק, שֶׁהֲרֵי מֵחֶשְׁבּוֹן הָרִאשׁוֹן חָסֵר חוֹמֶשׁ, גֵּא מִג' אֶלָּא חוֹמֶשׁ – לֹא נִשְׁאַר אֲפִילּוּ חֲצִי בֵּיצָה: אַיְיתֵי חַלְּתָא שְׁדֵי עֲלַיְיהוּ. בְּסָאָה זוֹ שֶׁהוּבְאָה לְפָנָיו הָיְתָה סְאָה צִיפּוֹרִית וְחַלָּה שֶׁכְּשֶׁיִּטְּלוּ חַלָּתָהּ תַּעֲמוֹד עַל סְאָה וְשִׁיעוּר חַלָּה אֶחָד מִכ"ד, כִּדְאָמַר בְּפֶרֶק "חַלּוֹן שֶׁבֵּין ב' חֲצֵירוֹת" (לעיל פא.): כַּמָּה הָוְיָין תְּמָנֵי. שֶׁהֵן אֶחָד מִכ"ד בְּקצ"ב. וְלָא דָּק בְּחַלָּתָן שֶׁל ט"ו בֵּיצִים הַנּוֹתָרִין, וְעוֹלָה לְיוֹתֵר מֵחֲצִי בֵּיצָה: אַיְיתֵי וְעוֹדוֹת דְּר'. שֶׁשִּׁיעֵר וּמָצָא לְכָל ב' בֵּיצִים שֶׁל מִדְבָּרִית אֶחָד מִמ' בְּבֵיצָה, כִּדְאָמַר דְּהָוֵי לְפ' בֵּיצִים בֵּיצָה, לְקמ"ח ב' בֵּיצִים, וְלָמ"ז הַנּוֹתָרִין יוֹתֵר מֵחֲצִי בֵּיצָה: אִי הָכִי טְפֵי הָוֵי לְהוּ. מִמָּאתַן וְשִׁיבְסַר. וּמְשַׁנֵּי: כֵּיוָן דְּלָא הָוֵי בֵּיצָה לָא חָשִׁיב לֵיהּ. כָּךְ שָׁמַעְתִּי בְּלָשׁוֹן אֶחָד. וְקַשְׁיָא לִי בְּגַוֵּיהּ: דְּאִי דַּיְיקַתְּ בֵּיהּ שַׁפִּיר – טְפֵי מִבֵּיצָה הָוֵי, שֶׁהֲרֵי בְּעוֹדוֹת שֶׁל מ"ז בֵּיצִים שֶׁלֹּא חָשַׁבְתָּ יֵשׁ יוֹתֵר מֵחֲצִי בֵּיצָה, וּבְחַלָּתָן שֶׁל ט"ו בֵּיצִים שֶׁלֹּא חָשַׁבְתָּ יֵשׁ יוֹתֵר מֵחֲצִי בֵּיצָה וְגַם לְמַעְלָה בְּתוֹסֶפֶת צִיפּוֹרִית עַל יְרוּשַׁלְמִית נִשְׁאֲרוּ ב' חוּמְשִׁין שֶׁלֹּא דִּקְדַּקְנוּ בָּהֶן. וּבְלָשׁוֹן אַחֵר שָׁמַעְתִּי: אֶלָּא אַיְיתֵי וְעוֹדוֹת שֶׁל ר' שְׁדֵי עֲלַיְיהוּ, וְדַל חַלָּתָן מֵהָכָא. וְכִי פָּרְכִינַן מָאתָן וְשַׁב הָווּ, אַיְיתֵי וְעוֹדוֹת דְּר' אַחַת מִכ' לְכָל בֵּיצָה שְׁדֵי עֲלַיְיהוּ, דְּהָווּ לְמָאתַן י' בֵּיעֵי הָווּ מָאתַן וְשִׁיבְסַר. א"ה טְפֵי לְהוּ וְעוֹדוֹת דְּרַבִּי אֶחָד מִכ' לְכָל בֵּיצָה מִז' בֵּיצִים, וְגַם ב' חוּמְשִׁין שֶׁלֹּא דִּקְדַּקְנוּ בָּהֶן! וּמְשַׁנֵּי: כֵּיוָן דְּלָא הָוֵי בֵּיצָה לָא חָשִׁיב לֵיהּ: שְׁתוּת. מִלְּבַר: וְשֶׁל צִיפּוֹרִית יְתֵירָה עַל יְרוּשַׁלְמִית שְׁתוּת. יְרוּשַׁלְמִית, וּשְׁתוּת מִלְּבַר: תִּילְתָּא. דְּקמ"ד הָוֵי מ"ח: וְאִילּוּ עוֹדֶפֶת. דְּצִיפּוֹרִית עַל מִדְבָּרִית ס"ג. דְּהָא סְאָה צִיפּוֹרִית ר"ז, כִּדְאָמְרַן לְעֵיל, וּמִדְבָּרִית קמ"ד: וְאֶלָּא שְׁלִישׁ יְרוּשַׁלְמִית. קָאָמַר: שְׁלִישׁ דִּידָהּ כַּמָּה הָוֵי נ"ח נְכֵי תִּילְתָּא. דְּהָא סְאָה יְרוּשַׁלְמִית קע"ג, כִּדְאָמְרִינַן לְעֵיל: קָרוֹב לִשְׁלִישׁ דִּידָהּ. דִּשְׁלִישׁ דִּידָהּ ס"ט, וְעוֹדְפָהּ ס"ג: וּשְׁלִישׁ דִּידָהּ. דְּהוּא ס"ט קָרוֹב הוּא לְמֶחֱצָה מִדְבָּרִית, דְּהוּא ע"ב: בְּוְעוֹדוֹת דְּרַבִּי. כִּי מְשַׁעַרְתְּ לָהּ בְּוְעוֹדוֹת דְּאַשְׁכַּח בָּהּ רַבִּי, דְּשִׁיעֵר בָּהּ מָאתַן וְשִׁיבְסַר וְהָוֵי שְׁלִישׁ דִּידְהוּ ע"ב וּשְׁלִישׁ בֵּיצָה, וִיתֵירָה עַל מֶחֱצָה דְּמִדְבָּרִית שְׁלִישׁ בֵּיצָה, דְּמֶחֱצָה דְּמִדְבָּרִית ע"ב:

תוספות

וחצי חצי חציה לטמא טומאת אוכלין. אכולהו תנאי קאי כדמפרש בקונטרס. לר"י בן ברוקה כדאית ליה, דהיינו כביצה חסר רביע, ולר"ש כביצה שלימה. והא דאמר בכל דוכתא: כביצה לטמא טומאת אוכלין – היינו כרבי שמעון, ולא כרבי יוחנן בן ברוקה.

קע"ג הויא ר"ז הויא. אין החשבון מכוון, כדפי' בקונט', ולא דק:

חלתא כמה הויין תמני מאתן וחמיסר הויין. ר"ח גרים: חלתן כמה הויין – תשעה מאתן ושיתסר הויין. וכן הוא אמת, כדאמר בפ' "חלון" (לעיל דף פא.) דשיעור חלה א' מכ"ד. וצריך ביצה לכ"ג ביצים ותשעה פעמים כ"ג הם ר"ז:

שליש דידה כמה הוי שיתין נכי תרתי. לא דק, דמעט חסר. וכיון דלא חסר אלא מיעוט ביצה לא חייש. ויש דגרס שיתין נכי תרתי ונכי פורתא:

נמצאת שליש[(א)] ציפורי. בועודות ושליש דקתני בברייתא קאי אשליש ציפורי ואשליש ביצה:

יתירה על מחצה של מדברית שליש ביצה. לפי שמונה שליש דצפורי ס"ט וס"ט, ועודות ג' ביצים וט' ועודות. ואם כן שליש לפורי עם הועודות ע"ב ביצים ומחצה חסר ועוד. כיון דלא הוי חצי ביצה קרי לה שליש. אבל אי דייקת בה שפיר הוי יותר מחצי ביצה. דהא סאה ציפורי הויא יתירה על ר"ז קרוב לב' חומשים, ונמצא שליש שלה ס"ט ביצים וחצי חומש, וכשתצטרף עם הועודות – הוי יותר מע"ב ביצה ומחצה. ואמר מהר"י: דהך ברייתא קיימא אקבלת רב דימי, דקאמר: ושיער רבי מאתן ושיבסר, ולא חשיב ועודות של ז' ביצים הואיל ואינו עולה לביצה ושליש ממאתן ושיבסר עולין שבעין ותרין ושליש. ומה שמקשין שבכולה שמעתין חשיב ועודות של ציפורי, ושל מדברית לא חשיב, דהא ועודות איכא בכולהו דלא הוסיפו אלא שתות שבירושלמית וכן בציפורי! אור"י: דבירושלים ובציפורי לא הוסיפו כי אם למנין ביצים של סאה מדברית. והקדמונים שלפני רבי דקדקו בדבר שאין בתוספת שלהן שתות מצומצמת. כי ביצים מדבריות היו גסין יותר מאותן של יום התוספת, והוסיפו על מדת ציפורית שהיתה מאתן וז' ביעין ושני חומשין חסר קימעא י'

על מחצה של מדברית שליש ביצה. מפרש מהר"י: נמצא שליש של ציפורי מלגאו, יתירה על שליש של מדברית מלבר שליש ביצה. וקאי שליש דברייתא אתרווייהו, ואביצה. ורבינא מפרש דברי רבי ירמיה, ומפרש דה"ק רבי ירמיה: נמצאת סאה ציפורית יתירה על של מדברית קרוב לשליש שלה, פי' לשליש מדברית מלבר. ושליש שלה – פירוש ושליש של ציפורי מלגאו, קרוב למחצה של מדברית. וכעין זה מצינו בפרק "בכל מערבין" (לעיל דף לה:), אמר רבי ירמיה: כשהיה עליה שרך כל בין השמשות, ומפרש' לה רבה ורב יוסף: שבעת

רבינו חננאל

אין עירוב אלא ככר שלם למעוטי פרוסה. ויהיב ר' שמעון דמתני' שיעורא דעירוב דהוא ככר שלם (והוא) שיעור ב' סעודות *) ככר שיש בה שליש קב. חציה לבית המנוגע וחצי חציה לפסול את הגויה. כל חד וחד לפום מאי דאית ליה ככר דיליה. חציה לבית המנוגע כדתניא כתיב והבא אל הבית וכתיב והאוכל והשוכב אלא ליתן שיעור לשוהה שאינו טמא עד שישהא בכדי אכילת פרס פת חטים ולא פת שעורים כו' וחצי חציה לפסול את הגויה. כדתנן כל האוכלין מצטרפין לפסול את הגויה כבחצי פרס פי' אם יאכל אדם אוכלין טמאין שיעור חצי פרס ואע"פ שאינו אוכל מטמא אדם אבל נפסל גופו ואם יאכל תרומה או קדשים חייב שגרם להן טומאה. והאי דקתני בחצי פרס בעינן למהוי ליה רווחא למיכל דאי משלים סעודה דיליה בהא סעודה דתרומה או קדשים קודם שיתאכלו האוכלין הטמאין במעיו חייב. תנא וחצי [חצי] חציה לטמא טומאת אוכלין. ואקשינן ותא דידן מ"ט לא תני וחצי [חצי] חציה לטמא טומאת אוכלין ופריק משום דלא שוו שיעורייהו להדדי דאילו שיעור חציה בבית המנוגע וחצי חציה לפסול את הגויה שוין ואלו בטומאת אוכלין ר' נתן ור' דוסא אמרו כביצה שאמרו כמוה ובקליפתה וחכ"א כמוה בלא קליפתה והלכתא בפלוגתא לא קמיירי. ותניא כמה שיעור חצי פרס ב' ביצים חסר קמעא דברי ר"י ור' יוסי א' ב' ביצים שוחקות שיער [רבי] ב' ביצים ועוד. וכמה הוא ועוד [אחד] מעשרים בביצה. אמר רב חסדא זו דברי ר' יהודה ור' יוסי אבל חכ"א כביצה ומחצה שוחקות הוא דהוי חצי פרס. ואמרי' מאן חכמים ר' יוחנן בן ברוקה הוא. דיהיב שיעורא דככר חצי קב דהוא בחשבון קמ"ד ביצים לסאה דאי הפת ו' קבין מגיע לכל קב כ"ד ביצים חצי קב י"ב ביצים והוא שיעור הככר קודם שיפרש רב חסדא צא מהן מחצה לחנווני חצי ככר שהן ו' ביצים לבית המנוגע וחצי חציה שהן ג' ביצים לפסול את הגויה וחצי חצי חציה שהיא ביצה ומחצה לטמא טומאת אוכלין. פשיטא דר' יוחנן בן ברוקה היא ושנינן אין מיהו שוחקות אתא רב חסדא לאשמעי' דלא תנן מאי שוחקות עודפות כמעט כי אתא רב דימי אמר שיגר לו בוניים לרבי מודיא קונדיסא דמן ניסא דהוי סאה ושיעורה (ררי"ן) [רי"ז] ביצים ואקשינן הא סאה דשיעורא (ררי"ן) [רי"ז] ביעי דהיכא אי סאה מדברית קמ"ד ביעי היא דהיא ו' קבין כל קב כ"ד ביצה הרי קמ"ד ביעי אי סאה ירושלמית דעודפת על של מדברית חומשא של מדברית דהיא כ"ט ביעי פחות חומש ביצה (כ"ד) [כ"ט]

*) נראה דצ"ל דהוא שתי ידות מככר שיש בו שליש קב:

עין משפט נר מצוה

ט א ב ג מיי' פ"ד מה' טומאת אוכלין הל' א:

י ד מיי' פ"ו מהלכות בכורים הלכה טו סמג עשין קמד טוש"ע י"ד סי' שכב סעיף א:

מסורת הש"ס

[תענית ו. כ. יבמות מו: קה: כתובות ו: לג: קידושין טו: גיטין כב. מו: עו. ב"ק עא. ב"מ ס: ע"ז ז: סנהדרין סו. שבועות לו: הוריות ג. ה: זבחים מב. מנחות פח: בכורות יד: יז. ל. חולין עט. תמורה ל: לג: נדה ח: נב:]

הגהות הב"ח

(א) תום' ד"ה נמצאת שליש כל ציפורי בועודות וכו' ושליש:

גליון הש"ס

גמ' ותנא דידן מ"ט לא תני. תמוה לי מהיכא פסיקא זה דלריב"ב שיעור ט"א ג' רביעי ביצה כיון שהוא חצי חצי דילמא באמת לכ"ע ט"א בכביצה כדדרשי' אוכל הנאכל בבת אחת אלא דהברייתא כר"ש דלדידיה דביצה הוא חצי חציה מש"ה נקט ליה בסדר החשבון דחצי חציה לטמא טומאת אוכלין אבל מתני' חציה לבית המנוגע דקאי ריב"ב ור"ש למר [illegible]

רב נסים גאון

ת"ל האוכל והשוכב אלא ליתן שיעור לאוכל *) וכמה הוא שיעור כדי אכילת פרס פת חיטין ולא פת שעורים מיסב ואוכלה בליפתן ואיתא נמי במשנת נגעים (פרק יג משנה ט) הנכנס לבית המנוגע טמא כולה והיא גרורה בתחלת זו המסכת (דף ז) בפרק מבוי ובתוספתא (נגעים פרק ז) אמרו ר' שמעון אומר כי מזון שתי סעודות שאמרו חכמים בעירובי תחומין רביעו נקרא חצי פרס לפסול את הגויה חציו נקרא פרס לאכול בבית המנוגע מיסב ואוכלה בלפתן. וחצי חציה לפסול את הגויה זו הטומאה גזירה דרבנן היא ופירושה כי כל מי שאכל מאכלים טמאים כשיעור הזה נאסר לאכול בתרומה עד שיטהר ואם נגע בתרומה פסלה וזה אחד מי"ח דבר שגזרו בו ביום דתנן בסוף מסכת זבין ואלו פוסלין את התרומה האוכל אוכל ראשון ואוכל שני כולה והיא קבועה בפרק יציאות השבת (שבת דף יד) ובפרק יום הכפורים (יומא דף פ) אמרו הנה לטומאת גויות דלאו דאורייתא ובמסכת נדה בפרק יוצא דופן אמרי אבל גויה דטומאה דרבנן לא ובמסכת שחיטת חולין בפרק השוחט אחד בעוף (חולין דף לג) אמר עולא האוכל שלישי של חולין שנעשו על טהרת תרומה נפסל גופו מלאכול בתרומה והמשקין הטמאין נמי נידונין כאוכלין כמו ששנינו במסכת זבין (פרק ה משנה יב) והשותה משקין טמאין ושיערו שיעורו ברביעית

*) לפנינו איתא שם ליתן שיעור לשוכב כדי שיאכל וכמה הוא שיעור וכו'.

עין משפט
נר מצוה

יא א מיי' פ"ד מהלכות עירובין הלכה טו טוש"ע א"ח סי' שעה סעיף כ:
יב ב מיי' פ"ג מהל' עירובין הלכה טז:

כְּדֵי עִיסּוֹתֵיכֶם. וְכַמָּה עִיסּוֹתֵיכֶם – כְּדֵי עִיסַּת הַמִּדְבָּר. וְכַמָּה עִיסַּת הַמִּדְבָּר – דִּכְתִיב: °"וְהָעוֹמֶר עֲשִׂירִית הָאֵיפָה הוּא" (שמות טז). מִכָּאן אָמְרוּ: ז' רְבָעִים קֶמַח וְעוֹד חַיֶּיבֶת בְּחַלָּה, שֶׁהֵן ו' שֶׁל יְרוּשַׁלְמִית, שֶׁהֵן ה' שֶׁל צִיפּוֹרִי. מִכָּאן אָמְרוּ: הָאוֹכֵל כְּמִדָּה זוֹ, ה"ז בָּרִיא וּמְבוֹרָךְ, יָתֵר עַל כֵּן – רַעַבְתָן, פָּחוֹת מִכָּאן – מְקוּלְקָל בְּמֵעָיו.§ **מתני'** *אאַנְשֵׁי חָצֵר וְאַנְשֵׁי מִרְפֶּסֶת שֶׁשָּׁכְחוּ וְלֹא עֵירְבוּ, כֹּל שֶׁגָּבוֹהַּ י' טְפָחִים – לַמִּרְפֶּסֶת, פָּחוֹת מִכָּאן – לֶחָצֵר. חוּלְיַית הַבּוֹר וְהַסֶּלַע גְּבוֹהִים עֲשָׂרָה טְפָחִים – לַמִּרְפֶּסֶת, פָּחוֹת מִכָּאן – לֶחָצֵר. בד"א – בִּסְמוּכָה, אֲבָל בְּמוּפְלֶגֶת – אֲפִילּוּ גָּבוֹהַּ י' טְפָחִים לֶחָצֵר. וְאֵיזוֹ הִיא סְמוּכָה – כֹּל שֶׁאֵינָהּ רְחוֹקָה אַרְבָּעָה טְפָחִים.§ **גמ'** פְּשִׁיטָא; לָזֶה בְּפֶתַח וְלָזֶה בְּפֶתַח – הַיְינוּ *חַלּוֹן שֶׁבֵּין שְׁתֵּי חֲצֵירוֹת. לָזֶה בִּזְרִיקָה וְלָזֶה בִּזְרִיקָה – הַיְינוּ *כּוֹתֶל שֶׁבֵּין ב' חֲצֵירוֹת. לָזֶה בְּשִׁלְשׁוּל וְלָזֶה בְּשִׁלְשׁוּל – הַיְינוּ *חָרִיץ שֶׁבֵּין ב' חֲצֵירוֹת. לָזֶה בְּפֶתַח וְלָזֶה בִּזְרִיקָה – הַיְינוּ *דְּרַבָּה בַּר רַב הוּנָא אָמַר רַב נַחְמָן. לָזֶה בְּפֶתַח וְלָזֶה בְּשִׁלְשׁוּל – הַיְינוּ *דְּרַב שֵׁיזְבִי אָמַר רַב נַחְמָן. לָזֶה בְּשִׁלְשׁוּל וְלָזֶה בִּזְרִיקָה מַאי? אָמַר רַב: בשְׁנֵיהֶן אֲסוּרִין. וּשְׁמוּאֵל אָמַר: נוֹתְנִין אוֹתוֹ לָזֶה שֶׁבְּשִׁלְשׁוּל, שֶׁלָּזֶה תַּשְׁמִישׁוֹ בְּנַחַת וְלָזֶה תַּשְׁמִישׁוֹ בְּקָשֶׁה. *וְכָל דָּבָר שֶׁתַּשְׁמִישׁוֹ לָזֶה בְּנַחַת וְלָזֶה בְּקָשֶׁה – נוֹתְנִים אוֹתוֹ לָזֶה שֶׁתַּשְׁמִישׁוֹ בְּנַחַת. תְּנַן: אַנְשֵׁי חָצֵר וְאַנְשֵׁי מִרְפֶּסֶת שֶׁשָּׁכְחוּ וְלֹא עֵירְבוּ, כֹּל שֶׁגָּבוֹהַּ עֲשָׂרָה טְפָחִים – לַמִּרְפֶּסֶת, פָּחוֹת מִכָּאן – לֶחָצֵר. קָא סָלְקָא דַּעְתָּךְ, מַאי מִרְפֶּסֶת – בְּנֵי

רש"י

כדי עיסותיכם. שאכלו לשים במדבר, עומר לגולגולת: איפה ג' סאין במנחות יליף לה בפרק "התודה" (דף עז.), דכתיב (יחזקאל מה): "האיפה והבת תוכן אחד (להם) [יהיה]" וכתיב (שם): "מעשר הבת מן הכור" וכור שלשים סאין, מעשר דידיה כמה הוי – ג' סאין, והעומר עשירית של ג' סאין שהן י"ח קבין, שהן ע"ב לוגין. עשירית דע' לוגין ז' לוגין. עשירית של ב' לוגין – חומש הלוג, והוא ביצה וחומשא. והיינו דקאמר ז' רבעים ועוד. רבעים – רבעי הקב, דהיינו ז' לוגין ועוד ביצה וחומשא: שהן ו' ירושלמית. שהרי ו' מדבריות נעשו ה' ירושלמיות, נשאר לנו לוג מדברי וחומשו. דביצה וחומשא הוי חומש הלוג, ביצה חומש לחמש ביצים והחומש ביצה הוא תוספת לביצה הששית, הרי לוג וחומשו, והן נעשין לוג ירושלמי. שהרי ו' חומשין אלו נעשו ה': הרי זה בריא. שאוכל כל צרכו: ומבורך. שאינו אוכל יותר מדאי וכתיב (משלי יג): "ובטן רשעים תחסר": **מתני'** ה"ג: במתני' אנשי חצר ואנשי מרפסת כו'. ולא עירבו אלו עם אלו אבל עירבו אלו לעצמן ואלו לעצמן – מרפסת ארוכה היא, והרבה פתחי עליות פתוחין לה, וכולן יוצאין בסולם א' לחצר, וממנה לרה"ר. ואעפ"כ אין אוסרין, הואיל וגבוה מרפסת י' שלא הלכו בסולם אלא להקל, ואמרינן תורת מחיצה עליו ואינן אוסרין. כדאמרינן ב"כיצד מעברין" (לעיל דף נט:): סולם תורת פתח עליו ותורת מחיצה עליו, והכל להקל. ומ"מ שני רשויות הן ואין מוציאין מזו לזו: כל שגבוה י'. אם יש בחצר תל או עמוד גבוה י' סמוך למרפסת – רשות מרפסת שולטת בו, ומשתמשין הן בו, אבל לא בני חצר: בסמוכה. שהחולייא סמוכה למרפסת: חוליית הבור. קרקע שנטלו בחפירת הבור והקיפו בו פי הבור סביב: **גמ'** לזה בפתח ולזה בפתח. ב' חצירות שלא עירבו יש רשות אחת סמוכה להן ונוחה לשתיהן להשתמש בה, כפתח זה שהוא נוח ליכנס: היינו חלון שבין ב' חצירות. כלומר: הא לא מיבעיא לן מאי דיניה אם אסור לשתיהן או מותר – דהיינו חלון שבין ב' חצירות. דתנן ביה: רצו – אחד מערבין, רצו – שנים מערבין. ואם לא עירבו ביחד – שניהם אסורים להשתמש בה, אם רשות של ארבעה היא. דאין רשות פחות מד' ומנלן דאסורים בה, דהא גבי כותל שבין שתי חצירות תנן (לעיל דף עו:): היו בראשו פירות – אלו עולין מכאן ואוכלין וכן אלו, ובלבד שלא יורידו למטה. אלמא: כל היכא דשוי לתרוייהו – אסרי אהדדי. וגם ברשות נמוכה מי' אמרינן מקום שאין בו ד' על ד' מותר לבני רה"י ולבני רה"ר לכתף עליו, דמקום פטור הוא. הא אית ביה ד' – אסור לתרוייהו. כל זריקה – למעלה מי' טפחים, וכל שלשול – עמוק מי' טפחים. וכל תשמיש נוח דקרינן ליה פתח לא גבוה קרקעיתו י' טפחים ולא נמוך עשרה טפחים: לזה בזריקה ולזה בזריקה. כל רשות שהיא בין ב' רשויות וקשה תשמישה לשתיהן, לזה גבוה י' ולזה גבוה עשרה ואינן יכולים להשתמש אלא בזריקה – הא לא מיבעיא לי דהיינו כותל שבין ב' חצירות ואיסורן מפורש במשנה. דקתני: ובלבד שלא יורידו למטה, אלמא: אסורים עם שניהן: היינו חריץ. דהוי נמי אסור לתרוייהו, דהא הפסק רשות חשיב. וכיון דתשמישו שוה לשניהם – אסורין בו, דאמר* רב (לעיל דף עז.): חריץ שבין ב' חצירות, עמוק מזו י' ולזה שוה לארץ – נותנין אותו לזה ששוה לארץ, דהוה לזה תשמיש בנחת ולזה בקשה כו'. שמעינן מינה דאי לשניהן בנחת או לשניהן בקשה – שניהן אסורין בו: לזה בפתח ולזה בזריקה. כגון שחצר זו נמוכה וחצר זו גבוהה – ותל ביניהם גבוה מזו י' ולזו שוה לארץ: היינו דרבה בר רב הונא. בפרק "חלון" (שם) דאמר: כותל שבין ב' חצירות, גבוה י' ולצדו אחד שוה לארץ – נותנין אותו לזה ששוה לארץ: לזה בפתח ולזה בשלשול. כגון חצר גבוהה מן התל י' דאינה משתמשת עליו בחול אלא בשלשול, וחברתה שוה לה: היינו דרב שיזבי. בפרק "חלון" (שם): לזה בשלשול ולזה בזריקה. כגון חצר זו גבוהה מזה התל י', וזו נמוכה ממנו י': מאי. לשניהם בקשה הוא, והרי הן שוין בו ואוסרין זה על זה, דהא כל שלשול אמרינן דקשה הוא. או דילמא לגבי זריקה הוה שלשול תשמישו בנחת הוא, ומותר. וזה שבזריקה – אסור, אם לא עירבו אלו עם אלו אלא אלו לעצמן ואלו לעצמן:

בְּנֵי

תוספות

שבעת רבעים קמח ועוד חייבין בחלה. פי': ז' לוגין ועוד, דהיינו ביצה וחומש ביצה, כדפי' בקונטרס, והם שש ירושלמיות וה' ציפוריות. ובסוף "כלל גדול" (שבת דף עו:) היה כתוב בספרים: והתנן, ה' רבעים קמח ועוד חייבים בחלה – ל"ג רש"י(א) "ועוד". התם משמע דבשל ציפורי איירי, והתם ליכא "ועוד", אלא ה' בצמצום. ור"ת מפרש: דאתיא כרבי יוסי, וגרסינן ליה שפיר. דתנן במס' עדיות (פ"א משנה ב), ומייתי לה בפ"ק דשבת (דף טו.), שמאי אומר: מקב לחלה כו'. ותכ"א: חמש רבעים קמח חייבין בחלה. ור' יוסי אומר: חמש – פטורים, חמש ועוד – חייבים. ומפרש ר"ת: דסבר רבי יוסי ד"ראשית עריסותיכם" – היינו דלאחר הפרשת ראשית, דהוא חלה ישאר שיעור עריסותיכם – דהיינו עיסת מדברית. והאי "ועוד" – היינו כדי חלה. ומהר"י מפרש: דר' יוסי לטעמיה דשמעתין, דקאמר אכי פרס ב' ביצים שוחקות. ושיער רבי ב' ביצים ועוד א' מכ' בביצה, א"כ, מז' רבעים קמח ועוד שהם מ"ג ביצים וחומש ביצה כמנין חלה, יעלה ועודות – ב' ביצים ושלשה ועודות הרי לרבי יוסי מ"ה ביצים וחומש ביצה וג' ועודות. אע"פ שהסאין והקבין ניתוספו, מנין הביצים כדקאי קאי כדמוכח בשמעתין. ולכאורה נראה דאין הלכה כרבי יוסי, כדאמרינן ב"מי שהוציאוהו" (לעיל דף מו: *) דהלכה כר' יוסי מחבירו, ולא מחביריו. ואמרינן נמי, אמר ליה ר' אלעזר לרב אסי: מה אמור רבנן בבי מדרשא? א"ל: הכי אמר ר' יוחנן: הלכה כר' יוסי. וקאמר התלמוד: מכלל דיחידאה פליג עליה. משמע דאי רבים פליגי עליה – אין הלכה כר' יוסי. אבל לפום ריהטא דגרסינן בפ' "כלל גדול" (שבת דף עו:) ובפרק "אלו עוברין" (פסחים דף מח:) דנקט התלמוד חמש רבעים ועוד חייבין בחלה – משמע דהלכה כר' יוסי: קא סלקא דעתיך מאי מרפסת בני עלייה. מפרש ר"י: שתם פתח עלייה גבוה עשרה מן מרפסת, והמרפסת גבוה מן החצר י', ודרך סולמות יורדין מעלייה למרפסת וממרפסת לחצר, ודרך חצר יוצאים לרשות הרבים. והמרפסת היא של בני עלייה, ואין בני החצר אוסרים אותה לבני עליות לפי שהמרפסת היא שלהם. והא דקאמר בסמוך בשתי גזוזטראות כשבאין בני תחתונה דרך עליונה למלאות שאוסרת התחתונה על העליונה – היינו כדמפרש בפירקין *משום שעשו מחיצה בשותפות. וכשלא עירבו בני עליות יחד אוסרים המרפסת זה על זה משום לזה בשלשול ולזה בשלשול. אבל מחמת הסולמות שיורדין בהם מן העליות לא היו אוסרין זה על זה, דסולם תורת מחיצה עליו. והשתא פריך לרב שפיר, כיון דפתחי עליות וחלונותיהם גבוהים מן החצר כ' או יותר, אמאי נותנין תל ועמוד שבחצר הגבוהים י', והם כנגד החלונות? דגבוהים לבני עליות בשלשול י' יאסרו לרב בני חצר על בני עליות ע"י זריקה, כיון דתל ועמוד הוי של שניהם ולא דמי למרפסת שהיא לבני עליות לבדה. ואע"פ שתל ועמוד הוא שוה למרפסת, ויכול להשתמש מן המרפסת בתל ועמוד בפתח – מ"מ לא מיקרי לבני עליות בפתח אלא בשלשול. כי במרפסת אין בה דיורין, ואינה יכולה לאסור את התל לחצר אלא ע"י עליות. ואע"פ שיורדין בה מן העליות ומשתמשין בה – אינה אוסרת, כיון דסולם תורת מחיצה עליו. והא דאמרינן בשמעתין דכשבאין בני התחתונה למלאות לא חשיב לבני התחתונה כזריקה – לאו משום דסולם חשיב עליו כפתח לאסור, אלא דע"י סולם חשיב לבני התחתונה תשמישן בנחת כמו בשלשול. אבל כפתח לא חשיב, ולא עדיף טפי משלשול לאסור. ומשני: לאותן הדרים במרפסת. פירוש: שפתחי עליות תוך עשרה למרפסת, דתו ליכא בסולם תורת מחיצה:

הכי

רבינו חננאל

מוספת על קמ"ד הוויין להו קע"ג ביעי אי סאה דציפורי ר"ז ביצים הוויין ואמרין לעולם סאה ששיער (ררי"ן) [רי"ז] ביצים סאה דציפורי היא והאי דאמרת ר"ז (סאה) ביצים בתר דאפיקו חלתן. וכי שיער (ררי"ן) [רי"ז] בהדי חלתן. ואתינן למיחזי חלת סאה של ציפורי כמה ביעי הווין. ומדתנן במתני' שיעור חלה אחד מכ"ד נמצאו שהורמה חלה מזו הסאה ט' ביצים ודחינן אכתי *) רי"ן ביעי הוויין ור' שיער רי"ז ושבקינן להני חשבני לכלהו ואמרינן אלא אייתי ועוד דר' ושדי עלייהו כלומר של ציפורי הויא ר"ז ביצים שוחקות שהן כל ביצה וביצה ועוד עציבות. וכי שיער (ררי"ן) [רבי רי"ז] ביצים עציבות שיער ופי' אייתי ועוד שהוא חלק אחד מעשרים בביצה שא' ר' ושדי אהני ר"ז ביעי (פי') [דהיינו] ר"ז ועודים. [ופרכינן א"ה הו"ל טפי] ופרקינן כיון דלא הוויין ביצה לא חשיב להו: ת"ר סאה ירושלמית עודפת על של מדברית שתות. ושל ציפורי עודפת על של ירושלמית שתות. נמצאת ציפורית עודפת על מדברית שליש שהוא מחצה. האי שליש דהיכא אי דמדברית טפי הוא שליש דמדברית מ"ח הוא כי שדית להו אקמ"ד הוויין קצ"ב **) ואנן קע"ג ביעי הוא דאמרי' (בפיאה) [בסאה] של ירושלמית. ואי דשל ציפורית אכתי בצרן להו א"ר ירמיה ה"ק נמצאת סאה של ציפורי עודפת [על] של מדברית קרוב לשליש שלה כו' ודחי לה רבינא מידי קרוב קתני אלא ה"ק נמצאת [שליש] סאה של ציפורי [ועוד דר'] יתר על מחצה של מדברית שליש ביצה פי' סאה ציפורית בתר דשדית עלה ועוד דר' הוויא רי"ז ביעי שליש [כמה] הוויין ע"ב ביעי ושליש ביצה ומחצה של מדברית דהיא קמ"ד ביעי חציה ע"ב ביעי. אשתכח שליש של ציפורי עודף על מחצה דמדברית שליש ביצה: ת"ר סאה ירושלמית עודפת על של מדברית שתות כו'. פי' סאה מדברית הוויא לה קמ"ד ביצים שתותיהן הוויין כ"ט ביעי קמ"ד וכ"ט ביעי קע"ג נמצאת סאה ירושלמית שהיא קע"ג ביצים עודפת על סאה מדברית שתותא מלבר (עד) [ועוד] שתות [של] ק"ע הוא (ל"ד). כשתוסיף ל"ד על קע"ג הוויין רי"ז ביצים נמצאת (עוד) [סאה] של ציפורי עודפת על של ירושלמי שתות מלבר ונשאר שתות שליש ביצים שלא נחשב אלא

כיון שאין בשתותיהן שיעור ביצה לא חשיב להו כדאמרן לעילא. וראינו לרבותינו הגאונים זצ"ל פירוש זולתי זה הפירוש אבל זהו קבלה ומסורה בידינו: ירושלמי מזונו לחול אבל לא לשבת דברי ר"מ כו' ר"מ סבר לחול דלית (ביה) [ליה] ***) בשש לאכול בו אכיל פיתא ציבחר בשבת דאית ליה מטעמים אכיל פיתא סגין. ר' יהודה סבר בחול דלית ליה מה לאכל [אכיל פיתא] סגין בשבת דאית ליה מה לאכול אכיל פיתא ציבחר. איתא חמי ר' יוחנן בן ברוקה אמר הן עביד עגולא תריסר ביעי והדין עביד עיגולא תמני ביעי והוא ר"ש ותני (בן) [כי] קרובין דבריהם להיות שוין רב הונא א' צא מהן שליש ליציאה: ת"ר ראשית עריסותיכם כדי עריסותכם. כמה כדי עיסתכם כדי עיסת מדברי כדכתיב והעומר עשירית האיפה הוא. מיכן אמרו ז' רביעים קמח ועוד חייבין בחלה שהן ו' ירושלמית וה' של ציפורי מיכן אמרו כל האוכל כמדה זו הרי זה בריא (בריך) ומבורך. פחות מיכן הרי זה מקולקל במעיו. פירוש כמו חולה במעיו הוא יותר מיכן הרי זה רעבתן: **מתני'** אנשי חצר ששכחו ולא עירבו כל שגבוה י' טפחים למרפסת מיכן

*) נ"ל אכתי רע"ז הוויין כל"ל וכ"כ התוס' בשמו בד"ה תלתא: **) אולי נ"ל ואנן ר"ז ביעי הוא דאמרינן בסאה של ציפורית כל"ל: ***) בשש הוא לפתן וכמ"ש הערוך בערך בשש ופירושו פשוט.

מסורת הש"ס

לקמן נח: | [לעיל עו.] | [שם עמוד ב] | [לעיל עח:] | [לעיל עז.] | [שם] | לעיל עז. | [נ"ל רב נחמן]

הגהות הב"ח

(א) תוס' ד"ה שבעת וכו' לא גרס רש"י התם ועוד למשמע:

רב נסים גאון

ברביעית ולפיכך לא הצריכוה טומאת ערב מפני שהיא דרבנן כדתניא בתורת כהנים אין האוכל אוכלין טמאין ולא השותה משקין טמאין טמא טומאת ערב ואמרו אין טומאה מן התורה עולה מידי טומאתה בו ביום: **פשיטא** לזה בפתח ולזה בפתח הינו חלון שבין שתי חצרות היינו מתני' דהיא תחילת פרק חלון לזה בזריקה ולזה בזריקה הינו כותל שבין שתי חצרות כלומר מתניתא תנייתא לזה בשלשול ולזה בשלשול היינו חריץ שבין שתי חצרות והינו מתניתא תליתאה לזה בפתח ולזה בזריקה היינו דרבה בר רב הונא אמר רב נחמן קאי אהא דאיתא בתחלת פרק חלון כותל שבין ב' חצרות גבוה עשרה ורחב ד' וצידו אחד שוה לארץ כו' לזה בפתח ולזה בשלשול היינו דרב שיזבי אמר רב נחמן ואיתה למימרא דיליה בתרה דההיא מימרא דרבה בר רב הונא דכתבנוה:

ואזדו

בְּנֵי עֲלִיָּיה(א) וּמַאי קָרוּ לָהּ מִרְפֶּסֶת — דְּקָסָלְקִי בְּמִרְפֶּסֶת. אַלְמָא: כָּל לָזֶה בְּשִׁלְשׁוּל וְלָזֶה בִּזְרִיקָה — נוֹתְנִין אוֹתוֹ לָזֶה שֶׁבְּשִׁלְשׁוּל! כִּדְאָמַר רַב הוּנָא: לְאוֹתָן הַדָּרִים בְּמִרְפֶּסֶת. ה"נ: אלְאוֹתָן הַדָּרִין בְּמִרְפֶּסֶת. אִי הָכִי, אֵימָא סֵיפָא: פָּחוֹת מִכָּאן — לֶחָצֵר, אַמַּאי? לָזֶה בְּפֶתַח וְלָזֶה בְּפֶתַח הוּא! מַאי לֶחָצֵר — באַף לֶחָצֵר, וּשְׁנֵיהֶן אֲסוּרִין. ה"נ מִסְתַּבְּרָא, מִדְּקָתָנֵי סֵיפָא: בד"א — בִּסְמוּכָה, אֲבָל בְּמוּפְלֶגֶת, אֲפִילּוּ גָּבוֹהַּ י' טְפָחִים — לֶחָצֵר. מַאי לֶחָצֵר? אִילֵימָא לֶחָצֵר וְשָׁרֵי; אַמַּאי? רְשׁוּתָא דְּתַרְוַיְיהוּ הוּא! אֶלָּא מַאי לֶחָצֵר — אַף לֶחָצֵר, וּשְׁנֵיהֶן אֲסוּרִין. ה"נ, מַאי לֶחָצֵר — אַף לֶחָצֵר, וּשְׁנֵיהֶן אֲסוּרִין, ש"מ. תְּנַן: חוּלְיַית הַבּוֹר וְהַסֶּלַע שֶׁהֵן גְּבוֹהִין עֲשָׂרָה — לַמִּרְפֶּסֶת, פָּחוֹת מִכָּאן — לֶחָצֵר. אָמַר רַב הוּנָא: לְאוֹתָן הַדָּרִים בַּמִּרְפֶּסֶת. תֵּינַח סֶלַע, בּוֹר מַאי אִיכָּא לְמֵימַר? אָמַר רַב יִצְחָק בְּרֵיהּ דְּרַב יְהוּדָה: הָכָא בְּבוֹר מְלֵאָה מַיִם עָסְקִינַן. וְהָא חָסְרָא! כֵּיוָן דְּכִי מַלְיָא שַׁרְיָא, כִּי חָסְרָא — נַמִי שַׁרְיָא. אַדְּרַבָּה, גכֵּיוָן דְּכִי חָסְרָא אֲסִירָא, כִּי מַלְיָא נַמִי אֲסִירָא! אֶלָּא אָמַר אַבַּיֵי: הָכָא בְּבוֹר מְלֵיאָה פֵּירוֹת עָסְקִינַן. וְהָא חָסְרֵי! דבְּטִיבְלָא. דַּיְקָא נַמִי, דְּקָתָנֵי דּוּמְיָא דְּסֶלַע, ש"מ. וְל"ל לְמִיתְנָא בּוֹר, וְל"ל לְמִיתְנָא סֶלַע? צְרִיכָא, דְּאִי אַשְׁמְעִינַן סֶלַע — דְּלֵיכָּא לְמִיגְזַר, אֲבָל בּוֹר — לִיגְזוֹר, זִמְנִין דְּמַלְיָא פֵּירוֹת מְתוּקָּנִין — צְרִיכָא. תָּא שְׁמַע: האַנְשֵׁי חָצֵר וְאַנְשֵׁי עֲלִיָּיה שֶׁשָּׁכְחוּ וְלֹא עֵירְבוּ — אַנְשֵׁי חָצֵר מִשְׁתַּמְּשִׁין בַּעֲשָׂרָה הַתַּחְתּוֹנִים, וְאַנְשֵׁי עֲלִיָּיה מִשְׁתַּמְּשִׁין בַּעֲשָׂרָה הָעֶלְיוֹנִים. כֵּיצַד? זִיז יוֹצֵא מִן הַכּוֹתֶל, לְמַטָּה מֵעֲשָׂרָה — לֶחָצֵר, לְמַעְלָה מֵעֲשָׂרָה — לָעֲלִיָּיה. והָא דְּבֵינֵי בֵּינֵי — אָסוּר! אָמַר רַב נַחְמָן: הָכָא בְּכוֹתֶל תִּשְׁעָה עָשָׂר עָסְקִינַן, וְזִיז יוֹצֵא מִמֶּנּוּ. לְמַטָּה מֵעֲשָׂרָה — לָזֶה בְּפֶתַח וְלָזֶה בְּשִׁלְשׁוּל, לְמַעְלָה מֵעֲשָׂרָה — לָזֶה בְּפֶתַח וְלָזֶה בִּזְרִיקָה. ת"ש

בְּנֵי עֲלִיָּיה. דִּגְבִיהַּ מִמִּרְפֶּסֶת טוּבָא, אֲבָל דֶּרֶךְ מִרְפֶּסֶת זוֹ עוֹלִין וְיוֹרְדִין. וְתֵל שֶׁבֶּחָצֵר שֶׁהוּא גָּבוֹהַּ י' הָוֵי נָמוּךְ מִן הָעֲלִיָּיה י' דְּהָוֵי לָזֶה בְּשִׁלְשׁוּל וְלָזֶה בִּזְרִיקָה, וְקָתָנֵי דִּבְנֵי עֲלִיָּיה מוּתָּרִין בּוֹ: הַדָּרִין בַּמִּרְפֶּסֶת. כְּגוֹן שֶׁיֵּשׁ בָּהּ דִּיּוּרִין, דִּלְדִידְהוּ הָוֵי הַאי תֵּל שֶׁבֶּחָצֵר שָׁוֶה לָהֶן בְּתוֹךְ עֲשָׂרָה, אוֹ נָמוּךְ אוֹ גָּבוֹהַּ מֵהֶם פָּחוֹת מִי': לָזֶה בְּפֶתַח וְלָזֶה בְּפֶתַח הוּא. וְתַרְוַיְיהוּ בָּעֵי אִיתְסוּרֵי בֵּיהּ, דְּהָא סְתָם מִרְפֶּסֶת לָא גְּבִיהָה טוּבָא: אַף לֶחָצֵר. כְּלוֹמַר: שְׁתֵּי הָרְשׁוּיוֹת שׁוֹלְטוֹת בּוֹ, וְאוֹסְרִין זֶה עַל זֶה: ה"נ מִסְתַּבְּרָא. דְּמַאי לֶחָצֵר — אַף לֶחָצֵר קָאָמַר, וּבְדִיּוּרֵי מִרְפֶּסֶת עָסְקִינַן: מִדְּקָתָנֵי סֵיפָא מוּפְלֶגֶת. אֲפִילּוּ גָּבוֹהַּ י' הָוֵי לֶחָצֵר: אִי נֵימָא. דְּשָׁרֵי לֵיהּ לְאִשְׁתַּמּוּשֵׁי: אַמַּאי. נְהִי נַמִי דְּמַאי מִרְפֶּסֶת בְּנֵי עֲלִיָּיה רְשׁוּתָא דְּתַרְוַיְיהוּ הִיא, דְּלִשְׁנֵיהֶן תַּשְׁמִישׁוֹ בְּקָשֶׁה; לֶחָצֵר בִּזְרִיקַת גּוֹבַהּ, וְלָעֲלִיָּיה בִּזְרִיקָה אֶת מֶשֶׁךְ הַהַפְלָגָה וּבְשִׁלְשׁוּל אֶת הַנְּמוּכוֹת. וּנְהִי דִּלְשְׁמוּאֵל שִׁלְשׁוּל לְגַבֵּי זְרִיקַת גּוֹבַהּ נוֹחַ הוּא, הָכָא דְּאִיכָּא שִׁלְשׁוּל וּזְרִיקַת מֶשֶׁךְ — שָׁוִין הֵן לִזְרִיקַת גּוֹבַהּ, וְאַמַּאי לֶחָצֵר: אֶלָּא. עַל כָּרְחָךְ אַף לֶחָצֵר, וַאֲסוּרִין. לְרַב נַמִי, דְּמִתָּרֵץ לָהּ בְּדִיּוּרֵי מִרְפֶּסֶת, מַאי לֶחָצֵר דְּקָתָנֵי — אַפָּחוֹת מִכָּאן אַף לֶחָצֵר קָאָמַר, וַאֲסוּרִין: חוּלְיַית הַבּוֹר. אוֹ שֶׁיֵּשׁ בֶּחָצֵר סֶלַע: לַמִּרְפֶּסֶת. וְקס"ד לִבְנֵי עֲלִיָּיה קָאָמַר, וְקַשְׁיָא לְרַב: תֵּינַח סֶלַע. דְּהָוֵי לִבְנֵי מִרְפֶּסֶת כְּפֶתַח, שֶׁעַל גַּבָּיו הָוֵי תַּשְׁמִישׁ דִּידֵיהּ, וְגָבוֹהַּ שָׁוֶה לָהֶן הוּא: אֶלָּא בּוֹר. שֶׁמְּמַלְּאִים הֵימֶנּוּ — תַּשְׁמִישְׁתּוֹ בְּשִׁלְשׁוּל הוּא אֲפִילּוּ לִבְנֵי מִרְפֶּסֶת, שֶׁהֲרֵי מִקַּרְקָעִיתוֹ דּוֹלִין. וש"מ: דְּהוֹאִיל וְלִבְנֵי חָצֵר תַּשְׁמִישׁוֹ בִּזְרִיקָה, שֶׁאֵין יְכוֹלִין לְמַלְּאוֹת אֶלָּא א"כ זוֹרְקִין דְּלִי לְמַעְלָה מִן הַחוּלְיָא — יָהֲבִינַן לָהּ לִבְנֵי מִרְפֶּסֶת דְּבְשִׁלְשׁוּל, כִּשְׁמוּאֵל: מְלֵאָה מַיִם. דְּהָוֵי כְּפֶתַח לִבְנֵי מִרְפֶּסֶת: בִּדְטִיבְלָא. שֶׁהֵן מוּקְצִין מֵחֲמַת אִיסּוּר טֶבֶל, וַאֲסוּרִין לְטַלְטֵל: דּוּמְיָא דְּסֶלַע. שֶׁאֵינוֹ חָסֵר: וְלָמָּה לִי לְמִיתְנָא. תַּרְוַיְיהוּ, הוֹאִיל וּבִדְטִיבְלָא מוֹקְמַתְּ לָהּ. בִּשְׁלָמָא אִי אָמְרַתְּ בְּבוֹר מַיִם קָאָמַר — אִיצְטְרִיךְ בּוֹר לְאַשְׁמְעִינַן, דְּאע"ג דְּבְשִׁלְשׁוּל הוּא לִבְנֵי מִרְפֶּסֶת — אפ"ה לְגַבֵּי חָצֵר דְּתַשְׁמִישְׁתֵּיהּ בִּזְרִיקָה — נַחַת חֲשִׁיב לֵיהּ לְשִׁלְשׁוּל דְּמִרְפֶּסֶת. אֶלָּא הַשְׁתָּא, דְּבוֹר וְסֶלַע שְׁנֵיהֶן תַּשְׁמִישְׁתָּם עַל גַּבָּן — תַּרְוַיְיהוּ לָמָּה לִי? לִיתְנֵי סֶלַע וְלָא לִיתְנֵי בּוֹר הוֹאִיל וְסוֹף סוֹף כְּדוּמְיָא דְּסֶלַע בָּעֵית לְאוֹקְמֵיהּ. נְהִי דְּבוֹר בְּלָא סֶלַע לָא מָצֵי לְמִתְנֵי — דְּאִם כֵּן הֲוָה אָמִינָא בְּבוֹר סְתָם קָאָמַר — לְהָכִי אִצְטְרִיךְ סֶלַע, לְגַלּוּיֵי עֲלֵיהּ דִּבְדְטִיבְלָא עָסְקִינַן. אֶלָּא סֶלַע בְּלָא בּוֹר לִיתְנֵי: ה"ג: צְרִיכָא דְּאִי תְּנָא סֶלַע דְּלֵיכָּא לְמִיגְזַר כו'. וְלָא גָּרְסִינַן: אִי תְּנָא בּוֹר אֲבָל סֶלַע לָא — דְּהָא בּוֹר בְּלָא סֶלַע לָא מָצֵי לְמִיתְנֵי, כְּדְפָרֵישִׁית: מְתוּקָּנִין. דְּשָׁקְלֵי מִינַּיְיהוּ וְחַסְרֵי, וְאָתוּ לִידֵי שִׁלְשׁוּל: וְלֹא עֵירְבוּ. אֵלּוּ עִם אֵלּוּ: בַּעֲשָׂרָה תַּחְתּוֹנִים. בְּכוֹתֶל הַבַּיִת בֶּחָצֵר, אַנְשֵׁי חָצֵר מִשְׁתַּמְּשִׁין, דִּלְדִידְהוּ כְּפֶתַח, וְלִבְנֵי עֲלִיָּיה בְּשִׁלְשׁוּל: בַּעֲשָׂרָה הָעֶלְיוֹנִים. שֶׁהֵן מִתַּחַת לָעֲלִיָּיה, אַנְשֵׁי עֲלִיָּיה מִשְׁתַּמְּשִׁין — דִּסְמוּכִין הֵן לִבְנֵי עֲלִיָּיה, וְהָוֵי לְדִידְהוּ כְּפֶתַח — וְלִבְנֵי חָצֵר בִּזְרִיקָה: זִיז. הַבּוֹלֵט חוּץ לַכּוֹתֶל לְמַעְלָה מֵעֲשָׂרָה. קָא ס"ד בַּעֲלִיָּיה גָּבוֹהַּ טוּבָא עָסְקִינַן, וְהַאי לְמַעְלָה — לָאו מִן הַקַּרְקַע מוֹדֵד, אֶלָּא ה"ק: לְמַעְלָה — מִתְּחִלַּת טֶפַח עֲשִׂירִי, כְּשֶׁתִּמְדּוֹד מִן הָעֲלִיָּיה וּלְמַטָּה עֲשָׂרָה — דְּהַיְינוּ כִּדְקָתָנֵי רֵישָׁא: בְּי' עֶלְיוֹנִים אַנְשֵׁי עֲלִיָּיה מִשְׁתַּמְּשִׁין: הָא דְּבֵינֵי בֵּינֵי. שֶׁבֵּין י' עֶלְיוֹנִים לְי' תַּחְתּוֹנִים, דְּהָוֵי לֶחָצֵר בִּזְרִיקָה וְלָעֲלִיָּיה בְּשִׁלְשׁוּל: אָסוּר. לְתַרְוַיְיהוּ, כְּרַב: בְּכוֹתֶל תִּשְׁעָה עָשָׂר עָסְקִינַן. דְּלֵיכָּא בֵּינֵי בֵּינֵי, דְּכָל לְמַטָּה מֵעֲשָׂרָה דִּידֵיהּ — לֶחָצֵר בְּפֶתַח וְלָעֲלִיָּיה בְּשִׁלְשׁוּל, וְכָל לְמַעְלָה מִי' דִּידֵיהּ — לֶחָצֵר בִּזְרִיקָה וְלָעֲלִיָּיה בְּפֶתַח. וּבְכוֹתֶל עֶשְׂרִים לָא מָצֵי לְאוֹקְמֵיהּ — דְּאִם כֵּן שָׁמְעִינַן מִינָּהּ רֹאשׁ טֶפַח עֲשִׂירִי דְּלָזֶה בְּשִׁלְשׁוּל וְלָזֶה בִּזְרִיקָה — אָסוּר, דְּהָא לָא שָׁרֵי תַּנָּא קַמָּא אֶלָּא לְמַעְלָה וּלְמַטָּה. וּבְזִיז רָחָב אַרְבָּעָה עָסְקִינַן, דִּבְצִיר מֵהָכִי לָא הָוֵה רְשׁוּתָא, וּמְקוֹם פְּטוּר הוּא, וּבָטֵיל לְהָכָא וּלְהָכָא: שְׁתֵּי

א] וכן וכו' דיבור אחד עם ד"ה ת"ש וכ"מ מהגהות הגאון מהרי"ף לקמן פז:

הכי נמי מסתברא מדקתני סיפא כו'. אומר ר"י: דהאי ה"נ מסתברא ליתא אלא אליבא דשמואל דוקא, דסבר אדם אוסר על חבירו דרך אויר בשמעתין. אבל לרב, דאמר: אין אדם אוסר על חבירו דרך אויר — הויא הא לחצר דוקא, ומותרין. וא"ת: למה הוצרך לדקדק ה"נ מסתברא מסיפא דסיפא מפחות מכאן לחצר, דקתני גבי חוליית הבור הו"מ לדקדק דאף לשמואל הוי פירושו אף לחצר, דהא חוליית הבור והסלע דקתני שגבוה י' טפחים, ע"כ כשגובה החוליא עשרה טפחים משפת הבור, דהיינו מקרקעית החצר, מדחשיב לה לבני חצר בזריקה. וא"כ, כי קתני עלה פחות מכאן לחצר, שהחוליא פחות משהו מעשרה — א"כ, מראש חוליא עד קרקעית הבור יש יותר מעשרה, ואם כן לא הוי לבני חצר דוקא, דלבני חצר הוי נמי בשלשול כמו לבני עליות, דאין לחלק בין שלשול עשרה לכ'! וי"ל: דמ"מ לא ה"ל למתני לשמואל אף לחצר, גבי חוליית הבור. דנהי דקרקעית הבור הוי אף לחצר, מ"מ תשמיש שעל הסלע וראש החוליא הוי דוקא לחצר לשמואל. אבל לרב — אכולהו הוי, אף לחצר, ה"ל למתני בהדיא אף לחצר. ולהכי מייתי מסיפא דסיפא דלשמואל נמי הוי התם פירוש לחצר אף לחצר, בין אסלע בין אקרקעית הבור, כמו שצ"ל לרב גבי פחות מכאן לחצר: **בור** מאי איכא למימר. וא"ת: בור נמי, הוי לבני מרפסת בשלשול ולבני חצר בזריקה ושילשול, דאמר לקמן (פה.), כיון דלזה בזריקה ושלשול ולזה בשלשול לחודיה — כלזה בזריקה ולזה בפתח דמי! וי"ל: דלקמן בזריקה של הפלגה איירי, דהוי דרך אויר, אבל בזריקת גובה ושלשול — לא עדיף לרב משלשול לחודיה. ואין נראה לר"י חילוק זה, דאם היה אדם אוסר על חבירו דרך אויר לרב — לא היה מפליג בין זריקת גובה לזריקת אויר, מדפריך ליה ר"א לקמן (שם:): והא מר הוא דאמר לזה בזריקה ולזה בשילשול. ונראה לר"י: דהא דאמר לקמן שאני הכא כיון דלזה כו' ולזה בזריקה כלזה בזריקה ולזה בפתח דמי — דיחוי הוא, כלומר: דמצינו למידחי, ולמימר דלרב אדם אוסר על חבירו דרך אויר בעלמא היכא דהוי לתרוייהו בזריקת אויר. אבל לפי המסקנא הוי טעמא דרב משום דאין אדם אוסר על חבירו דרך אויר — לא נאמר דלזה בזריקה ושלשול ולזה בשלשול לחודיה כלזה בזריקה ולזה בפתח דמי, אלא יהיה לזה בזריקה ושלשול ולזה בזריקה כלזה בזריקה ולזה בשלשול, ולא נחלק ביניהן כמו שהיה סבר המקשה לקמן. ועוד י"ל: דלזה בזריקה ושלשול דלקמן — איכא ב' עניני זריקה, זריקת אויר וזריקת גובה אבל היכא דלזה בשלשול לחודיה, ולזה בזריקת גובה ושלשול או בזריקת אויר ושלשול — שניהם אסורין: **כיון** דכי חסרא **אסירא** כי מליא נמי **אסירא**. דהוי דבר הניטל בשבת, ואינו ממעט. ומסיק: בפירות של טבל דאין ניטלין בשבת, ולא דמי לעפר ועתיד לפנותו דאמר לעיל (דף עט.) דלא חייץ — דכיון דעתיד לפנותו לא מבטל(ב) ודאי מחילה המפסיק בין ב' חצירות. אבל לממעט גובה עשרה, ולשוייה כפתח למרפסת — כיון דאינו ניטל בשבת ממעט, אע"ג דעתיד לפנותו כמו כפה ספל דאמר לעיל (דף עז.) דממעט: **תא** שמע אנשי חצר ואנשי *מרפסת כו'. ל"ג תנן, דאינו משנה בשום מקום, אלא ת"ש גרס. א] וכן ד' גזוזטראות כו'. פי' רש"י: ל"ג וכן. ור"ח גריס לה, דארישא קאי, דקתני בפירקין* "גזוזטרא שהיא למעלה מן כו'": לא

*[לקמן דף פז:]

עין משפט
נר מצוה

יג א ב מיי' פ"ד מה' עירובין הלכה טו טוש"ע סי' שע"ה ס"ב:

יד ג ד מיי' שם הלכה יח:

טו ה ו מיי' שם הלכה יז וטוש"ע שם ס"ד:

הגהות הב"ח

(א) גמ' בני עלייה ואמאי קרו לה: (ב) תוס' ד"ה כיון וכו' לא מבטל ודמי למחילה המפסיק:

רבינו חננאל

לחצר כו'. פשיטא לזה בפתח ולזה בפתח היינו חלון שבין ב' חצרות שניהן שוין בו וכן לזה בשלשול ולזה בשלשול כלומר אין אחד מהן יכול להשתמש בחריץ שביניהן אלא ע"י (שלשול) [עירוב]. לזה בזריקה ולזה בזריקה היינו כותל שבין ב' חצרות לזה בפתח ולזה בזריקה היינו דרבה אמר רב נחמן דאמר בפ' חלון שבין ב' חצרות. כותל שבין ב' חצרות גבוה י' ורחב ד' וצדו אחד שוה לארץ נותנין אותו לזה ששוה לארץ שתשמישו בנחת כו' לזה בפתח ולזה בשלשול היינו דרב שיזבי אמר רב נחמן דאמר חריץ שבין ב' חצרות עומק י' ורחב ד' וצידו אחד שוה לארץ נותנין לזה ששוה לארץ דהוי ליה תשמישו בנחת לזה בשלשול ולזה בזריקה כגון דהוו להו חד למעלה וחד למטה והכותל ביניהן מאי רב אמר שניהן אסורין עד שיערבו ושמואל אמר נותנין אותו לזה שבשלשול דהוה ליה תשמישו בנחת. ואקשינן לרב מהא דתנן אנשי חצר ששכחו ולא עירבו כל שגבוה י' טפחים למרפסת מאי לאו האי דקתני במרפסת להנהו דדיירי בעלייה דהוה להו בשלשול ולאנשי חצר בזריקה וקתני נותנין אותו למרפסת. ופריק רב לאו להנהו דדיירי בעלייה אלא להני דדיירי במרפסת עצמה ראע"ג דמרפסת ליתה בית דירה מיהו (אי) איכא דדיירי במרפסת אי הכי אימא סיפא פחות מיכן לחצר ואי להני דדיירי במרפסת אמאי לא לזה בפתח ולזה בפתח הוא (אלא) [לא] מאי לחצר אף לחצר ושניהן אסורין בו עד שיערבו הכי נמי מסתברא כו'. ת"ש חוליית הבור והסלע שגבוה י' טפחים למרפסת והא להנהו דדיירי בעלייה בשלשול הוא. ופריק רבינא להני דדיירי במרפסת דהוה תשמישן בנחת. התינח סלע אלא בור לא אפשר אלא בשלשול ופרקינן בבור מלא מים וליכא שלשול. והא כי חסרו מיא הוה ליה בשלשול כו' ופרקינן אלא בבור מלא פירות והא אכיל מינהון וחסרי להו (והיה) [והוה] תשמישתיה בשלשול ואסיקנא בור מלא פירות של טבל דלא (הוה) [חזיא] ליה ולא שקיל מינהון ולא חסרי דיקא נמי דקתני דומיא דסלע דלא חזי ליה כו'. ת"ש אנשי חצר ואנשי עלייה ששכחו ולא עירבו כל שהוא למעלה מעשרה טפחים לבני עלייה למטה מי' לחצר כיצד זיז היוצא מן הכותל למעלה מעשרה טפחים בני עלייה משתמשין בו למטה מי' בני חצר משתמשין בו הא דביני ביני דהוה לבני עלייה בשלשול ולבני החצר בזריקה שניהן אסורין בו ופריק רב נחמן הכא בכותל [תשעה עשר] עסקינן וזיז היוצא ממנו למטה מי' (הנה) [הוא] לבני חצר בפתח ולבני עלייה בשלשול נותנין אותו לאלו שתשמישן בו ע"י פתח למעלה מעשרה טפחים הוה לבני עלייה בפתח ולבני חצר בזריקה כו' וליכא התם

תָּא שְׁמַע: *שְׁתֵּי גְּזוּזְטְרָאוֹת זוֹ לְמַעְלָה מִזּוֹ, עָשׂוּ לָעֶלְיוֹנָה וְלֹא עָשׂוּ לַתַּחְתּוֹנָה — שְׁתֵּיהֶן אֲסוּרוֹת עַד שֶׁיְּעָרְבוּ! אָמַר רַב אַדָּא בַּר אַהֲבָה: בְּבָאִין בְּנֵי תַּחְתּוֹנָה דֶּרֶךְ עֶלְיוֹנָה לְמַלְאוֹת. אַבַּיֵי אָמַר: כְּגוֹן דְּקָיְימִין בְּתוֹךְ עֲשָׂרָה דַּהֲדָדֵי. וְלָא מִיבַּעְיָא קָאָמַר; לָא מִיבַּעְיָא עָשׂוּ לַתַּחְתּוֹנָה וְלֹא עָשׂוּ לָעֶלְיוֹנָה — דַּאֲסִירִי, דְּכֵיוָן דִּבְגוֹ י' דַּהֲדָדֵי קַיָּימִין אָסְרָן אַהֲדָדֵי. אֶלָּא אֲפִילּוּ עָשׂוּ לָעֶלְיוֹנָה וְלֹא עָשׂוּ לַתַּחְתּוֹנָה, סד"א כֵּיוָן דְּלָזֶה בְּנַחַת וְלָזֶה בְּקָשֶׁה — לֵיתְבֵיהּ לָזֶה שֶׁתַּשְׁמִישׁוֹ בְּנַחַת, קמ"ל: כֵּיוָן דִּבְגוֹ עֲשָׂרָה קַיָּימִין — אָסְרָן אַהֲדָדֵי. כִּי הָא דְּאָמַר רַב נַחְמָן, אָמַר שְׁמוּאֵל: גַּג הַסָּמוּךְ לִרה"ר — צָרִיךְ סוּלָּם קָבוּעַ לְהַתִּירוֹ. סוּלָּם קָבוּעַ — אִין, סוּלָּם עֲרַאי — לָא. מ"ט — לָאו מִשּׁוּם דְּכֵיוָן דִּבְתוֹךְ עֲשָׂרָה דַּהֲדָדֵי קָיְימִי אָסְרָן אַהֲדָדֵי? מַתְקִיף לָהּ רַב פָּפָּא: וְדִילְמָא כְּשֶׁרַבִּים מְכַתְּפִין עָלָיו בְּכוּמְתָא וְסוּדְרָא! אָמַר רַב יְהוּדָה, אָמַר שְׁמוּאֵל:

בור

רש"י

שְׁתֵּי גְּזוּזְטְרָאוֹת. מַתְנִי' הִיא: גְּזוּזְטְרָא שֶׁהִיא לְמַעְלָה מִן *הַיָּם. ב' זִיזִין בּוֹלְטִין מִן הָעֲלִיָּיה שֶׁעַל שְׂפַת הַיָּם, וְקוֹבְעִין נְסָרִים מִזֶּה לָזֶה, וְהִיא גְּזוּזְטְרָא. וּתְנַן: אֵין מְמַלְּאִין מִמֶּנָּה בְּשַׁבָּת, לְפִי שֶׁהַגְּזוּזְטְרָא רה"י שֶׁגְּבוֹהָה וּרְחָבָה הַרְבֵּה, וְהַיָּם כַּרְמְלִית. אֶלָּא א"כ עָשׂוּ לָהּ מְחִיצָּה עֲשָׂרָה, בֵּין מִלְּמַעְלָה בֵּין מִלְּמַטָּה. שֶׁחוֹקְקִין נֶקֶב אַרְבָּעָה כְּעֵין פִּי בוֹר, וְעוֹשִׂין מְחִיצָּה סְבִיבוֹתָיו לְמַעְלָה אוֹ לְמַטָּה, וּמְשַׁלְשֵׁל דְּלִי וּמְמַלֵּא. וְחָשֵׁיב כְּאִילּוּ פִּיּוֹת הַמְּחִיצָּה יוֹרְדִין וְסוֹתְמִין עַד תְּהוֹם, כִּדְאָמַר בְּפ"ק (דף יב.): קַל הוּא שֶׁהֵקֵילּוּ חֲכָמִים בְּמַיִם שֶׁמְּחִיצָּה תְּלוּיָה מַתֶּרֶת בָּהֶן: וְכֵן לָא גָּרְסִינַן: ב' גְּזוּזְטְרָאוֹת זוֹ לְמַעְלָה מִזּוֹ. וְאֵין מְכוּוָּנוֹת זוֹ עַל זוֹ, אֶלָּא מְשׁוּכוֹת זוֹ מִכְּנֶגֶד זוֹ בְּתוֹךְ ד' וְעָשׂוּ לָעֶלְיוֹנָה הַנֶּקֶב וְהַמְּחִיצָּה, וְלֹא עָשׂוּ לַתַּחְתּוֹנָה. וּבְשַׁבָּת זוֹרְקִין בְּנֵי תַּחְתּוֹנָה דְּלִי שֶׁלָּהֶן עַל מְחִיצּוֹת הָעֶלְיוֹנָה, וְיוֹרֵד לַנֶּקֶב, וּמְשַׁלְשֵׁל וּמוֹשֵׁךְ וְעוֹלֶה: שְׁתֵּיהֶן אֲסוּרִין. לְמַלְּאוֹת, מִפְּנֵי שֶׁרְשׁוּת שְׁתֵּיהֶן שׁוֹלְטוֹת בּוֹ. וּכְגוֹן שֶׁעָשׂוּ אוֹתָהּ מְחִיצָּה בְּשׁוּתָּפוּת, כִּדְמוֹקְמִינַן לָהּ בְּפִירְקִין לְקַמָּן.* אַלְמָא: לָזֶה בְּשִׁלְשׁוּל, לִבְנֵי עֶלְיוֹנָה תַּשְׁמִישׁ מִילּוּי זֶה בְּשִׁלְשׁוּל, שֶׁמְּשַׁלְשֵׁל לַיָּם. וְלִבְנֵי תַּחְתּוֹנָה בִּזְרִיקָה וְשִׁלְשׁוּל, וְקָתָנֵי: שְׁתֵּיהֶן אֲסוּרוֹת. וְכ"ש לָזֶה בְּשִׁלְשׁוּל וְלָזֶה בִּזְרִיקָה לְחוּדָהּ: בְּבָאִין בְּנֵי תַּחְתּוֹנָה. וְעוֹלִין בְּסוּלָּמוֹת דֶּרֶךְ עֶלְיוֹנָה לְמַלְּאוֹת, דִּלְתַרְוַיְיהוּ בְּשִׁלְשׁוּל: כְּגוֹן דְּקָיְימִי בְּגוֹ עֲשָׂרָה דַּהֲדָדֵי. שֶׁאֵין עֶלְיוֹנָה גְּבוֹהָה מִתַּחְתּוֹנָה עֲשָׂרָה, וְאע"ג דְּאַכַּתִּי לָזֶה בְּקָשֶׁה וְלָזֶה בְּנַחַת הוּא, שֶׁיֵּשׁ מִקְצָת זְרִיקָה עִם הַשִּׁלְשׁוּל, וְאָמַר שְׁמוּאֵל לְעֵיל* דְּכָל תַּשְׁמִישׁ שֶׁהוּא נַחַת לָזֶה מִזֶּה נוֹתְנִין אוֹתוֹ לַנַּחַת — לָא תִּיקְשֵׁי, דְּטַעְמָא דְּהָכָא לָאו מִשּׁוּם תַּשְׁמִישׁ, אֶלָּא מִשּׁוּם דְּכֵיוָן דִּבְגוֹ עֲשָׂרָה דַּהֲדָדֵי קַיָּימִין — אֵין רְשׁוּת שְׁלִישִׁית לָזוֹ בְּלֹא זוֹ. וַאֲפִילּוּ לָזֶה בְּפֶתַח וְלָזֶה בִּזְרִיקָה, *שֶׁאֵין חִלּוּק רְשׁוּת בֵּינֵיהֶן. וְכִי אָמְרִינַן רְשׁוּת שְׁלִישִׁית הַסְּמוּכָה לִשְׁתַּיִם לָזֶה בְּנַחַת וְלָזֶה בְּקָשֶׁה נִיתֶּנֶת לָזֶה בְּנַחַת — ה"מ הֵיכָא דְּד' הָרְשׁוּיוֹת חֲלוּקוֹת בְּגוֹבַהּ י' כְּגוֹן חָצֵר וַעֲלִיָּיה, וּכְגוֹן ב' חֲצֵירוֹת הַמּוּבְדָּלוֹת י' בְּגוֹבַהּ קַרְקָעִיתָן, אוֹ מְחִיצָּה עֲשָׂרָה בֵּינֵיהֶן, אוֹ חָרִיץ עֲשָׂרָה: וְלָא מִיבַּעְיָא קָאָמַר. כְּלוֹמַר: וְכִי תֵּימָא הוֹאִיל וּבְתוֹךְ עֲשָׂרָה קַיָּימִין, וְטַעְמָא מִשּׁוּם דְּאֵין לָזוֹ רְשׁוּת בְּלֹא זוֹ, וְלֹא לְאַשְׁמְעִינַן לָזֶה בְּשִׁלְשׁוּל וְלָזֶה בִּזְרִיקָה(א) נוֹתְנִין אוֹתוֹ לָזֶה שֶׁבְּשִׁלְשׁוּל — מַה לִּי עָשׂוּ לָעֶלְיוֹנָה מַה לִּי עָשׂוּ לַתַּחְתּוֹנָה: לָא מִיבַּעְיָא קָאָמַר לָא מִיבַּעְיָא עָשׂוּ לַתַּחְתּוֹנָה וְלֹא עָשׂוּ לָעֶלְיוֹנָה. דְּאִיכָּא לְאוֹקוֹמֵי טַעְמָא דְּאִיסּוּרָא מִשּׁוּם תַּשְׁמִישׁ הַשָּׁוֶה. דְּהָא סְמוּכוֹת הֵן בְּמֶשֶׁךְ הַכּוֹתֶל בְּתוֹךְ ד' טְפָחִים, כִּדְמוֹקְמִינַן לְקַמָּן [דף פח.] וּגְוֹבְהָהּ נַמִי בְּגוֹ עֲשָׂרָה דַּהֲדָדֵי: אֶלָּא אֲפִילּוּ כו'. דַּהֲוֵי לָזֶה בְּשִׁלְשׁוּל, וְלָזֶה בְּמִקְצָת זְרִיקָה וְשִׁלְשׁוּל: לֵיתְבֵיהּ לָזֶה שֶׁתַּשְׁמִישׁוֹ בְּנַחַת. כִּדִשְׁמוּאֵל, הוֹאִיל וּמִקְצָת קוֹשִׁי יֵשׁ לָזֶה מִזֶּה: קמ"ל דְּכֵיוָן כו' אָסְרָן אַהֲדָדֵי. בְּלֹא שׁוּם טַעַם תַּשְׁמִישׁ: גַּג הַסָּמוּךְ לִרה"ר. שֶׁאֵינוֹ מוּקָּף חָצֵר לְכָל צְדָדָיו אֶלָּא לְצִדּוֹ אֶחָד רה"ר וּסְתָם גַּג גָּבוֹהַּ עֲשָׂרָה: צָרִיךְ סוּלָּם קָבוּעַ. מִן הָעֲלִיָּיה לַגַּג, לְהַתִּירוֹ לְטַלְטֵל מִן הַמִּרְפֶּסֶת לַגַּג. דְּאִי עָבֵיד לֵיהּ סוּלָּם — גַּלֵּי דַּעְתֵּיהּ דְּסָלְקֵיהּ לַגַּג מִכְּלַל רה"ר, וְאִיהוּ נִיחָא לֵיהּ לְאִשְׁתַּמּוּשֵׁי בֵּיהּ: סוּלָּם עֲרַאי. כֵּיוָן דְּמְסַלֵּיק לֵיהּ כְּמַאן דְּלֵיתֵיהּ הוּא: מ"ט. הָא גַּג זֶה אֵינוֹ לְתַשְׁמִישׁ בְּנֵי רה"ר כְּלָל: לָאו מִשּׁוּם. דְּבְהָכִי עָסְקִינַן דְּלָא גְּבִיהָא מִרְפֶּסֶת עֲשָׂרָה מֵרה"ר וּמִמֶּנָּה עוֹלִין לַגַּג, וּפָחוֹת מֵעֲשָׂרָה הוּא לָהּ. אַלְמָא: אע"ג דְּמִרְפֶּסֶת כְּפֶתַח. וְלִבְנֵי רה"ר אֵינוֹ רָאוּי, כֵּיוָן דְּמִרְפֶּסֶת ורה"ר בְּגוֹ עֲשָׂרָה דַּהֲדָדֵי קָיְימִי — אָסְרֵי אַהֲדָדֵי. דְּאִי לָאו הָכִי – טַעְמָא מַאי נִיהוּ? וּכְגוֹן דְּמִרְפֶּסֶת מְגוּפֶּפֶת הִיא לְמַעְלָה, וּפִתְחָהּ בְּד' אַמּוֹת לִרה"ר. דְּאִי לָאו מְגוּפֶּפֶת הִיא סָבִיב, כֵּיוָן דְּלָא גְּבִיהָא עֲשָׂרָה – כַּרְמְלִית הִיא, וְסוּלָּם לָא מְהַנֵּי לָהּ, דְּקָא מְטַלְטֵל מִכַּרְמְלִית לִרה"י: בְּכוּמְתָא וְסוּדְרָא. שֶׁרְגִילִין לָתֵת עָלָיו בְּחוֹל כּוֹבָעִין וּמַעְפּוֹרֶת וְתַשְׁמִישׁ נוֹחַ, וְהָגוּן הוּא לָהֶם לְמַשְּׂאוֹי קַל כָּזֶה. וְאע"פ שֶׁאֵינוֹ רָאוּי לָהֶם לְכִיתּוּף מַשְּׂאוֹי כָּבֵד, כִּדְאָמַר בְּ"יְצִיאוֹת הַשַּׁבָּת" (שבת דף ח.): תִּשְׁעָה חָזוּ לְכָתוּף, אֲבָל י' לָא. ה"מ – לְמַשְּׂאוֹי כָּבֵד. וּמִיהוּ, לְכוּמְתָא וְסוּדְרָא חָזוּ. כְּשֶׁבְּנֵי אָדָם עֲיֵיפִין בִּימוֹת הַחַמָּה נוֹטְלִין כּוֹבְעֵיהֶן וְסוּדָרָן מֵרָאשֵׁיהֶן עַד שֶׁיָּפוּחַ הָרוּחַ בָּהֶן הִלְכָּךְ, אָסְרֵי עֲלַיְיהוּ וַאֲפִילּוּ לָא קָיְימָא מִרְפֶּסֶת בְּגוֹ י' וְלָא דָּמוּ לִרְשׁוּת שֶׁבֵּין ב' חֲצֵירוֹת לָזוֹ בְּפֶתַח וְלָזוֹ בִּזְרִיקָה – דְּחָצֵר לָאו תַּשְׁמִישְׁתֵּיהּ בְּהָנֵי כּוֹבָעִים קַלִּים, אֶלָּא בְּכֵלִים כְּבֵדִים וְכִי גָּבוֹהַּ כּוֹתֶל י' – לָא חֲזֵי לְתַשְׁמִישְׁתֵּיהּ דְּחָצֵר(ב) וְנוֹתְנִין אוֹתוֹ לָזֶה שֶׁבְּפֶתַח. אֲבָל לִבְנֵי רה"ר – חָזֵי. וְאִית דְּמוֹקֵי לְהָא דר"נ בְּגַג פָּחוֹת מֵעֲשָׂרָה. וְא"א, דְּא"כ ה"ל כַּרְמְלִית. דְּכָל רְשׁוּת שֶׁרְחָבָה ד' וְאֵינָהּ גְּבוֹהָה עֲשָׂרָה אֵצֶל רה"ר – כַּרְמְלִית הִיא, וְכֵיוָן דְּהָכִי הוּא – סוּלָּם מַאי מְהַנֵּי? וַאֲנִי שָׁמַעְתִּי: בְּגוֹ עֲשָׂרָה דַּהֲדָדֵי – שֶׁאֵינוֹ רָחוֹק מֵרה"ר עֲשָׂרָה. וְא"א לוֹמַר כֵּן, שֶׁלֹּא שִׁיעֲרוּ חֲכָמִים עֲשָׂרָה לְשַׁבָּת אֶלָּא בְּגוֹבַהּ, וְלֹא שִׁיעֲרוּ אַרְבָּעָה אֶלָּא בְּמֶשֶׁךְ:

בור

תוספות

לא מיבעיא קאמר. דבשלמא לרב נקט עשו לעליונה כו' – לאשמעינן: לזה בזריקה ולזה בשלשול שניהם אסורים. אלא השתא, דקיימי בגו עשרה – מה לי עשו לעליונה, מה לי עשו לתחתונה? כך פירש רש"י. ולרב אדא בר אהבה נמי, דאוקמא בבאין בני תחתונה דרך עליונה למלאות – קמ"ל טובא, אע"ג דאמר בסוף "כיצד מעברין" (לעיל דף נט:) דסולם תורת מחיצה עליו, ולא אסר, הכא, לענין ליחשב תשמיש בנחת כלזה בשלשול ולזה בשלשול, אסרי:

גג הסמוך לרה"ר. פירש בקונטרס שאינו מוקף חצר בכל צדדיו, אלא לידו אחד רה"ר, וסתם גג גבוה עשרה ויש שם מרפסת דלא גבוהה עשרה מרה"ר, וממנה עולין לגג ופחות מעשרה הוא לה. אלמא, אע"ג דלמרפסת כפתח, ולבני רה"ר אינו ראוי כיון דמרפסת ורה"ר בגו עשרה דהדדי קיימי – אסרי אהדדי. דאי לאו הכי טעמא מאי הוי? וכגון דמרפסת מגופפת היא למעלה, ופתוח בעשרה אמות לרה"ר. דאי לא מגופפת היא סביב כיון דלא גבוה עשרה – כרמלית היא, וסולם לא מהני בה, דקא מטלטל מכרמלית לרה"י. וקשה לר"י להעמיד כשיש מרפסת בין רה"ר לגג, דאינו מזכיר הכא מרפסת כלל. ועוד: אי מרפסת מגופפת(ג) – היאך בני רה"ר אוסרין עליה ועל הגג? ואי דליכא גיפופי – הויא לה כרמלית, והגג נפרץ לה בעשרה. ואי בלא מרפסת איירי, וקאי גגה בתוך עשרה, אם כן הוי כרמלית! ואור"י: דמיירי שפיר בלא מרפסת ובני רה"ר משתמשים בו לפי שאינו גבוה עשרה ואינו נפרץ במלואו, וכגון שצידי הגג גבוה עשרה או כל הגג למטה מעשרה ויש לו מעקה ופתוח לרה"ר בעשרה או בפחות. וקאמרינן דצריך סולם קבוע להתירו, אבל בלא סולם – אין בני חצר רגילים בו ומבטלין ממנו בני רה"ר שהרגילו להשתמש(ד) תורת דיורין, ומשוי להו (חד) קרפף ואסור לטלטל ממנו לחצר לרבנן. ולר"ש נמי, כלים ששבתו בבית אסור להוליך מחצר לגג, כיון דנעשה קרפף, ולא דמי לחצר או מבוי שפתוחים לרה"ר בעשרה, דאין בני רה"ר אוסרים עליו דהתם – איכא דיורין גמורין, ואין כח לבני רה"ר לבטלם. וקא אמרינן: דילמא בכומתא וסודרא דרגילין להניח שם בני רה"ר כשהם עייפין, אע"פ שגבוה עשרה – שמשוי קל הוא, כדפירש בקונטרס, ותשמיש נחת(ה). ולא דמי לרשות שבין שתי חצירות לזה בפתח ולזה בזריקה – דחצר אין משתמשין בו בכובעים אלא בכלים כבדים. ור"ת מפרש בענין אחר: גג הסמוך לרה"ר ונמוך בתוך עשרה – צריך סולם קבוע להתירו, דכיון דתוכו רה"י היא, ולא דמי לשאר כרמלית. וסולם קבוע שבחצר ממעט כח כרמלית שבחצר, דלא הוי כרמלית מעליא. ודייק: סולם קבוע – אין, סולם ערעי – לא. אף על גב דע"י סולם ערעי הוי תשמיש נחת טפי לחצר (ו)מבני רה"ר, דלית להו לבני רה"ר אפילו סולם ערעי. ואפ"ה, כיון דבתוך עשרה קיימי – אסרי. ודחי רב פפא: דלבני רה"ר נמי איכא תשמיש נחת – בכומתא וסודרא, דראשו של אדם סמוך לגג והוי תשמישו בנחת בלא סולם כלל, כלבני חצר בסולם. ולהכי צריך סולם קבוע להתיר כרמלית גרוע כזה, דהוי תוכו רשות היחיד:

בור

רבינו חננאל

התם דבעיני ביני. ת"ש וכן ב' גזוזטראות זו למעלה מזו עשו מחיצה לעליונה ולא עשו לתחתונה שתים אסורות עד שיערבו. ופריק רב אדא בר אהבה בבאין בני תחתונה דרך עליונה למלאות אביי אמר כגון דקיימא תרווייהו סמוכות זו לזו בתוך י' טפחים ולא מיבעיא קאמר כו'. ואסיקנא כל בחדא רשותא לא אמרינן לזה בנחת ולזה בקשה פי' חדא רשותא (או) [אי] קיימין תרווייהו בתוך י' טפחים ומנא תימרא כי הא דאמר רב יהודה אמר שמואל גג הסמוך לרה"ר צריך סולם קבוע להתירו ודייקינן סולם קבוע אין סולם עראי לא אמאי לזה שבסולם עראי תשמישו בנחת היא אמאי לא יהבינן ליה לאו משום דאמרי' כל חדא רשותא לא אמרינן כל שתשמישו בנחת ליה יהבינן (ליה). ודחי רב פפא לאו משום דחדא רשותא אינון אלא משום דמשתמש ביה בכונתא וסודרא. פי' לובש כותנא וסודרא ומעייל להו להאי גג מרה"ר שנמצא משתמש בו ע"י כיתוף. אמר רב יהודה

מסורת הש"ס

[במשנה איתא המים] [לקמן פז:] [דף פח.] [דף פג:] [כיון]

הגהות הב"ח

(א) רש"י ד"ה ולא מבעיא וכו' ולזה בזריקה אין נותנין: (ב) ד"ה בכומתא וכו' לא חזו לתשמישתיה דחצר אבל לבני רה"ר חזו דאין להם רשו' אחר להשתמש להניח כובעיהן ונותנין אותן לזה שבפתח ואית דמוקי להא: (ג) תוס' ד"ה גג וכו' מגופפת היא היאך: (ד) בא"ד להשתמש בו תורת דיורין: (ה) בא"ד ותשמיש נחת הוא ולא: (ו) בא"ד טפי לחצר מלבני רה"ר:

בּוֹר שֶׁבֵּין שְׁתֵּי חֲצֵירוֹת, מוּפְלֶגֶת מִכּוֹתֶל זֶה אַרְבָּעָה וּמִכּוֹתֶל זֶה אַרְבָּעָה — זֶה מוֹצִיא זִיז כָּל שֶׁהוּא וּמְמַלֵּא, וְזֶה מוֹצִיא זִיז כָּל שֶׁהוּא וּמְמַלֵּא. וְרַב יְהוּדָה דִּידֵיהּ אָמַר: אֲפִילּוּ קַנְיָא. אֲמַר לֵיהּ אַבַּיֵי לְרַב יוֹסֵף: הָא דְּרַב יְהוּדָה — דִּשְׁמוּאֵל הִיא. דְּאִי דְּרַב *הָא אָמַר: [א]אֵין אָדָם אוֹסֵר עַל חֲבֵירוֹ דֶּרֶךְ אֲוִיר. וְדִשְׁמוּאֵל מֵהֵיכָא? אִילֵימָא מֵהָא דְּאָמַר רַב נַחְמָן, אָמַר שְׁמוּאֵל: גַּג הַסָּמוּךְ לִרְשׁוּת הָרַבִּים — צָרִיךְ סוּלָּם קָבוּעַ לְהַתִּירוֹ. דִּילְמָא כִּדְרַב פַּפָּא! אֶלָּא מֵהָא: זֶה מוֹצִיא זִיז כָּל שֶׁהוּא וּמְמַלֵּא, וְזֶה מוֹצִיא זִיז כָּל שֶׁהוּא וּמְמַלֵּא. טַעְמָא — דְּאַפֵּיק, הָא לָא אַפֵּיק — אָמְרִינַן: אָדָם אוֹסֵר עַל חֲבֵירוֹ דֶּרֶךְ אֲוִיר. וּדְרַב מֵהֵיכָא? אִילֵימָא מֵהָא — שְׁתֵּי גְּזוּזְטְרָאוֹת זוֹ לְמַעְלָה מִזּוֹ, עָשׂוּ מְחִיצָה לָעֶלְיוֹנָה וְלֹא עָשׂוּ מְחִיצָה לַתַּחְתּוֹנָה — שְׁתֵּיהֶן אֲסוּרוֹת עַד שֶׁיְּעָרְבוּ. וְאָמַר רַב הוּנָא, אָמַר רַב: לֹא שָׁנוּ אֶלָּא בִּסְמוּכָה, אֲבָל בְּמוּפְלֶגֶת אַרְבָּעָה — עֶלְיוֹנָה מוּתֶּרֶת וְתַחְתּוֹנָה אֲסוּרָה. דִּלְמָא שָׁאנֵי הָכָא, דְּכֵיוָן דְּלָזֶה בִּזְרִיקָה וְשִׁלְשׁוּל, וְלָזֶה בְּשִׁלְשׁוּל לְחוּדֵיהּ — כְּלָזֶה בִּזְרִיקָה וְלָזֶה בְּפֶתַח דָּמֵי. אֶלָּא מֵהָא, דְּאָמַר רַב נַחְמָן, אָמַר רַבָּה בַּר אֲבוּהּ, אָמַר רַב: [ב]שְׁנֵי בָתִּים וְשָׁלֹשׁ חוּרָבוֹת בֵּינֵיהֶם — זֶה מִשְׁתַּמֵּשׁ בְּסָמוּךְ שֶׁלּוֹ עַל יְדֵי זְרִיקָה, וְזֶה מִשְׁתַּמֵּשׁ בְּסָמוּךְ שֶׁלּוֹ עַל יְדֵי זְרִיקָה, וְהָאֶמְצָעִי

רש"י

בּוֹר שֶׁבֵּין שְׁתֵּי חֲצֵירוֹת. הַפְּרוּדוֹת זוֹ מִזּוֹ, וּמַפְסִיק בֵּינֵיהֶן כְּעֵין מָבוֹי קָטָן, וְאֵין דִּיּוּרִין פְּתוּחִין לוֹ. וְהַבּוֹר בְּאוֹתוֹ הֶפְסֵק. מוּפְלֶגֶת מִכּוֹתֶל זֶה אַרְבָּעָה כו׳ דְּאִי לָאו הָכִי(א) דְּמוּפְלָג, הָוֵי תַּשְׁמִישׁוֹ בְּנַחַת, וְהָוֵי כְּמוֹ שֶׁהַבּוֹר חֶלְיָיהּ בְּחָצֵר זוֹ וְחֶלְיָיהּ בְּחָצֵר זוֹ שֶׁרְשׁוּת שְׁנֵיהֶן שׁוֹלֶטֶת בָּהּ. וּתְנַן בְּמַתְנִי׳:* בּוֹר שֶׁבֵּין שְׁתֵּי חֲצֵירוֹת — אֵין מְמַלְּאִין הֵימֶנָּה בְּשַׁבָּת, שֶׁזֶּה אוֹסֵר עַל זֶה עַד שֶׁיְּעָרְבוּ אוֹ עַד שֶׁיַּעֲשׂוּ מְחִיצָה תְּלוּיָה בְּבּוֹר. כָּךְ הֵשִׁיב ר"י: זֶה מוֹצִיא זִיז כָּל שֶׁהוּא. מְכָּתְלוֹ עַד לַבּוֹר, וּמְמַלֵּא דֶּרֶךְ חַלּוֹנוֹ. וְכֵן זֶה. דְּכֵיוָן דְּמוּפְלֶגֶת ד׳ — לָא שָׁלְטֵי בֵּיהּ לֶאֱסוֹר זֶה עַל זֶה. וּמִשּׁוּם שֶׁיְּהֵא רְשׁוּת לִשְׁנֵיהֶן בַּמָּבוֹי נַמִי לֵיכָּא — שֶׁאֵין דִּיּוּרֵיהֶן פְּתוּחִין לֶחָצֵר לָצֵאת וְלָבֹא בָּרֶגֶל, וְאֵין מִשְׁתַּמְּשִׁין בְּכָךְ אֶלָּא דֶּרֶךְ אֲוִיר. וּבְדִין הוּא דְּזִיז נַמִי לָא לִיבָּעֵי, אֶלָּא מִשּׁוּם הֶיכֵּר בְּעָלְמָא שֶׁלֹּא יִשְׁתַּמְּשׁוּ בִּרְשׁוּת אַחֶרֶת שֶׁל שְׁנַיִם בְּלֹא עֵירוּב — מִשּׁוּם הָכִי מְתַקְּנֵי הָכָא פּוּרְתָּא. וְדִכְוָותָהּ אִתְּמַר בְּמַסֶּכֶת שַׁבָּת בְּפֶרֶק "הַזּוֹרֵק" (דף ק:), סְפִינָה, רַב הוּנָא אָמַר: מוֹצִיא הֵימֶנָּה זִיז כָּל שֶׁהוּא וּמְמַלֵּא, וּמוֹקְמִינַן לָהּ הָתָם דְּאֵינוֹ אֶלָּא הֶיכֵּר בְּעָלְמָא דְּלָא לַיְיתֵי לְטַלְטוּלֵי מִכַּרְמְלִית אַחֶרֶת לְרה"י. וְיֵשׁ לְגַבֵּי מִילּוּי ס"ל דְּלָאו כַּרְמְלִית הִיא אֶלָּא קַרְקָעִיתָא, אֲבָל אֲוִירָא דְּמַיָּא — מְקוֹם פְּטוּר הוּא, דְּמַיָּא כְּמַאן דְּלֵיתְנְהוּ דָּמוּ: אֲפִילּוּ קַנְיָא. דְּלָא מִינְכַּר כּוּלֵּי הַאי — שָׁרֵי: וְהָא דְּרַב יְהוּדָה. דְּבָעֵי תִּיקּוּן כָּל שֶׁהוּא: דִּשְׁמוּאֵל הִיא. מִשְּׁמוּאֵל רַבֵּיהּ גְּמַר לָהּ דְּצָרִיךְ תִּיקּוּן קְצָת: דְּאִי דְּרַב. דַּהֲוָה נַמִי רַבֵּיהּ — מִינֵּיהּ לָא גְּמַר לָהּ, דְּהָא אֵין אָדָם אוֹסֵר עַל חֲבֵירוֹ בְּתַשְׁמִישׁ מוּפְלָג כָּזֶה שֶׁצָּרִיךְ לִזְרוֹק דְּלִי בַּאֲוִיר ד׳ טְפָחִים, וַאֲפִילּוּ קַנְיָא לָא צָרִיךְ: וְדִשְׁמוּאֵל מֵהֵיכָא. מֵאֵיזוֹ מֵימְרָא דִּשְׁמוּאֵל סָלְקָא דַּעְתֵּיהּ דְּאַבַּיֵי לְמִשְׁמַע דְּרַב יְהוּדָה מִשְּׁמוּאֵל גְּמַר לָהּ. סָלְקָא דַּעְתָּךְ הַשְׁתָּא דְּכִי שְׁמָעָהּ אַבַּיֵי לְהָא דְּרַב יְהוּדָה — מִילְּתָא בְּאַנְפֵּי נַפְשֵׁיהּ שְׁמָעָהּ: אָמַר רַב יְהוּדָה בּוֹר שֶׁבֵּין שְׁתֵּי חֲצֵירוֹת מוּפְלֶגֶת אַרְבָּעָה מִכָּאן וּמִכָּאן — זֶה מוֹצִיא קָנֶה כָּל שֶׁהוּא וּמְמַלֵּא וכו׳ וְלֹא שְׁמָעָהּ בְּהֶדְיָא הָא דִּשְׁמוּאֵל דְּאִי עֲלָהּ דְּהָא דִּשְׁמוּאֵל דְּזִיז כָּל שֶׁהוּא שְׁמָעָהּ אַבַּיֵי לְהָא דְּרַבִּי יְהוּדָה — מַאי תִּיבָּעֵי לָן דִּשְׁמוּאֵל מֵהֵיכָא — הָא הָכָא אַשְׁמַעִינַן שְׁמוּאֵל בְּהֶדְיָא דְּבָעֵי תִּיקּוּן: צָרִיךְ סוּלָּם קָבוּעַ. וְאִי לָא — בְּנֵי רה"ר אָסְרֵי עֲלֵיהּ דֶּרֶךְ אֲוִיר שֶׁאֵין גַּג זֶה רָאוּי לְתַשְׁמִישָׁן אא"כ זוֹרְקִין עָלָיו שׁוּם דָּבָר, דִּסְתָם רה"ר אִיכָּא חִפּוּפֵי סָמוּךְ לַכְּתָלִים, וּמִתְרַחֲקִים עַל כָּרְחָן: דִּילְמָא כִּדְרַב פַּפָּא. שֶׁתַּשְׁמִישׁ גָּמוּר הוּא לָהֶן בְּכוּמְתָּא וְסוּדָרָא: אֶלָּא מֵהָא כו׳. דְּאַבַּיֵי שְׁמָעָהּ לִדְרַב יְהוּדָה אַמִּילְּתֵיהּ דִּשְׁמוּאֵל. וְהָכִי קָאָמַר אַבַּיֵי: הָא דְּבָעֵי רַבִּי יְהוּדָה קַנְיָא — מִשְּׁמוּאֵל גְּמַר לָהּ דְּבָעֵי תִּיקּוּן. וְאָתָא לְאַשְׁמְעִינַן דִּשְׁמוּאֵל רַבֵּיהּ לָאו זִיז דַּוְקָא אֲמַר, דְּכֵיוָן דְּלָא בָּעֵי זִיז ד׳ דְּהָא זִיז כָּל שֶׁהוּא אֲמַר — יָלֵיף רַב יְהוּדָה מִינֵּיהּ דְּה"ה לְקַנְיָא: וּדְרַב מֵהֵיכָא. שָׁמְעִינַן דְּאֵין אָדָם אוֹסֵר עַל חֲבֵרוֹ דֶּרֶךְ אֲוִיר: אֶלָּא בִּסְמוּכָה. שֶׁאֵין עֶלְיוֹנָה מְשׁוּכָה מִכְּנֶגֶד הַתַּחְתּוֹנָה בְּמֶשֶׁךְ הַכּוֹתֶל ד׳ טְפָחִים, וְאע"ג דִּגְבוֹהָה מִמֶּנָּה עֲשָׂרָה. רַב לְטַעְמֵיהּ, דְּאָמַר: לָזֶה בְּשִׁלְשׁוּל וְלָזֶה בִּזְרִיקָה — שְׁנֵיהֶן אֲסוּרִין, דְּתַשְׁמִישׁ דְּשִׁלְשׁוּל וּזְרִיקָה חָשִׁיב תַּשְׁמִישׁ. אֲבָל בְּמוּפְלֶגֶת מִכְּנֶגְדָּהּ ד׳ כֵּיוָן דְּאֵין לַתַּחְתּוֹנָה כָּאן אֶלָּא תַּשְׁמִישׁ מוּפְלָג בְּמֶשֶׁךְ — זֶהוּ אֲוִיר, וְלָאו תַּשְׁמִישׁ הוּא. לֹא מָצִינוּ לְשׁוֹן הַפְלָגָה בַּתַּלְמוּד בִּגְבָהָהּ אֶלָּא (ב)בְּמַשְׁכָהּ, כִּדְתְנַן בְּמַתְנִיתִין: בד"א בִּסְמוּכָה כו׳: שָׁאנֵי הָכָא. דְּכֵיוָן דְּלָזֶה בִּזְרִיקַת אֲוִיר וּזְרִיקַת גּוֹבַהּ וְשִׁלְשׁוּל, וְלָזֶה בְּשִׁלְשׁוּל לְחוּדֵיהּ שֶׁמְּשַׁלְשֵׁל דְּלִי לַיָּם: כְּלָזֶה בְּפֶתַח וְלָזֶה בִּזְרִיקָה דָּמֵי. אֲבָל גַּבֵּי בּוֹר, דִּשְׁנֵיהֶן שָׁוִין בַּהַפְלָגָה — לְעוֹלָם אֵימָא לָךְ דְּאָסְרֵי: וְג׳ חוּרָבוֹת בֵּינֵיהֶן. מְחִיצּוֹת פְּרוּצוֹת זוֹ לָזוֹ וְאֵין בָּהֶן דִּיּוּרִין וְאֵין לָהֶן בְּעָלִים, אֶלָּא בְּנֵי הַבָּתִּים הָאֵלּוּ, וְיֵשׁ חַלּוֹנוֹת בַּבָּתִּים פְּתוּחִין לַחוּרְבָּה: זֶה מִשְׁתַּמֵּשׁ. בְּחוּרְבָּה הַסְּמוּכָה לוֹ דֶּרֶךְ חַלּוֹנוֹת ע"י זְרִיקָה, הוֹאִיל וְאֵין לוֹ בָּהּ תַּשְׁמִישׁ גָּמוּר בְּחוֹל, שֶׁאֵין לוֹ בָּהּ פֶּתַח פָּתוּחַ לָהּ אֶלָּא חַלּוֹן — אֵין פִּירְצַת הַמְּחִיצָּה אוֹסֶרֶת, וּמוּתָּר לְהִשְׁתַּמֵּשׁ בְּכוּלָּהּ. וְהוּא אֵינוֹ יָכוֹל לְהִשְׁתַּמֵּשׁ דֶּרֶךְ חַלּוֹן לְמֵרָחוֹק אֶלָּא ע"י זְרִיקָה. וַחֲבֵירוֹ אֵינוֹ אוֹסֵר עָלָיו, וְאע"פ שֶׁמִּשְׁתַּמֵּשׁ בָּהּ בְּחוֹל בִּזְרִיקָה, שֶׁזּוֹרֵק דֶּרֶךְ אֲוִיר שֶׁלּוֹ בְּפִירְצָה עַד תּוֹךְ חוּרְבָּה זוֹ — אֵינוֹ אוֹסֵר עַל חֲבֵירוֹ דֶּרֶךְ אֲוִיר, שֶׁאֵין לוֹ עָלָיו תַּשְׁמִישׁ אֶלָּא ע"י אֲוִיר. אֲבָל בִּסְמוּכָה לַחֲבֵרוֹ — לֹא יִשְׁתַּמֵּשׁ אֲפִילּוּ בִּזְרִיקָה, הוֹאִיל וְיֵשׁ לַחֲבֵרוֹ בָּהּ תַּשְׁמִישׁ נוֹחַ בְּשִׁלְשׁוּל סָמוּךְ לַחַלּוֹנוֹ: וְהָאֶמְצָעִי

תוספות

בור שבין שתי חצירות מופלגת מכותל זה ד׳ כו׳. פירש בקונטרס: שיש בין שתי חלירות כעין מבוי קטן ואין דיורין פתוחין לו, והבור באותו הפסק. זה מוליא זיז כל שהוא עד לבור וממלא דרך חלונו, וכן זה. דכיון דמופלגת ד׳ — לא שלטי ביה לאסור זה על זה, ומשום שיהא רשות לשניהם במבוי נמי ליכא, שאין דיורין פתוחין לו ללאת ולבא ברגל, ואין משתמשין בו אלא דרך אויר. ובדין הוא דאפילו זיז נמי לא ניבעי, אלא משום היכר בעלמא שלא ישתמשו ברשות אחרת של שנים בלא עירוב, מש"ה מתקני הכא פורתא. ולרב לא לריך שום תיקון, דאין אדם אוסר על חבירו דרך אויר. ורש"י הקשה בעלמו בסמוך, דגבי שני בתים ושלש חורבות ביניהם דאמלעי אסור, ומוקי להו דקיימי כי הלובא, דכי היכי דאמלעי בכולו אסור לשניהם משום שכל אחד משתמש בד׳ הסמוכים לו בלא אויר — הכי נמי יאסרו זה על זה מבוי קטן. דכיון דכל אחד יכול להשתמש בארבעה הסמוכים לו. וכיון שהמבוי אסור — היאך יכול לשלשל ולמלאות מן הבור לחלר דרך אויר המבוי האסור? ותירץ: דלא דמי, דאילו חורבה משתמשין בה נמי בסמוך, אבל הכא במבוי — ליכא שום תשמיש אלא מילוי, והוא ע"י הפלגת אויר ד׳. ור"י מפרש: כגון שזה הבור מושך כל אורך החלירות, ומפסיק בין ד׳ הסמוכים לחלר זו לארבעה הסמוכים לחלר אחרת, דחשיב כל חד רשותא לנפשיה. אי נמי אור"י: כגון שאותו הפסק שבין שתי החלירות שהבור עומד שם אינו רה"י אלא רה"ר, או כרמלית, ומחילות הבור גבוהים עשרה. דכשממלאים מן הבור לחלר מביאין דרך מלמעלה מי׳, דהוי מקום פטור, כדאמרינן בשמעתין בשני בתים משני לידי רשות הרבים, דמותר לזרוק מזה לזה:

דילמא כדרב פפא. בכומתא וסודרא מעיקרא סלקא דעתיה דאיירי במשאות כבדים, דאותן אין רגילין להתקרב לכתלים, דמשתמשין בגג ע"י זריקה כגון אותם שמפשילין משאות במקלות על כתפיהם, וכשרולים לכתף מכתפים על הגג, ויש הפסק ד׳ מן האויר ולגג. ומשני: בכומתא וסודרא, שהוא דבר קל, ורגילין להתקרב לכותל, ולא הוי דרך אויר:

שני בתים ושלש חורבות ביניהם. פירש בקונטרס: שאין לחורבות בעלים אלא בני הבתים האלה. משמע דסבר: דאם יש להם בעלים — דאוסרין אותן הבעלים על בני הבתים, אע"ג דאינם אוסרין את החלר ואת המבוי שפתוחין להם, דקי"ל כרבי יהודה דבית התבן אינו אוסר. ובפירקין* נמי פסקינן כר"ש, דאמר: דירה בלא בעלים — לא שמה דירה. מכל מקום, בתוכה מיהא אסור לטלטל. ובסוף "הדר" (לעיל דף עד.) פירש כן בהדיא, גבי דילמא אתי לאפוקי מאני דבתים לחורבה. פירש: והרי רשות אחרת היא, שיש לה בעלים, ובמבוי לא נשתתפה שאינה אוסרת, כדתניא לעיל* אינה אוסרת אלא מקום דירה בלבד — דהיינו מקום פיתא או מקום לינה. והא דשרינן הכא להשתמש בסמוך לו אע"ג שיש לחבירו כמו כן חלק בה — אינו אוסר על זה, כיון שגם לזה יש חלק בה, דשניהם שותפים בשלשתן ואינם אוסרין זה על זה את הסמוכים, כיון דהוי לזה תשמישו בנחת ולחבירו בקשה. ובשתי גזוזטראות דסוף פרקין עשו לתחתונה — סילקו נפשייהו מעליונה, ואין אוסרין את העליונה אף על פי שעשו אותה בשותפות, ויש להם חלק בה. ואין נראה לר"י לעשות דירה בלא בעלים דירה לחלאין, לאסור לטלטל בתוכו. ואור"י: דהא דאמרינן בסוף "הדר" דילמא אתי לאפוקי מאני דבתים לחורבה — מיירי בחורבה הפתוחה לבית, ומיירי שאותו בית פתוח ללד אחר, ואינו רגיל במבוי(ג). ולכך אין המבוי ניתר בלחי וקורה משום בית אלא משום חורבה, ומיירי שפיר הכא בחורבות שיש להם בעלים, וכיון דלא איירי בהו — לא אסרי: לימא

רבינו חננאל

אמר שמואל בור שבין ב׳ חצירות מופלג מכותל זה בארבעה ומכותל זה בארבעה והבור באמצע הסימטא. זה מוציא זיז כל שהוא וממלא וזה מוצא זיז כל שהוא וממלא. ורב יהודה דידיה אמר אפי׳ קניא דיי לו. אמר אביי הא דרב יהודה דשמואל היא דאי דרב הא אמר רב אין אדם אוסר על חבירו דרך אויר ואפי׳ קניא לא צריך ודייק מהא דאמר שמואל זה מוציא זיז כל שהוא וממלא טעמא דאפיק זיז הא לא אפיק זיז אסור למלאות מ"ט חבירו שיש לו רשות באויר הא סמטא אוסר עליו ש"מ אדם אוסר על חבירו דרך אויר. ודייקינן לרב מהא דאמר ב׳ חצרות וג׳ חורבות ביניהן זה משתמש לו בסמוך לו ע"י זריקה וזה משתמש בסמוך לו ע"י זריקה. ואמצעי שניהן אסורין כו׳. ש"מ כיון שכל אחד מהן משתמש בסמוך לו אין אדם אוסר על חבירו דרך אויר. א"ל ר׳ אלעזר לרב והא מר הוא דאמר כלומר אתה אמרת כל לזה בשלשול ולזה בזריקה שניהן אסורין בו והני חורבות כי לזה בזריקה ולזה בשלשול נינהו. א"ל מי סברת דעבדין כשורה פי׳ כשורה בסדר אחת [לא] בחצובה דעבדין כמין כף יווני והאמצעית היא בין ב׳ החצרות ושתים החיצונות נמשכות ויוצאות מחוץ לחצרות ואין משתמשות החצרו׳ הללו בתוך ב׳ החורבות הללו אלא ע"י זריקה מיהו זריקה מן החצר על החורבה תבא מלמעלה למטה וזריקה מן החורבה לחצר היא ממטה ולמעלה לפיכך זריקה של חצר היא בנחת וקרובה היא לשלשול לפיכך נותנין לזה [שבנחת] וזריקה של חורבה בקשה היא *).

*) [נראה דל"ל וקרובה היא לשלשול וזריקה של חורבה בקשה היא לפיכך נותנין לזה שבנחת].

עין משפט נר מצוה

טז א מיי׳ פ"ג מהל׳ עירובין הלכה כג טוש"ע א"ח סי׳ שעו סעיף ב:

יז ב מיי׳ שם הלכה יז וטוש"ע שם סעיף ג:

מסורת הש"ס

[לקמן דף פו.]

[לקמן פח.]

הגהות הב"ח

(א) רש"י ד"ה בור וכו׳ דמופלג ארבע׳ הוי:
(ב) ד"ה אלא בסמוכה וכו׳ אלא בהמשכה כדתנן:
(ג) תום׳ ד"ה שני וכו׳ ואינו רגיל במבוי זה ולכך:

גליון הש"ס

גמ׳ א"ל אביי לר"י הא דר"י דשמואל היא. לעיל דף ז ע"א יבמות דף יח ע"א כתובות דף יב ע"ב:

יח א ב מיי' פט"ו מהלכות שבת הלכה ח סמג לאוין סה טור או"ח סי' שנ סעיף א:
יט ג מיי' פ"א מהלכות עירובין הלכה טז סמג לאוין שם טוש"ע או"ח סי' שפו סעיף ח:
כ ד מיי' פ"ד שם הלכה ח סמג שם טוש"ע שם סעיף ה:
כא ה מיי' פ"א שם הלכה יו סמג שם טוש"ע שם סי' שפ סעיף א:
כב ו מיי' שם הלכה יט טוש"ע שם סי' שמו סעיף יח:

וְהָאֶמְצָעִי – אָסוּר. יָתֵיב רַב בְּרוּנָא וְקָאָמַר לְהָא שְׁמַעְתָּא. א"ל רַבִּי *אֶלְיעֶזֶר בַּר בֵּי רַב: אָמַר רַב הָכִי? א"ל: אִין. *אַחֲוֵי לִי אוּשְׁפִּיזֵיהּ. אַחֲוֵי לֵיהּ. אֲתָא לְקַמֵּיהּ דְּרַב, א"ל: אָמַר מָר הָכִי? א"ל: אִין. א"ל: וְהָא מָר הוּא דְּאָמַר: לָזֶה בְּשִׁלְשׁוּל וְלָזֶה בִּזְרִיקָה – שְׁנֵיהֶן אֲסוּרִין! א"ל: מִי סָבְרַתְּ דְּקָיְימִי כְּשׁוּרָה? לָא! דְּקָיְימִי כַּחֲצוּבָה.

א"ל רַב פָּפָּא לְרָבָא: לֵימָא שְׁמוּאֵל לֵית לֵיהּ דְּרַב דִּימִי. *דְּכִי אֲתָא רַב דִּימִי, א"ר יוֹחָנָן: מָקוֹם שֶׁאֵין בּוֹ ד' עַל ד' – מוּתָּר לִבְנֵי רה"ר וְלִבְנֵי רה"י לְכַתֵּף עָלָיו, וּבִלְבַד שֶׁלֹּא יַחֲלִיפוּ. הָתָם רְשׁוּיוֹת דְּאוֹרַיְיתָא, הָכָא רְשׁוּיוֹת דְּרַבָּנַן, *וַחֲכָמִים עָשׂוּ חִיזּוּק לְדִבְרֵיהֶם יוֹתֵר מִשֶּׁל תּוֹרָה. אֲמַר לֵיהּ רָבִינָא לְרָבָא: מִי אָמַר רַב הָכִי? וְהָא אִיתְּמַר, *שְׁנֵי בָתִּים מִשְּׁנֵי צִידֵּי רְשׁוּת הָרַבִּים, רַבָּה בַּר רַב הוּנָא אָמַר רַב: [א]אָסוּר לִזְרוֹק מִזֶּה לָזֶה. וּשְׁמוּאֵל אָמַר: מוּתָּר לִזְרוֹק מִזֶּה לָזֶה! א"ל: לָאו מִי אוֹקִימְנָא – [ב]דְּמִדְלֵי חַד וּמִתַּתִּי חַד, זִימְנִין דְּמִגַּנְדֵּר וְנָפֵיל וְאָתֵי לְאִיתוּיֵי.

§ **מתני'** *[ג]הַנּוֹתֵן אֶת עֵירוּבוֹ בְּבֵית שַׁעַר, אַכְסַדְרָה, וּמִרְפֶּסֶת – אֵינוֹ עֵירוּב. [ד]וְהַדָּר שָׁם – אֵינוֹ אוֹסֵר עָלָיו. בֵּית הַתֶּבֶן, וּבֵית הַבָּקָר, וּבֵית הָעֵצִים, וּבֵית הָאוֹצָרוֹת – הֲרֵי זֶה עֵירוּב, וְהַדָּר שָׁם אוֹסֵר.* רַבִּי יְהוּדָה אוֹמֵר: אִם יֵשׁ שָׁם תְּפִיסַת יָד שֶׁל בַּעַל הַבַּיִת – אֵינוֹ אוֹסֵר.*

§ **גמ'** אָמַר רַב יְהוּדָה, בְּרֵיהּ דְּרַב שְׁמוּאֵל בַּר שֵׁילַת: *כָּל מָקוֹם שֶׁאָמְרוּ(א) הַדָּר שָׁם אֵינוֹ אוֹסֵר – הַנּוֹתֵן אֶת עֵירוּבוֹ אֵינוֹ עֵירוּב, חוּץ מִבֵּית שַׁעַר דְּיָחִיד. וְכָל מָקוֹם שֶׁאָמְרוּ חֲכָמִים אֵין מַנִּיחִין בּוֹ עֵירוּב – [ה]מַנִּיחִין בּוֹ שִׁיתּוּף, חוּץ מֵאֲוִיר מָבוֹי. מַאי קמ"ל? תָּנֵינָא: הַנּוֹתֵן אֶת עֵירוּבוֹ בְּבֵית שַׁעַר, אַכְסַדְרָה, וּמִרְפֶּסֶת – אֵינוֹ עֵירוּב. עֵירוּב – הוּא דְּלָא הָוֵי, הָא שִׁיתּוּף – הָוֵי! בֵּית שַׁעַר דְּיָחִיד וַאֲוִיר דְּמָבוֹי אִיצְטְרִיכָא לֵיהּ, דְּלָא תְּנַן. תַּנְיָא נַמִי הָכִי: הַנּוֹתֵן אֶת עֵירוּבוֹ בְּבֵית שַׁעַר אַכְסַדְרָה וּמִרְפֶּסֶת, וּבְחָצֵר וּבְמָבוֹי – ה"ז עֵירוּב. וְהָתְנַן: אֵין זֶה עֵירוּב! אֵימָא: ה"ז שִׁיתּוּף. שִׁיתּוּף בְּמָבוֹי לָא מִינְטַר? אֵימָא בְּחָצֵר שֶׁבַּמָּבוֹי. *אָמַר רַב יְהוּדָה, אָמַר שְׁמוּאֵל: [ו]בְּנֵי חֲבוּרָה שֶׁהָיוּ מְסוּבִּין וְקָדַשׁ עֲלֵיהֶן הַיּוֹם, פַּת שֶׁעַל הַשֻּׁלְחָן סוֹמְכִין עָלֶיהָ מִשּׁוּם עֵירוּב. וְאָמְרִי לָהּ: מִשּׁוּם שִׁיתּוּף. אָמַר רַבָּה: וְלָא פְּלִיגִי; כָּאן – בִּמְסוּבִּין בַּבַּיִת, כָּאן – בִּמְסוּבִּין בֶּחָצֵר. אָמַר לֵיהּ אַבָּיֵי לְרַבָּה, תַּנְיָא דִּמְסַיַּיע לָךְ: *עֵירוּבֵי חֲצֵירוֹת בֶּחָצֵר, וְשִׁיתּוּפֵי מְבוֹאוֹת בַּמָּבוֹי. וְהָוֵינַן בָּהּ: עֵירוּבֵי חֲצֵירוֹת בֶּחָצֵר? וְהָתְנַן: הַנּוֹתֵן אֶת עֵירוּבוֹ בְּבֵית שַׁעַר, אַכְסַדְרָה, וּמִרְפֶּסֶת אֵינוֹ עֵירוּב! אֵימָא: עֵירוּבֵי חֲצֵירוֹת – בַּבַּיִת שֶׁבֶּחָצֵר, שִׁיתּוּפֵי מְבוֹאוֹת – בֶּחָצֵר שֶׁבַּמָּבוֹי. § "רַבִּי יְהוּדָה אוֹמֵר אִם יֵשׁ שָׁם תְּפִיסַת יָד וכו'. § הֵיכִי דָּמֵי תְּפִיסַת יָד? כְּגוֹן חֲצֵירוֹ שֶׁל(ב) *בּוֹנְיָים. בֶּן בּוֹנְיָים *)אֲתָא לְקַמֵּיהּ דְּרַבִּי, אָמַר לְהוּ: פַּנּוּ מָקוֹם לְבֶן מֵאָה מָנֶה. אֲתָא אִינִישׁ אַחֲרִינָא, אָמַר לְהוּ: פַּנּוּ

*) ס"א רבי

לימא שמואל לית ליה דרב דימי. פירוש רש"י נראה עיקר, דקאי אההיא דזור שבין ב' חלירות, דקסבר שמואל אדם אוסר על חבירו דרך אויר אע"פ שהוא תשמיש גרוע. ומשני: התם רשויות דאורייתא, וליכא למיחש שמא מתוך כך יבא לטלטל מרה"י לרה"ר, דאיסורא דאורייתא מידע ידע. אבל הכא, דאי לאו דאסרי אהדדי – שמא מתוך כך יטלטל מחלר לחלר. ור"ת פירש בע"א ואין נראה פירושו: **ומי** אמר רב הכי. פי': דאין אדם אוסר על חבירו דרך אויר, והא אתמר: שני בתים כו'. וקס"ד: טעמא דאוסר לזרוק – משום דסגי באויר רה"ר למעלה מעשרה, וקאמר דאוסר עליו אוירן של בני רה"ר אף על פי שאין להם כאן תשמיש. וכן פי' בקונטרס. ומדשמואל אדשמואל לא מצי למיפרך, דאין תשמיש דאויר הכא חשיב כההיא דלעיל, אבל לרב פריך מכל שכן. ורש"י פירש דלא פריך שמואל אדשמואל משום דברשויות דאורייתא מודה. **לאו** מי אוקימנא כו'. בשבת פרק "הזורק" (דף צז.) מוקי לה הכי משום פירכא אחריתי. וק"ק דהתם נמי קאמר ולאו מי אוקימנא: **בית** התבן כו' הרי זה עירוב. ואפילו אין שם תבן. דלענין הנחת עירוב – לא בעי אלא דחזי לדירה. אבל הא דקאמר בפ' "הדר" (לעיל ד' עב:) דבית התבן אוסר – היינו דוקא כשיש שם תבן, כמו שלר' יהודה אינו אוסר אלא מקום דירה והיינו דוקא כשדר שם בשבת, דבעינן מקום פיתא או מקום לינה. והא דקתני הכא: הדר שם אוסר עליו – דווקא שאין לבעל הבית שם תבן, דאם יש שם תבן – הוי כאילו דר עמו שם בבית לר' מאיר, דחשיב בית התבן כמקום דירה בפרק "הדר", ולא אסרי אהדדי: **עירוב** הוא דלא הוי הא שיתוף הוי. קשה: דאשכחן דקרי עירוב לשיתוף בפ' "הדר" (לעיל ד' עא.): בעל הבית שהיה שותף לשכניו לזה ביין ולזה ביין – אין צריכין לערב. ולקמן בפרק "כל גגות" (דף צא:) קאמר: מאי לא עירבו – לא נשתתפו:

דעריבי

ואמצעי אסור. לְקַמֵּיהּ מְפָרֵשׁ טַעְמָא: דַּעֲבִידָא כַּחֲצוּבָה, וּשְׁנֵיהֶם הַבָּתִּים סְמוּכִים. וְאע"ג דְּאִיכָּא לְאַקְשׁוּיֵי דְּזוּר דִּלְעֵיל דָּמֵי לְאֶמְצָעִי, שֶׁהֲרֵי שְׁנֵי הַבָּתִּים סְמוּכִין לַאֲוִיר הַמָּבוֹי. וְאִי מִשּׁוּם שֶׁיֵּשׁ הֶפְסֵק אַרְבָּעָה בֵּינוֹ לְכָל א' – הָכָא נַמִי אִיכָּא הֶפְסֵק כָּל חֲלַל חוּרְבָּה הָאֶמְצָעִית, וְכוּלָּהּ אֲסוּרָה לָזֶה וְלָזֶה אֲפִילּוּ רְחָבָה כַּמָּה אַמּוֹת. וְגַבֵּי חֲלַל הַמָּבוֹי נַמִי לִיתְסְרוּ אַהֲדָדֵי! לָא תִּיקְשֵׁי, דְּאִלּוּ חוּרְבָּה – מִשְׁתַּמְּשִׁין בָּהּ תַּשְׁמִישׁוֹת הַרְבֵּה, בֵּין בְּסָמוּךְ בֵּין בְּרָחוֹק. אֲבָל הָכָא – לֵיכָּא תַּשְׁמִישׁ אֶלָּא מִילּוּי, וְהַהוּא ע"י הַפְלָגַת אֲוִיר אַרְבָּעָה הוּא: אָמַר רַב הָכִי. בִּתְמִיָּה. דְּר"א סָבַר: מִדְּאָמַר רַב אֶמְצָעִי אָסוּר וְאע"פ שֶׁיֵּשׁ הֶפְסֵק אֲוִיר חוּרְבָּה בֵּינוֹ וְלַבָּתִּים – ש"מ: אָדָם אוֹסֵר עַל חֲבֵרוֹ דֶּרֶךְ אֲוִיר סְבִירָא לֵיהּ. וְטַעְמָא דִּסְמוּכִין מוּתָּרִין – מִשּׁוּם דְּתַשְׁמִישָׁן קָשֶׁה לַחִיצוֹנִים: וְהָא מָר הוּא דַּאֲמַר כו'. אַלְמָא: אַף עַל גַּב דְּשִׁלְשׁוּל נוֹחַ מִזְּרִיקָה, הוֹאִיל דְּאֵינוֹ מַמָּשׁ לְאֶחָד מֵהֶן כְּפֶתַח – לָא שָׁרֵינַן לֵיהּ לְחַד מִינַּיְיהוּ. וְהָכָא נַמִי, מֵאַחַר דְּאֵינוֹ כְּפֶתַח לֹא לָזֶה וְלֹא לָזֶה, אע"ג דְּנַחַת לָזֶה מִזֶּה – לִיתַּסְרוּ: מִי סָבְרַתְּ דַּעֲבִידֵי כִּי שׁוּרָה. זוֹ אֵצֶל זוֹ, שֶׁתְּהֵא הַחִיצוֹנָה מַפְסֶקֶת בֵּין הַבַּיִת וְלָאֶמְצָעִי, דְּתֵיסַק אַדַּעְתָּךְ אָדָם אוֹסֵר דֶּרֶךְ אֲוִיר סְבִירָא לִי, דְּתִיקְשֵׁי לָךְ: סְמוּכִין נַמִי לִיתַּסְרוּ: לָא דַּעֲבִידֵי כַּחֲצוּבָ'. וּשְׁלָשְׁתָּן סְמוּכִין לַבָּתִּים. הָאֶמְצָעִי כְּנֶגֶד הַשְּׁתַּיִם כִּשְׁלֹשָׁה רַגְלֵי הַקַּנְקַן, הִלְכָּךְ: הַסְּמוּכִין מוּתָּרִין – דְּאֵין אָדָם אוֹסֵר עַל חֲבֵרוֹ דֶּרֶךְ אֲוִיר, וְהָאֶמְצָעִי אָסוּר – דִּשְׁנֵיהֶן מִשְׁתַּמְּשִׁין בָּהּ בְּשִׁלְשׁוּל, וּרְשׁוּת שְׁנֵיהֶם הִיא. וְאַף עַל גַּב דִּשְׁתַּיִם הַסְּמוּכוֹת פְּרוּלוֹת לָאֶמְצָעִי הָאוֹסֵר – לָא אַחְמוּר רַבָּנַן בְּמָקוֹם שֶׁאֵין לוֹ תַּשְׁמִישׁ גָּמוּר שֶׁיְּהֵא אָסוּר מִשּׁוּם פָּרוּץ: לֵימָא שְׁמוּאֵל. דְּאָמַר אָדָם אוֹסֵר עַל חֲבֵרוֹ דֶּרֶךְ אֲוִיר: לֵית לֵיהּ דְּרַב דִּימִי. דְּהָא מָקוֹם שֶׁאֵין בּוֹ אַרְבָּעָה, כֵּיוָן דְּלֵית בֵּיהּ שִׁיעוּר מָקוֹם – הֲנָחָה דִּידֵיהּ לָאו הֲנָחָה הִיא, וַהֲרֵי הוּא כַּאֲוִיר בְּעָלְמָא. וְקָאָמַר מוּתָּר, בְּלֹא שׁוּם תִּיקּוּן. וּשְׁמוּאֵל הוֹלָאַת זִיז בָּעֵי: רְשׁוּיוֹת דְּרַבָּנַן. שְׁנֵיהֶן רה"י, וְאֵין אוֹסְרִין מִזֶּה לָזֶה אֶלָּא מִדְּרַבָּנַן: מִי אָמַר רַב הָכִי. זֶה מִשְׁתַּמֵּשׁ בְּסָמוּךְ לוֹ עַל יְדֵי זְרִיקָה, וְאֵין חֲבֵירוֹ אוֹסֵר עָלָיו דֶּרֶךְ אֲוִיר: שְׁנֵי בָתִּים. שֶׁל אָדָם אֶחָד אָסוּר לִזְרוֹק וְאע"ג דְּכִי סָגֵי – בַּאֲוִיר רה"ר לְמַעְלָה מֵעֲשָׂרָה קָא סָגֵי, וְקָאָמַר דְּאוֹסֵר עָלָיו אֲוִירָן שֶׁל בְּנֵי רה"ר, אע"פ שֶׁאֵין לָהֶם כָּאן תַּשְׁמִישׁ: דְּמִידְלֵי חַד וּמִיתַּתֵּי חַד. א' גָּבוֹהַּ וְא' נָמוּךְ, שֶׁמָּא יִזְרוֹק מִן הַנָּמוּךְ לַגָּבוֹהַּ וְלֹא יַגִּיעַ, וְיִפּוֹל לרה"ר. וְלִשְׁמוּאֵל דְּאָמַר מוּתָּר – לָא קַשְׁיָא דִּידֵיהּ אַדִּידֵיהּ, דְּאָמַר: אָדָם אוֹסֵר עַל חֲבֵירוֹ דֶּרֶךְ אֲוִיר דְּהָא אָמְרִינַן: בִּרְשׁוּיוֹת דְּאוֹרַיְיתָא שְׁמוּאֵל מוֹדֵי: מתני' אֶת עֵירוּבוֹ. עֵירוּבֵי חֲצֵירוֹת: וְהַדָּר שָׁם. בְּבֵית שַׁעַר שֶׁבֶּחָצֵר: אֵינוֹ אוֹסֵר. עַל בַּעַל חָצֵר, וְאֵין צָרִיךְ לִיתֵּן אֶת הַפַּת – דְּלָאו דִּירָה הִיא: וְהַדָּר שָׁם. אִם הִשְׁאִיל בַּעַל הַבַּיִת בֵּית הַתֶּבֶן שֶׁלּוֹ לְאַחֵר לָדוּר שָׁם – אוֹסֵר עָלָיו בֶּחָצֵר, הוֹאִיל וּפָתוּחַ לֶחָצֵר: אִם יֵשׁ שָׁם תְּפִיסַת יָד שֶׁל בַּעַל הַבַּיִת. שֶׁיֵּשׁ לְבַעַל הַבַּיִת מָקוֹם בְּדִירָתוֹ שֶׁל זֶה שֶׁמּוּנָּחִין שָׁם כֵּלָיו לְהַצְנִיעַ: אֵינוֹ אוֹסֵר עָלָיו. דְּכָל רְשׁוּתָא דְּחָצֵר דִּידֵיהּ הוּא, כְּאִלּוּ דָּר עִמּוֹ בַּבַּיִת: גמ' חוּץ מִבֵּית שַׁעַר דְּיָחִיד. דְּחָצֵר שֶׁל יָחִיד, וּמַתְנִי' בְּבֵית שַׁעַר דְּרַבִּים עָסְקִינַן: עֵירוּב מִשּׁוּם דִּירָה. דִּמְעָרֵב לְהוּ לִבְנֵי דִּירָה כְּאִלּוּ כָּל בְּנֵי הֶחָצֵר דָּרִין בַּבַּיִת זֶה, הִלְכָּךְ: אִי לָא חָזֵי לְדִירָה – לָאו כְּלוּם הוּא. אֲבָל שִׁיתּוּף – לָאו מִשּׁוּם דִּירָה הוּא, דְּהָא לָאו בָּתִּים שַׁיָּיכֵי בֵּיהּ אֶלָּא חֲצֵירוֹת, הִלְכָּךְ: לָאו דִּירָה בָּעֵינַן אֶלָּא מָקוֹם הַמִּשְׁתַּמֵּר כְּגוֹן חָצֵר. אֲבָל אֲוִיר דְּמָבוֹי לָאו מִשְׁתַּמֵּר הוּא: תַּנְיָא נַמִי הָכִי. דְּמַנִּיחִין בּוֹ שִׁיתּוּף: מְסוּבִּין בַּבַּיִת. מִשּׁוּם עֵירוּב: מִי מִינְטַר. ל"ג דְּטַעְמָא לָאו מִשּׁוּם נְטִירוּתָא הוּא: בַּבַּיִת שֶׁבֶּחָצֵר. לְאַפּוֹקֵי בַּיִת שֶׁבַּמָּבוֹי: בְּחָצֵר שֶׁבַּמָּבוֹי. לְאַפּוֹקֵי חָצֵר שֶׁאֵינָהּ פְּתוּחָה לוֹ: (בוניים) בֶּן בּוֹנְיָים. עָשִׁיר הֲוָה, וּמַשְׁאִיל בָּתִּים שֶׁבֶּחָצֵר לַאֲחֵרִים, וְהָיוּ לוֹ כֵּלִים הַרְבֵּה. שֶׁמִּתּוֹךְ עָשְׁרוֹ הָיוּ לוֹ כֵּלִים הַרְבֵּה: פַּנּוּ מָקוֹם לְבֶן מֵאָה מָנֶה. כְּלוֹמַר: מָקוֹם חָשׁוּב:

פנו

[עי' תוס' לעיל עה: ד"ה ורבי יוחנן]

רבינו חננאל

פי' כחצובה מתלת להדף כשורה עומדת על הסדר אחת עם אחת. ומקשינן ומי אמר רב הכי והא והאתמר ב' בתים בב' צידי רה"ר רבה בר רב הונא אמר רב אסור לזרוק מזה לזה ושמואל אמר מותר. ומפרקינן ולאו אוקימנא דחד מדלי וחד מיתתי וזימנין דמיגנדר ואתי לאתויי א"ל רבינא לרבא נימא שמואל דאמר גג הסמוך לרה"ר צריך סולם קבוע א) להתירו בטלטול מרשות הרבים לית ליה הא דכי אתא רב דימי א"ר יוחנן מקום שאין בו אלא ד' על ד' מותר לבני רה"ר ולבני רה"י לכתף עליו ובלבד שלא יחליפו. אמר ליה ברשויות של תורה הכי נמי דאית ליה כי קאמרי' הכא ברשות דרבנן וחכמים עשו חיזוק לדבריהם יותר משל תורה ותוב אמרינן ומי אמר רב אין אדם אוסר על חבירו דרך אויר והא איתמר בב' בתים בב' צידי רה"ר אמר רב אסור לזרוק מזה לזה ופרקינן ולאו מי אוקימנא כגון חד מדלי וחד מיתתי: [מתני'] הנותן עירובו בבית שער אכסדרה ומרפסת אינו עירוב. והדר שם אינו אוסר. אמרי משמיה דרב כל מקום שאמרו חכמים הדר שם אינו אוסר על בני חצר [הנותן] עירובו שם אינו עירוב] חוץ מבית שער של יחיד ובית שער דקתני במתני' בית שער דרבים: ירושלמי הדא את אמרת בבית שער של יחיד אבל בבית שער של רבים הרי זה עירוב והדר שם הרי זה אוסר א"ל רבי יוסה אפילו יחד לתלות בו מעגלו או עושות בו [אמר] ובלבד דבר הנעשל בשבת כו'. [כל מקום שאמרו אין מניחין בו עירוב כו'] בו עירוב כגון אכסדרה ומרפסת וכיוצא בהן עירוב אין מניחין בהן אבל מניחין בהן שיתופי מבוי חוץ מן אויר (למבוי) [המבוי] שאפי' שיתופי מבוי לא. תניא נמי הכי כו'. אמר רב יהודה אמר רב בני חבורה שהיו מסובין וקדש היום עליהם פת שעל השלחן סומכין עליו משום עירוב. והני מילי במסובין בבית שבחצר ושיתופי מבוי בחצר שבמבוי. ר' יהודה אמר אם יש שם תפיסת יד של בעה"ב אינו אוסר עליו פי' אם יש בית בחצר שדר בו אדם אחר ויש שם לבעל הבית כלים או סחורה מונחין באותו הבית ומשתמש בהן בזה ... מקצת רשות לבעל החצר הדר שם אינו אוסר עליו. היכי דמי תפיסת יד א"ר חנינא כגון חצרות של בושם

א) ר"ל שלא יתפסו עליו בני ר"ה. ב) [נראה דדברי הירושלמי אלו כאן ס"ל ר' ינאי קאי אדברי ר"ש במשנה ושייך להלן אחר הדיבור הוכי דמי תפיסת יד].

[נ"ל אלעזר]
[לעיל עז.]
שבת ח: לעיל ע. עז. ולקמן פז. קח.
[לעיל עז. וש"נ]
שבת נז.
לעיל עו. [סוכה ג:]
בסדר המשנה בירושלמי ובכרי"ף הגי' עליו
לעיל עג: [וש"נ]
סוכה ג:
[גירס הערוך ע' סבן בן נגס]
יז גורסין בן בוניים תלמידו של רבי

הגהות הב"ח

(א) גמ' כל מקום שאמרו חכמים הדר: (ב) שם תלמידו של בן בוניים:

גליון הש"ס

גמ' שיתופי מבואות בחצר שבמבוי. עיין לעיל דף פח ע"א תד"ה ואיכא למימר. ועוד לעיל דף עא ע"ב תד"ה בפת:

גמרא

פנו מקום לבן מאתים מנה. אמר לפניו רבי ישמעאל ברבי יוסי: רבי, אביו של זה יש לו אלף ספינות בים וכנגדן אלף עיירות ביבשה! אמר לו: לכשתגיע אצל אביו אמור לו: אל תשגרהו בכלים הללו לפני. רבי מכבד עשירים, ר' עקיבא מכבד עשירים. כדדרש רבא בר מרי: "ישב עולם לפני אלהים חסד ואמת מן ינצרהו" (תהלים סא), אימתי ישב עולם לפני אלהים – בזמן שחסד ואמת מן ינצרהו. רבה בר בר חנה אמר: כגון יתד של מחרישה, אמר רב נחמן, תנא דבי שמואל: דבר הניטל בשבת – אוסר, דבר שאינו ניטל בשבת – אינו אוסר. תניא נמי הכי: יש לו טבל, יש לו עששית, וכל דבר שאינו ניטל בשבת – אינו אוסר.§ **מתני'** המניח ביתו והלך לשבות בעיר אחרת, אחד נכרי ואחד ישראל – הרי זה אוסר, דברי ר' מאיר. ר' יהודה אומר: אינו אוסר. רבי יוסי אומר: נכרי – אוסר, ישראל – אינו אוסר, שאין דרך ישראל לבא בשבת. רבי שמעון אומר: אפילו הניח ביתו והלך לשבות אצל בתו באותה העיר – אינו אוסר, שכבר הסיע מלבו.§ **גמ'** אמר רב: הלכה כר"ש. ודוקא בתו, אבל בנו – לא. דאמרי אינשי: נבח בך כלבא – עול, נבח בך גורייתא – פוק.:

מתני' בור שבין שתי חצירות אין ממלאין ממנו בשבת, אלא אם כן עשו לו מחיצה גבוה עשרה טפחים, בין מלמטה, בין מתוך אוגנו. רבן שמעון בן גמליאל אומר, בית שמאי אומרים: מלמטה, ובית הלל אומרים: מלמעלה. א"ר יהודה: לא תהא מחיצה גדולה מן הכותל שביניהם.§ **גמ'** אמר רב הונא: למטה – למטה ממש, למעלה – למעלה ממש. וזה וזה בבור. ורב יהודה אמר: למטה – למטה מן המים, למעלה – למעלה מן המים. א"ל רבה בר רב חנן לאביי: הא דאמר רב יהודה "למטה – למטה מן המים" מאי שנא למטה ממש דלא – דעריבי מיא, למטה מן המים נמי – הא עריבי מיא! א"ל: לא שמיע לך הא דאמר רב יהודה אמר רב, ומטו בה משום רבי חייא: צריך שיראו ראשן של קנים למעלה מן המים טפח. ותו, הא דאמר רב יהודה: "למעלה – למעלה מן המים", מאי שנא למעלה ממש דלא – דעריבי מיא, למעלה מן המים נמי – הא עריבי מיא! אמר ליה: לא שמיע לך הא דתני יעקב קרחינאה: צריך שישקע ראשי קנים במים טפח. ואלא הא *דאמר רב יהודה: קורה ארבע מתרת בחורבה, ורב נחמן אמר רבה בר אבוה: קורה

רש"י

פנו מקום לבן מאתים מנה. *כלומר: מקום חשוב יותר, בין גדולים לפי כבוד עשרו: אביו של זה. בוניים: בכלים הללו. בבגדים הללו, שאין נראה עשיר כל כך: אימתי ישב עולם. בזמן שיש בו עשירים, שגומלין(א) ומזמנין מזונות לעניים, והם ינצרוהו: מן. לשון מזונות: כגון יתד של מחרישה. קבילי"א, הויא תפיסת יד: דבר הניטל בשבת. אינו תפיסת יד, ואוסר. דאי בעי – שקיל ושדי ליה לבראי: עששיות. של ברזל חתיכות גדולות: מתני' הרי זה אוסר. דדירה בלא בעלים – שמה דירה: אינו אוסר. דלאו שמה דירה: ר' יוסי. נמי סבירא ליה לאו שמה דירה. מיהו, נכרי אוסר שמא יבא היום: הסיע. הסיח דירת ביתו מלבו: גמ' ודוקא בתו. דעביד איניש דדייר אצל חתנו. אבל בנו – אין אדם מסיח דעתו מביתו לדור אצל כלתו, שמא תתקוטט ויצא: כלבא. זכר, כגון חתנו: גורייתא. נקבה, כגון כלתו: מתני' בור שבין שתי חצירות. חציו בזו וחציו בזו: אין ממלאין ממנו. שזה ממלא מרשות חבירו לזה"ב כו': בין מלמטה. בגמרא מפרש: בין מתוך אוגנו. אע"פ שאינה נוגעת במים – קל הוא שהקילו חכמים במים, דאמר ביה גוד אחית למחיצה. ובלבד שתהא בתוך אוגן הבור, שתראה כפסקה: מן הכותל שביניהם. שמפסקת בין החצירות ומפסקת על פני הבור, ואע"פ שאינה נכנסת לתוך אוגנו: גמ' למטה. דקאמרי ב"ש: למטה ממש. סמוך למים, ואין צריכין ראשי קנים ליגע במים: למעלה. דקאמרי ב"ה: למעלה ממש. סמוך(ג) משפתו מלמעלה אם ירצה – דיו בכך: וזה וזה בבור. אפילו לב"ה צריך שתהא כל מחיצת עשרה מאוגן הבור ולפנים: ורב יהודה אמר למטה. דב"ש: למטה מן המים. שתהא המחיצה תחובה בקרקעית הבור: למעלה. דב"ה: למעלה מן המים. ובהא מקילי, שאין קנים צריכין ליגע במים. אבל למעלה ממש – לא. מעלה דרב יהודה הוא מטה דרב הונא: דעריבי מיא. תחת המחיצה: הא עריבי מיא. על המחיצה, פעמים שהמים עמוקים מעשרה: שיראו ראשי קנים. העליונים: ותו. לרב יהודה נמי, אליבא דב"ה דאמרי למעלה מן המים סמוך למים, אבל רחוק מן המים לא: מ"ש למעלה ממש. דהוא רחוק מן המים דלא – שאין מחיצת הפסק ניכרת במים, ועריבי מיא להדדי. למטה נמי, מאי הפסק איכא? הרי אין נוגעין במים: שישקע ראשי הקנים. התחתונים ובהא פליגי, דבית שמאי בעו מחיצה המפסקת עד התהום, וב"ה בעו היכר מחיצה: קורה ד' מתרת בחורבה. קורה התחובה מחומה לחומה בחורבה, כדרך חורבות הנופלות, ונשארים בהן קורות ויש ברחבה ארבעה והיא מוטלת על רחבה – מותר לטלטל תחתיה. דאמר שני חודי' יורדין וסותמין, דסבר לה כרבי ישמעאל בר"י, דאמר [לקמן ע"ב]: מחיצה תלויה מתרת ולית הלכתא כוותיה. ולהכי נקט ארבעה, דכי אמרת חודין יורדין וסותמין – יהא בין חלל המחיצות ארבעה, דמחיצה העשויה לפחות מחלל ארבעה – אינה מחיצה: מתרת

תוספות

דעריבי מיא. פי': ואין היכר הפרשה ביניהם. אבל אם יש היכר, אע"פ שהמים באים מצד זה לצד זה – לא קפיד, דאי הוה קפיד – לא היה מועיל אפילו מחיצה של ברזל, כדאמרינן ב"מי שהוציאוהו" (לעיל דף מח.): צריך שיראו ראשי קנים למעלה מן המים טפח. ואין נראה כפירוש הקונטרס דב"ש בעו מחיצה מפסקת עד התהום, אלא שתהא י' טפחים בתוך המים. ואפילו המים עמוקים הרבה, ועריבי מיא מתחת המחיצה – סגי בהכי לב"ש, כיון שיש היכר מחיצת עשרה בתוך המים. וב"ה בעו היכר מחיצת עשרה למעלה, חוץ מן המים, וטפח בתוך המים כדקאמר: צריך שישקע ראשי קנים במים טפח: קורה ארבעה מתרת בחורבה. פי' בקונטרס: דלהכי נקט רחב ארבעה, דכי אמרת חודין יורדין וסותמין(ג) יהיה בין חלל המחיצה ד', דמחיצה העשויה לפחות מארבעה חללה – לא שמה מחיצה. משמע מתוך פירושו דכי אין בו ד' נמי היה אומר פי תקרה יורד וסותם מרוח אחת, אם הוי שאר הרוחות מוקפות מחיצה. והוא עצמו פירש קורה ארבעה מתרת במים בבור שבין שתי חצירות, (ד)ונתן על רחבה באמצע הבור למעלה. ולדבריו התם, למה צריך שם קורה ארבעה? כיון שהחצירות מוקפות מחיצה, ואין צריך כי אם להפסיק. ועוד: קי"ל כרב, דאמר פי תקרה יורד וסותם. וקי"ל(ה) נמי כרבא לגבי אביי דקורה משום היכר, ולא משום מחיצה – היינו משום דבקורה שאינה רחבה כי אם טפח לא אמר פי תקרה יורד וסותם עד שיהא רחבה ארבעה. והכי נמי מוכח פ"ק דשבת (דף ט.) גבי איסקופה דלפי תקרה בעינן רחבה ארבעה גבי(ו) דקאמר כגון שקירה בשתי קורות, ואין באחד ד' כו'. ולאביי נמי, דקא אמר קורה משום מחיצה – נראה לר"י דלא הוי אלא מדרבנן, כמו למאן דאמר משום היכר. אלא דסבר אביי דמשום היכר לא היו מתירין חכמים את המבוי, אלא שעשאוה כמחיצה דפי תקרה ולא הוי "קורה משום מחיצה" פירושו כמו לחי משום מחיצה, דהוי דאורייתא, כדאמרי' בפ"ק (דף יב:): הכשירו בלחי – הזורק לתוכו חייב. והא דקאמר בפ"ק (ג"ז שם:) אמילתיה דרב יהודה, דאמר מבוי שאינו ראוי לשיתוף: הכשירו בלחי – הזורק לתוכו חייב, הכשירו בקורה – הזורק לתוכו פטור. אלמא: לחי משום מחיצה, וקורה משום היכר. אינו בא לומר דקורה ע"כ משום היכר ולא משום מחיצה, דאפילו הוי משום מחיצה – הזורק לתוכו פטור, משום דלא הוי מחיצה אלא מדרבנן. אלא, כלומר: לחי – ודאי משום מחיצה, אבל קורה – מצינו למימר משום היכר. ומיהו, רב יעקב בר אבא שמקשה שם על רבא מיתר על כן א"ר יהודה, דאפילו קורה משום מחיצה דאוריי' – טועה היה, וליתא, דאפילו למ"ד משום מחיצה – לא הוי אלא מדרבנן. וכן משמע בסוף "כל גגות" (לקמן צה.) דמוכח אביי לרבה מברייתא דיתר על כן, דשתי מחיצות דאורייתא. מדמתיר בקורה מכאן וקורה מכאן אע"ג דסבר אביי דקורה משום מחיצה. אלא ודאי לא הוי אלא מדרבנן. מיהו, יש לדחות: דלדבריו דרבה קא מותיב, דסבר דהויא משום היכר: קורה

עין משפט נר מצוה

כג א מיי' פ"ד מהל' עירובין הלכה יד סמג עשין א טור ש"ע א"ח סי' שע סעיף ב:

כד ב מיי' שם הלכה יג וסמג שם טור ש"ע א"ח סי' שעא ס"א:

כה ג ד ה ו מיי' פ"ג מהלכות עירובין הלכה כא ופט"ו מהלכות שבת הלכה יא סמג עשין א טוש"ע א"ח סי' שנו סעיף א וסי' שעו ס"א:

רבינו חננאל

בושם שהיה עשיר גדול ויש בכל הבתים שבחצירו כלים וסחורות ואין שם בית שלא היה לו חפץ בתוכו שהיו לו נכסים הרבה. ר' עקיבא וגם רבי היו מכבדים עשירים והיו דורשין האי קרא ישב עולם. כלומר מי שנתן לו העוה"ז ישב לפני אלהים בזמן שגומל חסדים כדכתיב חסד ואמת מן ינצרוהו: רבה בר רב הונא אמר אפי' יתד של מחרישה אם יש לו לבעל חצר באותו הבית הרי זה תפיסת יד. דבי שמואל תנא דבר הניטל בשבת אוסר ושאינו ניטל בשבת אינו אוסר. פי' אם יש לבעל החצר בבית ההוא דבר הניטל בשבת יתכן שיזדמן לבעה"ב *) ליטול החצר לבטלו בשבת ויטלנו לבעל החצר שם תפיסת יד. לפיכך הדר שם אוסר עליו עד שיערב אבל [אם] הוא דבר שאינו ניטל בשבת הואיל ואינו ניטל בשבת **) אין רשות לבעל החצר לאותו בית לפיכך הדר שם אינו אוסר עליו: **מתני'** ר' שמעון אומר המניח את ביתו והלך לשבות אצל בתו אפילו באותה העיר אינו אוסר על בני חצר. אמר רב הלכה כר' שמעון ודווקא בתו דאמרינן בתו לא שבקא ליה למיפק לביתיה היום אבל אם הלך לשבות אצל בנו אוסר שיתכן לו שיבא היום בחצרו וכל היכא דחיישינן דלמא אתי בשבת אסור: **מתני'** בור שבין ב' חצרות אין ממלאין ממנה בשבת אא"כ עשו לה מחיצה גבוה י"ט כו'. אמר רב הונא למטה דקתני במתני' למטה בבור קרוב למים למעלה למעלה ממש והוא על שפת הבור מתוכו ורב יהודה אמר למטה מן המים כלומר יהיו הקנים משוקעין במים למטה מן המים [ט'] טפחים ונראין הקנים למעלה מן המים טפח. למעלה מן המים וצ"ל מחיצת הקנים שהיא י' טפחים נשקעת בתוך המים טפח. פי' חייש רב יהודה שלא יהיה זה דולה מחצי הבור שהוא רשות חבירו וכן זה בשל זה לפיכך מצריך ראשי הקנים שיהיו

*) איט מובן ואולי לנ"ל יתכן שיזדמן לבעל החצר ליטול החפץ בשבת ויבטל לבעל החצר שם תפיסת יד. **) אולי צ"ל הרי יש רשות לבעל החצר וכו'.

מסורת הש"ס

יש גורסין כאן סבור היה רבי שזה עשיר יותר מבן בוניים

[גיר' ע"י רבה בר מרי]

לעיל מז. סב:

[לעיל מז. ע"ש]

סוכה טז. [ע"ש כמה שינויים גם בפלוגתא דב"ש וב"ה ועי' תוס' שם ד"ה לסופך ועי' תוס' טז: ד"ה כ"ש]

*בכלל המשנה ובריי"ף גרסינן בין מלמעלה בין מלמטה וכו' ועי' תוס' ד"ה בין

[לקמן צה.]

הגהות הב"ח (א) רש"י ד"ה אימתי וכו' שגומלין חסד ומזמנין: (ב) ד"ה למעלה ממש סמוך לשפתו: (ג) תוס' ד"ה קורה וכו' יורדין וסותמין יהא בין חלל המחיצות ד' וכו' לפחות מארבעה חלל לא: (ד) בא"ד בבור שבין שתי חצירות ונתונה על רחבה וכו' למה צריך קורה כצ"ל ותיבת שם נמחק: (ה) בא"ד וקי"ל נמי כרבא לגבי אביי. נ"ב עי' בתוס' פ"ק דף טו בד"ה אביי לטעמיה: (ו) בא"ד גבי הא דקאמר כגון שקירה:

גליון הש"ס גמ' רבי מכבד עשירים. בלקוטי מהרי"ל שמעו ממהר"ש סג"ל די"ל מתוך שרבי עצמו היה עשיר מופלג לכך הרגיל עצמו לכבד עשירים כדי להתלמד להעם שיכבדו ג"כ אותו בשביל עשרו ולא בשביל תורתו שלא ליהנות מכתרה של תורה ליטול עטרה להתגדל בה עכ"ל: תוס' ד"ה קורה וכו' דאפילו קורה משום מחיצה לאורייתא. עיין לעיל דף ח ע"ב תד"ה מניח:

כו א מיי' פ"ד מהלכות סוכה הלכה ד סמג עשין מג טוש"ע א"ח סי' תרל סעיף ט:

כז ב מיי' פכ"ב מהלכות שבת הלכה כז סמג לאוין סה טור ש"ע א"ח סי' שטו סעיף א:

קורה אַרְבָּעָה מַתֶּרֶת בַּמַּיִם, הָא קָא אָזֵיל דְּלִי לְאִידָךְ גִּיסָא וּמַיְיתִי! קִים לְהוּ לְרַבָּנַן דְּאֵין דְּלִי מְהַלֵּךְ יוֹתֵר מֵאַרְבָּעָה טְפָחִים. תַּחַת קוֹרָה מִיהָא הָא עֲרִיבִי מַיָּא! אֶלָּא: מִשּׁוּם דְּקַל הוּא שֶׁהֵקִילּוּ חֲכָמִים בַּמַּיִם. *כִּדְבְעָא מִינֵּיהּ רַבִּי טַבְלָא מֵרַב: מְחִיצָּה תְּלוּיָה, מַהוּ שֶׁתַּתִּיר בְּחוּרְבָּה? א"ל: אֵין מְחִיצָּה תְּלוּיָה מַתֶּרֶת אֶלָּא בַּמַּיִם, קַל הוּא שֶׁהֵקִילּוּ חֲכָמִים בַּמַּיִם.§ "א"ר יְהוּדָה: לֹא תְּהֵא מְחִיצָּה".§ אָמַר רַבָּה בַּר בַּר חָנָה, אָמַר רַבִּי יוֹחָנָן: ר' יְהוּדָה בְּשִׁיטַת רַבִּי יוֹסֵי אֲמָרָהּ, דְּאָמַר: מְחִיצָּה תְּלוּיָה מַתֶּרֶת אֲפִילּוּ בַּיַּבָּשָׁה. *דִּתְנַן: אהַמְשַׁלְשֵׁל דְּפָנוֹת מִלְמַעְלָה לְמַטָּה(א) בִּזְמַן שֶׁגְּבוֹהוֹת מִן הָאָרֶץ ג' טְפָחִים — פְּסוּלָה, מִמַּטָּה לְמַעְלָה, אִם גְּבוֹהוֹת י' טְפָחִים — כְּשֵׁירָה. רַבִּי יוֹסֵי אוֹמֵר: כְּשֵׁם שֶׁמִּלְּמַטָּה לְמַעְלָה עֲשָׂרָה(ב) כָּךְ מִלְמַעְלָה לְמַטָּה עֲשָׂרָה. וְלֹא הִיא, לֹא רַבִּי יְהוּדָה סָבַר לָהּ כְּרַבִּי יוֹסֵי, וְלֹא ר' יוֹסֵי סָבַר לָהּ כְּרַבִּי יְהוּדָה. רַבִּי יְהוּדָה לֹא סָבַר לָהּ כְּרַבִּי יוֹסֵי; עַד כָּאן לֹא קָאָמַר רַבִּי יְהוּדָה — אֶלָּא בְּעֵירוּבֵי חֲצֵירוֹת דְּרַבָּנַן, אֲבָל סוּכָּה דְּאוֹרַיְיתָא — לֹא. וְלֹא ר' יוֹסֵי סָבַר לָהּ כְּר' יְהוּדָה; עַד כָּאן לֹא קָאָמַר ר' יוֹסֵי — אֶלָּא בְּסוּכָּה דְּאִיסּוּר עֲשֵׂה הוּא, אֲבָל שַׁבָּת דְּאִיסּוּר סְקִילָה הוּא — לֹא אָמַר. וְאִם תֹּאמַר: אוֹתוֹ מַעֲשֶׂה שֶׁנַּעֲשָׂה בְּצִיפּוֹרִי עַל פִּי מִי נַעֲשָׂה? לֹא עַל פִּי רַבִּי יוֹסֵי(ג) אֶלָּא עַל פִּי רַבִּי יִשְׁמָעֵאל בְּר' יוֹסֵי נַעֲשָׂה. *דְּכִי אֲתָא רַב דִּימִי, אָמַר: פַּעַם אַחַת שָׁכְחוּ וְלֹא הֵבִיאוּ סֵפֶר תּוֹרָה מִבְּעוֹד יוֹם, לְמָחָר פָּרְסוּ סָדִין עַל הָעַמּוּדִים, וְהֵבִיאוּ סֵפֶר תּוֹרָה, וְקָרְאוּ בּוֹ. פָּרְסוּ?! לְכַתְּחִילָּה מִי שָׁרֵי? וְהָא *בהַכֹּל מוֹדִים שֶׁאֵין עוֹשִׂין אֹהֶל עֲרַאי *בַּשַּׁבָּת! אֶלָּא: מָצְאוּ סְדִינִין פְּרוּסִין עַל הָעַמּוּדִים, וְהֵבִיאוּ סֵפֶר תּוֹרָה, וְקָרְאוּ בּוֹ. אָמַר רַבָּה: ר' יְהוּדָה וְר' חֲנַנְיָא בֶּן עֲקַבְיָא אָמְרוּ דָּבָר אֶחָד. ר' יְהוּדָה — הָא דַּאֲמָרַן. ר' חֲנַנְיָא בֶּן עֲקַבְיָא (*דִּתְנַן,) ר' חֲנַנְיָא בֶּן עֲקַבְיָא אוֹמֵר: גְּזוּזְטְרָא שֶׁיֵּשׁ בָּהּ אַרְבַּע אַמּוֹת עַל אַרְבַּע אַמּוֹת —

חוקק

רש"י

מַתֶּרֶת בַּמַּיִם. בְּבוֹר שֶׁבֵּין ב' חֲצֵירוֹת, וּנְתוּנָה עַל רָחְבָּהּ בְּאֶמְצַע הַבּוֹר לְמַעְלָה: לְאִידָךְ גִּיסָא. תַּחַת כָּל רוֹחַב הַקּוֹרָה, חוּץ לַקּוֹרָה, בְּחֵלֶק חֲבֵירוֹ: עֲרִיבִי מַיָּא. וְרַב יְהוּדָה הֶפְסֵק מְחִיצָּה בָּעֵי: אֶלָּא קַל הוּא שֶׁהֵקִילּוּ חֲכָמִים בַּמַּיִם. וְלֵיתָא לִדְרַב יְהוּדָה, אֶלָּא כִּדְרַב הוּנָא דְּב"ה לְמַעְלָה מַמָּשׁ קָאָמְרִי. ה"ג: אֶלָּא קַל הוּא כו': מְחִצָּה תְּלוּיָה מַתֶּרֶת אַף בַּיַּבָּשָׁה. הִלְכָּךְ, בַּמַּיִם נַמִּי אֵין צָרִיךְ שֶׁתֵּרָאֶה הַמְּחִיצָּה עֲשׂוּיָה בִּשְׁבִיל הַמַּיִם וּבְתוֹךְ אוֹגְנֵי הַבּוֹר: הַמְשַׁלְשֵׁל. טריליי"ר בלע"ז: מִלְמַעְלָה לְמַטָּה. שֶׁהִתְחִיל לֶאֱרוֹג מְחִיצּוֹת הַסּוּכָּה לְמַעְלָה, וְאוֹרֵג וּבָא לְמַטָּה: גְּבוֹהוֹת מִן הָאָרֶץ שְׁלֹשָׁה. דִּגְדָיִים בּוֹקְעִים בָּהּ, הָוְיָא לָהּ תְּלוּיָה וּפְסוּלָה: מִלְּמַטָּה לְמַעְלָה. שֶׁנּוֹגְעוֹת בַּקַּרְקַע: אִם גְּבוֹהוֹת עֲשָׂרָה טְפָחִים כְּשֵׁירָה. וְאע"פ שֶׁאֵינָן מַגִּיעוֹת לַסְּכָךְ. וְהָכָא לֹא גָּרַס גְּבוֹהוֹת מִן הָאָרֶץ, אֶלָּא אִם גְּבוֹהוֹת עֲשָׂרָה טְפָחִים: כְּשֵׁם שֶׁמִּלְּמַטָּה לְמַעְלָה. מַכְשֶׁרֶת לֵיהּ, וְאע"ג דְּלָא מָטְיָא לַסְּכָךְ: כָּךְ מִלְמַעְלָה לְמַטָּה. דַּי לָהּ בְּאָרִיג עֲשָׂרָה, וְאע"פ שֶׁאֵינָהּ מַגַּעַת לָאָרֶץ: אֲבָל שַׁבָּת דְּאִיסּוּר סְקִילָה. אע"ג דִּבְרְשׁוּיוֹת דְּרַבָּנַן לֵיכָּא סְקִילָה — כָּל דְּתַקּוּן רַבָּנַן כְּעֵין דְּאוֹרַיְיתָא תַּקּוּן: וְאִם תֹּאמַר. הוֹאִיל וְר' יוֹסֵי לְגַבֵּי שַׁבָּת לֵית לֵיהּ מְחִיצָּה תְּלוּיָה: מַעֲשֶׂה שֶׁנַּעֲשָׂה בְּצִיפּוֹרִי. עַל יְדֵי מְחִיצָּה תְּלוּיָה, כִּדְאָמַר לְקַמָּן: ע"פ מִי נַעֲשָׂה. וַהֲלֹא ר' יוֹסֵי רֹאשׁ שֶׁל צִיפּוֹרִי הֲוָה, וְעַל פִּיו הָיוּ עוֹשִׂין כּוּלָּן, כִּדְאָמַר בְּסַנְהֶדְרִין (דף לב:): אַחַר רַבִּי יוֹסֵי לְצִיפּוֹרִי: ה"ג: לֹא ע"פ ר' יוֹסֵי נַעֲשָׂה אֶלָּא ע"פ רַבִּי יִשְׁמָעֵאל בַּר ר' יוֹסֵי נַעֲשָׂה. שֶׁכְּבָר נִפְטַר ר' יוֹסֵי. וְל"ג לֹא ע"פ רַבִּי יְהוּדָה — דְּרַבִּי יְהוּדָה לָאו בְּצִיפּוֹרִי הֲוָה. וְעוֹד: דִּלְר' יְהוּדָה שָׁרֵי, דְּהָא רְשׁוּיוֹת דְּרַבָּנַן הֲווּ, כִּדְלְקַמָּן: וְלֹא הֵבִיאוּ סֵפֶר תּוֹרָה. לְבֵית הַכְּנֶסֶת. *וּבְחָצֵר אַחֶרֶת הֲוָה, וְהָיוּ מְבִיאִין אוֹתוֹ דֶּרֶךְ חָצֵר שֶׁאֵינָהּ מְעוּרֶבֶת. וּפָרְסוּ סְדִינִין עַל גַּבֵּי עַמּוּדִין לִהְיוֹת מְחִיצָּה מַפְסֶקֶת אֵצֶל מְחִיצּוֹת הֶחָצֵר, מִבַּיִת שֶׁהָיָה סֵפֶר תּוֹרָה מוּנָּח בּוֹ וְעַד בֵּית הַכְּנֶסֶת, וּכְעֵין מָבוֹי קָטָן כְּדֵי הִילּוּךְ בֵּין סְדִינִים לִמְחִיצּוֹת הֶחָצֵר. וְלֹא הָיוּ בְּנֵי הֶחָצֵר אוֹסְרִים שָׁם — שֶׁלֹּא הָיָה פֶּתַח פָּתוּחַ לוֹ אֶלָּא אוֹתוֹ פֶּתַח לְבַדּוֹ, וְהָנָךְ סְדִינִים מְחִיצָּה תְּלוּיָה הֲוַאי: הַכֹּל מוֹדִים. ר"א וּמַחֲלוֹקְתּוֹ שֶׁנֶּחְלְקוּ בְּתוֹסֶפֶת אֹהֶל עֲרַאי גַּבֵּי פְּקַק חַלּוֹן, דְּאִיכָּא לְמ"ד פּוֹקְקִין בּוֹ, וְאע"ג דְּמוֹסִיף עַל אֹהֶל עֲרַאי הוּא — מוֹדִים שֶׁאֵין עוֹשִׂין אֶת כָּל הָאֹהֶל לְכַתְּחִלָּה בְּשַׁבָּת, בְּפ' "כָּל הַכֵּלִים" (דף קכה:): אָמְרוּ דָּבָר אֶחָד. הֵקִילּוּ הַרְבֵּה בַּמַּיִם: גְּזוּזְטְרָא. שֶׁהִיא לְמַעְלָה מִן הַיָּם: שֶׁיֵּשׁ בָּהּ אַרְבָּעָה. מְרוּבָּעוֹת, שֶׁהֵן כ"ד טְפָחִים עַל כ"ד טְפָחִים:

חוקק

תוספות

*קורה ד' מתרת בחורבה. פי' בקונטרס: דסבר לה כר' ישמעאל ברבי יוסי, דאמר: מחיצה תלויה מתרת, ולית הלכתא כוותיה. ואין נראה לר"י, דרבי ישמעאל לא התיר אלא במבוי, אבל במחיצה תלויה דחורבה הפרוצה לרה"ר – לא. ועוד: דקורה ד' לא מטעם מחיצה תלויה מתרת, דהא ליכא מחיצה כלל אלא מטעם פי תקרה(ד), ופי תקרה לא אשכחנא תנאי דפליגי. ורב נמי, דאית ליה (לקמן דף צ:) פי תקרה יורד וסותם – קאמר הכא בסמוך דאין מחיצה תלויה מתרת אלא במים: הא קאזיל דלי לאידך גיסא. פירש בקונטרס: דלרב יהודה דוקא פריך, שמצריך לשקע ראשי קנים במים שלא ידלה מרשות חבירו. אבל רב הונא לא בעי רק שיש היכר קצת, שלא יטלטל שם להדיא. (ולא) מצי למימר דרב נחמן כת"ק דשרי מתוך אוגנו – דהא מתוך אוגנו דת"ק היינו מלמעלן דרשב"ג, דכי היכי דבעי רב יהודה שיקוע לרשב"ג – ה"ה לת"ק. וכן הא דפריך: תחת הקורה מיהא עריבי מיא – לרב יהודה פריך. ולא מצי לשנויי דקורה מתרת מחודה ולפנים, ולא תחת הקורה – דכיון דרשות שניהן שולטת בהם תחת הקורה. א"כ בסמוך לקורה נמי ליתסר משום שעריבי מיא שתחת הקורה. ועוד: דמשמע ליה דמתרת לגמרי, אף תחת הקורה: אלא קל הוא שהקילו חכמים במים. פירש בקונטרס: וליתא לדרב יהודה, אלא כרב הונא דב"ה למעלה ממש קאמרי. ועל זה סומכין העולם שיש להן בתי כסאות על המים, אע"פ שאין המחיצות מגיעות עד המים. והא דאמר בפירקין (דף פח.) אמתניתין דגזוזטרא שהיא למעלה מן המים ועשו לה מחיצה גבוה י' כו' לא שנו אלא למלאות, אבל לשפוך – אסור. דהלכתא כאיכא דאמרי, דאפי' לשפוך נמי שרי, דבשל סופרים הלך אחר המיקל. ומיהו, נראה דאינה מועלת המחיצה העשויה לצניעות בית הכסא ולא לשם מחיצת מים, דאין הלכה כרבי יהודה דאמר לא תהא מחיצה גדולה מן הכותל שביניהן. ודבר תימה הוא שפירש בקונטרס מסקנא דשמעתין דלא כרב יהודה, דהא רב ורבי חייא קיימי כוותיה ובריית' דיעקב(ה) קרחאה. ומלינו לפרש: קל הוא שהקילו חכמים במים – דקורה מתרת בלא שיקוע, אבל מחיצה התלויה מלינו למימר כרב יהודה דבעי שיקוע. ור"ח פירש: דקיימא לן כרב יהודה, ול"ג "אלא". ור"ת נמי לא גרס "אלא", ומפרש: דפריך לרב נחמן אפילו אליבא דרב הונא דלא מצריך שיקוע. וה"פ: קורה ד' מתרת במים – פי': אמת המים, או ים עובר אצל כותלו, דהוי(ו) ככרמלית ויש חלון למטה מן הקורה, והקורה מונחת על גבי הזיזין היוצאין מן הכותל. ופריך: הא קאזיל לאידך גיסא. בשלמא בור שבין שתי חצירות – סגי במחיצות, למר כדאית ליה ולמר כדאית ליה, דליתיה כרמלית אלא רה"י. אבל כרמלית גמורה, דלאו בר איערובי הוא – אית לן למיחש דילמא אתי לאידך גיסא! ומשני: גמירי כו'. ופריך: תחת קורה מיהא עריבי מיא בהדי הנך ומכרמלית הוא דולה! ומשני: קל הוא שהקילו חכמים במים. ולא גרס "אלא", דשינויא דאין דלי מהלך יותר מארבעה – כדקאי קאי. וה"פ: כיון שהדלי לא ילך בכרמלית – לערובי מיא נמי לא חיישינן, משום דהקילו במים ע"י מחיצת תקרה, כדאמר לקמן (פז.) באמת המים שעשו לה מחיצה עשרה, דלא חיישינן לאיערובי מיא – הכי נמי גבי תקרה: עד כאן לא קאמר ר' יהודה אלא בעירובי חצירות. וא"ת: וליתא משום דבמים הקילו חכמים! ועוד, אמאי קאמר: ר' יהודה בשיטת ר' יוסי אמרה? לימא דכולהו תנאי דמכשרי במחיצה תלויה – בשיטת ר' יוסי אמרו! וי"ל: דאשאר תנאי איכא למימר משום דבמים הקילו, אבל ר' יהודה משום מים – לא היה מיקל כל כך שמתיר אף במחיצה שלא נעשית לשם מים. ולהכי קאמר: משום דבעירובי חצירות דרבנן: גזוזטרא שיש בה(ז) ארבעה על ארבעה כו'. משמע: דכי אין בה ארבעה על ארבעה – אינו ממלא. אבל גזוזטרא עצמה – הויא רה"י. וכן גזוזטרא דמתני'. דקתני אין ממלאין הימנה אא"כ עשה לה מחיצה עשרה. אבל גזוזטרא גופה – הויא רה"י, ומטלטל בכולה. ותימה: כיון דאין לה מחיצות, אמאי הויא רה"י? והא טרסקל לא הוי רה"י אפילו לר' יוסי בר יהודה, אלא משום דהדרא מחיצתא, כדאמרינן בפרק "בכל מערבין" (לעיל דף לג:)! וי"ל: דבקיעת דגים לא הויא בקיעה, ואמרינן גוד אחית. אבל בטרסקל – איכא בקיעת גדיים. א"נ: סתמא פתוח לרה"י, והויא כחור היחיד. ור"י האריך בזה בריש "כל גגות" גבי מחיצות שאינן ניכרות. וא"ת: כי אין בה ד' אמות על ד' אמות, ליסתרי למלאות לפ"ה שפירש בסוף "כל גגות" (לקמן דף צד:) דאמר פי תקרה בכל ארבע הרוחות! וי"ל: דהכא איירי דעבידא כי ארזילא באלכסון כעין גגין שלנו, דלא אמרינן פי תקרה יורד, כדאמרינן ב"עושין פסין" (לעיל דף כה:). אי נמי: כגון שהגזוזטרא אינה שוה ומליאה פגימות כל סביבותיה, דאין(ח) פי תקרה. אי נמי: כשאין טפח בעובי הגזוזטרא, דמשמע מפירוש הקונטרס דסוף פרק קמא דסוכה (דף יח:) בשמעתא דאכסדרה שיש לה פצימין – דלא אמר פי תקרה יורד וסותם אלא אם כן יש בעובי התקרה טפח:

אמר

מסורת הש"ס

שבת קא. לעיל יב. יז: מת.

שבת לג. סוכה טז.

סוכה טז: ע"ש

ובחצר אחת שאינה מעורבת כל"ל מהרש"א

[נ"ל דתניא]

[תוס' סוכה פ"א שבת קכה: קלז: לעיל מד.] ס"א בתחלה

רבינו חננאל

בולטין מן המים למעלה טפח או חוצבין ראשי הקנים במים טפח למנוע הדלי מלילך ולחצוב המים מרשות חבירו אלא הא דאמר רב יהודה קורה ארבעה מתיר (ברחבה) [בחורבה] ורב נחמן אמר רבה בר אבוה קורה [ארבעה] מתיר במים הא קא אזיל דלי ואייתי מיא מאידך גיסא דבורו ואם תאמר קים להו לרבנן דאין דלי מהלך וחוצב מים חוץ מארבעה תותי קורה מיהא עריבי מיא וקא חציב דלי מיא דביני ביני ופרקינן קל הוא שהקילו חכמים שאין מחיצה תלויה מתרת אלא במים וקל הוא שהקילו חכמים במים קיי"ל כרב יהודה דסוגיא דשמעתין: **פיסקא** א"ר יהודה לא תהא מחיצה גדולה מן הכותל שביניהם א"ר יוחנן רבי יהודה בשיטת ר' יוסי אמרה דסבר מחיצה תלויה מתרת דתנן המשלשל דפנות מלמעלה למטה אם גבוה מן הארץ ג' טפחים כו' כבר פירשנו שמועה זו במס' סוכה ואסיקנא לא ר' יהודה סבר כר' יוסי ולא ר' יוסי סבר לה כר' יהודה ואם תאמר מעשה שנעשה בצפורי על פי מי נעשה לא על פי ר' יוסי נעשה (אמרה לא על פי ר' יוסי נעשה) אלא על פי ר' ישמעאל בר' יוסי נעשה שפעם אחת שכחו ולא הביאו ס"ת מע"ש ומצאו סדינין שהיו פרוסין ע"ג העמודים במבוי וסמכו בהן משום מחיצה והביאו ס"ת וקראו בו אמר רבה ר' יהודה ור' חנינא בן עקביא שניהם אמרו מחיצה תלויה מתרת. ר' יהודה הא דאמרן ר' חנינא בן עקביא דתניא ר' חנינא בן עקביא אומר גזוזטרא שהיא תקרה משוכה מן הכותל על הים ועומדת על ארבעה עמודים

הגהות הב"ח

(א) גמ' המשלשל דפנות מלמעלה למטה אם גבוהות: (ב) שם כשם שמלמט' למעל' י' טפחים כך מלמעל' למטה י' טפחים ולא היא וכו' ולא ר' יוסי סבר לה כר' יהודה לא ר' יהודה סבר לה כר' יוסי: (ג) שם לא על פי ר' יוסי נעשה אלא: (ד) תוס' ד"ה קורה וכו' מטעם פי תקרה ובפי תקרה: (ה) ד"ה אלא וכו' ליעקב קרחנאי ומלינו: (ו) בא"ד אצל כותלו דהוי כרמלית כל"ל ואות כ נמחק: (ז) ד"ה גזוזטרא שיש בה ארבע אמות על ארבע כו' משמע דכי אין בה ארבע אמות על ארבע אמות אינו: (ח) בא"ד סביבותיה דאין כאן פי תקרה:

כח א ב מיי' פט"ו מהלכות שבת הלכה יא סמג עשין א טוש"ע א"ח סי' שנו סעיף א:

כט ג מיי' פי"ד מהל' שבת הלכה ד סמג לאוין סה טוש"ע א"ח סי' שמה סעיף יא:

חוקֵק בָּהּ ד' עַל ד' וּמְמַלֵּא. א"ל אַבַּיֵי: וְדִילְמָא לָא הִיא; עַד כָּאן לָא קָאָמַר רַבִּי יְהוּדָה הָתָם — אֶלָּא דְּאָמַר: "גּוּד אַחֵית מְחִיצְתָא", אֲבָל כּוֹף וְגוּד — לָא. וְעַד כָּאן לָא קָאָמַר רַבִּי חֲנַנְיָא בֶּן עֲקַבְיָא הָתָם — אֶלָּא בִּימָּהּ שֶׁל טִבֶרְיָא, הוֹאִיל וְיֵשׁ לָהּ אוֹגְנִים, וַעֲיָירוֹת וְקַרְפֵּיפוֹת מַקִּיפוֹת אוֹתָהּ, אֲבָל בִּשְׁאָר מֵימוֹת — לָא. אָמַר אַבַּיֵי: וּלְדִבְרֵי ר' חֲנַנְיָא בֶּן עֲקַבְיָא, הָיְתָה סְמוּכָה לַכּוֹתֶל בְּפָחוֹת מִג' טְפָחִים — צָרִיךְ שֶׁיְּהֵא אוֹרְכָּהּ ד' אַמּוֹת וְרוֹחְבָּהּ אַחַד עָשָׂר וּמַשֶּׁהוּ. הָיְתָה זְקוּפָה — צָרִיךְ שֶׁיְּהֵא גּוֹבְהָהּ עֲשָׂרָה טְפָחִים, וְרוֹחְבָּהּ ו' טְפָחִים וּשְׁנֵי מַשֶּׁהוּיִין. אָמַר רַב הוּנָא בְּרֵיהּ דְּרַב יְהוֹשֻׁעַ: הָיְתָה עוֹמֶדֶת בְּקֶרֶן זָוִית — צָרִיךְ שֶׁיְּהֵא גּוֹבְהָהּ י' טְפָחִים, וְרוֹחְבָּהּ ב' טְפָחִים וּשְׁנֵי מַשֶּׁהוּיִין. וְאֶלָּא הָא דְּתַנְיָא, ר' חֲנַנְיָא בֶּן עֲקַבְיָא אוֹמֵר: גְּזוּזְטְרָא שֶׁיֵּשׁ בָּהּ ד' אַמּוֹת עַל ד"א — חוֹקֵק בָּהּ ד' עַל ד' וּמְמַלֵּא, הֵיכִי מַשְׁכַּחַתְּ לָהּ? דַּעֲבִידָא כִּי אָסִיתָא.§ **מתני'** [א]אַמַּת הַמַּיִם שֶׁהִיא עוֹבֶרֶת בֶּחָצֵר — אֵין מְמַלְּאִין הֵימֶנָּה בַּשַּׁבָּת, אֶלָּא אִם כֵּן עָשׂוּ לָהּ מְחִיצָה גָּבוֹהַּ י' טְפָחִים בַּכְּנִיסָה וּבַיְּצִיאָה. ר' יְהוּדָה אוֹמֵר: כּוֹתֶל שֶׁעַל גַּבָּהּ תִּידּוֹן מִשּׁוּם מְחִיצָה. אָמַר רַבִּי יְהוּדָה: מַעֲשֶׂה בְּאַמָּה שֶׁל אָבֵל שֶׁהָיוּ מְמַלְּאִין מִמֶּנָּה עַל פִּי זְקֵנִים בַּשַּׁבָּת. אָמְרוּ לוֹ: מִפְּנֵי שֶׁלֹּא הָיָה בָּהּ כַּשִּׁיעוּר.§ **גמ'** תָּנוּ רַבָּנַן: עָשׂוּ לָהּ בַּכְּנִיסָה וְלֹא עָשׂוּ לָהּ בַּיְּצִיאָה, עָשׂוּ לָהּ בַּיְּצִיאָה וְלֹא עָשׂוּ לָהּ בַּכְּנִיסָה — אֵין מְמַלְּאִין הֵימֶנָּה בַּשַּׁבָּת, אא"כ עָשׂוּ לָהּ מְחִיצָה י' טְפָחִים בַּיְּצִיאָה וּבַכְּנִיסָה. ר' יְהוּדָה אוֹמֵר: כּוֹתֶל שֶׁעַל גַּבָּהּ תִּידּוֹן מִשּׁוּם מְחִיצָה. אָמַר רַבִּי יְהוּדָה: מַעֲשֶׂה בְּאַמַּת הַמַּיִם שֶׁהָיְתָה בָּאָה מֵאָבֵל לְצִפּוֹרִי, וְהָיוּ מְמַלְּאִין הֵימֶנָּה בַּשַּׁבָּת עַל פִּי הַזְּקֵנִים. אָמְרוּ לוֹ: *מִשָּׁם רְאָיָה?! מִפְּנֵי שֶׁלֹּא הָיְתָה עֲמוּקָּה י' טְפָחִים וְרוֹחְבָּהּ ד'. תַּנְיָא אִידָךְ: [ב]אַמַּת הַמַּיִם הָעוֹבֶרֶת בֵּין הַחַלּוֹנוֹת, פָּחוֹת מִג' — מְשַׁלְשֵׁל דְּלִי וּמְמַלֵּא, ג' — אֵין מְשַׁלְשֵׁל דְּלִי וּמְמַלֵּא. רשב"ג אוֹמֵר: פָּחוֹת מִד' — מְשַׁלְשֵׁל דְּלִי וּמְמַלֵּא. ד' — אֵין מְשַׁלְשֵׁל דְּלִי וּמְמַלֵּא. בְּמַאי עָסְקִינַן? אִילֵימָא בְּאַמַּת הַמַּיִם גּוּפַהּ, וְאֶלָּא הָא *דְּכִי אֲתָא רַב דִּימִי, אָמַר ר' יוֹחָנָן: [ג]אֵין כַּרְמְלִית פְּחוּתָה מִד' — לֵימָא כְּתַנָּאֵי אֲמָרָהּ לִשְׁמַעְתֵּיהּ? אֶלָּא בַּאֲגַפֶּיהָ, וּלְהַחֲלִיף. וְהָא *כִּי אֲתָא רַב דִּימִי, אָמַר רַבִּי יוֹחָנָן: מָקוֹם שֶׁאֵין בּוֹ אַרְבָּעָה עַל אַרְבָּעָה — מוּתָּר לִבְנֵי רְשׁוּת הַיָּחִיד וְלִבְנֵי רְשׁוּת הָרַבִּים לְכַתֵּף עָלָיו, וּבִלְבַד שֶׁלֹּא יַחֲלִיפוּ! הָתָם רְשׁוּיוֹת דְּאוֹרַיְיתָא, הָכָא

[עי' תוי"ט]

אמר ר' יהודה מעשה כו'. *אין זה מעשה לסתור, דאמילתיה דלעיל קאי, דלא בעי מחיצה לשם מים: הכא

[עמוד ב]

חוֹקֵק בָּהּ. נֶקֶב בְּאֶמְצָעִיתָהּ, וַאֲפִילּוּ אֵין לָהּ מְחִיצוֹת סָבִיב הָוְיָין לָהּ י' טְפָחִים הַנִּשְׁאָרִים סָבִיב הַנֶּקֶב לְכָל צַד, וְרוֹאִין אוֹתָן כְּאִילּוּ הָיוּ כְּפוּפִין לְמַטָּה כְּעֵין מְחִיצָה תְּלוּיָה עַל הַמַּיִם. וְאָמַר נַמִי גּוּד אַחֵית כְּאִילּוּ יוֹרְדוֹת וְסוֹתְמוֹת עַד הַמַּיִם וְהָוְיָין מַיִם שֶׁכְּנֶגֶד הַנֶּקֶב רה"י וּבְלִיר מֵהָכִי לָא סַגֵּי דְּאֵין מְחִיצָה פָּחוֹת מִי' גּוֹבַהּ וְאֵין מְחִיצָה פָּחוֹת מִד' טְפָחִים חָלָל שֶׁבֵּינֵיהֶם: כּוֹף. רוֹחַב הַנֶּסֶר שֶׁיְּהֵא כָּפוּף לְמַטָּה כִּמְחִיצָה וַאֲכַתִּי הָוְיָא מְחִיצָה תְּלוּיָה וּמִבָּעֵי לָן לְמֵימַר תּוּ גּוּד אַחֵית: אֶלָּא בִּימָּהּ שֶׁל טִבֶרְיָא. דְּהָכִי אָמַר לְקַמָּן* דְּלְאַנְשֵׁי טִבֶרְיָא הִתִּיר: אוֹגְנִים. שָׂפָה גָּבוֹהַּ דְּהָוְיָא כִּמְחִיצוֹת סָבִיב לָהּ, דְּאִיכָּא קְצָת הֶיכֵּרָא דְּהֶיתֵּר. דְּהָא כַּרְמְלִית מִדְּרַבָּנָן הִיא, גְּזֵרָה מִשּׁוּם הוֹצָאָה מֵרה"י לְרה"ר. הוֹאִיל וְיֵשׁ לָהּ קְצָת הֶיתֵּר, וְאע"ג דַּאֲכַתִּי כַּרְמְלִית הִיא דְּהָא קַרְפֵּף יוֹתֵר מִבֵּית סָאתַיִם שֶׁלֹּא הוּקַּף לְדִירָה הוּא, מִיהוּ בְּתַקַּנְתָּ' פּוּרְתָּא כִּי הָא — סַגֵּי: הָיְתָה סְמוּכָה. שֶׁהָיְתָה כּוֹתֶל הָעֲלִיָּה עַל שְׂפַת הַמַּיִם, וְאוֹתוֹ הַנֶּסֶר נָתוּן עַל שְׁנֵי זִיזִין הַיּוֹצְאִים מִן הַכּוֹתֶל, וּשְׂפַת הַנֶּסֶר פָּחוֹת מִג' סָמוּךְ לַכּוֹתֶל — הָוְיָא לָהּ הַאי כּוֹתֶל חֲדָא מִן הַמְּחִיצוֹת, וְהָאֲוִיר פָּחוֹת מִשְּׁלֹשָׁה שֶׁבֵּינָהּ וְלַכּוֹתֶל מֵהַנֵּי לְנֶקֶב וּמוֹסִיף עָלָיו טֶפַח. וּמַשֶּׁהוּ פָּגַם בְּרוֹחַב הַנֶּסֶר עַל פְּנֵי ד' לְאָרְכָּהּ לְהַשְׁלִים הַנֶּקֶב לְד' עַל ד' וְצָרִיךְ לִהְיוֹת בָּהּ רוֹחַב עוֹד י' טְפָחִים לְמֵימַר בְּהוּ כּוֹף לִמְחִיצָה שְׁנִיָּיה כְּנֶגֶד הַכּוֹתֶל — הֲרֵי י"א רוֹחַב וּמַשֶּׁהוּ. וְאָרְכָּהּ ד' אַמּוֹת, לִהְיוֹת י' טְפָחִים לְב' רָאשֶׁיהָ עַד הַנֶּקֶב, דְּנֵימָא כּוֹף. וּכְשֶׁאַתָּה כּוֹפֵף אֶת ב' הָרָאשִׁים, אע"פ שֶׁהַנֶּסֶר רָחָב י"א וּמַשֶּׁהוּ — אֵין מוֹעִיל לִמְחִיצוֹת חֲלַל הַנֶּקֶב אֶלָּא טֶפַח וּמַשֶּׁהוּ מִזֶּה וְטֶפַח וּמַשֶּׁהוּ מִזֶּה, שֶׁהֲרֵי י' טְפָחִים בּוֹלְטִין מִן הַמְּחִיצָה הָאֶמְצָעִית וְלַחוּץ לְצַד הַמַּיִם שֶׁהֲרֵי הַמְּחִיצָה הָאֶמְצָעִית כְּשֶׁכְּפַפְנוּ אוֹתָהּ נִמְצֵאת עוֹמֶדֶת בִּשְׂפַת הַפְּגָם, וְאֵין מְחִיצוֹת הָרָאשִׁין נִמְשָׁכִין מִמֶּנָּה לְצַד הַכּוֹתֶל אֶלָּא טֶפַח וּמַשֶּׁהוּ, וְהוּא מִצְטָרֵף עִם פָּחוֹת מִג' לָבוּד, וְהָוְיָא מְחִיצָה ד': הָיְתָה זְקוּפָה. לְאָרְכָּהּ, צָרִיךְ שֶׁיְּהֵא אָרְכָּהּ י' וְרָחְבָּהּ ו' וּשְׁנֵי מַשֶּׁהוּיִין וּזְקוּפָה רָחְבָּהּ כְּנֶגֶד הַכּוֹתֶל מוּפְלָג ד' מִן הַכּוֹתֶל, וְכוֹף שְׂפַת רֹחַב טֶפַח וּמַשֶּׁהוּ לְכָאן לְצַד הַכּוֹתֶל, וַהֲרֵי שְׂפָתָהּ עַכְשָׁיו בְּפָחוֹת מִג' סָמוּךְ לַכּוֹתֶל וְהוּא לָבוּד — הֲרֵי מְחִיצַת ד' לְכָאן. וְעוֹד כּוֹף טֶפַח וּמַשֶּׁהוּ בִּשְׂפַת רָחְבָּהּ הַשֵּׁנִי לְצַד הַכּוֹתֶל — הֲרֵי טֶפַח וּמַשֶּׁהוּ מְחִיצָה, וּפָחוֹת מִג' לָבוּד — הֲרֵי מְחִיצַת ד' מִכָּאן. וּמְחִיצָה הַג' שֶׁכְּנֶגֶד הַכּוֹתֶל רָחְבָּהּ ד' שֶׁלֵּימִין — הֲרֵי חָלָל ד' בִּמְחִיצוֹתָיו. וְגוֹבְהָן י' וּפוֹתֵחַ חַלּוֹן בְּכוֹתְלוֹ וּמְמַלֵּא: הָיְתָה עוֹמֶדֶת בְּקֶרֶן זָוִית. שֶׁשְּׁנֵי כְּתָלִים מְחִיצוֹת לַמַּיִם, וְאֵינָהּ צְרִיכָה אֶלָּא שְׁתֵּי מְחִיצוֹת — צָרִיךְ שֶׁיְּהֵא גּוֹבַהּ אָרְכָּהּ כְּשֶׁהִיא זְקוּפָה י' טְפָחִים וְרָחְבָּהּ ב' טְפָחִים וּשְׁנֵי מַשֶּׁהוּיִין, וּמַעֲמִידָהּ זְקוּפָה שְׂפַת עוֹבְיָהּ כְּנֶגֶד כּוֹתֶל הָאֶחָד מוּפְלָג מִמֶּנּוּ פָּחוֹת מִג' וְהוּא לָבוּד, נִמְצֵאת כָּאן מְחִיצָה רָחְבָּהּ ה' וּמַשֶּׁהוּ. וְכוֹתֶל הַשֵּׁנִי מְכוּוָּן כְּנֶגֶד רָחְבָּהּ מוּפְלָג מִמֶּנּוּ ד' כּוֹף טֶפַח וּמַשֶּׁהוּ הַיְּתֵירִין עַל מִדַּת רָחְבָּהּ, וְהַטֵּה אוֹתָם לְצַד כּוֹתֶל הַמּוּפְלָג ד' — נִמְצֵאת שְׂפַת הַנֶּסֶר עוֹמֶדֶת בְּפָחוֹת מִג' וְהוּא לָבוּד, הֲרֵי ב' מְחִיצוֹת שֶׁל ד': וְאֶלָּא הָא דְּבָעֵי ר' חֲנַנְיָא. כ"ד עַל כ"ד הֵיכִי מַשְׁכַּחַתְּ לָהּ: דַּעֲבִידָא כְּאָסִיתָא. שֶׁאֵין כּוֹתֶל סָמוּךְ לָהּ, וּקְבוּעָה עַל יְתֵידוֹת, וְצָרִיךְ לִהְיוֹת כָּל חֲלָלָהּ וְכָל מְחִיצוֹתֶיהָ מִמֶּנָּה, וְנַעֲשָׂה כְּעֵין מְדוֹכָה. אֲסִיתָא מורטי"ר: **מתני'** אַמַּת הַמַּיִם. אֲפִילּוּ בִּרה"י כַּרְמְלִית הִיא: עָשׂוּ לָהּ מְחִיצָה. בְּתוֹךְ אוֹגְנֶיהָ עַל פְּנֵי רוֹחְבָּהּ, שֶׁיְּהֵא נִיכָּר שֶׁבִּשְׁבִיל הַמַּיִם נַעֲשֵׂית. וּמְחִיצַת הֶחָצֵר הַתְּלוּיָה וְעוֹבֶרֶת עַל גַּבָּהּ אֵינָהּ מוֹעֶלֶת לָהּ. וְאע"ג דִּמְחִיצָה תְּלוּיָה מַתֶּרֶת בַּמַּיִם — ה"מ הֵיכָא דְּנִרְאֵית מְחִיצָה שֶׁנַּעֲשֵׂית בִּשְׁבִיל הַמַּיִם, כְּגוֹן גְּזוּזְטְרָא דְּמַתְנִי' וּכְגוֹן מְחִיצָה שֶׁבְּתוֹךְ הַבּוֹר*: שֶׁל אָבֵל. שֵׁם הָעִיר, וְהָיְתָה עוֹבֶרֶת בְּתוֹךְ הַחֲצֵירוֹת וּמְמַלְּאִין הֵימֶנָּה בַּחֲצֵירוֹת, דְּמַהַנְיָא לָהּ מְחִיצַת כּוֹתֶל בֶּחָצֵר תְּלוּיָה עָלֶיהָ וְר' יְהוּדָה לְטַעְמֵיהּ, דִּפְלִיג נַמִי בְּמַתְנִי' אַבּוֹר: שֶׁלֹּא הָיְתָה כַּשִּׁיעוּר. כַּרְמְלִית, אוֹ בְּעוֹמֶק י' אוֹ בְּרוֹחַב ד' שֶׁאֵין מַיִם נַעֲשִׂין רְשׁוּת לְעַצְמָן בְּפָחוֹת מֵעוֹמֶק י' בְּרוֹחַב ד' וְאִם עוֹבֶרֶת בִּרה"ר — הָוְיָין רה"ר, כְּדִתְנַן בְּ"הַזּוֹרֵק" (שבת דף ק:) הַזּוֹרֵק ד' אַמּוֹת בַּיָּם פָּטוּר, דְּכַרְמְלִית הִיא וְאִם הָיָה רְקַק מַיִם ורה"ר מְהַלֶּכֶת בּוֹ — חַיָּיב, דרה"ר הוּא. וְכַמָּה הוּא רְקַק מַיִם — פָּחוֹת מִי' טְפָחִים. אַלְמָא: מַיִם שֶׁאֵינָן עֲמוּקִּין י' אֵינָם רְשׁוּת לְעַצְמָן, וְכִי הָוֵו נַמִי בֶּחָצֵר — הָווּ לְהוּ רה"י: **גמ'** עָשׂוּ לָהּ בַּכְּנִיסָה וְלֹא עָשׂוּ לָהּ בַּיְּצִיאָה. לָא מְהַנֵּי מִידֵּי, דְּהָא מְחוּבֶּרֶת לַמַּיִם שֶׁחוּץ לֶחָצֵר בִּיצִיאָתָהּ, וְנַעֲשֵׂית הַכֹּל כַּרְמְלִית. אֲבָל כִּי עָשׂוּ בַּכְּנִיסָה וּבִיצִיאָה — אֵינָהּ כַּרְמְלִית דּוֹמָה כְּמִי שֶׁמַּתְחֶלֶת בֶּחָצֵר זוֹ: שֶׁלֹּא הָיְתָה עֲמוּקָּה י'. אוֹ לֹא הָיְתָה רָחְבָּה ד' דְּלָא חָשִׁיב פָּחוֹת מִד' לְמֶיהֱוֵי רְשׁוּתָא לְנַפְשֵׁיהּ: בֵּין הַחַלּוֹנוֹת. לַמָּבוֹי אוֹ לֶחָצֵר, וּבָתִּים מִכָּאן וּמִכָּאן עַל שְׂפָתוֹ, וְחַלּוֹנוֹת פְּתוּחִין לָהֶן לְמַלְּאוֹת: פָּחוֹת מִג'. מְפָרֵשׁ וְאָזֵיל בְּמַאי קָאָמַר: בְּמַאי עָסְקִינַן. הַאי שִׁיעוּרָא דְּג' וְד': אִי נֵימָא בְּרוֹחַב אַמַּת הַמַּיִם. דְּקָאָמַר ת"ק ג' רוֹחַב הָוְיָא כַּרְמְלִית, וְאֵין מְמַלְּאִין מִמֶּנָּה לרה"י: לֵימָא כְּתַנָּאֵי אֲמָרָהּ. דְּהָא רַבָּנַן בְּג' רוֹחַב קָרוּ לָהּ כַּרְמְלִית (וְאֵין מְמַלְּאִין מִמֶּנָּה בִּרה"י): אֶלָּא בַּאֲגַפֶּיהָ וּלְהַחֲלִיף. דְּיֵשׁ בְּאַמָּה שִׁיעוּר כַּרְמְלִית, וְהָכָא דְּקָיֵישׁ לָהּ אֲגַפַּיִם גְּבוֹהִים, וּמֵהַנֵּי לְמֶיהֱוֵי הָנָךְ אֲגַפַּיִם מְקוֹם פָּטוּר כִּי לֵית לְהוּ רוֹחַב ג' וּמְשַׁלְשְׁלִין אֶת הַדְּלִי וּמַנִּיחוֹ עַל אֲגַפַּיִם, וּמִשָּׁם מַחֲלִיפוֹ לְאַמָּה וּמְמַלְּאֵהוּ וְחוֹזֵר וּמַנִּיחוֹ עַל אֲגַפַּיִם. *וּמִשֶּׁמַּחֲלִיפוֹ לרה"י, דְּהַשְׁתָּא מֵהַנֵּי אֲגַפַּיִם לְהַחֲלִיף הַמַּשּׂוֹי מִכַּרְמְלִית לרה"י, וּמֵרְשׁוּת הַיָּחִיד לְכַרְמְלִית. וְקָאָמְרֵי רַבָּנַן: דְּאִי אִית בְּהוּ רוֹחַב ג' — תּוּ לָא הָוֵי מְקוֹם פָּטוּר אֶלָּא רְשׁוּתָא בְּאַנְפֵּי נַפְשֵׁיהּ, וְלָא בָּטֵיל לְהָכָא וּלְהָכָא: וְהָא כִּי אֲתָא רַב דִּימִי גּוּפֵיהּ אָמַר וּבִלְבַד שֶׁלֹּא יַחֲלִיפוּ. דֶּרֶךְ מְקוֹם פָּטוּר. דְּהָא כֵּיוָן דְּאָמְרִינַן מוּתָּר לְאֵלּוּ וּלְאֵלּוּ לְכַתֵּף עָלָיו — מְקוֹם פָּטוּר חָשֵׁיב לֵיהּ, וְקָאָמַר לֹא יַחֲלִיפוּ: הָתָם רְשׁוּיוֹת דְּאוֹרַיְיתָא. רְשׁוּת הַיָּחִיד וְרַבִּים אִיסּוּרָא דְּאוֹרַיְיתָא לְהוֹצִיא מִזֶּה לָזֶה, אִשְׁתַּכַּח דְּמִתְעַבְדָא אִיסּוּרָא דְּאוֹרַיְיתָא דֶּרֶךְ מְקוֹם פָּטוּר. אֲבָל מִכַּרְמְלִית לרה"י רְשׁוּיוֹת דְּרַבָּנַן, וּמַחֲלִיפִין דֶּרֶךְ מְקוֹם פָּטוּר. וְאע"ג דַּחֲשִׁיב רַב דִּימִי מְקוֹם פָּטוּר בְּפָחוֹת מֵאַרְבָּעָה, וְהָכָא קָאָמְרֵי רַבָּנַן דִּשְׁלֹשָׁה לָא הָוֵי מְקוֹם פָּטוּר — לֵיכָּא לְמֵימַר דְּהָא שְׁמַעְתָּא כְּתַרְוַיְיהוּ דְּרַב דִּימִי כְּתַנָּאֵי אֲמָרָהּ, דְּאִיכָּא לְמֵימַר דִּגְבֵי רְשׁוּיוֹת דְּאוֹרַיְיתָא דַּחֲשִׁיבִי — הָוֵי פָּחוֹת מִד' הַסָּמוּךְ לְהוּ בָּטֵל אֶגְלָן, אֲבָל לְגַבֵּי כַּרְמְלִית — לָא בָּטֵיל מִכִּי הָוֵי רוֹחַב שְׁלֹשָׁה: וְהָא

[שבת כט: וש"נ]

[שם ז.]

[שם ח. לעיל ט. עז. ולקמן קא:]

[לעיל פו.]

[ומשם מחליפו]

רבינו חננאל

עמודים שיש בה ד' אמות על ד' אמות חוקק בה ד' טפחים על ד' טפחים וממלא. פי' ד' אמות הן כ"ד טפחים על כ"ד טפחים חוקק באמצע ד' טפחים על ד' טפחים נשארו י' טפחים לכל רוח חזינן להו כאילו עומדות מחיצות גבוהות (ז') [י'] טפחים ותלויות על פי החקק כמו מחיצות של בור ומתירין למלאות מים מתוכו בשבת. ודחי אביי ודלמא לא היא כדאמרת דתרווייהו חדא סברא סבירא להו דלמא עד כאן לא קא שרי ר' יהוד' אלא היכא דקיימא מחיצתא וסבר גוד אחתינהו אבל ר' חנינא בן עקביא דצריך לכוף פי' לאוקומי כדגרסינן בפרק נערה שנתפתתה כפיתו ליה אסיתא בצבור כו' דצריך לאוקומי מחיצות ולאחותינהו לא קא"ר יהודה. אי נמי עד כאן לא קא שרי ר' חנינא בן עקביא כי האי גוונא אלא בימה של טבריא הואיל ויש לו אוגנים שחשובות כמחיצות ועיירות וקרפיפות מקיפות לה. והאי דאצריך הכי חומרא דעלמא הוא דעבד אבל בשאר מימות לא אמרינן דמחיצה תלויה מתרת. אמר אביי לדברי ר' חנינא בן עקביא היתה גזוזטרא זו סמוכה לכותל בפחות מג' טפחים צריך שיהא בה אורך ד' אמות שהן כ"ד טפחים ורחב י"א טפחים *) ומשהו ופחות מג' הסמוכות לכותל שהן כלבוד הרי י"ד טפחים (ד') [י'] טפחים גובהו של כותל הרי כ"ד טפחים על כ"ד טפחים חוקק טפח ומשהו (מכי"א)* ומשהו עם פחות מג' הסמוכות לכותל נמצא חקוק ד' טפחים ועשרה טפחים הנותרים. היתה זו הגזוזטרא זקופה כלומר היא מוטלת בתוך ד' כותלים וכתלי' הללו מקיפות אותה מד' רוחותיה צריך שיהא גובה המחיצות י' וצריך להיות בה בזו הגזוזטרא ו' טפחים וב' משהוין על ו' טפחים וב' משהוין וחוקק בה ד' על ד' נשאר בה טפח ומשהו מכל צד מלא רוחב פרסת הרגל (והוא) [הוא] טפח כדגרסינן בשבת פ' א"ר עקיבא [דף פס] וכמה מלא פרסת הרגל טפח והני מילי בקרקע דלא בעיתה תשמישתיה הוא דסגי ליה להלך בפרסת רגליו רחב טפח אבל בגזוזטרא שהיא תלויה על המים ובעיתה תשמישתה בעיא רחב טפי מטפח משהו לפיכך אמר הני משהויין אמר רב הונא בריה דרב יהושע היתה עומדת בקרן זוית כמו בית טריגון צריך שיהא באלו ב' הכתלים ובכותל גזוזטרא זו יוצאה ממנו גובה עשרה בכל אחד מהן והגזוזטרא עצמה צריך להיות בה תקרה ב' טפחים ושני משהויין טפח ומשהו לכל צד מקום שנמצא בה כותל שיוצאה ממנו. ואמרינן הנה פירשת דין גזוזטרא הסמוכה לכותל ודין הזקופה ודין העומדת בקרן זוית אבל דר' חנינא היכי משכחת לה ופרקינן דגזוזטרא דעבידא כי אסיתא כלומר לא נתן לה ר' חנינא מקום פרסת הרגל אלא אמר אם היא כ"ד על כ"ד חוקק ד' טפחים באמצע נשארו י' טפחים לכל צד כדי שיעור המחיצות בלבד וכאילו פתח אסיתא היא שאין מחיצותיה צריכות רוחב להוליכה מיהו במחשבה הן אלו המחיצות וכיון שהן במחשבה הרי יש לו מקום עמידת הרגל לפיכך לא נתן הוא שיעור לעמידת הרגל (יוצאות הולכות וכלות עד באמצע בראשיהן והן כישרין רחב רב רחבות מלמטה וקצרות מלמעלה): **ירושלמי** ר' טבלה בשם רב אין חורבה למים היה שם תקרה את רואה כאלו היא יורדת וסותמת. היה שם אמלתרא את רואה כאלו היא יורדת וסותמת. א"ר הונא והוא שתהא מחיצה בולטת לתוך חללו של בור כו' עד פשיטא שמותר לטלטל. בשם רב אמרו והוא שתהא מחיצה משוקעת במים כמלא הדלי ולא נמצא ב' רשויות משתמשות ברשות אחת. אמר רב הונא והוא [שתהא] מחיצה בתוך ג"ט לכצוצטרא: תני ר' חנינא בן עקביא א' כצוצטרא שהיא למעלה מן המים. פוחת המעזיבה ומשלשל וממלא והוא שיש בנקב ד"ט ושיהו המחיצות גבוהות י' טפחים. תמן אמרי אפילו אינן גבוהות י' נעשת כמשמרת [חד] א"ר חייא לא התיר ר' חנינא בן עקביא אלא בים של טבריא שההרים מקיפין אותה: **מתני'** אמת המים שעוברת בחצר אין ממלאין ממנה בשבת. פי' מפני שהיא ככרמלית אא"כ עשו לה מחיצה עשרה טפחים בכניסה וביציאה כו'. ת"ר עשו לה לאמת המים מחיצה גבוה עשרה טפחים בתוך המים כגון מחיצות של בור ששנינו במשנתנו בכניסה ולא עשו לה ביציאה או עשו לה ביציאה ולא עשו לה בכניסה אין ממלאין הימנה עד שיעשו לה מחיצה גבוהה י' טפחים בכניסה וביציאה. א"ר יהודה כותל שעל גבה שהוא כותל החצר נידון משום מחיצה. ומעשה באמת המים שהיתה מביאה מים מאבל לציפורי וממלאין ממנה מים ע"פ זקנים בשבת. אמרו לו משם ראיה שמא אין בעמקה עשרה ולא ברחבה [ד']. תניא אידך אמת המים שעוברת וכתים מצד זה וכתים מצד זה ובהן חלונות. **) אם החלונות פחות מג' משלשל כלי וממלא ג' אין ממלא כלי וממלא. רשבג"א פחות מד' משלשל דלי וכו' ואמרינן במאי עסקינן אי נימא באמת המים גופא כלומר אם יש בה פחות מג' טפחים ת"ק סבר ממלאין ממנה כי מקום פטור הוא ואינו כרמלית אבל ג' אין ממלאין ממנה דהויא כרמלית רשבג"א ממלאין עד ד' כאיצטבא [דאינה] כרמלית עד שיהא בה ד' נימא הא דר' יוחנן דא' אין כרמלית פחות מד' כתנאי אמרה לשמעתי' ופרקינן אלא באגפיה כלומר אם אין באגפיה ג' לת"ק ולרשב"ג ד' וכי איצטריך להחליף ליטול מגופה דאמת המים בדלי ולהחליף באגפיה לדלות מתוך אמת המים בדלי ולהניח הדלי באגפיה ולחזור ולהכניס דלי בחלון. ואמרינן והא כי אתא רב דימי א"ר יוחנן מקום שאין

*) אולי צ"ל וטפח ומשהו עד פחות מג' וכו'. **) נ"ע דהא מסקינן דפחות מג' אאגפיה קאי ומשמע דבברייתא גרסינן סתמא פחות מג' ואולי דתי' החלונות ט"ס.

הָכָא רְשׁוּיוֹת דְּרַבָּנַן. וְהָא ר' יוֹחָנָן בִּרְשׁוּיוֹת דְּרַבָּנַן נַמִי אָמַר, (*דְּתַנְיָא:) *כּוֹתֶל שֶׁבֵּין ב' חֲצֵירוֹת גָּבוֹהַּ י' טְפָחִים וְרוֹחַב אַרְבָּעָה — מְעָרְבִין שְׁנַיִם, וְאֵין מְעָרְבִין אֶחָד. הָיוּ בְּרֹאשׁוֹ פֵּירוֹת — אֵלּוּ עוֹלִין מִכָּאן וְאוֹכְלִין, וְאֵלּוּ עוֹלִין מִכָּאן וְאוֹכְלִין. נִפְרַץ הַכּוֹתֶל, עַד עֶשֶׂר אַמּוֹת — מְעָרְבִין שְׁנַיִם, וְאִם רָצוּ — מְעָרְבִין אֶחָד, מִפְּנֵי שֶׁהוּא כַּפֶּתַח. יוֹתֵר מִכָּאן — מְעָרְבִין אֶחָד וְאֵין מְעָרְבִין שְׁנַיִם. וְהָוֵינַן בָּהּ: אֵין בּוֹ אַרְבָּעָה מַאי? אָמַר רַב: אֲוִיר ב' רְשׁוּיוֹת שׁוֹלֶטֶת בּוֹ, וְלֹא יָזִיז בּוֹ מְלֹא נִימָא. וְרַבִּי יוֹחָנָן אָמַר: אֵלּוּ מַעֲלִין מִכָּאן וְאוֹכְלִין, וְאֵלּוּ מַעֲלִין מִכָּאן וְאוֹכְלִין. וְאַזְדָּא רַבִּי יוֹחָנָן לְטַעְמֵיהּ, דְּכִי אֲתָא רַב דִּימִי, אָמַר רַבִּי יוֹחָנָן: מָקוֹם שֶׁאֵין בּוֹ אַרְבָּעָה עַל אַרְבָּעָה — מוּתָּר לִבְנֵי רה"ר וְלִבְנֵי רה"י לְכַתֵּף עָלָיו, וּבִלְבַד שֶׁלֹּא יַחֲלִיפוּ! הַהִיא זְעֵירִי אֲמָרָהּ. וְלִזְעֵירִי קַשְׁיָא הָא! זְעֵירִי מוֹקִים לָהּ בְּאַמַּת הַמַּיִם גּוּפָהּ. וְרַב דִּימִי תַּנָּאֵי הִיא. וְתֶיהֱוֵי כִּי חוֹרֵי כַּרְמְלִית! אַבַּיֵי בַּר אָבִין וְרַב חֲנִינָא בַּר אָבִין דְּאָמְרִי תַּרְוַיְיהוּ: אֵין חוֹרִין לַכַּרְמְלִית. רַב אַשִׁי אָמַר: אֲפִילּוּ תֵּימָא יֵשׁ חוֹרִין לַכַּרְמְלִית — ה"מ בִּסְמוּכָה, הָכָא בְּמוּפְלֶגֶת. רָבִינָא אָמַר: כְּגוֹן דַּעֲבַד לָהּ נִיפְקֵי אַפּוּמָּהּ. וְאָזְדוּ *רַבָּנַן לְטַעְמַיְיהוּ, וְר' שִׁמְעוֹן בֶּן גַּמְלִיאֵל לְטַעְמֵיהּ.§

מתני' [א]גְּזוּזְטְרָא שֶׁהִיא לְמַעְלָה מִן הַמַּיִם — אֵין מְמַלְּאִין הֵימֶנָּה בַּשַּׁבָּת, אֶלָּא אִם כֵּן עָשׂוּ לָהּ מְחִיצָה גְּבוֹהָה עֲשָׂרָה טְפָחִים, בֵּין מִלְמַעְלָה בֵּין מִלְּמַטָּה. *[ב]וְכֵן שְׁתֵּי גְּזוּזְטְרָאוֹת זוֹ לְמַעְלָה מִזּוֹ, עָשׂוּ לָעֶלְיוֹנָה וְלֹא עָשׂוּ לַתַּחְתּוֹנָה — שְׁתֵּיהֶן אֲסוּרוֹת עַד שֶׁיְּעָרְבוּ.§ **גמ'** מַתְנִיתִין דְּלָא כַּחֲנַנְיָא בֶּן עֲקַבְיָא. דְּתַנְיָא, חֲנַנְיָא בֶּן עֲקַבְיָא אוֹמֵר: גְּזוּזְטְרָא שֶׁיֵּשׁ בָּהּ ד' עַל ד' אַמּוֹת — חוֹקֵק בָּהּ ד' עַל ד' וּמְמַלֵּא. אָמַר ר' יוֹחָנָן מִשּׁוּם רַבִּי יוֹסֵי בֶּן זִימְרָא: לֹא הִתִּיר רַבִּי חֲנַנְיָא בֶּן עֲקַבְיָא אֶלָּא בְּיַמָּהּ שֶׁל טְבֶרְיָא, הוֹאִיל וְיֵשׁ לָהּ אוֹגָנִים, וַעֲיָירוֹת וְקַרְפֵּיפוֹת מַקִּיפוֹת אוֹתָהּ. אֲבָל בִּשְׁאָר מֵימוֹת לֹא. ת"ר: ג' דְּבָרִים הִתִּיר רַבִּי חֲנַנְיָא בֶּן עֲקַבְיָא לְאַנְשֵׁי טְבֶרְיָא: מְמַלְּאִין מַיִם מִגְּזוּזְטְרָא בַּשַּׁבָּת, וְטוֹמְנִין בְּעָצָה, וּמִסְתַּפְּגִין בָּאֲלוּנְטִית. מְמַלְּאִין מַיִם מִגְּזוּזְטְרָא בַּשַּׁבָּת — הָא דַּאֲמַרַן. וְטוֹמְנִין בְּעָצָה מַאי הִיא? דְּתַנְיָא: *[ג]הַשְׁכִּים לְהָבִיא פְּסוֹלֶת, אִם בִּשְׁבִיל שֶׁיֵּשׁ עָלָיו טַל — הֲרֵי הוּא בְּ"כִי יוּתַּן", וְאִם בִּשְׁבִיל שֶׁלֹּא יִבָּטֵל מִמְּלַאכְתּוֹ — אֵינוֹ בְּ"כִי יוּתַּן". וּסְתָם אַנְשֵׁי

רש"י

והא ר' יוחנן ברשויות דרבנן. כגון ב' חצירות: **נמי אמר.** דלא יחליפו דרך מקום פטור, דקאמר: אלו מעלין מכאן לכותל ואלו מעלין מכאן, והוא הדין דמורידין. אבל לאחלופי לא, דקאמר התם: ואזדא ר' יוחנן לטעמיה ומייתי עלה להא דרב דימי מקום שאין בו ד' על ד' בטל לאלו ולאלו ובלבד שלא יחליפו: **אויר ב' רשויות שולטת בו.** דכיון דלא הוי ד' על ד' לא הוי רשותא לנפשיה ושולטין שניהם ברוחבו: **ולא יזיז.** בראשו אפילו כמלא נימא, וכ"ש שלא יוריד הימנה כלום, ולא יעלה מן החצירות עליו כלום: **אלו מעלין כו'.** דבטיל לגבייהו לקולא: **ואזדא ר' יוחנן לטעמיה.** מסקנא דאתקפתא היא: **ההוא.** דאלו מעלין מכאן ואלו מעלין מכאן, דמשמע אבל לאחלופי לא: **זעירי אמרה.** משמיה דר' יוחנן. אבל לרב דימי אליבא דר' יוחנן – מותר להחליף: **ולזעירי קשיא הא.** דקתני לעיל: פחות מג' משלשל דלי וממלא וליכא לאוקמא אלא באגפיה ולהחליף אלמא: ברשויות דרבנן מחליפין דרך מקום פטור: **וזעירי מוקי.** פלוגתייהו דרשב"ג ורבנן ברוחב אמת המים גופה. ואמרי רבנן דבשלשה מקריא כרמלית: **ודרב דימי.** דאמר אין כרמלית פחותה מד' תנאי היא: **ותיהוי כי חורי כרמלית.** האי אמה, אפילו לית בה שיעור כרמלית – ליתסר משום חורי כרמלית, כי היכי דאמרינן במס' שבת (דף ז:): חורי רשות הרבים כרשות הרבים דמי. כגון כותל הסמוך לרשות הרבים ויש בו חור, וזרק ארבע אמות ונח שם – חייב דחשיבי ליה הנחה ברה"ר – ה"נ, הואיל ויש בה שיעור כרמלית קודם שתכנס לעיר – השתא נמי תיתסר, דמכרמלית אתיא: **אין תורת חורין לכרמלית.** דלא אחמירו ביה רבנן כולי האי: **בסמוכה.** כגון חור שבכותל הסמוך לקרפף יותר מבית סאתים: **במופלגת.** שאין בה כשיעור אלא למרחק: **רבינא אמר.** האי שיעורא דג' וד' דרבנן ורשב"ג לא בשיעורא דאמה גופה ולא באגפיה, ולהחליף: **אלא דעבד לה ניפקי.** מולאות: **אפומה.** בכניסה וביציאה, והתחיל המחיצה סמוך לאגפיה בתוך אוגניה מכאן ומכאן, ולא חיברה באמצע שיהו המים נכנסין ויוצאין דרך שם. ואמרי רבנן: דפחות מג' – אמרינן לבוד, אבל ג' – לא אמרינן לבוד, ואסור דפירצה היא: **ורבן שמעון לטעמיה.** דאמר בפ"ק[א] פחות מד' לבוד: **מתני' אא"כ עשו לה.** כל סביבותיו, או סביב הנקב ד' על ד' החקוק באמצעיתה. דגוד אחית אמר להכשיר, אע"פ שהיא תלויה. אבל כוף וגוד כחנניא בן עקביא – לא אמר: **בין מלמטה.** מחוברת לגזוזטרא מתחתיה: **זו למעלה מזו.** אפילו זו שלא כנגד זו, ובלבד שלא תהא מופלגת מכנגדה במשך הכותל ארבעה, כדאמר בגמרא: **שתיהן אסורות.** למלאות בנקב העליונה עד שיערבו והתחתונה בנקב שלה אין צ"ל שהיא אסורה דהא מכרמלית לרה"י קא ממלא: **גמ' חוקק בה כו'.** ואין צריך בה מחיצה אחרת, דאמרינן "כוף וגוד" הואיל ויש עשרה לכל רוח לנקב: **ממלאין מים מגזוזטרא.** שיש בה ד' אמות על ד' אמות: **וטומנין.** פירותיהן בעצה, פסולת קטנית. ואף על פי שלקטו מן השדה בהשכמה והטל עליו אין מכשירין את הפירות כדמפרש לקמיה: **אלונטית.** בגד שמסתפגין בו כשיוצאין מבית המרחץ: **השכים.** קודם היום, להביא פסולת תבואה מן השדה להטמין בו פירות. אם לכך נתכוון להשכים, שרוצה ונוח לו בטל שעליו, והשכים עד שלא ייבש – הרי הוא בכי יותן: אנשי

תוספות

הכא רשויות דרבנן. בריש "חלון" (לעיל דף עו:) סבר רב איפכא, דברשויות דרבנן כי אין ד' בכותל שבין ב' חצירות לא יזיז אפילו כמלא נימא, דעשו הם חיזוק לדבריהם יותר משל תורה. וא"ת: דלקמן בפ' בתרא (דף קא:) משמע דרב דימי אוסר להחליף אפילו ברשויות דרבנן, גבי הא דתניא וחכ"א אף בזמן שהמנעול למעלה מי' מביא מפתח מע"ש ומניחו באיסקופה, ולמחר פותח ונועל בו ומחזירו לאיסקופה או לחלון שעל גבי הפתח. ואם יש בחלון ד' על ד' – אסור, מפני שהוא כמוציא מרשות לרשות, פי': מאיסקופה כרמלית לחלון שהוא רשות היחיד דרך מנעול שהוא מקום פטור, ואסור להחליף. ומסיק עלה: שמע מינה איתא לדרב דימי. וי"ל: דרב דימי ודאי קסבר דברייתא דלקמן פליגא אהך דשמעתין, והכי פירושא: איתא לדרב דימי, ועדיפא מדידיה, דאפילו ברשויות דרבנן אוסר להחליף, כזעירי דשמעתין: **ולזעירי** קשיא. אע"ג דהברייתא דפ' בתרא אתיא כוותיה, מ"מ בעי לאוקמי גם ברייתא דהכא כוותיה. מיהו, אור"י: דזעירי לא אתי כר' יהודה, דשרי בשבת בסוף "הזורק" (דף קא.) בספינה שגבוהה ועמוקה י' לטלטל מתוכה לים ומן הים לתוכה דרך למעלה מי' שהוא מקום פטור, כדמוכח התם: **גזוזטרא** שהיא למעלה מן[ב] הים פי' לעיל: **אלא** א"כ עשו לה מחיצה כו'. וא"ת: דהכא בעינן מחיצה, ובמסכת שבת בפרק "הזורק" (דף ק:) אמר רב הונא: ספינה מוציא ממנה זיז כל שהוא וממלא! ואור"י: דהתם שהמים עמוקים י', דאמרינן אין ספינה מהלכת בפחות מעשרה, וכרמלית מארעא משחינן והוי מים למעלה מי' מקום פטור. והכא מיירי בשאין המים עמוקים י', דכי אמרינן מארעא משחינן – אכתי מיא כרמלית. אי נמי: אפילו יש כאן עמוק י', גזרו אטו שאר גזוזטרא דאין תחתיה עמוק י', דשם צריך מחיצה למלאות. ולכך לא פליג בשום גזוזטרא. אבל ספינה לעולם מהלכת למעלה מי'. א"נ, אור"י: דהכא אפילו עמוק איכא למיחש שמא יעלה הים שירטון, אבל ספינה דמהלכת כל שעה – ליכא למיחש להכי: [ג]**עושה** מחיצה גבוה י'. והא דאמר רבה בר רב הונא בפ' "הזורק" (שבת ד' ק:): עושה מקום ד' וממלא – ע"י מחיצות י' קאמר, והכי בעי מקום ד', כדפי' בקונטרס לעיל* דאין מחיצה לפחות מד', ולא כפירש הקונטרס דהתם: **בין** מלמעלה בין מלמטה. מתוך פירוש הקונטרס משמע דלמעלה – היינו למעלה מן הגזוזטרא, ולמטה – למטה מן הגזוזטרא. ולא רצה לפרש הכל תחת הגזוזטרא כלמעלה ולמטה דלעיל גבי בור, משום[ד] דנקב עשוי ד' על ד' ועושה מחיצה סביב הנקב, אפילו למעלה הוי היכר: **מתני'** דלא כחנניה. אף על גב דחנניה לא אמר אלא בימה של טבריה, מתניתין נמי לא מיפליגא ומיירי בכל מימות: הני

[פ"ה ד"ה קורה ד']

עין משפט נר מצוה

ל א מיי' פט"ו מהלכות שבת הלכה טו סמג לאוין סה טור ש"ע או"ח סי' שנה סעיף א:

לא ב מיי' פ"ד מהלכות עירובין הלכה כב טור ש"ע שם סעיף ה:

[נ"ל דתנן]

לב ג מיי' פ"ד מהל' טומאת אוכלין הלכה יא:

רבינו חננאל

שאין בו ד' על ד' מותר לבני רשות הרבים ולבני רשות היחיד לכתף עליו ובלבד שלא יחליפו. הנה ר' יוחנן אוסר להחליף וזה להחליף הוא. ופרקינן התם רה"ר ורה"י שהן של תורה. הכא (ולא מחיצות) ברשויות דרבנן. והא ר' יוחנן ברשויות דרבנן נמי אמר שלא יחליפו דתנן כותל שבין ב' חצירות גבוה י' ורחב ד' והוינן בה אין בו ד' מאי ואמר רב אויר ב' רשויות שולטות בו ואין מזיזין בו ואפי' כמלא נימא ור' יוחנן אמר אילו מעלין מכאן ואוכלין ואלו מעלין מכאן ואוכלין. ואזדא ר' יוחנן לטעמיה דכי אתא רב דימי א"ר יוחנן מקום שאין בו ד' על ד' מותר לבני רה"ר ולבני רה"י לכתף עליו ובלבד שלא יחליפו ופרקינן האי דרבנן אין בו ד' על ד' אלו מעלין מכאן ואוכלין ואלו מעלין מכאן ואוכלין דמשמע שאין מחליפין זעירי אמרה ולא ר' יוחנן. ותוב אקשינן ולזעירי קשיא מתני' דאוקימנא (באנטיא) [באנפיה] ולהחליף ופרקינן זעירי מוקים לה באמת המים גופה. והא דכי אתא רב דימי אמר אין כרמלית פחותה מד' מוקי לה כתנאי ואקשינן הני חלונות לגבי אמת המים עצמה כרמלית הן ולישתרי מים מן אמת המים עצמה דהא מכרמלית עצמה (מחורי) [לחורי] כרמלית מפיק ולא תחשביה כמפיק מכרמלית לרה"י דאינו מותר לכתחלה. (ותנינן) [ופרקינן] אין חורין לכרמלית כלומר אין דין חורין לכרמלית. ר' אבינא אמר אפי' תימא [יש חורין] לכרמלית התם כי אמרה חורין בסמוכה אבל הכא במופלגת. כלומר רחוקה היא זו אמת המים מן החלון. רב אשי אמר כגון דעבד לה ד' גפופי אפומה. פי' גפופי כגון אבנים בולטות מצדי החלון שחשובות כמחיצות ועל אלו גפופין א' ת"ק פחות מג' דהוא כלבוד ומוקפת מחיצות דפחות מג' לרבנן ולרשב"ג פחות מד' *) (מקום פטור הוא ומותר להניח עליו מן הכרמלית ולהחליף לרה"י כו'). וכן רשב"ג כו'. פירוש חשובות כמחיצות שלבוד בתוך אמת המים. לכך מותרין. ואזדא רשב"ג לטעמיה. דכל פחות מד' כלבוד דמי. ורבנן לטעמייהו דכל פחות מג' כלבוד ומבואר בפרק ראשון: **מתני'** גזוזטרא שהיא למעלה מן הים אין ממלאין הימנה בשבת אלא אם עשו לה מחיצה גבוהה י' טפחים כו'. פי' כגון שהעמיד עמודים על שפת הים ותקרה עליהן. ואמרינן מתניתין דלא כחנניה בן עקביא דמתיר בלא עשיית מחיצות אלא חוקק בלבד וממלא דתניא ר' חנניה בן עקביא אומר גזוזטרא שיש בה ד' על ד' [אמות] חוקק בה ד' טפחים וממלא בהן א"ר חנניה לא התיר ר' חנניה בן עקביא אלא בים של טבריא הואיל ויש בה אוגנים. פי' אוגנים כגון שפתים מקיפות אותה שלא יפול שם תינוק או בהמה בלילה וכיוצא בהן: **ת"ר** ג' דברים התיר ר' חנניה לאנשי טבריא שיהו ממלאין הגזוזטרא בשבת כדאמרן. וטומנין בעצה. שמענו בה ב' פירושים הטמנת פירות ומשום הכשרה. והטמנה בה בשבת. הטמנת פירות פי' התיר לבני טבריא להטמין פירותיהן בעצה שיש בה לחלוחית והיא תבן של קטנית וברור הוא כדתנן בשבת עצה כמלא ואמר להו אעפ"י שיש בה לחלוחית אין לחלוחית זו מכשרת הפירות לקבל טומאה. לפי שאין כוונת אנשי טבריא בלחלוחית העצה. ומפני מה אין מניחין אותה ליבש לחלוחיתה מפני שהן ממהרין לתולשה ולהביאה משום שכל היום הם טרודין במלאכתן והביאו להן ראיה דתנן השכם (להן) [להביא פסולת]. אם בשביל טל שעליו נתכוון והשכים להביאן נתברר שרצונו באותו הטל והרי זה בכי יותן מים על זרע ומכשיר ואם לא השכים אלא כדי שלא יבטל ממלאכתו בשאר היום. אינו בכי יותן. ואמר כי אותם אנשי טבריא לא צריכי ללחלוחית של העצה ומפני שלא יבטלו ממלאכתן ממהרין וטומנים בהם הפירות. ותנן נמי הטומן פירותיו

*) פי' אלו עד תי' לרה"י כו' לכאורה אין לו מקום כאן דהא לפי אוקימתא זו פליגי בלבוד ואזדו לטעמייהו ולא מיירי מקשור מקום פטור כלל וצ"ע.

מסורת הש"ס

לעיל עו: לקמן צב.

[לעיל ע.]

לעיל פד: [ושם פירש רש"י דלא גרסי' ובן אבל תוס' שם סד"ה ת"ש וכו' כתבו בשם ר"ח דגרס ובן]

[תוספתא מכשירין פ"ב]

הגהות הב"ח

(א) רש"י ד"ה ורבנן שמעון לטעמיה דאמר בפ"ק נ"ב קף ט'.: (ב) תוס' ד"ה גזוזטרא שהיא למעלה מן הים כו' פי' לעיל: (ג) ד"ה אלא וכו' להכי הס"ד ואח"כ מ"ה עשו לה מחיצה: (ד) ד"ה בין וכו' משום דהנקב עשוי:

רב נסים גאון

ואזדו רבנן לטעמייהו ורבן שמעון בן גמליאל לטעמיה והיינו דאמרי רבנן פחות מג' כלבוד דמי ורבן שמעון בן גמליאל אמר פחות מארבעה כלבוד דמי והברייתא שנזכר בה חלוקתם בפרק מבוי [דף יד ע"א] וכבר פירשנוה: **וטומנין** בעצה. איתא במס' שבת בפרק כלל גדול (דף עו) מאי עצה אמר רב יהודה תבן של מיני קטניות: **שמעת** מינה כוחו ברשויות [לא] גזרו פירושה ברשויות דרבנן כגון ב' רשויות של יחידין אחת לראובן ואחת לשמעון אי נמי (רשות היחיד וכרמלית) [מרשות היחיד לכרמלית] (דאסורין) [דאסור] מדרבנן לא גזרו חכמים בהם בכחו ואיתיה פירושה בפרק הזורק במס' שבת (דף ק) כוחו בכרמלית לא גזרו רבנן ומנא תימרה דתניא ספינה שבים כו' ושמע מינה כוחו בכרמלית לא גזרו רבנן שמע מינה:

כל

אנשי טבריא כמי שלא יבטל ממלאכתו דמי. ומסתפגין באלונטית מאי היא? *דתניא: [א]מסתפג אדם באלונטית ומניחה בחלון, ולא ימסרנה לאוליירין, מפני שחשודין על אותו דבר. ר"ש אומר: אף מביאה בידו לתוך ביתו. אמר רבה בר רב הונא: לא שנו אלא למלאות, אבל לשפוך — אסור. מתקיף לה רב שיזבי: וכי מה בין זה לעוקה? הני תיימי, והני לא תיימי. איכא דאמרי, אמר רבה בר רב הונא: לא תימא למלאות הוא דשרי, לשפוך אסור, [ב]אלא, לשפוך נמי שרי. אמר רב שיזבי: פשיטא! היינו עוקה! מהו דתימא: הני תיימי, והני לא תיימי, קמ"ל. § "וכן שתי גזוזטראות זו וכו'". § אמר רב הונא, אמר רב: [ג]לא שנו אלא בסמוכה, אבל במופלגת — עליונה מותרת. ורב לטעמיה, דאמר רב: *אין אדם אוסר על חבירו דרך אויר. אמר רבה, א"ר חייא ורב יוסף, אמר רבי אושעיא: יש גזל בשבת, וחורבה מחזיר לבעלים. הא גופא קשיא! אמרת "יש גזל בשבת" אלמא(א) קניא. "וחורבה מחזיר לבעלים" אלמא: לא קניא! הכי קאמר: יש דין גזל בשבת. כיצד — דחורבה מחזיר לבעלים. אמר רבה: *ומותבינן אשמעתין: וכן שתי גזוזטראות זו למעלה מזו וכו'. ואי אמרת יש דין גזל בשבת, אמאי אסורות? אמר רב ששת: הכא במאי עסקינן — [ד]כגון שעשו מחיצה בשותפות. אי הכי, כי עשו לתחתונה נמי! כיון דעשו לתחתונה — גלויי גלי דעתה דאנא בהדך לא ניחא לי. §

מתני' [ה]חצר שהיא פחותה מארבע אמות, אין שופכין בתוכה מים בשבת אא"כ עשו לה עוקה מחזקת סאתים מן הנקב ולמטה. בין מבחוץ בין מבפנים, אלא שמבחוץ צריך לקמור, מבפנים אין צריך לקמור. ר"א בן יעקב אומר: [ו]ביב שהוא קמור ארבע אמות ברה"ר — שופכים לתוכו מים בשבת. וחכ"א: אפילו גג או חצר מאה אמה לא ישפוך על פי הביב, אבל שופך הוא לגג והמים יורדין לביב. [ז]החצר והאכסדרה מצטרפין לארבע אמות. [ח]וכן שתי דיוטאות זו כנגד זו, מקצתן עשו עוקה, ומקצתן לא עשו עוקה, את שעשו עוקה — מותרין, את שלא עשו עוקה — אסורין. § **גמ'** מ"ט? אמר *רבה: מפני שאדם עשוי להסתפק סאתים מים בכל יום, בארבע אמות — אדם רוצה לזלפן, פחות

אנשי טבריא. בעלי מלאכה היו: מסתפג אדם. ביום טוב. ובשבת אם רחץ בצונן מסתפג באלונטית, ואין חוששין שמא יסחוט: לאוליירין. בלנין: על אותו דבר. סחיטה: אף מביאה בידו. ואין חוששין שמא ישכח ויסחוט: לא שנו. שמחיצה תלויה מתרת בגזוזטרא לרבנן, אלא למלאות: אבל לשפוך. שופכין בנקב למים — אסור, מפני שהנהר מוליך השופכין חוץ למחיצת הגזוזטרא: מה בין זה לעוקה. דתנן במתני' חצר שפחותה מארבע אמות — אין שופכין לתוכה מים בשבת אא"כ עשו לה עוקה, גומא, מחזקת סאתים. ותני עלה: אע"פ שנתמלאה העוקה מבעוד יום — שופכין לה מים בשבת, ואף על פי שהמים יוצאין הימנה לרה"ר: התם תיימי מיא. המים עשויין לכלות ולהבלע בקרקע, הלכך, כי שפיך — אדעתא דליבלעו בדוכתייהו קא שפיך, ואי נפקי לבר — לאו מחשבתו להכי הוא, ולא נתקיימה מחשבתו ושרי. דאפילו איכוון — איסור ממש ליכא, דהא ברשות היחיד שפיך. אבל הכא — מידע ידיע דודאי נפקי ולא תיימי: אפילו לשפוך נמי שרי. דאיהו לא איכפת ליה דליפקו לבראי. אבל חצר הפחותה מארבע אמות — ניחא ליה דליפוק לבר שלא ילכלך את חצרו, הלכך, בעי עוקה, דבעוקה ניחא ליה דליבלעו: בסמוכה. שאינה רחוקה מתחתונה במשך הכותל ארבעה טפחים. ואני שמעתי: שאינה גבוהה ממנה עשרה. ולא מצינו לשון הפלגה בהתלמוד בגובה אלא במשך, כדתנן במתני' באנשי חצר ומרפסת. ועוד: לרב, מה לי גבוהה או נמוכה? הא איהו דאמר (לעיל ד' פג:): לזה בשלשול ולזה בזריקה — שניהם אסורין! ועוד, מהא מתניתא מותבינן תיובתא לשמואל בפירקין לעיל [פד:] ואי רב גופיה כדקיימן בגו עשרה דהדדי אוקמה, היכי מותיב לה? ואביי דתרלה כגון דקיימן בגו עשרה דהדדי — מאי חדושיה: עליונה מותרת. כדאמרינן דאין תשמיש לתחתונה בעליונה אלא דרך אויר וזריקת משך ארבעה טפחים, ורב לטעמיה, דאמר: אין אדם אוסר על חבירו דרך אויר: יש גזל בשבת וחורבה מחזיר לבעלים. השתא ס"ד דהכי קאמר: מותר לגזול בשבת רשויות, ולהשתמש בה בחורבתו של חבירו הסמוכה לו, כי היכי דרגיל בה בחול. הואיל וסתם חורבה אין הבעלים משתמשין בה כל כך, קני לה האי בגזלתו כשאר גזלנים, ונעשית רשותו. וחורבה מחזיר לבעלים משמע על כרחו איסור שבת מחזירה לבעלים, וצריך להחזירה ואין קנויה לו, אלמא: אסור להשתמש בה: יש דין גזל. דין השבת גזלה נוהג ברשות של שבת דחורבה מחזיר הגזילה לבעלים, ואסור להשתמש בה: אמאי אוסרת. הא רשותא דעליונה היא, ותחתונה זו שלא כדין משתמשת בה בחול. ואפ"ה, כיון דרגילה בה — אסרה עלה: שעשו. אותה מחיצה של עליונה בשותפות: א"ה כי עשו. בני תחתונה לתחתונה, אם יש להם שותפות בעליונה — נמי אסרי עלה: גלויי גליא דעתה. תחתונה לעליונה דסלקה נפשה בשבת מינה, דהא מחיצה זו אינה נעשית אלא להיתר שבת: **מתני'** אין שופכין לתוכה מים כו'. מפרש לה בגמ': עוקא. גומא: סאתים. בגמ' מפרש טעמא דשיעורא: מן הנקב ולמטה שמחזיק סאתים החלל שלה: בין מבחוץ בין מבפנים. בין שעשאה לעוקה בתוך החצר, בין שעשאה ברה"ר סמוך לחצר: אלא שמבחוץ צריך לקמור. לכסות פיה בנסרים שיפלו המים מידיו לתוך מקום פטור: ביב. חריץ העשוי לקלח שופכין שבחצר לרה"ר: שהוא קמור במשך ארבע אמות ברה"ר. קים לן בארבע אמות יש שיעור ליבלע בהם סאתים מים שאדם עשוי להסתפק בכל יום: שופכין לתוכו. דקיימי מיא. ואי נמי לא תיימי, דיש בו מים מבע"י, כיון דרוב ימות השנה עשוין ליבלע — הכי נמי כי נפקי לבראי לאו להכי איכוון, וכיון דלא נתקיימה מחשבתו — שרי. דאפילו מתכוין לאו איסורא דאורייתא איכא הכא, דהא לאו ברה"ר זריק להו איהו גופיה, אלא מאיליהן יוצאין הלכך, כי לא מיכוין שרי לכתחילה: לא ישפוך על פי הביב. כלומר: בתוך החריץ. ואע"פ שיש אורך מכאן עד יציאתו מאה אמה, ויכולין ליבלע, כיון דבגופיה קא שפיך — מקלחי להדיא ובלח לרשות הרבים, והרואה אומר ששופכן סמוך ליציאתו, ובעי דליפקו. כדאמר בגמ': גזרה שמא יאמרו צנורו של פלוני מקלח מים בשבת: דיוטאות. עליות. וחצר פחותה מארבע אמות לפניהם, ששופכין בה מימיהם: מקצתם. בני האחת עשו עוקה בחצר, ובני האחת לא עשו: **גמ'** מ"ט. חצר פחותה מארבע אמות קאי, דמשמע: הא ארבע אמות — שרי: אדם רוצה לזלפן. שראויה היא לזלף, להרביץ עפרה, שלא יעלה אבקה. דבימות החמה מוקמינן לה למתני' לקמן בברייתא, וכיון דרוצה לזלפן — אי נמי שפיך להו ונפקי, לא מתקיימא מחשבתו:

פחות

הני תיימי והני לא תיימי. תימה לר"י: דבמס' שבת בפרק "הזורק" (דף ק:) אמרינן דשופכין דספינה שדי להו אדופני דספינה, משום דכחו בכרמלית לא גזרו. ואע"ג דנפלו מיד לכרמלית. ומהאי טעמא נמי לישתרי הכא! ואפילו לישנא בתרא לא שריא לשפוך אלא משום שאינו חושש שילא לכרמלית, כדפי' בקונטרס. ויש לומר: דבגזוזטרא, פעמים כששופכין ממנה המים הולך מיד עד מקום שרשות הרבים מהלכת ברקק מים, והוי כחו ברשות הרבים, ולא פלוג בכל גזוזטראות. אבל ספינה לא שכיחא לגמרי שתהלך סמוך לרקק:

ביב שהוא קמור ד' אמות ברשות הרבים. פירש בקונטרס: בארבע אמות קים ליה שיש שיעור ליבלע סאתים מים שעשוי להסתפק בכל יום. והיינו טעמא דקאמר בגמ' גבי חצר ארבע אמות תיימי. ולפירושו נראה דאיירי בביב שיש לו ארבע על ארבע, דפחות מכאן לא תיימי, כמו גבי חצר, כדפירש רש"י בגמרא, דאיזו שיעור ניתן לרחבו? ולרבינו שמואל נראה טעמא דקמירת ביב — משום חשדא, וכיון דקמור הוא ד' אמות ברה"ר, הרואה מים יוצאין מן הביב — אינו סבור שיוצאין מן החצר, כיון שרחוק מן החצר ד' אמות. ובגמ' משמע כפירוש הקונטרס, דמדמה ארבע אמות דביב לארבע אמות דחצר, דקאמר כולה כר"א בן יעקב כו'. ולפי' רבינו שמואל: שילון שקמור ארבע אמות ברשות הרבים שופכין לו מים בשבת, דקי"ל*: משנת ר"א בן יעקב קב ונקי. אבל לפ"ה, דהטעם משום דמיבלעי — אסור, דבשל עץ לא מיבלעי. ומיהו, אומר ר"י: דאפילו עשוי כעין רצפה של אבנים — מיבלעי, ושרי:

תנא

רבינו חננאל

במים מפני הגנבים אינו בכי יותן. מעשה באנשי ירושלים שטמנו דבלותם במים מפני הסיקרים וטיהרו להן חכמים. הנה זה הטעם מי שאומר כי הטמנת פירות משום הכשרן. אבל טעם הטמנת תבשיל בשבת שאין נמנעים מלהטמין בעצה לחה שהיו אומרים תבן הוא. ותנן לא בתבן ולא בזגין ולא במוכין בזמן שהן לחים ואם עשבים הוא גם העשבים הלחים אסור להטמין בהן. ואמר להן ר' חנניא בן עקביא עצה זו אינה לא תבן ולא עשבין שאינה מפורשת מה הן בפי' ועצה זו כיון שאין בני טבריא חפצים בלחלוחית שבהן מותר להטמין בה בשבת ולא גזרינן עצה מפני תבן. גם התיר להן להסתפג באלונטית כדתניא מסתפג אדם באלונטית ומניחה בחלון הפתוח לרה"ר ומביאה לתוך ביתו כו': **אמר** רבה בר רב הונא לא שנו אלא למלאות מן אמת המים או מן הים אבל לשפוך אסור איכא דאמרי לא תימא למלאות שרי הא לשפוך על הים מתוך הגזוזטרא אסור אלא אפילו לשפוך נמי שרי. אמר רב שיזבי הא פשיטא דהיינו עוקה שמותר לשפוך מים לתוכה ואמרינן מה הוא דתימא בעוקה תיימי מיא ונבלעים משום הכי שרי. אבל הכא בים דהמים אין נבלעין הן אלא נמשכים על פני המים ולא תיימי להו אסור קמ"ל דשרי אפילו לשפוך: **מתני'** וכן ב' גזוזטראות. אמר רב הונא אמר רב לא שנו אלא בסמוכה אבל במופלגת עליונה מותרת: מקשינן אהא דאמרינן יש גזל בשבת מחורבה מחזיר לבעלים. הא גופא קשיא אמרת יש גזל בשבת אלמא מאן דגזל רשותא דחבריה ואחזיק בה ובנה קנאה בשינוי ושרי ליה לטלטולי בשבת דהוה לה כולה רשותיה. והדר אמרת דחורבה יחזיר לבעלים כלומר יחזיר רשות של חבירו שגזל כמו שהוא בעינה אלמא לא קנה. ופרקינן ה"ק יש דין גזל בשבת. כיצד דין גזל בזמן שהכניסו גזלן לרשותו אבל אם הניחו בחורבה שהיא של נגזל החורבה יחזיר לבעלים. כלומר אם גזל מחבירו חורבתו ולא בנאה לא קנאה שהרי לא עשה בה כלום לקנותה. ולפיכך לא קנאה בחזקה אלא היא עדיין חורבה ויחזיר לבעלים כמות שהיא בעינה דהא לא קנאה (אלא) [אבל] בנה והחזיק בה קנאה. אמר רבה ומותבינן על זו השמועה איני. שהבונה ברשות חבירו. בגזלה והמחזיק בגזלה קנאה. והתנן ב' גזוזטראות זו למעלה מזו עשו לעליונה מחיצה למעלה ולמטה. (עוד עשו לה מחיצה י') ולא עשו לתחתונה שתיהן אסורות. והא עליונה החזיקה מעבר על גבי התחתונה בגזילה. וא"כ הוא שיש דין גזל בשבת וקנה הגזילה אמאי אסורה *). דרגל העליונה דורסתה אלא עליונה אמאי אסורה הרי יש לה מחיצות ורשות התחתונה שעוברת עליה הרי קנאתה בחזקה אלא מדקתני שתיהן אסורות עד שיערבו ש"מ שאין גזל בשבת. וכי כל אחד אוסרת על חברתה. ופריק רב ששת כגון שעשו מחיצ' בשותפות שגלתה דעתה דלאו (מניה) [מחמת] גזילה קאתו ונעשו כאילו ב' בתים בחצר אחת שצריכין עירוב. ומקשינן אי הכי כי עשו לתחתונה נמי מחיצות למעלה ביניהן ועוד עשו למטה תהיינה אסורות עד שיערבו דהא אמרת נעשו כב' בתים בחצר אחת. ופרקינן כיון דחזרו ועשו לתחתונה מחיצה למטה סליקו נפשייהו מן העליונה דגליא דעתא דלא ניחא ליה שותפות בהדיה ומחיצות הוויין חלוקה ביניהן אבל כל אחת זכתה לעצמה לפיכך שתיהן מותרות: **ירושלמי** ר' חנניה בן עקביא התיר ג' דברים. התיר עצה שבים. והבאת אלונטית. והתיר גזוזטרא. ר' אבא ור' יוסי הדא דאת אמרת במשתמשות דרך הנקב אבל משתמשות מחוץ מותר. ותני כן ג' גזוזטראות זו ע"ג זו אסור להשתמש מן העליונה לתחתונה דרך האמצעית. אבל משתמש מן החצר לגג ואינו חושש הדא דקאמר בפנים אבל מבחוץ אסור. ר' זעירא אמר בין מבחוץ בין מבפנים אסור. מתניתא פליגא על ר' זעירא משלשין קדרות בשר מעל גבי זיז שגבוה י"ט ורחב ד' אם היה חלון בינתים של ד"ט אסור. שאין [משתמשין] מרשות לרשות דרך רשות. ר' שמואל בר רב יצחק פתר לה (בשבויה) [בשוה]: **מתני'** חצר שפחותה מד' אמות אין שופכין לתוכה מים בשבת אא"כ עשו לה עוקה מחזקת סאתים כו'. פי' עוקה מלשון חקיקה והיא כמו חפירה בארץ להתקבץ בו המים מ"ט אמר רבה

סאתים

*) נראה דחסר כאן וצ"ל אמאי אסורה העליונה בשלמא התחתונה אסורה דרגל העליונה דורסתה וכו'.

לג א מיי' פכ"ב מהל' שבת הלכה כ טור ש"ע א"ח סי' שא סעיף מח:
לד ב מיי' פט"ו מהל' שבת הלכה טו סמג לאוין סה טור ש"ע א"ח סי' שנה סעיף א:
לה ג ד מיי' פ"ד מהל' עירובין הלכה כה טוש"ע שם סעיף ה:
לו ה מיי' פט"ו מהל' שבת הלכה טז סמג לאוין סה טוש"ע א"ח סי' שנז סעיף א:
לז ו מיי' שם הלכה יח טוש"ע שם סעיף ב:
לח ז מיי' שם הלכה טז טוש"ע שם סעיף א:
לט ח מיי' פ"ד מהלכות עירובין הלכה כז סמג שם טוש"ע א"ח סי' שעז:

שבת קמז:
[לעיל פה.]
[קידושין נ: וש"נ]
[גי' רי"ף ורא"ש רבא] וכל"י רב
[לעיל סב:]

הגהות הב"ח
(א) גמ' אלמא קני והדר תני וחורבה מחזיר:

פְּחוּת מִד' – שׁוֹפְכָן. אִי דְּעָבֵיד עוּקָה – שָׁרֵי, אִי לָא – אָסוּר. ר' זֵירָא אָמַר: [א]ד' אַמּוֹת – תָּיְימִי, פָּחוּת מִד' אַמּוֹת – לָא תָּיְימִי. מַאי בֵּינַיְיהוּ? אָמַר אַבַּיֵי: אָרִיךְ וְקָטִין אִיכָּא בֵּינַיְיהוּ. תְּנַן: חָצֵר וְאַכְסַדְרָה מִצְטָרְפִין לְד' אַמּוֹת. בִּשְׁלָמָא לְרַבִּי זֵירָא – נִיחָא, אֶלָּא לְרַבָּה קַשְׁיָא! *תַּרְגְּמָא רַבִּי זֵירָא אַלִּיבָּא דְּרַבָּה: בְּאַכְסַדְרָה מְהַלֶּכֶת עַל פְּנֵי כָּל הֶחָצֵר כּוּלָּהּ. ת"ש: חָצֵר שֶׁאֵין בָּהּ ד' אַמּוֹת עַל ד' אַמּוֹת – אֵין שׁוֹפְכִין לְתוֹכָהּ מַיִם בְּשַׁבָּת. בִּשְׁלָמָא לְרַבָּה – נִיחָא, אֶלָּא לְר' זֵירָא קַשְׁיָא! אָמַר לָךְ ר' זֵירָא: הָא מַנִּי – רַבָּנַן הִיא, וּמַתְנִי' ר"א בֶּן יַעֲקֹב הִיא. וּמַאי דּוּחְקֵיהּ דְּר' זֵירָא לְאוֹקְמָהּ לְמַתְנִי' כְּר"א בֶּן יַעֲקֹב? אָמַר רָבָא: מַתְנִיתִין קַשְׁיָתֵיהּ; מַאי אִירְיָא דְּתָנֵי "חָצֵר שֶׁהִיא פְּחוּתָה" לִיתְנֵי "חָצֵר שֶׁאֵין בָּהּ ד' אַמּוֹת[א] עַל ד' אַמּוֹת"! אֶלָּא לָאו – ש"מ דְּר"א בֶּן יַעֲקֹב הִיא, ש"מ. וְהָא מִדְּסֵיפָא ר' אֱלִיעֶזֶר בֶּן יַעֲקֹב, רֵישָׁא לָאו ר"א בֶּן יַעֲקֹב! כּוּלָּהּ ר"א בֶּן יַעֲקֹב הִיא, וְחַסּוּרֵי מִיחַסְּרָא וְהָכִי קָתָנֵי: חָצֵר שֶׁהִיא פְּחוּתָה מִד' אַמּוֹת – אֵין שׁוֹפְכִין לְתוֹכָהּ מַיִם בְּשַׁבָּת, הָא ד' אַמּוֹת – שׁוֹפְכִין, שֶׁר"א בֶּן יַעֲקֹב אוֹמֵר: בִּיב הַקָּמוּר ד' אַמּוֹת בִּרה"ר שׁוֹפְכִין לְתוֹכוֹ מַיִם בְּשַׁבָּת.§ "ר"א בֶּן יַעֲקֹב אוֹמֵר: בִּיב הַקָּמוּר".§ מַתְנִי' דְּלָא כַּחֲנַנְיָא. דְּתַנְיָא, חֲנַנְיָא אוֹמֵר: אֲפִילוּ גַּג מֵאָה אַמָּה – לֹא יִשְׁפּוֹךְ, לְפִי שֶׁאֵין הַגַּג עָשׂוּי לִבְלוֹעַ אֶלָּא לְקַלֵּחַ, תָּנָא: [ב]בַּמֶּה דְּבָרִים אֲמוּרִים – בִּימוֹת הַחַמָּה, אֲבָל בִּימוֹת הַגְּשָׁמִים – שׁוֹפֵךְ וְשׁוֹנֶה וְאֵינוֹ נִמְנַע. מ"ט? אָמַר רָבָא: אָדָם רוֹצֶה שֶׁיִּבָּלְעוּ מַיִם בִּמְקוֹמָן. אָמַר לֵיהּ אַבַּיֵי: וַהֲרֵי שׁוֹפְכִין, דְּאָדָם רוֹצֶה שֶׁיִּבָּלְעוּ, וְקָתָנֵי "לֹא יִשְׁפּוֹךְ"!(א) א"ל: הָתָם לְמַאי נֵיחוּשׁ לָהּ? אִי מִשּׁוּם קִלְקוּל חֲצֵירוֹ – הָא מִיקַּלְקְלָא וְקַיְימָא, וְאִי מִשּׁוּם גְּזֵירָה שֶׁמָּא יֹאמְרוּ צִנּוֹרוֹ שֶׁל פְּלוֹנִי מְקַלֵּחַ מַיִם – סְתָם צִנּוֹרוֹת מְקַלְּחִים הֵם. אָמַר רַב נַחְמָן: בִּימוֹת הַגְּשָׁמִים, עוּקָה מַחֲזִיק סָאתַיִם – נוֹתְנִין לוֹ סָאתַיִם, מַחֲזִיק סְאָה – נוֹתְנִין לוֹ סְאָה. בִּימוֹת הַחַמָּה, מַחֲזִיק סָאתַיִם – נוֹתְנִין לוֹ סָאתַיִם, סְאָה – אֵין נוֹתְנִין לוֹ כָּל עִיקָּר. בִּימוֹת הַחַמָּה נַמִּי, מַחֲזִיק סְאָה נֵיתִיב לֵיהּ סְאָה! גְּזֵרָה דִּלְמָא אָתֵי לִיתֵּן לֵיהּ סָאתַיִם. א"ה, בִּימוֹת הַגְּשָׁמִים נַמִּי לִיגְזוֹר! הָתָם מַאי נֵיחוּשׁ לָהּ? אִי מִשּׁוּם קִילְקוּל – הָא מִיקַּלְקְלָא וְקַיְימָא, אִי מִשּׁוּם גְּזֵירָה שֶׁמָּא יֹאמְרוּ צִנּוֹרוֹ שֶׁל פְּלוֹנִי מְקַלֵּחַ מַיִם – סְתָם צִנּוֹרוֹת מְקַלְּחִין הֵן. אָמַר אַבַּיֵי: [ג]הִילְכָּךְ, אֲפִילוּ כּוֹר וַאֲפִילוּ כּוֹרַיִים.§ "וְכֵן שְׁתֵּי דְּיוֹטָאוֹת זוֹ כְּנֶגֶד זוֹ".§ אָמַר רָבָא: אֲפִילוּ עֵירְבוּ. אָמַר (*לֵיהּ) אַבַּיֵי: מַאי טַעְמָא? אִילֵימָא מִשּׁוּם נְפִישָׁא דְּמַיָּא – וְהָתַנְיָא: אַחַת לִי עוּקָה וְאַחַת לִי גִּיסְטְרָא בְּרֵיכָה וַעֲרֵיבָה, אַף עַל פִּי שֶׁנִּתְמַלְּאוּ מַיִם מֵעֶרֶב שַׁבָּת – שׁוֹפְכִין לְתוֹכָן מַיִם בְּשַׁבָּת! אֶלָּא אִי אִיתְּמַר – הָכִי אִיתְּמַר: אָמַר רָבָא:

לא

פָּחוּת מִד'. אֵינוֹ רָאוּי לְזַלֵּף וְשׁוֹפְכָן. וְכִי נָפְקִי, מִקַּיְּימָא מַחְשַׁבְתּוֹ. וְגָזוּר רַבָּנַן עֲלֵיהּ דִּילְמָא אָתֵי לְמִישְׁרֵי זְרִיקָה בְּהֶדְיָא לִרה"ר: תָּיְימִי. מַיָּא בְּד' אַמּוֹת רְאוּיִן לִיבָּלַע סָאתַיִם. הִלְכָּךְ, אִי נַמִּי נָפְקִי לְבַר – לָא מִקַּיְּימָא מַחְשַׁבְתּוֹ: דְּאָרִיךְ וְקָטִין. כְּגוֹן שֶׁיֶּשְׁנָהּ ח' אַמּוֹת עַל שְׁתַּיִם, דְּאִיכָּא קַרְקַע כְּשִׁיעוּר ד' מְרוּבָּעוֹת, וְיֵשׁ מָקוֹם לְהִבָּלַע סָאתַיִם, אֲבָל לְזַלֵּף אֵינָהּ רְאוּיָה. (*לְרַבָּה) [נ"ל לרבה] אָסוּר לִשְׁפּוֹךְ בְּלֹא עוּקָה, לְר' זֵירָא לָא בָּעֵי עוּקָה. וּבֵין לְמָר וּבֵין לְמָר, ד' אַמּוֹת דְּמַתְנִי' בְּאוֹרֶךְ וּבְרוֹחַב מַשְׁמַע. דְּאִי לָא יָהֵיב שִׁיעוּרָא נַמִּי לְפוּתְיָא – אֵין כָּאן שִׁיעוּר מְפוֹרָשׁ כְּלוּם. וּמַשְׁמַע אֲפִילוּ רְחָבָה מַשֶּׁהוּ, וְלֵיכָּא לְאוֹקוּמֵי בָּהּ טַעְמָא: תְּנַן הֶחָצֵר וְאַכְסַדְרָה מִצְטָרְפִין לְד' אַמּוֹת. לְפוֹטְרָהּ מִן הָעוּקָה. קס"ד בְּאַכְסַדְרָה הָעוֹמֶדֶת חוּץ לֶחָצֵר כְּנֶגֶד אֶחָד מִן הַמִּקְצוֹעוֹת, וּמִצְטָרֶפֶת לְהַשְׁלִים הַשִּׁיעוּר. אַלְמָא: טַעְמָא כְּדֵי שֶׁיְּהֵא שָׁם שִׁיעוּר לִבְלִיעַת הַמַּיִם הוּא, דְּהָא הָכָא לָאו ד' מְרוּבָּעוֹת נִינְהוּ דְּלִיתְחֲזוּ לְזַלֵּף: [שבת נב: וש"נ] בְּאַכְסַדְרָה מְהַלֶּכֶת עַל פְּנֵי כָּל הֶחָצֵר. כְּגוֹן חָצֵר אַרְבַּע עַל שְׁתַּיִם, וְאַכְסַדְרָה מְהַלֶּכֶת עַל פְּנֵי כּוּלָּהּ לְהַשְׁלִים ד' עַל ד': ד' אַמּוֹת עַל ד' אַמּוֹת גָּרַס בְּבָרַיְיתָא, אַלְמָא: מְרוּבָּעוֹת בָּעֵינַן: הָא מַנִּי רַבָּנַן הִיא. דְּלָא שָׁרוּ לֵיהּ מִשּׁוּם שִׁיעוּר מְקוֹם בְּלִיעַת הַמַּיִם כִּדְתְנַן בְּמַתְנִי' אֲפִילוּ בִּיב מֵאָה אַמָּה לֹא יִשְׁפּוֹךְ לְתוֹכוֹ, אֶלָּא עַל הַגַּג אוֹ עַל הֶחָצֵר. אַלְמָא: טַעְמָא דִּידְהוּ מִשּׁוּם זִילּוּף הוּא. וְגַבֵּי בִּיב מְגַלֵּי דַּעְתֵּיהּ דְּקָא שָׁפֵיךְ דְּלָאו בַּר זִילּוּף הוּא. וְרֵישָׁא דְּמַתְנִי' ר"א בֶּן יַעֲקֹב הִיא, דְּאָמַר: טַעְמָא מִשּׁוּם שִׁיעוּר מָקוֹם לִבְלִיעָה, כִּדְתְנַן: בִּיב שֶׁהוּא קָמוּר ד' אַמּוֹת: וּמַאי דּוּחְקֵיהּ דְּרַבִּי זֵירָא. לְפָרוּשֵׁי מַתְנִי' מִשּׁוּם דְּתָיְימִי מַיָּא, וְשָׁרֵי לֵיהּ בְּאָרִיךְ וְקָטִין, וּמִיבָּעֵי לֵיהּ לְאוֹקוּמֵי כְּר"א. לוֹקְמָהּ דְּבָעֵיָא ד' אַמּוֹת מְרוּבָּעוֹת, וּמִשּׁוּם זִילּוּף, וּכְרַבָּנַן: שֶׁהִיא פְּחוּתָה. מַשְׁמַע שֶׁחָסֵר שִׁיעוּרָהּ. הָא יֵשׁ בָּהּ שִׁיעוּר ד' אַמּוֹת עַל ד' אַמּוֹת – לֹא שְׁנָא בְּרִיבּוּעַ, וְלֹא שְׁנָא בְּאָרִיךְ וְקָטִין – שָׁרֵי: לִיתְנֵי חָצֵר שֶׁאֵינָהּ ד' עַל ד' אַמּוֹת. דְּמַשְׁמַע שֶׁאֵינָהּ עֲשׂוּיָה בְּרִיבּוּעַ זֶה – וַאֲפִילוּ יֵשׁ בָּהּ כַּשִּׁיעוּר: מַתְנִי'. דְּקָתָנֵי לְרַבָּנַן: אֲבָל שׁוֹפֵךְ הוּא עַל הַגַּג וְהֵן יוֹרְדִין לַבִּיב, כְּלוֹמַר: לַצִּנּוֹר הֶחָקוּק בּוֹ: דְּלָא כַּחֲנַנְיָא. דִּלְדִידֵיהּ, בֶּחָצֵר שָׁרֵי בְּגַג אָסוּר. גַּגִּין שֶׁלָּהֶן לֹא הָיוּ מְשׁוּפָּעִין, אֶלָּא חֲלָקִין כְּעֵין עֲלִיּוֹת שֶׁלָּנוּ, וְטָחִין אוֹתוֹ בְּטִיט מַעֲזִיבָה וְחוֹקְקִין צִנּוֹרוֹת לְקַלֵּחַ גְּשָׁמִים, וְשׁוֹפְכִין הַשּׁוֹפְכִין שָׁם: [רש"ל מ"ז] בַּמֶּה דְּבָרִים אֲמוּרִים. דְּצָרִיךְ עוּקָה: שֶׁיִּבָּלְעוּ בִּמְקוֹמָן. וְלָא אִיכְפַּת לֵיהּ דְּלִיפְקוּ, דְּבְלָאו הָכִי חֲצֵרוֹ מְטוּנֶּפֶת וְעוֹמֶדֶת מִפְּנֵי הַגְּשָׁמִים: א"ל אַבַּיֵי וַהֲרֵי שׁוֹפְכִין. הַשְׁתָּא מִשְׁתַּפְּכִין לוֹ לְבִיב אָרוֹךְ מֵאָה אַמָּה, שֶׁיֵּשׁ בּוֹ שִׁיעוּר לְהִיבָּלַע בּוֹ. וְקָא אָמְרוּ רַבָּנַן בְּמַתְנִיתִין: לֹא יִשְׁפּוֹךְ. לְהָנָךְ דְּבִיב קָרֵי שׁוֹפְכִין סְתָמָא, וּלְהָנָךְ דְּחָצֵר קָרֵי מַיִם, לְפִי שֶׁפְּעָמִים הוּא מְזַלְּפָן: הָתָם. בִּימוֹת הַגְּשָׁמִים לְמַאי נֵיחוּשׁ? אִי מִשּׁוּם דְּנִיחָא לֵיהּ דְּנִיפְקוּ מִשּׁוּם קִלְקוּל חֲצֵרוֹ: הָא מִקַּלְקְלָא וְקַיְימָא. בַּגְּשָׁמִים: אִי מִשּׁוּם שֶׁלֹּא יֹאמְרוּ. וְאָתֵי לְמֶעְבַּד בִּימוֹת הַחַמָּה, אִי נַמִּי אָתֵי לְמֵימַר שָׁרֵי לִזְרוֹק בְּהֶדְיָא לִרה"ר, דְּמָה לִי בְּצִנּוֹר וּמָה לִי בִּרה"ר מַמָּשׁ הַאי נַמִּי לְהָכִי מִתְכַּוֵּין – לְהָא לֵיכָּא לְמֵיחַשׁ, דִּסְתָם צִנּוֹרוֹת בִּימוֹת הַגְּשָׁמִים מְקַלְּחִין הֵן, וְאָמְרוּ מֵי גְּשָׁמִים נִינְהוּ. אֲבָל גַּבֵּי בִּיב בִּימוֹת הַחַמָּה, אע"ג דְּיֵשׁ בּוֹ שִׁיעוּר, וְאָדָם רוֹצֶה שֶׁיִּבָּלְעוּ בִּמְקוֹמָן – אִיכָּא לְמֵיחַשׁ שֶׁמָּא יֹאמְרוּ: מַחֲזִיק סְאָה. עוּקָה, נוֹתְנִין לוֹ רְשׁוּת לְהִסְתַּפֵּק וְלִשְׁפּוֹךְ סְאָה. וְהַאי דְּקָאָמְרִי לְעֵיל: שׁוֹפֵךְ וְשׁוֹנֶה וְאֵינוֹ נִמְנָע – ס"ל לְר"נ בְּעוּקָה קְטַנָּה, וְשִׁיעוּר מִדָּתָהּ קָאָמַר תַּנָּא דְּבָרַיְיתָא דְּשָׁרֵי: הָתָם לְמַאי נֵיחוּשׁ לָהּ. אִי נַמִּי אָתֵי לְמֵיתַב סָאתַיִם – לָא אִיכְפַּת לָן, דְּהָא הוּא גּוּפֵיהּ לָא יָלֵיף מִינָּהּ חוּרְבָּה, לְמֵימַר כִּי הֵיכִי דְּשָׁרֵי לֵיהּ לִשְׁפּוֹךְ בְּעוּקָה זוֹ כְּדֵי לָצֵאת לַחוּץ, ה"נ שָׁרֵי לְמִשְׁדְּיִנְהוּ לְבָרַאי – דְּהָא לָא מִקַּיְּימָא מַחְשַׁבְתּוֹ, וְלָא נִיחָא לֵיהּ דְּלִיפְקוּ מַיָּא, דְּהָא חֲצֵרוֹ מִקַּלְקְלָא וְקַיְימָא: וְאִי מִשּׁוּם שֶׁמָּא יֹאמְרוּ. הָרוֹאִים, הֲרֵי צִנּוֹרוֹ שֶׁל פְּלוֹנִי כו' וּסְבוּרִין שֶׁהוּא מִתְכַּוֵּין לְכָךְ: סְתָם צִנּוֹרוֹת כו'. וּמִיהוּ, לְכַתְּחִלָּה לָא שָׁרִינַן לֵיהּ טְפֵי מִשִּׁיעוּרָא: אָמַר אַבַּיֵי הִילְכָּךְ. כֵּיוָן דְּלֵיכָּא לְמֵיחַשׁ לְמִידֵי: אֲפִילוּ כּוֹר וְכוֹרַיִים. קָא שָׁרֵי תַּנָּא דְּבָרַיְיתָא: וַאֲפִילוּ עֵירְבוּ. שְׁתֵּי הָעֲלִיּוֹת, דְּלֵיכָּא לְמֵיחַשׁ אִי שָׁרֵי לְהוּ לְהָנֵי ע"י עוּקָה דְּהָנָךְ, אָתֵי לְאַפּוֹקֵי מָאנֵי מִן הַבָּתִּים וּלְהוֹרִידָן לֶחָצֵר בְּהֶדְיָא עַד שְׂפַת הָעוּקָה בְּרַגְלֵיהֶם, וְקָא מְטַלְטֵל בֶּחָצֵר דְּלָא מִיעָרַב – אֲפִילוּ הָכִי אָסוּר: מִשּׁוּם נְפִישָׁא דְּמַיָּא. דְּיֵשׁ כָּאן אַרְבַּע סְאִים לִשְׁנֵי בָּתִּים: גִּיסְטְרָא. כְּלִי חֶרֶס שֶׁנִּסְדַּק, וְנָתְנוּ שָׁם חֶלְיוֹ לְקַבֵּל הַמַּיִם. לְהָכִי נָקַט גִּיסְטְרָא, דְּלָא חַזְיָא לְתַשְׁמִישְׁתָּא אַחֲרִינָא: בְּרֵיכָה. אָרִיךְ רָחָב, כְּעֵין בִּיבָר שֶׁעוֹשִׂין לְדָגִים: עֲרֵיבָה. סְפִינָה קְטַנָּה:

ה"ג:

תנא במה דברים אמורים. פי' הקונט': במה דברים אמורים – דצריך עוקה. ולפירושו צ"ל דלרב נחמן דבסמוך ה"פ: במה דברים אמורים שצריך עוקה – של סאתים, אבל בימות הגשמים אין צריך עוקה של סאתים אבל עוקה של סאה – צריך. ודוקא כדי מדתה שופך ושונה בה. וכן פירש בקונטרס בסמוך. והא דלא מייתי התלמוד הך ברייתא לעיל אמתני' דעוקה – משום דבעי לאקשויי עלה ממתני' דביב. ור"ת מפרש דאמתני' (ב) לא ישפוך על הביב קיימא ברייתא, והא דקאמר והרי שופכין – כלומר: והרי ביב. וגרסינן: "אלא למאי ניחוש לה", ולאכ כמו שכתוב בספרים "אלא התם": **מחזיק** סאתים נותן לתוכו סאתים. לאו דוקא סאתים, אלא אפילו כוריים. דאי לאו הכי – אין חילוק בין סאתים לסאה:

לא

עין משפט נר מצוה

מ א ב ג מיי' פט"ו מהלכות שבת הלכה טז יז סמג שם טוש"ע א"ח סי' שנז סעיף א:

רבינו חננאל

סאתים מים אדם עשוי להסתפק בכל יום בחצר שהיא בד' אמות ולמעל' ניחא ליה לאיניש לזלפן בחצר שהיא פחותה מד' אמות שופכן. אי איכא עוקא להתקבץ בה המים שרי ואי לא נעשה כשופכין מבחוץ לחצר ברה"ר ואסור. רב זירא אמר בד' אמות תיימי מיא פחותה מד' אמות לא תיימי מיא בחצר אלא נפקא ברה"ר ואמר אביי חצר אריכא וקטינא (דאי) איכא בינייהו לרבה אסור דהא לא מזדלפי לרב זירא שרי דהא כיון דאריכא תיימי מיא. תנן חצר ואכסדרא מצטרפין לד' אמות קשיא לרבה. ופריק כגון שהיתה אכסדרה מקפת את החצר שנמצאת החצר והאכסדרה ד' אמות על ד' אמות. ת"ש חצר שפחותה מד' אמות אין שופכין לתוכה מים בשבת. קשיא לר' זירא ומשני הא רבנן היא דבעי ד' אמות על ד' אמות ומתניתין ר' אליעזר בן יעקב היא. דתנן ביב שקמור ד' אמות ברה"ר שופכין לתוכו מים בשבת הנה אע"פ שאין בו ד' אמות על ד' אמות קתני שופכין לתוכה מים בשבת. ומאי דוחקי דרב זירא לאוקומי למתני' כר' אליעזר בן יעקב נוקמה כרבנן. אמר רבא מתני' קשיתיה מאי איריא חצר שפחותה מד' אמות ניתני חצר שאין בה ד' אמות אלא מאי פחותה פחותה מכל צד. הא אריכא וקטינא שופכין. והכי קתני חצר שפחותה מד' אמו' אין שופכין לתוכה מים בשבת. הא יש בה ד' אמות שופכין שר' אליעזר בן יעקב אומר ביב שקמור ד' אמות ברה"ר שופכין לתוכו מים בשבת. פי' ביב קמור (י' קנ"א היא ממיל מיצהד"ג). מתני' דקתני אבל שופך לגג והן יורדין לביב דלא כחנניה דתניא חנניה אומר אפילו גג ק' אמות לא ישפוך לתוכו מים לפי שאין הגג עשוי לבלע אלא לקלח לרה"ר. תנא במד"א בימות החמה אבל בימות הגשמים שופך ושונה ואינו נמנע. מאי איכא למימר שמא יאמרו צינורו של פלוני מקלח מים. סתם צינורות מקלחין הן. אמר רב נחמן בימות הגשמים עוקה מחזקת סאתים נותנין לו סאתים סאה נותנין לו סאה בימות החמה מחזקת סאתים נותנין לו סאתים סאה אין נותנין לו כל עיקר. ואמרינן בימות החמה נמי ניתיב לו סאה גזירה שמא יתן לו בה סאתים אי הכי בימות הגשמים נגזור ופרקינן הכי השתא בימות הגשמים במאי ניחוש לה אי משום חצרו הא קא מיקלקלא וקיימא כו' א' אביי הלכך אפילו כור אפילו כוריים שרי: **פיסקא** וכן ב' דיוטאות ב' חצרות זו כנגד זו מקצ' כו'. אמר רבה אפילו עירבה ב' דיוטאות זו עם זו אסור לשפוך זו שאין לה עוקה (של זו) לשל זו שיש לה עוקה. ומקשה אביי מ"ט גזרינן דלמא אתי לאפושי בעוקה אי הכי אפי' עירבו נגזור דלמא אתי לאפושי יתר מבית סאתים בעוקה. ותוב מי חיישינן לרבויי מיא. והתניא אחת

מסורת הש"ס

הגהות הב"ח

(א) גמ' וקתני לא ישפוך א"ל נ"ב כן הוא בספרים אחרי' אבל התוס' גרסי אלא: (ב) תוס' ד"ה תנא וכו' דאמתניתין דלא ישפוך:

הגהות הגר"א

[א] גמ' תיבות על ד' אמות מוקפות.

הָכִי גָּרְסִינַן: דִּלְמָא אָתֵי לְאַפּוּקֵי מַיָּא בְּמָאנֵי דְּבָתִּים לְהָכָא. לְשְׂפַת הָעוּקָה לִשְׁפּוֹךְ לְתוֹכָהּ:

הדרן עלך כיצד משתפין

א לֹא שָׁנוּ אֶלָּא שֶׁלֹּא עֵירְבוּ, אֲבָל עֵירְבוּ — מוּתָּרִין. וְכִי לֹא עֵירְבוּ מַאי טַעְמָא לֹא? אָמַר רַב אַשִׁי: גְּזֵירָה דִּילְמָא אָתֵי לְאַפּוּקֵי מִמָּאנֵי דְּבָתִּים לְהָתָם.§

הדרן עלך כיצד משתפין

לא שנו אלא שלא עירבו. וא"ת: אי דלא עירבו – תרוייהו ליתסרו! וי"ל, דאינס שופכין ממש בתוך העוקה שבחצר, אלא שופכין על הדיוטא, והן יורדין על העוקה הסמוכה לה. ואע"ג דהוי חצר שאינה מעורבת – מ"מ לא אסרו חכמים(א) כאן אלא בכרמלית, כעין שפירשנו לעיל. אבל בחצר שאינה מעורבת – לא אסרו כלל. וכן פסק רבינו שמואל, דמותר לשפוך מים אע"פ שהולכין לרשות אחרת שאינה מעורבת. דמרשות לרשות לא בעי קמירה. ואותם שלא עשו עוקה – אסורים, כדאמר: דילמא אתו לאפוקי מיא במנא דבתים להכא, שיורידו מן הדיוטא בכלים מלאים מים לשפת העוקה שרחוקה מהן, דאין רוצין שיפלו המים למטה ויקלקל החצר:

הדרן עלך כיצד משתפין

מא א מיי' פ"ד מהל' עירובין הלכה כז סמג שם טוש"ע א"ח סי' שעז:

רבינו חננאל

אחת לי עוקה גזוזטרא בריכה ועריבה אע"פ שנתמלאו מים מע"ש שופכין לתוכו מים בשבת ואסיקנא אמר רבה לא שנו אלא שלא עירבו אבל עירבו הללו ב' דיוטאות שופכין בעוקה אחת. אבל שלא עירבו גזרינן דלא לשפוך מדוכתיה. דלמא אתי למשקל במנא ושדי בעוקה:

הדרן עלך כיצד משתפין

הגהות הב"ח

(א) תום' ד"ה לא שנו וכו' לא אסרו חכמים כהו אלא בכרמלית כעין שפי' לעיל נ"ב בקף פח. ד"ה הני:

Koren Talmud Bavli

THE NOÉ EDITION

EIRUVIN • PART FOUR

Steinsaltz Center

KOREN

תלמוד בבלי

KOREN TALMUD BAVLI

THE NOÉ EDITION

עירובין

EIRUVIN

Daf 76a through Daf 89a

COMMENTARY BY

Rabbi Adin Even-Israel Steinsaltz

EDITOR-IN-CHIEF

Rabbi Dr Tzvi Hersh Weinreb

SENIOR CONTENT EDITOR

Rabbi Dr Shalom Z Berger

EXECUTIVE EDITOR

Rabbi Joshua Schreier

•

STEINSALTZ CENTER

KOREN PUBLISHERS JERUSALEM

Supported by the Matanel Foundation

Koren Talmud Bavli, The Noe Edition
Vol. 3.4: Tractate Eiruvin, Daf 76a through Daf 89a
Paperback, ISBN, 978-965-7765-36-4

First Hebrew/English paperback edition, 2020

Koren Publishers Jerusalem Ltd.
PO Box 4044, Jerusalem 91040, ISRAEL
PO Box 8531, New Milford, CT 06776, USA
www.korenpub.com

Steinsaltz Center

Steinsaltz Center is the parent organization of institutions established by Rabbi Adin Even-Israel Steinsaltz

PO Box 45187, Jerusalem 91450 ISRAEL
Telephone: +972 2 646 0900, Fax +972 2 624 9454
www.steinsaltz-center.org

Hardcover design by Ben Gasner

This book was published in cooperation with the Israel Institute for Talmudic Publications.

הִנֵּה יָמִים בָּאִים, נְאֻם אֲדֹנָי יֱהֹוִה, וְהִשְׁלַחְתִּי רָעָב בָּאָרֶץ,
לֹא־רָעָב לַלֶּחֶם וְלֹא־צָמָא לַמַּיִם, כִּי אִם־לִשְׁמֹעַ אֵת דִּבְרֵי יהוה.

Behold, days are coming – says the Lord God – I will send a hunger to the land, not a hunger for bread nor a thirst for water, but to hear the words of the Lord. (AMOS 8:11)

The Noé edition of the Koren Talmud Bavli
with the commentary of Rabbi Adin Even-Israel Steinsaltz
is dedicated to all those who open its covers
to quench their thirst for Jewish Knowledge,
in our generation of Torah renaissance.

This beautiful edition is for the young, the aged,
the novice and the savant alike,
as it unites the depth of Torah knowledge
with the best of academic scholarship.

Within its exquisite and vibrant pages,
words become worlds.

It will claim its place in the library of classics,
in the bookcases of the Beit Midrash,
the classrooms of our schools,
and in the offices of professionals and business people
who carve out precious time to grapple with its timeless wisdom.

For the Student and the Scholar

DEDICATED BY LEO AND SUE NOÉ

Steinsaltz Center

Executive Director, Steinsaltz Center
Rabbi Meni Even-Israel

Managing Editor
Rabbi Jason Rappoport

Senior Content Editor
Rabbi Dr. Shalom Z. Berger

Editors
Rabbi Joshua Amaru, *Coordinating Editor*
Rabbi David Jay Derovan
Rabbi Dov Karoll
Rabbi Adin Krohn
Sally Mayer
Rabbi Avishai Magence, *Content Curator*
Rabbi Jonathan Mishkin
Gavriel Reiss
Shira Shmidman
Rabbi Michael Siev
Avi Steinhart
Rabbi David Strauss
Rabbi Abe Y. Weschler

Copy Editors
Aliza Israel, *Coordinator*
Bracha Hermon
Ita Olesker
Shira Finson
Debbie Ismailoff
Ilana Sobel

Language Consultants
Dr. Stephanie E. Binder, *Greek & Latin*
Rabbi Yaakov Hoffman, *Arabic*
Dr. Shai Secunda, *Persian*
Shira Shmidman, *Aramaic*

KOREN

Design & Typesetting
Raphaël Freeman, *Design & Typography*
Dena Landowne Bailey, *Typesetting*
Tani Bayer, *Jacket Design*

Images
Eliahu Misgav, *Illustration*
Yehudit Cohen, *Image Acquisition*

Digital Edition
Raphaël Freeman, *Team Leader*
Eliyahu Skoczylas, *Senior Architect*
Tani Bayer, *User Interface Design*
Dena Landowne Bailey, *Concept*
Rabbi Hanan Benayahu, *Concept*
Laura Messinger, *Commercial Liaison*

Introduction by the Publisher

The Talmud has sustained and inspired Jews for thousands of years. Throughout Jewish history, an elite cadre of scholars has absorbed its learning and passed it on to succeeding generations. The Talmud has been the fundamental text of our people.

Beginning in the 1960s, Rabbi Adin Even-Israel Steinsaltz שליט״א created a revolution in the history of Talmud study. His translation of the Talmud, first into modern Hebrew and then into other languages, as well the practical learning aids he added to the text, have enabled millions of people around the world to access and master the complexity and context of the world of Talmud.

It is thus a privilege to present the *Koren Talmud Bavli*, an English translation of the talmudic text with the brilliant elucidation of Rabbi Steinsaltz. The depth and breadth of his knowledge are unique in our time. His rootedness in the tradition and his reach into the world beyond it are inspirational.

Working with Rabbi Steinsaltz on this remarkable project has been not only an honor, but a great pleasure. Never shy to express an opinion, with wisdom and humor, Rabbi Steinsaltz sparkles in conversation, demonstrating his knowledge (both sacred and worldly), sharing his wide-ranging interests, and, above all, radiating his passion. I am grateful for the unique opportunity to work closely with him, and I wish him many more years of writing and teaching.

Our intentions in publishing this new edition of the Talmud are threefold. First, we seek to fully clarify the talmudic page to the reader – textually, intellectually, and graphically. Second, we seek to utilize today's most sophisticated technologies, both in print and electronic formats, to provide the reader with a comprehensive set of study tools. And third, we seek to help readers advance in their process of Talmud study.

To achieve these goals, the *Koren Talmud Bavli* is unique in a number of ways:

- The classic *tzurat hadaf* of Vilna, used by scholars since the 1800s, has been reset for great clarity, and opens from the Hebrew "front" of the book. Full *nikkud* has been added to both the talmudic text and Rashi's commentary, allowing for a more fluent reading with the correct pronunciation; the commentaries of *Tosafot* have been punctuated. Upon the advice of many English-speaking teachers of Talmud, we have separated these core pages from the translation, thereby enabling the advanced student to approach the text without the distraction of the translation. This also reduces the number of volumes in the set. At the bottom of each *daf*, there is a reference to the corresponding English pages. In addition, the Vilna edition was read against other manuscripts and older print editions, so that texts which had been removed by non-Jewish censors have been restored to their rightful place.

- The English translation, which starts on the English "front" of the book, reproduces the *menukad* Talmud text alongside the English translation (in bold) and commentary and explanation (in a lighter font). The Hebrew and Aramaic text is presented in logical paragraphs. This allows for a fluent reading of the text for the non-Hebrew or non-Aramaic reader. It also allows for the Hebrew reader to refer easily to the text alongside. Where the original text features dialogue or poetry, the English text is laid out in a manner appropriate to the genre. Each page refers to the relevant *daf*.

- Critical contextual tools surround the text and translation: personality notes, providing short biographies of the Sages; language notes, explaining foreign terms borrowed from Greek, Latin, Persian, or Arabic; and background notes, giving information essential to the understanding of the text, including history, geography, botany, archaeology, zoology, astronomy, and aspects of daily life in the talmudic era.
- Halakhic summaries provide references to the authoritative legal decisions made over the centuries by the rabbis. They explain the reasons behind each halakhic decision as well as the ruling's close connection to the Talmud and its various interpreters.
- Photographs, drawings, and other illustrations have been added throughout the text – in full color in the Standard and Electronic editions, and in black and white in the Daf Yomi edition – to visually elucidate the text.

This is not an exhaustive list of features of this edition, it merely presents an overview for the English-speaking reader who may not be familiar with the "total approach" to Talmud pioneered by Rabbi Steinsaltz.

Several professionals have helped bring this vast collaborative project to fruition. My many colleagues are noted on the Acknowledgments page, and the leadership of this project has been exceptional.

RABBI MENACHEM EVEN-ISRAEL, DIRECTOR OF THE STEINSALTZ CENTER, was the driving force behind this enterprise. With enthusiasm and energy, he formed the happy alliance with Koren and established close relationships among all involved in the work.

RABBI DR. TZVI HERSH WEINREB שליט״א, EDITOR-IN-CHIEF, brought to this project his profound knowledge of Torah, intellectual literacy of Talmud, and erudition of Western literature. It is to him that the text owes its very high standard, both in form and content, and the logical manner in which the beauty of the Talmud is presented.

RABBI JOSHUA SCHREIER, EXECUTIVE EDITOR, assembled an outstanding group of scholars, translators, editors, and proofreaders, whose standards and discipline enabled this project to proceed in a timely and highly professional manner.

RABBI MEIR HANEGBI, EDITOR OF THE HEBREW EDITION OF THE STEINSALTZ TALMUD, lent his invaluable assistance throughout the work process, supervising the reproduction of the Vilna pages.

RAPHAËL FREEMAN, EXECUTIVE EDITOR OF KOREN, created this Talmud's unique typographic design which, true to the Koren approach, is both elegant and user friendly.

It has been an enriching experience for all of us at Koren Publishers Jerusalem to work with the Steinsaltz Center to develop and produce the *Koren Talmud Bavli*. We pray that this publication will be a source of great learning and, ultimately, greater *avodat Hashem* for all Jews.

Matthew Miller, Publisher
Koren Publishers Jerusalem
Jerusalem 5772

Contents

For the vocalized Vilna Shas layout, please open as a Hebrew book.

Introduction to **Perek VII**

At the end of the sixth chapter, the Gemara discussed several problems involving two adjacent courtyards each utilized by the residents of the other. The fundamental question is whether, under what circumstances, and in what manner they are considered one courtyard rather than two. This inquiry is pursued from a different perspective in this chapter, specifically with regard to determining the status of the area between the courtyards. The Gemara analyzes the requisite conditions for a partition between two courtyards to be considered as a barrier that separates them, as opposed to the circumstances under which the partition is considered nonexistent. In general, what types of partitions effectively divide courtyards?

There are, of course, some unambiguous cases, e.g., a tall, sealed partition between two domains, which is a clear, conspicuous barrier, or, in contrast, a flimsy, easily dismantled partition. However, there are many intermediate cases, each of which requires elucidation and analysis. Under what circumstances is the partition negated despite the fact that its remnants, or some indication that there was a partition, are still extant? What is the ruling of an intact partition that enables passage between the courtyards via an entrance, a window, or a ladder? Does an entrance of this kind negate the barrier, rendering the two courtyards a single unit in every sense, or do they retain the status of two courtyards?

These clarifications relate mainly to courtyards and houses for which an *eiruv* was established; however, it is also necessary to analyze the details of the practical factors of the merging of courtyards that open into a common alleyway. How is the placement of the meal common to the residents of the courtyards, which, for all intents and purposes, is the essence of the *eiruv*, accomplished? This question refers both to the amount of food as well as the type of food required. Another issue is the manner in which an *eiruv* is acquired. Must it always be acquired in the same manner, with each partner to the *eiruv* contributing a certain amount of actual food, after which all the food is collected as a shared meal, or are there ways to simplify the process, by allowing for partial funding of the meal, or by appointing an agent to acquire it on one's behalf? These issues are the primary focus of this chapter.

Courtyard surrounded by various types of partitions. The barrier on the right is a ditch, on the left are piles of straw, and on the third side of the courtyard there is a wall with a window.

מתני׳ חַלּוֹן שֶׁבֵּין שְׁתֵּי חֲצֵירוֹת, אַרְבָּעָה עַל אַרְבָּעָה בְּתוֹךְ עֲשָׂרָה – מְעָרְבִין שְׁנַיִם. וְאִם רָצוּ – מְעָרְבִין אֶחָד.

MISHNA If there is **a window** in a wall that separates **between two courtyards,**[H] and the window measures **four by four** handbreadths and is **within ten** handbreadths of the ground, the inhabitants of the courtyards **establish two *eiruvin*,** one for each courtyard. **And if they desire, they** may **establish one *eiruv*,** thereby merging the two courtyards, as they may be considered as one due to the window.

פָּחוֹת מֵאַרְבָּעָה עַל אַרְבָּעָה, אוֹ לְמַעְלָה מֵעֲשָׂרָה – מְעָרְבִין שְׁנַיִם וְאֵין מְעָרְבִין אֶחָד.

However, if the window measures **less than four by four** handbreadths, or if it is **above ten** handbreadths from the ground, it is no longer considered a valid opening, and the two courtyards cannot be considered a single courtyard. Therefore, the residents **establish two *eiruvin*, but they** may **not establish one *eiruv*.**

גמ׳ לֵימָא תְּנַן סְתָמָא כְּרַבָּן שִׁמְעוֹן בֶּן גַּמְלִיאֵל, דְּאָמַר: כֹּל פָּחוֹת מֵאַרְבָּעָה כְּלָבוּד דָּמֵי!

GEMARA With regard to the mishna's determination that the size of the window must be four by four handbreadths, the Gemara asks: **Let us say** that **we learned** an **unattributed** mishna **in accordance with** the previously cited opinion of **Rabban Shimon ben Gamliel, who said: Any** gap **less than four** handbreadths **is considered *lavud*,** i.e., two objects are considered connected if the space between them is less than four handbreadths. That would explain why the window must be four handbreadths in size, as otherwise it would be considered as though it were sealed, based on the principle of *lavud*.

אֲפִילּוּ תֵּימָא כְּרַבָּנַן. עַד כָּאן לָא פְּלִיגִי רַבָּנַן עֲלֵיהּ דְּרַבָּן שִׁמְעוֹן בֶּן גַּמְלִיאֵל – אֶלָּא לְעִנְיַן לְבוּדִין, אֲבָל לְעִנְיַן פִּתְחָא – אֲפִילּוּ רַבָּנַן מוֹדוּ, דְּאִי אִיכָּא אַרְבָּעָה עַל אַרְבָּעָה– חָשִׁיב, וְאִי לָא – לָא חָשִׁיב.

The Gemara rejects this suggestion: **Even if you say** that the mishna is **in accordance with** the opinion of **the Rabbis** that only gaps of less than three handbreadths are included in the principle of *lavud*, **the Rabbis disagreed with Rabban Shimon ben Gamliel only with regard to** the *halakhot* of ***lavud*,** i.e., what is considered connected. **But with regard to an opening, even the Rabbis agree that if there** is an opening of **four by four** handbreadths, it is **significant, and if not, it is not significant.**

״פָּחוֹת מֵאַרְבָּעָה וכו׳״. פְּשִׁיטָא! כֵּיוָן דְּאָמַר אַרְבָּעָה עַל אַרְבָּעָה בְּתוֹךְ עֲשָׂרָה – מִמֵּילָא אֲנָא יָדַעְנָא דְּפָחוֹת מֵאַרְבָּעָה וּלְמַעְלָה מֵעֲשָׂרָה לָא!

It was taught in the mishna: If the window is **less than four** by four handbreadths, or above ten handbreadths from the ground, the residents of each courtyard must establish a separate *eiruv*. The Gemara objects: **This is obvious. Since** the mishna **stated** in the previous clause that if the window is **four by four** handbreadths and **within ten** handbreadths from the ground, they establish one *eiruv*, **from this *halakha* itself I know**[N] that if the window is **less than four** by four handbreadths **or above ten** handbreadths, they may **not** establish one *eiruv*. Why was it necessary to teach this in the mishna?

הָא קָא מַשְׁמַע לַן: טַעְמָא דְּכוּלֵּיהּ לְמַעְלָה מֵעֲשָׂרָה, אֲבָל מִקְצָתוֹ בְּתוֹךְ עֲשָׂרָה – מְעָרְבִין שְׁנַיִם. וְאִם רָצוּ – מְעָרְבִין אֶחָד.

The Gemara answers: It **teaches us this** matter: **The reason** is specifically that **the entire** window is **above ten** handbreadths; **however,** if **part of it is within ten** handbreadths of the ground, **they establish two *eiruvin*, and if they desire, they** may **establish one *eiruv*.**

תָּנֵינָא לְהָא, דְּתָנוּ רַבָּנַן: כּוּלּוֹ לְמַעְלָה מֵעֲשָׂרָה וּמִקְצָתוֹ בְּתוֹךְ עֲשָׂרָה, כּוּלּוֹ בְּתוֹךְ עֲשָׂרָה וּמִקְצָתוֹ לְמַעְלָה מֵעֲשָׂרָה – מְעָרְבִין שְׁנַיִם. וְאִם רָצוּ – מְעָרְבִין אֶחָד.

The Gemara comments: According to this explanation, **we** already **learned** in the mishna **that** which **the Sages taught** in a *baraita*: If nearly **all of** the window **is above ten** handbreadths **and** only a small **part of it is within ten** handbreadths, or if nearly **all of it is within ten** handbreadths **and** only a small **part of it is above ten** handbreadths, **they establish two *eiruvin*, and if they desire, they** may **establish one *eiruv*.**

הַשְׁתָּא כּוּלּוֹ לְמַעְלָה מֵעֲשָׂרָה וּמִקְצָתוֹ בְּתוֹךְ עֲשָׂרָה אָמְרַתְּ ״מְעָרְבִין שְׁנַיִם וְאִם רָצוּ מְעָרְבִין אֶחָד״ כּוּלּוֹ בְּתוֹךְ עֲשָׂרָה וּמִקְצָתוֹ לְמַעְלָה מֵעֲשָׂרָה מִיבַּעְיָא?!

The essential meaning of this *baraita* is clear, but the Gemara raises a question with regard to its formulation: **Now,** if nearly **all of it is above ten** handbreadths **and** only a small **part of it is within ten** handbreadths, **you said** that **they establish two *eiruvin*, and if they desire, they** may **establish one *eiruv*,** i.e., the window has the status of an opening and therefore the two courtyards may establish a joint *eiruv*, then **is it necessary** to state the *halakha* governing the case where almost **all of it is within ten and** only a small **part of it is above ten?**

HALAKHA

A window between two courtyards – חַלּוֹן שֶׁבֵּין שְׁתֵּי חֲצֵירוֹת: If a window in a wall that separates two courtyards is four by four handbreadths, and at least part of the window is within ten handbreadths of the ground, the two courtyards may establish one *eiruv*. If the window does not meet these criteria, then the residents of each courtyard must establish their own *eiruv* (*Shulḥan Arukh*, *Oraḥ Ḥayyim* 372:4).

NOTES

From this *halakha* itself I know – מִמֵּילָא אֲנָא יָדַעְנָא: The commentaries note that this is an unusual question, as the Gemara does not generally inquire why something that could have been deduced by implication was taught explicitly. However, in this context, the question is uniquely relevant: The notion that a window above ten handbreadths can serve the purpose of an *eiruv* is unacceptable, since even if an entire wall were no higher than ten handbreadths, as Rashi explains, it would be considered a partition. The single window it contains is certainly insignificant, and therefore the Gemara saw fit to raise the question (Maharsha).

NOTES

A circular window must have a circumference of twenty-four – **חַלּוֹן עָגוֹל צָרִיךְ שֶׁיְּהֵא בְּהֶיקֵּפוֹ עֶשְׂרִים וְאַרְבָּעָה**: The Gemara below completely rejects Rabbi Yoḥanan's opinion as based on mistaken assumptions; nevertheless, there have been various attempts to explain it. Some suggest that Rabbi Yoḥanan was aware that his measurement was inexact, but because it is easy to err in this regard, he added to the amount so that the window will comfortably include the measure of four handbreadths (*Ge'on Ya'akov*).

זוֹ וְאֵין צָרִיךְ לוֹמַר זוֹ קָתָנֵי.

The Gemara answers that indeed, this *baraita* **teaches** employing the style: **This, and it is unnecessary to say that,** moving from the more difficult and novel case to the easier, more straightforward one.

אֲמַר רַבִּי יוֹחָנָן: חַלּוֹן עָגוֹל צָרִיךְ שֶׁיְּהֵא בְּהֶיקֵּפוֹ עֶשְׂרִים וְאַרְבָּעָה טְפָחִים, וּשְׁנַיִם וּמַשֶּׁהוּ מֵהֶן בְּתוֹךְ עֲשָׂרָה, שֶׁאִם יְרַבְּעֶנּוּ נִמְצָא מַשֶּׁהוּ בְּתוֹךְ עֲשָׂרָה.

Rabbi Yoḥanan said: A circular window must have a circumference of twenty-four[N] **handbreadths, with two and a bit of them within ten** handbreadths of the ground, **so that when he squares** the window, i.e., if he forms the shape of a square inside it, it measures four by four handbreadths, and **a bit of it is then within ten** handbreadths of the ground.

מִכְּדִי כֹּל שֶׁיֵּשׁ בְּהֶיקֵּפוֹ שְׁלֹשָׁה טְפָחִים – יֵשׁ בּוֹ בְּרוֹחְבּוֹ טֶפַח, בִּתְרֵיסַר סַגְיָא!

The Gemara poses a question with regard to this calculation: **Now, since** there is a general principle that **any circle with a circumference of three handbreadths is one handbreadth in diameter,** then according to this formula, a window with a circumference **of twelve** handbreadths, meaning that it has a diameter of four handbreadths, should be **sufficient** to create a window of four by four.

Perek **VII**
Daf **76** Amud **b**

BACKGROUND

A circle and a square – **עִיגּוּל וְרִיבּוּעַ**: This diagram presents *Tosafot*'s proof that the area of a square circumscribed by a circle is exactly half of the area of a square circumscribing a circle. The four small squares formed by the lines within the circle demonstrate that the inner square is comprised of four triangles, each of which measures half a small square.

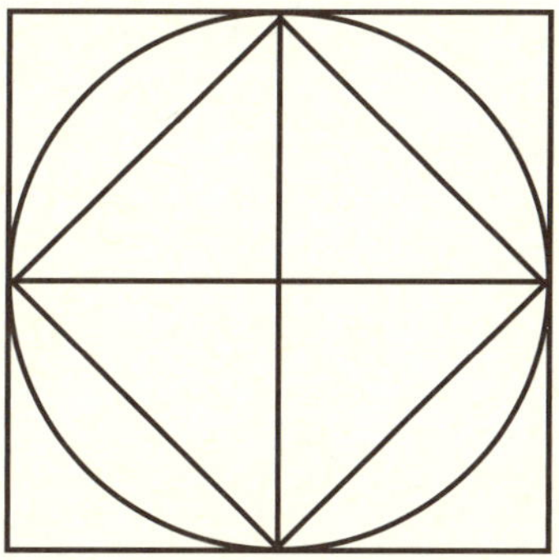

Ratio between a square circumscribed by a circle and a square circumscribing the same circle

הָנֵי מִילֵּי – בְּעִיגּוּלָא, אֲבָל בְּרִיבּוּעָא בָּעֵינַן טְפֵי.

This measurement **applies** only **to a circle** and the ratio between its circumference and diameter, **but with regard to a square** that must fit entirely within that circle, **we require** a circle with a **larger** circumference. In order for a square of four by four handbreadths to be entirely contained within a circle, the circumference of the circle must measure more than twelve handbreadths

מִכְּדִי, כַּמָּה מְרוּבָּע יָתֵר עַל הָעִגּוּל – רְבִיעַ, בְּשִׁיתְּסַר סַגְיָא!

The Gemara asks: **Now, how much larger is a square than a circle?** It is larger by **one quarter.** If so, a circle **with** a circumference of **sixteen** handbreadths at most should **suffice.**

הָנֵי מִילֵּי – עִיגּוּלָא דְּנָפֵיק מִגּוֹ רִיבּוּעָא, אֲבָל רִיבּוּעָא דְּנָפֵיק מִגּוֹ עִיגּוּלָא – בָּעֵינַן טְפֵי. מַאי טַעְמָא – מִשּׁוּם מוֹרְשָׁא דְּקַרְנָתָא.

The Gemara answers: **This** statement that a square is larger than a circle by a quarter **applies** only **to a circle circumscribed by a square, but** with regard to **a square circumscribed by a circle,**[B] **we require more,** and the difference between the square and the circle is greater. **What is the reason** for this? It is **due to the projection of the corners** of the square, as the distance from the center of the square to its corners is greater than the distance from the center to its sides.

מִכְּדִי, כָּל אַמְּתָא בְּרִיבּוּעַ אַמְּתָא וּתְרֵי חוּמְשֵׁי בַּאֲלַכְסוֹנָא, בְּשִׁיבְסַר נְכֵי חוּמְשָׁא סַגְיָא!

The Gemara further objects: **Since every cubit in** the side of **a square is a cubit and two-fifths in the diagonal,** a square of four by four handbreadths has a diagonal of five and three-fifths handbreadths. And since the diameter of a circle equals the diagonal of the square that it encompasses, the circle circumscribing a square of four by four handbreadths has a diameter of five and three-fifths handbreadths. If that measure is multiplied by three to arrive at the circumference of that circle, the result is that a circle with a circumference of **seventeen handbreadths minus a fifth is sufficient** to circumscribe a square of four by four handbreadths. Why, then, does Rabbi Yoḥanan say that a circular window[H] must have a circumference of twenty-four handbreadths?

HALAKHA

A circular window – **חַלּוֹן עָגוֹל**: If a circular window between two courtyards is large enough to circumscribe a square four by four handbreadths in size, and part of the window is within ten handbreadths of the ground, the two courtyards may establish one *eiruv*. The circumference of such a window is roughly sixteen and four-fifths handbreadths (Rambam *Sefer Zemanim*, *Hilkhot Eiruvin* 3:2).

רַבִּי יוֹחָנָן אָמַר כִּי דַּיָּינֵי דְּקֵיסָרִי, וְאָמְרִי לַהּ כְּרַבָּנַן דְּקֵיסָרִי, דְּאָמְרִי: עִיגּוּלָא מִגּוֹ רִיבּוּעָא – רִיבְעָא, רִיבּוּעָא מִגּוֹ עִיגּוּלָא – פַּלְגָא.

The Gemara answers: **Rabbi Yoḥanan spoke in accordance with** the opinion of **the judges of Caesarea,**[N] **and some say in accordance with** the opinion of **the Sages of Caesarea, who say: A circle** that is circumscribed **within a square** is smaller than it by **one quarter;** with regard to **a square** that is circumscribed **within a circle,** the difference between them is equal to **half** the square. According to this explanation, Rabbi Yoḥanan calculated as follows: Since a square of four by four handbreadths has a perimeter of sixteen handbreadths, the circumference of the circle that encompasses it must be fifty percent larger, or twenty-four handbreadths.

"פָּחוֹת מֵאַרְבָּעָה עַל אַרְבָּעָה וכו׳". אָמַר רַב נַחְמָן: לֹא שָׁנוּ אֶלָּא חַלּוֹן שֶׁבֵּין שְׁתֵּי חֲצֵירוֹת, אֲבָל חַלּוֹן שֶׁבֵּין שְׁנֵי בָּתִּים – אֲפִילּוּ לְמַעְלָה מֵעֲשָׂרָה נָמֵי, אִם רָצוּ לְעָרֵב – מְעָרְבִין אֶחָד. מַאי טַעְמָא – בֵּיתָא כְּמַאן דְּמָלֵי דָּמֵי.

It was taught in the mishna: If a window is **less than four by four** handbreadths, or if it is above ten handbreadths from the ground, the residents of the two courtyards may not establish one joint *eiruv* but must instead establish two independent ones. **Rav Naḥman said: They taught** this *halakha* of a window within ten handbreadths of the ground **only** with regard to **a window between two courtyards. But** with regard to **a window between two houses,**[H] **even** if it is **above ten** handbreadths **as well, if they wish to establish an *eiruv*, they establish one *eiruv*. What is the reason** for this *halakha*? It is that **a house is considered as though it** were **filled,**[N] and therefore there is no difference between below and above ten handbreadths with regard to a window in a house.

אֵיתִיבֵיהּ רָבָא לְרַב נַחְמָן: אֶחָד לִי חַלּוֹן שֶׁבֵּין שְׁתֵּי חֲצֵירוֹת, וְאֶחָד לִי חַלּוֹן שֶׁבֵּין שְׁנֵי בָתִּים, וְאֶחָד לִי חַלּוֹן שֶׁבֵּין שְׁתֵּי עֲלִיּוֹת, וְאֶחָד לִי חַלּוֹן שֶׁבֵּין שְׁנֵי גַגִּין, וְאֶחָד לִי חַלּוֹן שֶׁבֵּין שְׁנֵי חֲדָרִים – כּוּלָּן אַרְבָּעָה עַל אַרְבָּעָה בְּתוֹךְ עֲשָׂרָה!

Rava raised an objection to the opinion of **Rav Naḥman** from that which was taught in a *baraita*: **A window between two courtyards, and a window between two houses, and a window between two attics, and a window between two roofs, and a window between two rooms are all one and the same to me; they all** must be **four by four** handbreadths and **within ten** handbreadths from the ground. This directly contradicts Rav Naḥman's opinion.

NOTES

The opinion of Rabbi Yoḥanan and the judges of Caesarea – שִׁיטַת רַבִּי יוֹחָנָן וְדַיָּינֵי דְּקֵיסָרִי: All the commentaries struggle to explain this opinion, which seems entirely inaccurate. A wide variety of answers has been offered. *Tosafot*, following the *ge'onim*, attempt to explain the opinion of the judges of Caesarea, but they are unable to account for Rabbi Yoḥanan's statement, which, according to their understanding is even more puzzling. The Ra'avad suggests that the judges of Caesarea and Rabbi Yoḥanan knew that in truth the ratios cited by the Gemara are inaccurate, and that the precise measurements are larger: The ratio is not 1:4, but roughly 1:4.14, and approximately 1:3.1413 rather than 1:3. Indeed, according to this, a square window four handbreadths wide requires a circle of more than seventeen and a half handbreadths in circumference to encompass it, which is why they added to the measure to reach the correct amount. However, this too has been challenged, as it was unnecessary to increase the circumference to such an extent. Rashba and Ritva explain that the judges of Caesarea calculated according to this shape:

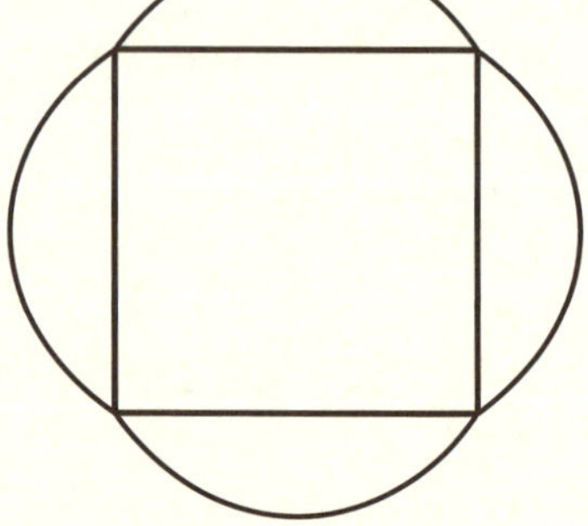

Calculation of the judges of Caesarea according to the Rashba

However, the Rashba maintains that they erred by calculating the circumference of the circle according to this approximation. According to the Ritva, from the outset Rabbi Yoḥanan's statement referred to a window of such a shape. In the comment of the *Baḥ* on the Rif it is explained that Rabbi Yoḥanan intended that the window should be a particular shape, a square within a square, as depicted here:

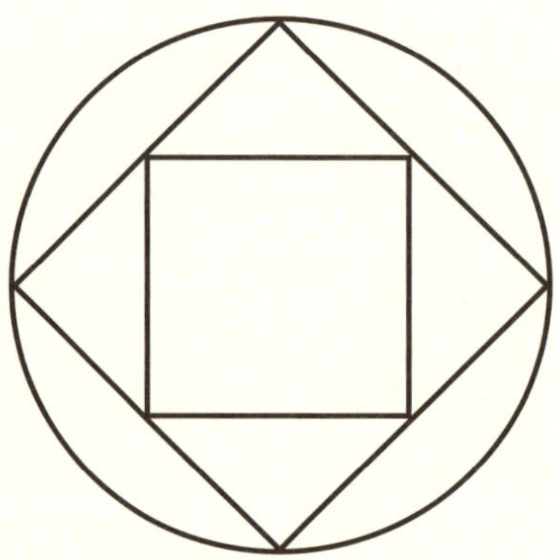

Rabbi Yoḥanan's opinion according to *Baḥ*

In that case, the calculation is correct, based on the formula of the Sages: For its area to be four by four handbreadths, its circumference must measure twenty-four handbreadths. Some commentaries explain the statements of both the judges of Caesarea and Rabbi Yoḥanan with regard to the areas of the circle and the square as follows: Only within a circle whose area is twenty-four square handbreadths can one insert a window of four by four, which is correct according to the formula of the Sages (Rabbi Neḥemya Beirakh).

HALAKHA

A window between two houses – חַלּוֹן שֶׁבֵּין שְׁנֵי בָתִּים: If a window between two houses is four by four handbreadths in size, the residents of the two houses may establish one *eiruv*, even if the window is higher than ten handbreadths from the ground (*Shulḥan Arukh, Oraḥ Ḥayyim* 372:5).

NOTES

A house is considered as though it were filled – בֵּיתָא כְּמַאן דְּמָלֵי: The presence of chairs and benches in a house always makes it possible to put them against a wall and access even a high window from inside the house. Although it is more difficult to reach an opening in the middle of a house, it is nevertheless possible, which explains the discussion in the Gemara with regard to an opening in the ceiling of one home that is in the floor of the home above (Rabbeinu Yehonatan; *Me'iri*).

תַּרְגּוּמָא אַחֲצֵירוֹת. וְהָא ״אֶחָד לִי״ קָתָנֵי! תַּרְגּוּמָא אַאַרְבָּעָה עַל אַרְבָּעָה.

The Gemara answers: **Explain** that this *halakha* of ten handbreadths mentioned in the *baraita* is referring only to **courtyards.** The Gemara objects: **Doesn't** the *baraita* **teach: Are all one and the same to me,** indicating that they are all equal in this regard? Rather, **explain** that they are all equal in that the window must be the size of **four by four** handbreadths, but not that all must be within ten handbreadths of the ground.

בְּעָא מִינֵּיהּ רַבִּי אַבָּא מֵרַב נַחְמָן: לוּל הַפָּתוּחַ מִן בַּיִת לַעֲלִיָּיה, צָרִיךְ סוּלָּם קָבוּעַ לְהַתִּירוֹ, אוֹ אֵין צָרִיךְ סוּלָּם קָבוּעַ לְהַתִּירוֹ?

Rabbi Abba raised a dilemma before Rav Naḥman: With regard to **an aperture that opens from** the ceiling of **a house** occupied by one person **to an attic** occupied by another,[H] **must a permanent ladder** be positioned in the opening **to render** carrying from one level to the other **permitted** by turning the two into a single residence? **Or, is a permanent ladder not necessary to render it permitted?**

כִּי אָמְרִינַן בֵּיתָא כְּמַאן דְּמָלֵי דָּמֵי – הָנֵי מִילֵּי מִן הַצַּד, אֲבָל בָּאֶמְצַע – לָא. אוֹ דִּילְמָא לָא שְׁנָא?

The Gemara clarifies the two sides of the question: **When we say** that **a house is considered as though** it were **filled,** does **this apply** only to a window positioned **on the side, but not** to a window **in the middle?** In that case, the opening would not be viewed as near the full part of the house, and a permanent ladder would be required. **Or perhaps there is no difference,** and since the house is considered filled, no ladder is necessary.

אֲמַר לֵיהּ: אֵינוֹ צָרִיךְ. סָבוּר מִינָּהּ: סוּלָּם קָבוּעַ הוּא דְּאֵינוֹ צָרִיךְ, הָא סוּלָּם עֲרַאי – צָרִיךְ. אִיתְּמַר, אָמַר רַב יוֹסֵף בַּר מַנְיוּמִי, אָמַר רַב נַחְמָן: אֶחָד סוּלָּם קָבוּעַ וְאֶחָד סוּלָּם עֲרַאי – אֵינוֹ צָרִיךְ.

Rav Naḥman **said to him: It is not necessary.** The Sages **understood from** this response that he meant that **a permanent ladder is not required, but a temporary ladder is required.** However, **it is stated** in this regard: **Rav Yosef bar Manyumi said** that **Rav Naḥman said: Neither a permanent ladder nor a temporary ladder is required,** as the fact that the opening is located within the house is sufficient to render it permitted to carry from the house to the attic.

מתני׳ כּוֹתֶל שֶׁבֵּין שְׁתֵּי חֲצֵירוֹת, גָּבוֹהַּ עֲשָׂרָה וְרוֹחַב אַרְבָּעָה – מְעָרְבִין שְׁנַיִם, וְאֵין מְעָרְבִין אֶחָד.

MISHNA If **a wall between two courtyards**[H] **is ten** handbreadths **high and four** handbreadths **wide,** the residents of the courtyard **establish two** ***eiruvin***, a separate one for each courtyard, **but they** may **not establish one** ***eiruv***.

הָיוּ בְּרֹאשׁוֹ פֵּירוֹת – אֵלּוּ עוֹלִין מִכָּאן וְאוֹכְלִין, וְאֵלּוּ עוֹלִין מִכָּאן וְאוֹכְלִין, וּבִלְבַד שֶׁלֹּא יוֹרִידוּ לְמַטָּן.

If there was produce on top of the wall, **these** residents of one courtyard **may ascend from this side and eat** from it, **and those** residents of the other courtyard **may ascend from that side and eat** from it, **provided that they do not lower** the produce **down** from on top of the wall to one of the courtyards.

נִפְרְצָה הַכּוֹתֶל, עַד עֶשֶׂר אַמּוֹת – מְעָרְבִין שְׁנַיִם, וְאִם רָצוּ – מְעָרְבִין אֶחָד, מִפְּנֵי שֶׁהוּא כְּפֶתַח. יוֹתֵר מִכָּאן – מְעָרְבִין אֶחָד, וְאֵין מְעָרְבִין שְׁנַיִם.

If the wall was breached,[H] the following distinction applies: If the breach was **up to ten cubits** wide, **they establish two** ***eiruvin***, **and if they desire,** they may **establish one** ***eiruv***, **as it is similar to an entrance,** like any opening less than ten cubits wide. If the breach was **more than this, they establish one** ***eiruv***, **and** they may **not establish two,** as a breach of this size nullifies the partition and joins the two courtyards into a single domain.

גמ׳ אֵין בּוֹ אַרְבָּעָה מַאי? אָמַר רַב: אֲוִיר שְׁתֵּי רְשׁוּיוֹת שׁוֹלֶטֶת בּוֹ, לֹא יָזִיז בּוֹ אֲפִילּוּ מְלֹא נִימָא.

GEMARA The Gemara asks: If this wall **is not four** handbreadths in width, **what** is the *halakha*? **Rav said:** In this case, **the air of two domains controls it.** Since the wall is not broad enough to be regarded a domain of its own, the top of the wall is seen as belonging to both courtyards and is then prohibited to both of them. Accordingly, **one may not move** anything **on** top of the wall, **even** as much as **a hair's breadth.**[N]

HALAKHA

An aperture between a house and an attic – לוּל בֵּין בַּיִת וַעֲלִיָּיה: If there is an aperture between a home on the first floor and a home on the second floor that is four by four handbreadths in size, even if there is no ladder, permanent or temporary, between the first floor and the second floor, the residents of the two floors may establish one *eiruv*, in accordance with the opinion of Rav Naḥman (*Shulḥan Arukh*, *Oraḥ Ḥayyim* 372:5).

A wall between two courtyards – כּוֹתֶל שֶׁבֵּין שְׁתֵּי חֲצֵירוֹת: If a wall ten handbreadths high and four handbreadths wide separates two courtyards, the residents of both courtyards must each establish their own *eiruv* (*Shulḥan Arukh*, *Oraḥ Ḥayyim* 372:6).

If the wall was breached – נִפְרְצָה הַכּוֹתֶל: If a wall between courtyards was breached and the breach is larger than ten cubits wide, then the two courtyards are considered a single courtyard, and their respective residents must establish a joint *eiruv*. However, if the breach is less than ten cubits wide and neither courtyard was fully breached into the other (Rabbeinu Yehonatan), the breach is considered an entrance, and the residents of the two courtyards may choose to establish an independent *eiruv* for each area, or one *eiruv* together (*Shulḥan Arukh*, *Oraḥ Ḥayyim* 372:7).

NOTES

One may not move anything on top of the wall, even as much as a hair's breadth – לֹא יָזִיז בּוֹ אֲפִילּוּ מְלֹא נִימָא: This is ostensibly more stringent than the prohibition against moving something in the public domain, which is a Torah law (see Rashi). However, since here each and every handbreadth of the wall is part of two different domains, even the slightest movement of an object is regarded as carrying it from one domain to another. Therefore, it is prohibited to move an object even by a hair's breadth, and one who does so is liable (Rabbeinu Yehonatan).

וְרַבִּי יוֹחָנָן אָמַר: אֵלּוּ מַעֲלִין מִכָּאן וְאוֹכְלִין, וְאֵלּוּ מַעֲלִין מִכָּאן וְאוֹכְלִין.

And Rabbi Yoḥanan said: These residents of one courtyard **may raise** food **from** their courtyard to the top of the wall **and eat** it there, and they may lower the food from the wall to the courtyard; **and those** residents of the other courtyard **may raise** food **from** their courtyard **and eat** it there, and they may lower the food from the wall to the courtyard. This is because the wall is considered nonexistent, and its domain is viewed as part of the two courtyards.

תְּנַן: אֵלּוּ עוֹלִין מִכָּאן וְאוֹכְלִין, וְאֵלּוּ עוֹלִין מִכָּאן וְאוֹכְלִין. עוֹלִין – אִין, מַעֲלִין – לָא!

We learned in the mishna: If there was produce on top of the wall, **these** residents of one courtyard **may ascend from this side and eat** from it, **and those** residents of the other courtyard **may ascend from that side and eat** from it. The Gemara infers from this: To **ascend, yes,** it is permitted, but to **raise** food from the courtyard to the top of the wall, **no,** it is not permitted. This presents a challenge to Rabbi Yoḥanan's opinion.

הָכִי קָאָמַר: יֵשׁ בּוֹ אַרְבָּעָה עַל אַרְבָּעָה, עוֹלִין – אִין, מַעֲלִין – לָא. אֵין בּוֹ אַרְבָּעָה עַל אַרְבָּעָה – מַעֲלִין נָמֵי.

The Gemara answers that **this is what** the mishna **is saying:** If the top of the wall between the two courtyards **is four by four** handbreadths, then to **ascend, yes,** it is permitted. However, to **raise** food, **no,** it is prohibited, because in that case the top of the wall is considered a domain in its own right. But if **it is not four by four** handbreadths, it is an exempt domain, and therefore **they may raise** their food onto the wall **as well.**[H]

וְאָזְדָא רַבִּי יוֹחָנָן לְטַעְמֵיהּ, דִּכִי אֲתָא רַב דִּימִי, אָמַר רַבִּי יוֹחָנָן: מָקוֹם שֶׁאֵין בּוֹ אַרְבָּעָה עַל אַרְבָּעָה – מוּתָּר לִבְנֵי רְשׁוּת הָרַבִּים וְלִבְנֵי רְשׁוּת הַיָּחִיד לְכַתֵּף עָלָיו, וּבִלְבַד שֶׁלֹּא יַחֲלִיפוּ.

And Rabbi Yoḥanan followed his line of **reasoning** in this regard, **as when Rav Dimi came** from Eretz Yisrael to Babylonia, he said that **Rabbi Yoḥanan said:** With regard to **a place that does not have** an area of **four by four** handbreadths and is situated between a public and a private domain, **it is permissible for** both **the people in the public domain and for the people in the private domain to** adjust the burden on their **shoulders upon it, provided they do not exchange** objects between them from one domain to the other domain. This demonstrates that in the case of an exempt domain, Rabbi Yoḥanan was not concerned that one might carry from one domain to another, and permitted members of both domains to use it.

וְרַב לֵית לֵיהּ דְּרַב דִּימִי?! אִי בִּרְשׁוּיוֹת דְּאוֹרַיְיתָא – הָכִי נָמֵי.

The Gemara asks: **And does Rav,** who prohibits carrying in that case even as much as a hair's breadth, **not accept** the opinion **of Rav Dimi** in this matter? The Gemara answers: **If** this referred **to** an exempt domain situated between two **domains by Torah law,** i.e., between a public and a private domain, **so too,** Rav would agree that the members of both domains may adjust their burdens there.

הָכָא בְּמַאי עָסְקִינַן – בִּרְשׁוּיוֹת דְּרַבָּנַן, וַחֲכָמִים עָשׂוּ חִיזּוּק לְדִבְרֵיהֶם יוֹתֵר מִשֶּׁל תּוֹרָה.

However, **with what are we dealing here,** in the case of the wall? We are dealing **with domains by rabbinic law, and the Sages reinforced their statements**[HN] even **more than those of the Torah.** Due to their severity, Torah laws are generally observed. Therefore, there is no need to impose decrees and enactments in order to preserve them. The same is not true of rabbinic decrees; if people ignore the preventive measures, they might come to violate the entire enactment.

אָמַר רַבָּה, (אָמַר) רַב הוּנָא, אָמַר רַב נַחְמָן: כּוֹתֶל שֶׁבֵּין שְׁתֵּי חֲצֵירוֹת, צִידּוֹ אֶחָד גָּבוֹהַּ עֲשָׂרָה טְפָחִים וְצִידּוֹ אֶחָד שָׁוֶה לָאָרֶץ – נוֹתְנִין אוֹתוֹ לָזֶה שֶׁשָּׁוֶה לָאָרֶץ,

Rabba said that **Rav Huna said** that **Rav Naḥman said:** With regard to **a wall that is between two courtyards,** and **one side** facing one courtyard is **ten handbreadths high, and the other side is level with the ground** of the second courtyard,[HB] i.e., the second courtyard is built on a higher plane, so that the wall is less than ten handbreadths above its floor, in this case the Sages **grant** the use of the top of the wall on Shabbat only **to the** courtyard in which the wall is **level with the ground.**

מִשּׁוּם דְּהָוֵה לָזֶה תַּשְׁמִישׁוֹ בְּנַחַת וְלָזֶה תַּשְׁמִישׁוֹ בְּקָשֶׁה, וְכָל לָזֶה בְּנַחַת וְלָזֶה בְּקָשֶׁה – נוֹתְנִין אוֹתוֹ לָזֶה שֶׁתַּשְׁמִישׁוֹ בְּנַחַת.

The reason is **because the use of** the wall **is convenient for one** side, i.e., the higher courtyard, **but difficult for the other** side. The wall can be used more conveniently by the residents of the higher courtyard. **And** the principle is that in **any** case with regard to Shabbat where an action is **convenient for one** party **and difficult for another,** the Sages **grant it to the one for whom its use is convenient.**

HALAKHA

A wall between courtyards – **כּוֹתֶל שֶׁבֵּין חֲצֵירוֹת:** If there is a wall between two courtyards, the residents of both courtyards may carry food to the top of the wall and eat it there, provided that the wall is less than four handbreadths wide. However, if it is four handbreadths wide, they may not bring food there that was in the house when Shabbat began, in accordance with the opinion of Rabbi Yoḥanan (*Shulḥan Arukh*, *Oraḥ Ḥayyim* 372:6).

Reinforced their statements – **עָשׂוּ חִיזּוּק לְדִבְרֵיהֶם:** The authorities disagree over whether or not objects may be transferred from one rabbinic domain to another by way of an exempt domain. Some prohibit this based on the Gemara here (Ra'avad; Rabbi Zeraḥya HaLevi; Rashba; Rosh). However, others permit it, asserting that there is no need to differentiate between the *halakhot* of the Torah and those of the Sages, and a decree is not issued to prevent the violation of another decree (Rif; Rambam; *Shulḥan Arukh*, *Oraḥ Ḥayyim* 346:1).

A wall that is level with the ground on one side – **כּוֹתֶל הַשָּׁוֶה לָאָרֶץ בְּצִידּוֹ הָאֶחָד:** If a wall four handbreadths wide is ten handbreadths above the ground of the courtyard on one side, but less than ten handbreadths above the ground of the courtyard on the other side (Rashi), the right of use is granted to the residents of the courtyard for which the wall is closer to the ground. Utensils that were in the house at the onset of Shabbat may also be placed on it. If the wall is less than four handbreadths wide, both courtyards may make use of it (*Shulḥan Arukh*, *Oraḥ Ḥayyim* 372:6).

NOTES

The Sages reinforced their statements – **חֲכָמִים עָשׂוּ חִיזּוּק לְדִבְרֵיהֶם:** This does not mean that the Sages reinforced their statements to the extent that they are more stringent than those of the Torah itself. Rather, with respect to several of their decrees, they issued more enactments and preventive measures than the Torah requires. Some write that the Sages reinforced their decrees only in matters involving prohibitions, but not in monetary matters. Additionally, they did not reinforce the *halakha* in unusual cases (*Tosafot*).

BACKGROUND

A wall higher on one side – **כּוֹתֶל גָּבוֹהַּ מִצַּד אֶחָד:** The image below depicts a wall ten handbreadths high on the side facing one courtyard, but almost level with the ground of the adjacent, higher courtyard.

Wall between two courtyards on different levels

אָמַר רַב שֵׁיזְבִי, אָמַר רַב נַחְמָן: חָרִיץ שֶׁבֵּין שְׁתֵּי חֲצֵירוֹת, צִידּוֹ אֶחָד עָמוֹק עֲשָׂרָה וְצִידּוֹ אֶחָד שָׁוֶה לָאָרֶץ – נוֹתְנִין אוֹתוֹ לָזֶה שֶׁשָּׁוֶה לָאָרֶץ, מִשּׁוּם דַּהֲוָה לֵיהּ לָזֶה תַּשְׁמִישׁוֹ בְּנַחַת וְלָזֶה תַּשְׁמִישׁוֹ בְּקָשֶׁה וכו׳.

Similarly, **Rav Sheizvi said** that **Rav Naḥman said:** In the case of **a ditch between two courtyards,**[BH] **one side of which is ten** handbreadths **deep, and the other side of which is level with the ground** of the second courtyard, i.e., is less than ten handbreadths below it, the Sages **grant** the use of the ditch **to the** courtyard in which the ditch is **level with the ground.** This is **because it is** a case in which **the use of** the ditch **is convenient for one** side, where it is close to level with the ground, **and difficult for the other,** where the ditch is ten handbreadths deep, and whenever use of an item is convenient for one party and inconvenient for another, it is granted to the one for whom it is convenient.

וּצְרִיכִי, דְּאִי אַשְׁמְעִינַן כּוֹתֶל – מִשּׁוּם דִּבְגוֹבְהָא מִשְׁתַּמְּשִׁי אֱינָשֵׁי, אֲבָל חָרִיץ – בְּעוּמְקָא לָא מִשְׁתַּמְּשִׁי אֱינָשֵׁי, אֵימָא לָא.

The Gemara comments: **And** it was **necessary** to cite both of these cases, as it would not have been possible to learn one from the other, **since, had** Rav Naḥman **taught us** only the case **with regard to a wall,** one could have said that the *halakha* applies only in that case, **because people use an elevated** surface. Even for the residents of the lower courtyard, it is relatively easy to use this wall. **However,** with regard to **a ditch, people do not use a deep** surface, as it is troublesome to bend down and place an item in a ditch. In that case, one might **say** that it may **not** be used by the residents of either courtyard.

וְאִי אַשְׁמְעִינַן בְּחָרִיץ – מִשּׁוּם דְּלָא בְּעִיתָא תַּשְׁמִישְׁתָּא, אֲבָל כּוֹתֶל דִּבְעִיתָא תַּשְׁמִישְׁתָּא – אֵימָא לָא, צְרִיכָא.

And likewise, **had he taught us** only the case **with regard to a ditch,** one could have said that the *halakha* applies only in that case, **because its use does not cause worry,** as anything placed in the ditch is protected. **However,** with regard to **a wall, the use of which causes worry** that the objects placed there are liable to fall, one might **say** that it may **not** be used by the residents of either courtyard. Therefore, it was **necessary** to state both of these rulings.

בָּא לְמַעֲטוֹ, אִם יֵשׁ בְּמִיעוּטוֹ אַרְבָּעָה – מוּתָּר לְהִשְׁתַּמֵּשׁ בְּכָל הַכּוֹתֶל כּוּלּוֹ, וְאִם לָאו – אֵין מִשְׁתַּמֵּשׁ אֶלָּא כְּנֶגֶד הַמִּיעוּט.

With regard to a wall between two courtyards, the Gemara states: If **one comes to diminish** the height of the wall[H] by placing a stone next to it, or by building a platform in order to permit its use or to utilize it as a passageway to another courtyard, the following distinction applies: **If the diminished** section **is** at least **four handbreadths** wide, **it is permitted to use the entire wall.** This area has the status of an entrance and the two courtyards are considered one, which renders the entire wall permitted. **However, if** the diminished section is **not** at least four handbreadths wide, **one** may **use only the** area of the wall **opposite** the **diminished** section, but no more.

מַה נַּפְשָׁךְ? אִי אַהֲנֵי מִעוּטָא – בְּכוּלֵּיהּ כּוֹתֶל לִישְׁתַּמֵּשׁ, אִי לָא אַהֲנֵי – אֲפִילּוּ כְּנֶגֶד הַמִּיעוּט נַמִי לָא! אָמַר רָבִינָא: כְּגוֹן שֶׁעָקַר חוּלְיָא מֵרֹאשׁוֹ.

The Gemara challenges this ruling: **Whichever way you** look at it, this ruling is difficult. **If the diminishing was effective, although** it extends less than four handbreadths, **let him use** the entire **wall;** and **if** the diminishing **was not effective, even** the area **corresponding to the diminished** section should **also not** be permitted for use, as this section is insignificant. **Ravina said:** Here, it refers to a case **where one removed a segment** of stone **from the top**[N] of the wall.[H] Since the wall is actually less than ten handbreadths high along that section, it is fit for use as is an opening in the wall.[N]

אָמַר רַב יְחִיאֵל: כָּפָה סֵפֶל – מְמַעֵט.

Rav Yeḥiel said: If **one overturned a basin** and placed it next to a wall,[B] such that the wall is no longer ten handbreadths high, **it** effectively **diminishes** the height of the wall.[H]

BACKGROUND

A ditch between courtyards – חָרִיץ שֶׁבֵּין חֲצֵירוֹת: This illustration demonstrates how a ditch can be ten handbreadths deep in one courtyard, but much shallower with respect to the adjacent, lower courtyard.

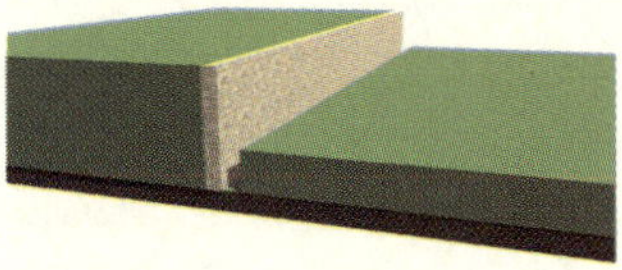

Ditch between courtyards

A basin next to a wall – סֵפֶל סָמוּךְ לְכוֹתֶל:

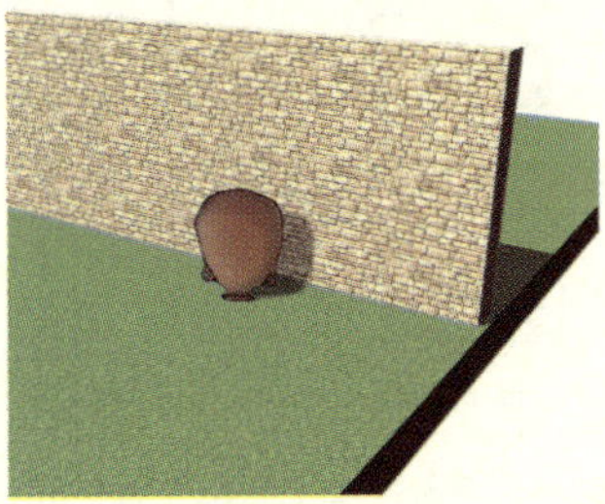

Basin with a rim placed next to a wall in order to diminish the wall's height to less than ten handbreadths

NOTES

If the diminished section is less than four handbreadths wide at the top – מִיעוּט פָּחוֹת מֵאַרְבָּעָה בְּרֹאשׁוֹ: The rationale is that if one diminishes the wall by creating a slightly elevated area at the bottom of the wall, since it is less than four handbreadths wide it is very difficult to use. This is because its purpose is for standing upon, and it is difficult to stand on such a narrow platform. However, when one removes a layer at the top, it is suitable for use, because it is convenient to stand on the ground near the wall (Rashba).

A diminished section fit for use – מִיעוּט שֶׁרָאוּי לְהִשְׁתַּמֵּשׁ בּוֹ: Generally, a place that is mostly breached into a prohibited area is itself prohibited. That is not the case here, because there is a noticeable difference between the section from which the layer has been removed and the rest of the wall. Where such a difference exists, it is not considered fully breached into a prohibited domain (Ritva).

HALAKHA

A ditch between two courtyards – חָרִיץ שֶׁבֵּין שְׁתֵּי חֲצֵירוֹת: If a ditch runs between two courtyards, and on one side the ground level of the courtyard is ten handbreadths above the bottom of the ditch, while on the other side the ground level of the courtyard is far less that ten handbreadths above the bottom of the ditch, then the residents of the second courtyard may utilize the ditch, in accordance with the conclusion of the Gemara (Rambam *Sefer Zemanim*, *Hilkhot Eiruvin* 3:15).

Diminishing the height of a wall – מִיעוּט כּוֹתֶל: The height of a wall between courtyards may be diminished to below ten handbreadths by constructing a platform four handbreadths wide and four handbreadths long. This permits the use of the entire wall. However, the platform is not considered a passageway between the courtyards unless it reaches the top of the wall (*Tosafot*; Rosh; *Shulḥan Arukh*, *Oraḥ Ḥayyim* 372:9).

One removed a segment from the top of the wall – עָקַר חוּלְיָא מֵרֹאשׁוֹ: If one removes a segment of brick or stone four handbreadths wide from the top of the wall, thereby diminishing its height to less than ten handbreadths, it is considered an opening. The two courtyards may then establish a joining of courtyards. In addition, it is permitted to use the entire wall on Shabbat. If the removed segment is less than four handbreadths wide, only the section of wall where the height was diminished may be used. Even if one did not diminish the height of the wall through its entire thickness, but diminished a section measuring four by four handbreadths, then the residents of the side where the height was diminished may use the entire wall (*Shulḥan Arukh*, *Oraḥ Ḥayyim* 372:8).

Diminishing the height by means of a basin – מִיעוּט סֵפֶל: If a basin measuring four by four handbreadths is placed next to a wall, thereby diminishing the height of the wall, it is permitted to use the area opposite the diminished section, provided the basin is securely attached to the ground with clay. This ruling is in accordance with the conclusion of the Gemara. Some authorities rule that this section is effective in rendering the entire wall permitted for use, as in the case of a ladder (*Taz*; Vilna Gaon; *Shulḥan Arukh HaRav*; *Shulḥan Arukh*, *Oraḥ Ḥayyim* 372:10).

וְאַמַּאי? דָּבָר הַנִּיטָּל בְּשַׁבָּת הוּא, וְדָבָר הַנִּיטָּל בְּשַׁבָּת אֵינוֹ מְמַעֵט! לָא צְרִיכָא, דְּחַבְרֵיהּ בְּאַרְעָא.

The Gemara asks: **And why** should this be so? Isn't this basin **an item that may be moved on Shabbat,** i.e., something that one is permitted to handle? **And** the principle is that **an item that may be moved on Shabbat does not diminish** a wall. Since it can be removed at any moment on Shabbat, such an object cannot be viewed as a permanent part of the wall. The Gemara answers: **No, it is necessary;** this basin can be considered a permanent part of the wall in a case **where he attached** the basin **to the ground** by covering it with soil. The basin may then not be moved on Shabbat due to the prohibition of handling soil.

וְכִי חַבְרֵיהּ בְּאַרְעָא מַאי הָוֵי? וְהָא תַּנְיָא: פַּגָּה שֶׁהִטְמִינָהּ בְּתֶבֶן, וַחֲרָרָה שֶׁהִטְמִינָהּ בְּגֶחָלִים, אִם מִגּוּלָּה מִקְצָתָהּ – נִטֶּלֶת בְּשַׁבָּת!

The Gemara challenges this explanation: **And if one attached** the basin **to the ground, what of it? Wasn't it taught** in a *baraita*: With regard to **an unripe fig that one buried in straw** intended for kindling, so that it would ripen, **or a cake that one buried in coals** before Shabbat, and the coals were extinguished, **if part of** either one **is visible, it may be moved on Shabbat.** This is not prohibited, although as a result one will move the straw or the coals, which are set aside.

הָכָא בְּמַאי עָסְקִינַן – דְּאִית לֵיהּ אוֹגְנַיִים.

The Gemara explains: **With what are we dealing here?** We are dealing **with** a case where the top of the basin **has a rim** that is fully buried in the ground, so that removing the basin will dislodge the earth under which it is buried in a manner similar to digging, which is prohibited on Shabbat.

וְכִי אִית לֵיהּ אוֹגְנַיִים מַאי הָוֵי? וְהָתְנַן: הַטּוֹמֵן לֶפֶת וּצְנוֹן תַּחַת הַגֶּפֶן, בִּזְמַן

The Gemara further challenges this explanation: **And if** the basin **has a rim, what of it? Didn't we learn** in a mishna: With regard to **one who buries a turnip**[N] **or a radish** in the ground **beneath a vine** for safekeeping, **when**

NOTES

One who buries a turnip – הַטּוֹמֵן לֶפֶת: In the Jerusalem Talmud it is explained that this refers to whole bundles of turnips. In that case, hiding them in soil is not considered sowing, nor does it resemble sowing. Therefore, there is no concern in that regard.

Perek **VII**
Daf **77** Amud **b**

שֶׁמִּקְצָת עָלִין מְגוּלִּין – אֵינוֹ חוֹשֵׁשׁ לֹא מִשּׁוּם כִּלְאַיִם וְלֹא מִשּׁוּם מַעֲשֵׂר, וְלֹא מִשּׁוּם שְׁבִיעִית, וְנִיטָּלִין בְּשַׁבָּת.

some of the leaves of the turnip or radish **are showing, he need not be concerned due to diverse kinds,**[H] i.e., that he violated the prohibition of planting food crops in a vineyard, as he did not intend to commit an act of planting; **nor due to tithes,** i.e., there is no concern lest the turnip or radish grew further, in which case he would be obligated to tithe it; **nor due to** the prohibition against working the land during **the Sabbatical Year,**[H] and similarly, he need not be concerned that they grew further and that the additional growth is prohibited as produce that grew during the Sabbatical Year. **And** therefore, the turnip or radish **may be taken** from the ground **on Shabbat.**[H] Even if most of the turnip or radish is underground, it is permitted to pull it from the ground on Shabbat. If so, in the case described in the mishna here, even if the basin buried in the ground has a rim, it should nevertheless be permitted to move it.

לָא צְרִיכָא, דְּבָעֵי מָרָא וַחֲצִינָא.

The Gemara answers: **No,** Rabbi Yeḥiel's ruling **is necessary** in a case where the basin was so firmly attached to the ground **that one would need a hoe** [*mara*][L] **or a spade** to remove it, as this action would certainly involve the digging, which is prohibited on Shabbat. Therefore, since the basin cannot be removed on Shabbat, it is considered fixed in its place and effectively diminishes the height of the wall.

"סוּלָּם הַמִּצְרִי – אֵינוֹ מְמַעֵט, וְהַצּוֹרִי – מְמַעֵט". הֵיכִי דָּמֵי סוּלָּם הַמִּצְרִי? אָמְרִי דְּבֵי רַבִּי יַנַּאי: כֹּל שֶׁאֵין לוֹ אַרְבָּעָה חֲווֹקִים.

It was taught in a *baraita*: **An Egyptian ladder,**[B] which is small, **does not diminish** the height of a wall, whereas **a** larger, **Tyrian** ladder effectively **diminishes** its height.[H] The Gemara asks: **What are the circumstances** of **an Egyptian ladder;** i.e., what characterizes it? **The** scholars of the **school of Rabbi Yannai said: Any** ladder **that does not have four rungs.**

LANGUAGE

Hoe [*mara*] **– מָרָא:** Some maintain that this word is from the Greek μάρρον, *marron*, or from the Latin marra, meaning hoe. However, it is likely that the word is originally of Semitic origin and subsequently spread to Europe.

BACKGROUND

Ladder – סוּלָּם: The wooden stairs pictured below are also termed a ladder by the Sages. The Romans too did not distinguish between a ladder of this type and one fashioned from isolated rungs.

Illustration of a Roman ladder from the talmudic period

HALAKHA

A buried turnip with regard to diverse kinds – לֶפֶת טְמוּנָה מִשּׁוּם כִּלְאַיִם: If one buries a turnip in a vineyard for safekeeping and leaves some of its leaves showing, he need not be concerned with regard to the prohibition against planting diverse kinds in a vineyard (*Shulḥan Arukh, Yoreh De'a* 297:11).

A buried turnip with regard to the Sabbatical Year – לֶפֶת טְמוּנָה מִשּׁוּם שְׁבִיעִית: One does not violate the prohibition against planting if he buries a turnip in the ground for safekeeping during the Sabbatical Year (Rambam *Sefer Zera'im, Hilkhot Shemitta VeYovel* 1:15).

May be taken from the ground on Shabbat – נִיטָּלִין בְּשַׁבָּת: If a turnip was buried in the ground for safekeeping with some of its leaves showing, it is permitted to remove it from the ground on Shabbat. This is not considered handling a set-aside object (*Shulḥan Arukh, Oraḥ Ḥayyim* 311:8).

Tyrian and Egyptian ladders – סוּלָּם צוֹרִי וּמִצְרִי: A ladder that does not have four rungs, such as an Egyptian ladder, does not diminish the height of a wall against which it is placed, unless the ladder is extremely heavy (*Tosafot*; Vilna Gaon; *Shulḥan Arukh, Oraḥ Ḥayyim* 372:8).

BACKGROUND

A platform above another platform – אִיצְטַבָּא עַל גַּב אִיצְטַבָּא:

Platform above another platform built adjacent to a wall

A ladder whose rungs are disconnected – סוּלָּם שֶׁשְּׁלִיבוֹתָיו פּוֹרְחוֹת: According to *Tosafot*, this is the ladder with disconnected rungs referred to in the Gemara.

Depiction of ladder from the talmudic period according to *Tosafot*

According to Rashi, the image below depicts the ladder with disconnected rungs. The lowest rung measures four handbreadths, and the gap between it and the second rung is less than three handbreadths.

Ladder with disconnected rungs according to Rashi

אֲמַר לֵיהּ רַב אַחָא בְּרֵיהּ דְּרָבָא לְרַב אַשִׁי: מַאי טַעְמָא דְּסוּלָּם הַמִּצְרִי דְּלָא מְמַעֵט? אֲמַר לֵיהּ: לָא שְׁמִיעַ לָךְ הָא דְּאָמַר רַב אַחָא בַּר אַדָּא, אָמַר רַב הַמְנוּנָא, אָמַר רַב: מִשּׁוּם דַּהֲוָה לֵיהּ דָּבָר שֶׁנִּיטַּל בְּשַׁבָּת, וְכָל דָּבָר שֶׁנִּיטָּל בְּשַׁבָּת – אֵינוֹ מְמַעֵט.

Rav Aḥa, son of Rava, said to Rav Ashi: What is the reason that an **Egyptian ladder does not diminish** the height of a wall? **He said to him: Did you not hear** that which **Rav Aḥa bar Adda said** that **Rav Hamnuna said** that **Rav said:** It is **because it is an object that may be moved on Shabbat**, i.e., it is not set-aside [*muktze*], **and** the principle is that **any object that may be moved on Shabbat does not diminish** the height of a wall, as it cannot be considered a permanent part of the wall.

אִי הָכִי, אֲפִילּוּ צוֹרִי נַמִי! הָתָם כּוֹבְדּוֹ קוֹבְעוֹ.

The Gemara objects: **If so,** this should apply **even to a Tyrian** ladder **as well,** as a large ladder is also not set-aside and may be handled on Shabbat. The Gemara answers: **There,** in the case of a Tyrian ladder, **its heaviness establishes it** as part of the wall.[N] Even though one is permitted to move it, since due to its weight it is not moved easily, it effectively diminishes the height of the wall.

אָמַר אַבָּיֵי: כּוֹתֶל שֶׁבֵּין שְׁתֵּי חֲצֵירוֹת גָּבוֹהַּ עֲשָׂרָה טְפָחִים, וְהִנִּיחַ סוּלָּם רָחָב אַרְבָּעָה מִכָּאן וְסוּלָּם רָחָב אַרְבָּעָה מִכָּאן, וְאֵין בֵּין זֶה לָזֶה שְׁלֹשָׁה טְפָחִים – מְמַעֵט, שְׁלֹשָׁה – אֵינוֹ מְמַעֵט.

Abaye said: If **a wall between two courtyards is ten handbreadths high, and one placed a ladder four** handbreadths **wide** against the wall **on one side,** in one courtyard, **and** another **ladder four** handbreadths **wide on the other side,**[H] in the other courtyard, **and there are less than three handbreadths between them,** i.e., the two ladders on the opposite sides of the wall are within three handbreadths of each other, even if they are not directly opposite each other, this **diminishes** the height of the wall. The pair of ladders is regarded as a valid passageway between the two courtyards. However, if the gap between the two ladders is **three** handbreadths or more, this **does not diminish** the height of the wall.

וְלָא אֲמַרַן אֶלָּא דְּלָא הָוֵי כּוֹתֶל אַרְבָּעָה, אֲבָל הָוֵי כּוֹתֶל אַרְבָּעָה – אֲפִילּוּ מוּפְלָג טוּבָא נַמִי.

And we only said this qualification if the **wall was less than four** handbreadths wide. However, if the **wall was** at least **four** handbreadths wide, then **even** if one ladder was **greatly distanced** from the other, this **likewise** renders it permitted. Since it is possible to walk along the thickness of the wall, the pair of ladders constitutes a passageway between the two courtyards.

אָמַר רַב בֵּיבָי בַּר אַבָּיֵי: בָּנָה אִיצְטַבָּא עַל גַּב אִיצְטַבָּא, אִם יֵשׁ בָּאִיצְטַבָּא הַתַּחְתּוֹנָה אַרְבָּעָה – מְמַעֵט. אִי נַמִי, אֵין בַּתַּחְתּוֹנָה אַרְבָּעָה וְיֵשׁ בָּעֶלְיוֹנָה אַרְבָּעָה, וְאֵין בֵּין זֶה לָזֶה שְׁלֹשָׁה – מְמַעֵט.

Rav Beivai bar Abaye said: If one built a wooden **platform** next to the wall **above** another **platform,**[BHN] then **if the lower platform is four** handbreadths wide, **it diminishes** the height of the wall to below ten handbreadths. **Alternatively,** if the **lower** one **is not four** handbreadths wide, **but the upper** one **is four** handbreadths wide, **and there is** a gap of **less than three** handbreadths **between them, it diminishes** the height of the wall, as the two platforms are considered as one.

וְאָמַר רַב נַחְמָן, אָמַר רַבָּה בַּר אֲבוּהּ: סוּלָּם שֶׁשְּׁלִיבוֹתָיו פּוֹרְחוֹת, אִם יֵשׁ בַּשְּׁלִיבָה הַתַּחְתּוֹנָה אַרְבָּעָה – מְמַעֵט, אִי נַמִי, אֵין בַּשְּׁלִיבָה הַתַּחְתּוֹנָה אַרְבָּעָה וְיֵשׁ בַּשְּׁלִיבָה הָעֶלְיוֹנָה אַרְבָּעָה, וְאֵין בֵּין זֶה לָזֶה שְׁלֹשָׁה – מְמַעֵט.

And Rav Naḥman said that **Rabba bar Avuh said:** In the case of **a ladder whose rungs are disconnected,**[BHN] **if the bottom rung is four** handbreadths wide, **it diminishes** the height of the wall. **Alternatively,** if **the bottom rung is not four** handbreadths wide, **but the upper rung is four** handbreadths wide, **and there is** a gap of **less than three** handbreadths **between them, it diminishes** the height of the wall, because the principle of *lavud* joins the two rungs together.

HALAKHA

Ladders on both sides – סוּלָּמוֹת מִשְּׁנֵי צְדָדִים: If ladders four handbreadths wide are placed against a wall on both sides, then if the wall itself is four handbreadths wide, they effectively diminish the height of the wall, even if the ladders are separated by more than three handbreadths. However, if the wall is less than four handbreadths wide, they effectively diminish the height of the wall only when they are separated by less than three handbreadths (*Shulḥan Arukh, Oraḥ Ḥayyim* 372:8).

A platform above another platform – אִיצְטַבָּא עַל גַּב אִיצְטַבָּא: If one constructs a platform above another platform next to a wall and the lower one is four by four handbreadths, or the upper one is four by four handbreadths and is separated from the lower one by less than three handbreadths, then they diminish the height of the wall (*Shulḥan Arukh, Oraḥ Ḥayyim* 311:11).

A ladder whose rungs are disconnected – סוּלָּם שֶׁשְּׁלִיבוֹתָיו פּוֹרְחוֹת: If a ladder's rungs are disconnected, and the lowest rung of the ladder is four handbreadths wide, and the gap between the rungs is smaller than three handbreadths, then the ladder diminishes the height of the wall (Rambam *Sefer Zemanim, Hilkhot Eiruvin* 3:5).

NOTES

Its heaviness establishes it as part of the wall – כּוֹבְדּוֹ קוֹבְעוֹ: Some commentaries explain that an extremely heavy object may not be moved on Shabbat, because it is considered as though it were set-aside and therefore may not be handled (Ra'avad).

A platform above another platform – אִיצְטַבָּא עַל גַּב אִיצְטַבָּא: With regard to a platform and a ladder, the commentaries disagree as to whether or not a width of four handbreadths is also required so that the area upon which one can stand measures a minimum four by four handbreadths. With regard to the statement of Rav Beivai bar Abaye concerning a platform, and that of Rav Naḥman concerning a ladder, despite the fact that they are very similar, there is no need to demonstrate why both are necessary, since two different scholars may teach similar points (Ritva).

A ladder whose rungs are disconnected – סוּלָּם שֶׁשְּׁלִיבוֹתָיו פּוֹרְחוֹת: See *Tosafot*, who explain the word disconnected [*porḥot*] differently. They write that this refers to a ladder made from isolated platforms, each one separated from the other by empty space. According to their explanation, the word *porḥot*, which literally means flying, refers to these unconnected steps of the ladder. In contrast, Rabbeinu Ḥananel says that this ladder is fashioned similarly to stairs, as Rashi explains with regard to all ladders. The *Arukh* states that this phrase refers to a ladder in which the wooden bars on the sides of its rungs are particularly distant from one another.

וְאָמַר רַב נַחְמָן, אָמַר רַבָּה בַּר אֲבוּהּ:

And Rav Naḥman said that Rabba bar Avuh said:

Perek **VII**
Daf **78** Amud **a**

זִיז הַיּוֹצֵא מִן הַכּוֹתֶל אַרְבָּעָה עַל אַרְבָּעָה, וְהִנִּיחַ עָלָיו סוּלָּם כׇּל שֶׁהוּא – מִיעֲטוֹ.

If a **projection four by four** handbreadths in area **extends from a wall,**[H] **and one placed a ladder of any** width **against it,** if the rungs of the ladder are less than three handbreadths apart, **he has diminished**[N] the height of the wall by means of this ladder and projection.

וְלָא אֲמַרַן אֶלָּא דְּאוֹתְבֵיהּ עֲלֵיהּ, אֲבָל אוֹתְבֵיהּ בַּהֲדֵיהּ – אַרְווֹחֵי אַרְוְחֵיהּ.

The Gemara qualifies this statement: **And we said** this **only** in a case **where one placed** the ladder directly **against** the projection, so that the ladder serves as a passage to it. **However, if he placed it adjacent to** the projection, **he has** merely **widened** the projection, while the ladder remains separate from it. Consequently, the projection does not have any connection to the ground, and a projection that is not within three handbreadths of the ground does not diminish the height of a wall.

וְאָמַר רַב נַחְמָן, אָמַר רַבָּה בַּר אֲבוּהּ: כּוֹתֶל תִּשְׁעָה עָשָׂר – צָרִיךְ זִיז אֶחָד לְהַתִּירוֹ.

And Rav Naḥman said that Rabba bar Avuh said: If **a wall** between two courtyards is **nineteen** handbreadths high, **it requires one projection to** render the use of the wall **permitted.** If there is a single projection in the middle of the wall, with a ladder of any width resting against it, it is considered a passageway between the courtyards, as the projection is within ten handbreadths of the top of the wall.

כּוֹתֶל עֶשְׂרִים – צָרִיךְ שְׁנֵי זִיזִים לְהַתִּירוֹ. אָמַר רַב חִסְדָּא: וְהוּא שֶׁהֶעֱמִידָן זֶה שֶׁלֹּא כְּנֶגֶד זֶה.

However, if **the wall** is **twenty** handbreadths high, it **requires two projections**[HN] **to** render the use of the wall **permitted,** one within ten handbreadths of the ground, and the other within ten handbreadths of the top of the wall. **Rav Ḥisda said: And this** applies only **where he positioned** the projections **not** directly **one above the other,** so that it is possible to use a ladder to climb from one projection to the other.

אָמַר רַב הוּנָא: עַמּוּד בִּרְשׁוּת הָרַבִּים, גָּבוֹהַּ עֲשָׂרָה וְרָחָב אַרְבָּעָה, וְנָעַץ בּוֹ יָתֵד כׇּל שֶׁהוּא – מִיעֲטוֹ.

Rav Huna said: If **a pillar in the public domain** is **ten** handbreadths **high and four** handbreadths **wide,** so that it is considered a private domain,[H] **and one drove a stake of any** size **into** the top of **it,**[N] **he has diminished its** area. The usable area is now less than four handbreadths, and therefore the pillar is no longer considered a private domain.

אָמַר רַב אַדָּא בַּר אַהֲבָה: וּבְגָבוֹהַּ שְׁלֹשָׁה. אַבָּיֵי וְרָבָא דְּאָמְרִי תַּרְוַיְיהוּ: אַף עַל פִּי שֶׁאֵין גָּבוֹהַּ שְׁלֹשָׁה.

Rav Adda bar Ahava said: This applies only if the stake is at least **three** handbreadths **high.** If it is less than three handbreadths high, it is considered part of the top of the pillar, based on the principle of *lavud.* This is in contrast to **Abaye and Rava, who both say: Even if** the stake is **not three** handbreadths **high,** the pillar is no longer considered a private domain.

NOTES

Diminishing by means of a projection – מִיעוּט זִיז: Some explain this differently from Rashi: If a projection extends from a wall and a person places a ladder on it, it is no longer convenient to use the projection; it is as though its size were reduced. If, however, he positioned the ladder adjacent to the projection, then it is as though he has enlarged the projection, and it is certainly suitable for use (Rashba).

Two projections – שְׁנֵי זִיזִים: Some explain that these projections are effective without a ladder, and they diminish the height of the wall because they can be used to scale the wall. However, since these projections are not very close to one another, they must be slightly tilted in order to allow one to use them to climb the wall, and they are not considered similar to an upright ladder (Ra'avad; Rashba).

Drove a stake into the pillar – נָעַץ יָתֵד בְּעַמּוּד: The Rambam understands this case completely differently, and Rabbeinu Ḥananel seems to interpret it similarly, though he had a different version of the text. Rather than explaining that the stake was driven into the top of a pillar, he understands that the stake was inserted into its side, giving the stake the status of a projection in a wall. Therefore, the stake effectively diminishes the height of the wall. The dispute concerns the size of the stake required to diminish the height of the wall. One opinion maintains that it must be three handbreadths in size so that it can be used for climbing, while Rav Ashi holds, according to Rabbeinu Ḥananel's version of the text, that even a stake of less than three handbreadths serves to diminish its height, because it can be utilized for hanging items (see *Maggid Mishne*).

HALAKHA

If a projection extends from a wall – זִיז הַיּוֹצֵא מִן הַכּוֹתֶל: If a projection measuring four by four handbreadths extends from a wall, and a ladder is placed against it, this diminishes the height of the wall. However, the height is not effectively diminished if one places the ladder adjacent to the projection (*Shulḥan Arukh, Oraḥ Ḥayyim* 372:12).

Projections in a high wall – זִיזִים בְּכוֹתֶל גָּבוֹהַּ: If a wall is nineteen handbreadths high and has a single projection in the middle of it, its height may be diminished by means of a ladder. However, if the height of the wall is twenty handbreadths, it requires two projections, one within ten handbreadths of the ground and another within ten handbreadths of the top of the wall. Additionally, the projections may not be placed directly above one other (*Shulḥan Arukh, Oraḥ Ḥayyim* 372:12).

A pillar as a private domain – עַמּוּד רְשׁוּת הַיָּחִיד: A pillar standing in the public domain that is ten handbreadths high and four handbreadths square has the status of a private domain. However, if one drove a stake into it that is three handbreadths tall, he has diminished its height (Ra'avad). It seems that the Rambam had a different version of the text, as he understands that the stake was inserted into the side of the pillar, and that the height of the pillar is measured from the location of the stake (*Maggid Mishne*; Rambam *Sefer Zemanim, Hilkhot Shabbat* 14:9).

מַאי טַעְמָא – לָא מִשְׁתַּמֵּשׁ לֵיהּ.

What is the reason for the opinion of Abaye and Rava? It is that the pillar **is no longer** fit to be **used,** as a surface of four by four handbreadths is suitable for use only when it is level. If it has even a small projection, it is no longer usable.

רַב אַשִׁי אָמַר: אֲפִילּוּ שֶׁגָּבוֹהַּ שְׁלֹשָׁה, מַאי טַעְמָא – אֶפְשָׁר דְּתָלֵיהּ בֵּיהּ מִידֵּי.

Rav Ashi said: Even a stake three handbreadths **high** does not diminish the area of the pillar. **What is the reason** for this? It is that **it is possible to hang an item on it. Although** it is no longer possible to rest objects on top of the pillar, it is still useful in some way.

אֲמַר לֵיהּ רַב אַחָא בְּרֵיהּ דְּרָבָא לְרַב אַשִׁי: מִלְאוֹ כּוּלּוֹ בִּיתֵדוֹת מַהוּ?

Rav Aḥa, son of Rava, said to Rav Ashi: According to your opinion, if **he filled it entirely with stakes,**[B] i.e., if he drove so many stakes into the top of the post that it was completely filled, **what is the** *halakha*?

אֲמַר לֵיהּ: לָא שְׁמִיעַ לָךְ הָא דְּאָמַר רַבִּי יוֹחָנָן: בּוֹר וְחוּלְיָיתָהּ מִצְטָרֵף לַעֲשָׂרָה?

Rav Ashi **said to him: Did you not hear that** which **Rabbi Yoḥanan said?** He said that **a pit and its embankment** of stone around the edge **join** together to complete the measure of **ten** handbreadths. Similarly, the width of the embankment joins with the diameter of the pit to complete the measure of four by four handbreadths necessary to define the pit as a private domain.

וְאַמַּאי? הָא לָא מִשְׁתַּמֵּשׁ לֵיהּ! אֶלָּא מַאי אִית לָךְ לְמֵימַר – דְּמַנַּח מִידֵּי וּמִשְׁתַּמֵּשׁ. הָכָא נַמִי – דְּמַנַּח מִידֵּי וּמִשְׁתַּמֵּשׁ.

There, too, one can raise the question: **But why? He cannot use** the embankment, as most of the area is the empty space of the pit. **Rather, what have you to say,** i.e., how can you solve this problem? The solution is **that he places an item,** e.g., a board, over the mouth of the pit, **and** then he can make **use** of it. **Here, too, he places an item** over the stakes **and** can make **use** of the pillar.

אָמַר רַב יְהוּדָה, אָמַר שְׁמוּאֵל: כּוֹתֶל עֲשָׂרָה – צָרִיךְ סוּלָּם אַרְבָּעָה עָשָׂר לְהַתִּירוֹ. רַב יוֹסֵף אָמַר: אֲפִילּוּ שְׁלֹשָׁה עָשָׂר וּמַשֶּׁהוּ.

Rav Yehuda said that **Shmuel said:** If **a wall** is **ten** handbreadths high, **it requires a ladder fourteen** handbreadths high, so that one can place the ladder at a diagonal against the wall. The ladder then functions as a passageway and thereby renders the use of the wall **permitted. Rav Yosef said: Even** a ladder with a height of **thirteen** handbreadths **and a bit** is enough, as it is sufficient if the ladder reaches within one handbreadth of the top of the wall.

אַבַּיֵי אָמַר: אֲפִילּוּ אַחַד עָשָׂר וּמַשֶּׁהוּ.

Abaye said: Even a ladder that is only **eleven** handbreadths **and a bit** suffices, as the ladder will still reach a height of over seven handbreadths, i.e., within three handbreadths of the top of the wall.

רַב הוּנָא בְּרֵיהּ דְּרַב יְהוֹשֻׁעַ אָמַר: אֲפִילּוּ שִׁבְעָה וּמַשֶּׁהוּ.

Rav Huna, son of Rav Yehoshua, said: Even if the ladder is only **seven** handbreadths **and a bit**[BH] it is sufficient, as he can stand the ladder upright against the wall. Since it will reach within three handbreadths of the top of the wall, the principle of *lavud* applies. Therefore, even a ladder placed in this manner is considered a valid passageway between the two courtyards.

אָמַר רַב: סוּלָּם זָקוּף מְמַעֵט, גְּמָרָא, וְלָא יָדַעְנָא מַאי טַעְמָא.

Similarly, **Rav said: An upright ladder** effectively **diminishes** the height of a wall, as it creates a passageway. I received this teaching as **a tradition, but I do not know what the reason is,** as people do not generally climb ladders positioned in this manner.

אָמַר שְׁמוּאֵל: וְלָא יָדַע אַבָּא טַעְמָא דְּהָא מִלְּתָא?! מִידֵּי דַּהֲוָה אַאִיצְטַבָּא עַל גַּבֵּי אִיצְטַבָּא.

Shmuel said: Does Abba, i.e., Rav, actually **not know the reason for this matter?** The reason here is **just as it is** in the case of a **platform above** another **platform.** Even though it is not easy to climb, since it provides steps that can be climbed, albeit with difficulty, it is considered a valid passageway.

אָמַר רַבָּה, אָמַר רַבִּי חִיָּיא: דְּקָלִים שֶׁבְּבָבֶל אֵינָן צְרִיכִין קֶבַע. מַאי טַעְמָא – כְּבֵידָן קוֹבַעְתָּן.

Rabba said that **Rabbi Ḥiyya said:** The trunks of **palm trees in Babylonia** that were placed next to a wall between two courtyards so that people could climb on them and pass from one courtyard to another **do not need to be established** permanently and attached to the ground; rather, they serve to diminish the wall as they are. **What is the reason** for this? It is that **their heaviness establishes them** as connected to the ground. Although it is permitted to handle them, nevertheless, since their weight makes them difficult to move, they are considered fixed in place.

BACKGROUND

He filled it entirely with stakes – מִלְאוֹ כּוּלּוֹ בִּיתֵדוֹת: The image below illustrates a pillar entirely filled with stakes. It also shows, by means of the tallest stake, how a stake of this kind makes it inconvenient to place items on the pillar. This depiction is based on Rashi's explanation. According to the Rambam (see Notes), the stake is inserted into the side of the pillar, and as a result the height of the pillar is considered diminished.

Pillar filled with stakes

The height of the ladder – גּוֹבַהּ הַסּוּלָּם: Based on the context and on mathematical calculations, the explanation of *Tosafot* seems correct: The ladder is placed at a 45° angle so that the distance of its foot from the wall and the height of its top against the wall are equal. This is especially reasonable if the ladder resembles stairs, rather than a modern one with rungs.

The image below demonstrates that a ladder fourteen handbreadths in height would reach the top of the wall, which is ten handbreadths high. A ladder thirteen handbreadths high would reach above a height of nine handbreadths on the wall, and even one eleven handbreadths high would reach higher than seven handbreadths.

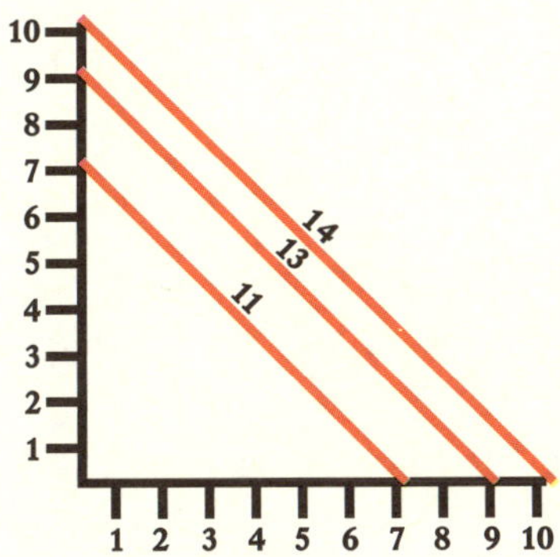

Ladders of different lengths against a wall

HALAKHA

The size of the ladder – גּוֹדֶל הַסּוּלָּם: A ladder that is a bit more than seven handbreadths tall is sufficient to diminish the height of a wall that is ten handbreadths high. This ruling is in accordance with the opinion of Rav Huna, son of Rabbi Yehoshua, who is the latest authority cited in the Gemara and who rules in accordance with the opinion of Rav (*Maggid Mishne*; *Shulḥan Arukh*, *Oraḥ Ḥayyim* 372:8).

וְרַב יוֹסֵף אָמַר רַבִּי אוֹשַׁעְיָא: סוּלָּמוֹת שֶׁבְּבָבֶל אֵינָן צְרִיכִין קֶבַע, מַאי טַעְמָא – כְּבֵידָן קוֹבַעְתָּן.

And similarly, **Rav Yosef** said that **Rabbi Oshaya said: Ladders in Babylonia do not need** to be **established** and fixed permanently in place. **What is the reason** for this? It is that **their heaviness establishes them,**[H] as the ladders in Babylonia were typically large and heavy.

מַאן דְּאָמַר סוּלָּמוֹת – כׇּל שֶׁכֵּן דְּקָלִים, וּמַאן דְּאָמַר דְּקָלִים – אֲבָל סוּלָּמוֹת – לָא.

The Gemara comments: With regard to **the one who said** that Babylonian **ladders** do not need to be fixed in place, **all the more so** would he agree that the trunks of **palm trees,** which are placed there from the outset for this purpose, are considered fixed, as both are extremely heavy and also designed to remain in place. On the other hand, **the one who said** that the trunks of **palm trees** need not be fixed permanently in the ground, spoke only with regard to palm trees. **However,** as for **ladders, no,** they are not considered fixed in place. A ladder, even a heavy one, is designed to be moved from place to place.

בְּעָא מִינֵּיהּ רַב יוֹסֵף מֵרַבָּה: סוּלָּם מִכָּאן וְסוּלָּם מִכָּאן וְקַשִּׁין בָּאֶמְצַע, מַהוּ?

Rav Yosef raised a dilemma before Rabba: If there is a narrow **ladder** measuring less than two handbreadths wide **on one** side, **and** a similarly narrow **ladder on the other** side, **and** there are rungs of woven **straw in the middle** between them[B] which would not support a person's weight, **what is** the *halakha*? Are the two ladders considered a single unit, forming a ladder four handbreadths wide, which serves to diminish the height of a wall?

אֲמַר לֵיהּ: אֵין כַּף הָרֶגֶל עוֹלָה בָּהֶן.

Rabba **said to him: The sole of the foot cannot** climb **upon them.** A person usually places his foot in the middle of a ladder. Since the middle of this ladder is made of straw, then although it appears to be four handbreadths wide, it is not fit for use and does not diminish the height of the wall.

קַשִּׁין מִכָּאן וְקַשִּׁין מִכָּאן וְסוּלָּם בָּאֶמְצַע, מַהוּ? אֲמַר לֵיהּ: הֲרֵי כַּף הָרֶגֶל עוֹלָה בָּהֶן.

Rav Yosef continued to ask: And what if there were rungs of **straw on one** side **and** rungs of **straw on the other** side, **and a** narrow **ladder**[HN] less than four handbreadths wide **in the middle,**[B] and their combined width is four handbreadths? **What is** the *halakha* in this case? Rabba **said to him: The sole of the foot can** climb **upon them,** and the ladder appears to be four handbreadths wide. Therefore, it serves to diminish the height of the wall.

HALAKHA

Their heaviness establishes them – כְּבֵידָן קוֹבַעְתָּן: Heavy ladders and stumps of palm trees that are placed next to a wall serve to diminish its height. Even though it is permissible to move them, their weight establishes them as fixed in place (Rambam *Sefer Zemanim, Hilkhot Eiruvin* 3:7).

Rungs of straw…and a narrow ladder – סוּלָּם וְקַשִּׁים: If there are two ladders alongside one another, each of which is less than two handbreadths wide, and one connects them with straw rungs, they do not serve to diminish the height of the wall. However, a ladder less than four handbreadths wide that one increased to the size of four handbreadths by attaching straw rungs on each side effectively diminishes the height of the wall (*Shulḥan Arukh, Oraḥ Ḥayyim* 372:13).

NOTES

Rungs of straw…and a narrow ladder – סוּלָּם וְקַשִּׁים: Some commentaries interpret this case in an entirely different manner, explaining that there is a straw partition separating two courtyards, with ladders leaning against it from both sides. Rav Yosef asked whether these ladders can be considered a passageway, to which Rabba replied that since one cannot climb the ladders due to the instability of the straw partition, they are insignificant. Rav Yosef then inquired as to the ruling in a case where the ladders are leaning on a section of the partition made of stable material, while the rest of the partition is made of straw. Rabba answered that in that case the ladders are effective, since it is possible to climb them (*ge'onim*; Ra'avad).

BACKGROUND

Rungs of woven straw in the middle between them – קַשִּׁין בָּאֶמְצַע: The image below shows two narrow ladders held together by rungs of straw or another weak material, which would not support a person's weight. This illustration is in accordance with Rashi's explanation.

Ladders held together by rungs of straw

Straw rungs on each side and a ladder in the middle – קַשִּׁין מִכָּאן וּמִכָּאן וְסוּלָּם בָּאֶמְצַע: The image below depicts a narrow ladder with weak additions made of straw added to its rungs, which would not support a person's weight (in accordance with the explanation of Rashi).

Ladder with straw rungs added on either side

HALAKHA

One dug out grooves in the wall – חָקַק הַכּוֹתֶל: If one hollowed out grooves in a wall in order to complete the measure of a narrow ladder to four handbreadths wide, the grooves are required only up to a height of ten handbreadths. However, if one hollowed out an entire ladder in a wall, then the steps, which must be four handbreadths wide, must reach the top of the wall (*Shulḥan Arukh, Oraḥ Ḥayyim* 372:14).

NOTES

Dug it out to complete the measure – חֲקָקוֹ לְהַשְׁלִים: Some interpret this case differently: The ladder is four handbreadths wide, but very short, and it is completed by hollowing out additional rungs in the wall above the ladder to a height of within ten handbreadths of the top of the wall (Rashba; *Me'iri*). Rabbeinu Ḥananel explains that the phrase dug out to complete indicates that there is a hole in the wall that one sought to widen to a measure of four by four handbreadths so that it may serve as a window. According to this explanation, Rabba's answer is that if one hollowed out a space of four handbreadths within ten handbreadths of the ground, it is sufficient. However, if one wishes to hollow out a proper entrance in the wall, it must reach the full height of a person. The reason is that since he has decided to make an entrance, it must be one through which people can pass.

***Asheira* – אֲשֵׁרָה:** The assumption is that this tree is no longer growing, but has fully dried out or has been uprooted from its place. Otherwise, two questions are relevant here, since it is both an *asheira* and a tree that may not be climbed on Shabbat.

BACKGROUND

Dug out in the wall to complete the measure – חָקַק לְהַשְׁלִים בַּכּוֹתֶל: The illustration below depicts grooves hollowed out in a wall to complete the required width of a narrow ladder.

Grooves dug out on either side of a ladder

חָקַק לְהַשְׁלִים בַּכּוֹתֶל, בְּכַמָּה? אֲמַר לֵיהּ: בַּעֲשָׂרָה.

Rav Yosef further asked: If the ladder resting against the wall was less than four handbreadths wide, and **one dug out** grooves **in the wall**[H] as extensions of the rungs of the ladder **to complete** the measure,[NB] **how** high must this hollowed-out section be to consider the ladder a valid passageway between the two courtyards? Rabba **said to him:** If it is **ten** handbreadths high and four handbreadths wide, it is considered a passageway.

אֲמַר לֵיהּ: חֲקָקוֹ כּוּלּוֹ בַּכּוֹתֶל, בְּכַמָּה? אֲמַר לֵיהּ: מְלֹא קוֹמָתוֹ. וּמַאי שְׁנָא? אֲמַר לֵיהּ: הָתָם – מִסְתַּלַּק לֵיהּ, הָכָא לֹא מִסְתַּלַּק לֵיהּ.

Rav Yosef **said to him:** If there was no ladder, and **one dug out the entire** ladder **in the wall,** so that all the steps are grooves in the wall, **how much** must he hollow out? Rabba **said to him:** Those steps must reach **the full height of** the wall. Rav Yosef asked: **And what is the difference** in this case? Why must the steps reach higher in this case than in the case where the hollowed-out section was merely an extension of an existing ladder? Rabba **said to him: There,** where there is a ladder, **it is easy to climb** to the top of the wall; however, **here,** where there are only grooves in the wall, **it is not easy to climb.** If one cannot reach the top of the wall, the steps are not considered a passageway between the courtyards.

בְּעָא מִינֵּיהּ רַב יוֹסֵף מֵרַבָּה: עֲשָׂאוֹ לָאִילָן סוּלָּם, מַהוּ?

Rav Yosef raised a dilemma before Rabba: If one designated a tree as a ladder, what is the *halakha*? Given that it is prohibited to climb a tree on Shabbat, if a tree stands next to a wall and it is easy to climb, is it considered with regard to the *halakhot* of Shabbat as an opening in the wall that can serve as a passageway between the two courtyards?

תִּיבָּעֵי לְרַבִּי, תִּיבָּעֵי לְרַבָּנַן;

Let the dilemma be raised according **to** the opinion of **Rabbi** Yehuda HaNasi, who maintains that a joining of Shabbat boundaries [*eiruv teḥumin*] placed in a tree is valid; and **let the dilemma be raised** according **to** the opinion of **the Rabbis,** who disagree.

תִּיבָּעֵי לְרַבִּי: עַד כָּאן לָא קָאָמַר רַבִּי הָתָם "כָּל דָּבָר שֶׁהוּא מִשּׁוּם שְׁבוּת לֹא גָּזְרוּ עָלָיו" הָנֵי מִילֵּי – בֵּין הַשְּׁמָשׁוֹת, אֲבָל כּוּלֵּי יוֹמָא – לֹא.

The Gemara elaborates: **Let the dilemma be raised** according **to** the previously stated opinion of **Rabbi** Yehuda HaNasi. **Rabbi** Yehuda HaNasi **only stated there** that with regard to **anything that is** prohibited on Shabbat **due to a rabbinic decree** [*shevut*], the Sages **did not prohibit** it during twilight. Therefore, in Rabbi Yehuda HaNasi's opinion, it is permitted to use an *eiruv* that was deposited in a tree, as the use of a tree is prohibited on Shabbat by rabbinic decree. However, **this applies only** in that case, as the *eiruv* takes effect **during the twilight period.** Since there is doubt with regard to whether that period is considered day or night, the decree is not in force, and the *eiruv* is therefore valid. **However,** in this case, where the opening must be valid for **the entire day,** Rabbi Yehuda HaNasi would **not** rule that the decree does not apply. Since it is prohibited by rabbinic decree to climb a tree on Shabbat, a tree cannot be considered a valid passageway.

אוֹ דִּילְמָא: אֲפִילּוּ לְרַבָּנַן, פִּיתְחָא הוּא, וְאַרְיָא הוּא דִּרְבִיעַ עֲלֵיהּ.

Or perhaps it may be argued that **even according to** the opinion of **the Rabbis,** this tree is considered an opening. They may have said that a joining of Shabbat boundaries placed in a tree is not valid only because the *eiruv* must actually be accessible during twilight, and in that case it is not, due to the rabbinic decree. However, in this case, where it is not necessary to make actual use of the tree, they would agree that a tree that serves as a ladder **is a valid entrance, but a lion crouches upon it.** Just as a lion crouching at an opening does not thereby nullify its status as an entrance, although in practice no one can pass through it, so too, in the case of the tree, the prohibition against climbing it does not nullify its status as a passageway.

עֲשָׂאוֹ לָאֲשֵׁירָה סוּלָּם, מַהוּ? תִּיבָּעֵי לְרַבִּי יְהוּדָה, תִּיבָּעֵי לְרַבָּנַן;

Rav Yosef further inquired: **If one designated a tree worshipped as part of idolatrous rites** [*asheira*],[N] from which it is forbidden to derive benefit, **as a ladder, what is** the *halakha*? Is it considered a valid passageway in the wall with regard to the *halakhot* of Shabbat? Here, too, **let the dilemma be raised** according **to** the opinion of **Rabbi Yehuda,** and **let the dilemma be raised** according **to** the opinion of **the Rabbis.**

תִּיבָּעֵי לְרַבִּי יְהוּדָה: עַד כָּאן לָא קָאָמַר רַבִּי יְהוּדָה הָתָם דְּמוּתָּר לִקְנוֹת בַּיִת בְּאִיסּוּרֵי הֲנָאָה – אֶלָּא הָתָם, דְּבָתַר דְּקָנָה לֵיהּ עֵירוּב לָא נִיחָא לֵיהּ דְּלִינְּטַר.

The Gemara elaborates: **Let the dilemma be raised** according **to the** previously stated opinion of **Rabbi Yehuda. Rabbi Yehuda only stated there** that **it is permitted to acquire,** i.e., make use of, **a house** for the purposes of establishing an *eiruv* even if it is among the **items** from which it is **prohibited to** derive **benefit,** such as a grave. This statement applies only **there,** with regard to acquiring an *eiruv* in that location, **since after the** *eiruv* **has acquired** a place of residence **for him, it is not important to him that it is guarded.** He requires the grave only for the moment of the acquisition of the *eiruv,* and what happens to it afterward is of no consequence to him. However, here, since one desires the continued presence of the ladder, it is possible that even Rabbi Yehuda would agree that one may not rely on an *asheira,* as one may not climb and make use of it, since it is prohibited to derive benefit from it.

אוֹ דִּילְמָא: אֲפִילּוּ לְרַבָּנַן פִּיתְחָא הוּא, וְאַרְיָא דִּרְבִיעַ עֲלֵיהּ?

Or perhaps it may be argued that **even** though according **to the** opinion of **the Rabbis** it is prohibited to use a grave to acquire an *eiruv,* here they would agree that the *asheira* **is an opening, but a lion crouches upon it,**[N] and this does not nullify its status as an opening.

אֲמַר לֵיהּ: אִילָן מוּתָּר, וַאֲשֵׁירָה אֲסוּרָה. מַתְקִיף לָהּ רַב חִסְדָּא: אַדְּרַבָּה, אִילָן שֶׁאִיסּוּר שַׁבָּת גּוֹרֵם לוֹ – נִיתְּסַר,

Rabba **said to him: A tree is permitted** for use as a ladder, **but an** *asheira* **is prohibited. Rav Ḥisda strongly objects to this: On the contrary, a tree,** with regard to **which a Shabbat prohibition causes it** to be prohibited, **should be prohibited,** so that it will not be said that a Shabbat prohibition has been disregarded in a case involving the *halakhot* of Shabbat.

אֲשֵׁירָה שֶׁאִיסּוּר דָּבָר אַחֵר גּוֹרֵם לוֹ – לָא נִיתְּסַר.

And the converse is also true: **An** *asheira,* with regard to **which something else,** a *halakha* unrelated to the *halakhot* of Shabbat, **causes it** to be prohibited, **should not be prohibited.** Rather, it should be considered an opening with regard to Shabbat.

אִיתְּמַר נַמִי, כִּי אֲתָא רָבִין, אָמַר רַבִּי אֶלְעָזָר, וְאָמְרִי לָהּ אָמַר רַבִּי אַבָּהוּ, אָמַר רַבִּי יוֹחָנָן: כֹּל שֶׁאִיסּוּר שַׁבָּת גָּרַם לוֹ – אָסוּר, כֹּל שֶׁאִיסּוּר דָּבָר אַחֵר גָּרַם לוֹ – מוּתָּר.

Indeed, **it was also stated: When Ravin came** from Eretz Yisrael to Babylonia, he said that **Rabbi Elazar said, and some say** that **Rabbi Abbahu said** that **Rabbi Yoḥanan said: Anything** with regard to **which a prohibition of Shabbat causes it** to be prohibited **is prohibited;** and conversely, **anything** with regard to **which something else causes it** to be prohibited **is permitted.**

רַב נַחְמָן בַּר יִצְחָק מַתְנֵי הָכִי: אִילָן – פְּלוּגְתָּא דְּרַבִּי וְרַבָּנַן, אֲשֵׁירָה – פְּלוּגְתָּא דְּרַבִּי יְהוּדָה וְרַבָּנַן.

However, in contrast to Rav Yosef, **Rav Naḥman bar Yitzḥak taught as follows:** These questions are indeed dependent on the known disputes. Whether **a tree** serving as a ladder constitutes a valid opening **is** the subject of **a dispute** between **Rabbi** Yehuda HaNasi **and the Rabbis;** Rabbi Yehuda HaNasi permits it and the Rabbis prohibit it. The debate with regard to whether or not **an** *asheira* is considered an opening **is** the subject of **a dispute** between **Rabbi Yehuda,** who permits using items from which it is prohibited to derive benefit for the sake of an *eiruv,* **and the Rabbis,** who prohibit making an *eiruv* with such items.[H]

מתני׳ חָרִיץ שֶׁבֵּין שְׁתֵּי חֲצֵירוֹת, עָמוֹק עֲשָׂרָה וְרוֹחַב אַרְבָּעָה – מְעָרְבִין שְׁנַיִם, וְאֵין מְעָרְבִין אֶחָד, אֲפִילּוּ מָלֵא קַשׁ אוֹ תֶּבֶן. מָלֵא עָפָר אוֹ צְרוֹרוֹת מְעָרְבִין אֶחָד, וְאֵין מְעָרְבִין שְׁנַיִם.

MISHNA With regard to **a ditch between two courtyards**[H] that is **ten** handbreadths **deep and four** handbreadths **wide,** it is considered a full-fledged partition, and the residents of the courtyard **establish two** *eiruvin,* one for each courtyard, **but they** may **not establish one** *eiruv.* **Even** if the ditch is **filled** with **straw or hay,** it is not regarded as sealed and is therefore not nullified. However, if the ditch is **filled with dirt or pebbles,** the residents **establish one** *eiruv,* **but they** may **not establish two** *eiruvin,* as the ditch is nullified and considered nonexistent.

נָתַן עָלָיו נֶסֶר שֶׁרָחָב אַרְבָּעָה טְפָחִים, וְכֵן שְׁתֵּי גְּזוּזְטְרָאוֹת זוֹ כְּנֶגֶד זוֹ – מְעָרְבִין שְׁנַיִם, וְאִם רָצוּ – מְעָרְבִין אֶחָד. פָּחוֹת מִכָּאן – מְעָרְבִין שְׁנַיִם, וְאֵין מְעָרְבִין אֶחָד.

If **one placed a board four handbreadths wide across** the ditch[H] so that he could cross it, **and similarly,** if **two balconies** [*gezuztraot*][HL] in two different courtyards are **opposite one another,** and one placed a board four handbreadths wide between them, the residents of the courtyards or balconies **establish two** *eiruvin,* **and if they desire, they** may **establish one,** as the board serves as an opening and a passageway between them. If the width of the plank is **less than** four handbreadths, the residents **establish two** *eiruvin,* **but they** may **not establish one** *eiruv.*

NOTES

A lion crouches upon it – **אַרְיָא דִּרְבִיעַ עֲלֵיהּ:** It was clear to those asking the question that a lion actually crouching in an entrance would not nullify its status as an entrance. Therefore, the question here is whether the prohibition involved in climbing a tree affects its status as a passageway, or whether this is considered an external factor, similar to a lion crouching at an entrance. According to Rabba, the prohibition to use a tree on Shabbat is an external factor, as the tree itself is not prohibited, and the prohibition to use it can be viewed as secondary. However, the prohibition to derive benefit from an *asheira* affects the status of the tree itself to the extent that it is considered as though the tree were not there at all. Rav Ḥisda maintains that since the prohibition with regard to an *asheira* does not belong to the category of Shabbat laws, it does not affect the tree's status as an opening with regard to Shabbat. By contrast, a Shabbat prohibition does nullify a tree's status as an entrance, at least for the day of Shabbat itself (see *Me'iri*).

HALAKHA

A tree and an ***asheira*** – **עֵץ וַאֲשֵׁרָה:** If one fashioned a ladder for a wall out of a living tree, this effectively diminishes the height of the wall and permits the use of the wall on Shabbat. However, the height of a wall may not be diminished by means of an *asheira,* in accordance with Rabba's opinion. The Rosh issues the opposite ruling, i.e., that a tree is prohibited but one is permitted to utilize a dried *asheira,* in accordance with the opinion of Rabbi Yoḥanan. Most of the later authorities agree with the first opinion, since Rabbi Naḥman bar Yitzḥak, a later Sage, adopts that interpretation. Furthermore, that approach can also bring this passage in the Gemara in line with a discussion of the same topic elsewhere in the Talmud (Vilna Gaon; *Eliya Rabba*; *Shulḥan Arukh, Oraḥ Ḥayyim* 372:15).

A ditch between two courtyards – **חָרִיץ שֶׁבֵּין שְׁתֵּי חֲצֵירוֹת:** If a ditch ten handbreadths deep and four handbreadths wide separates two courtyards, the residents of each courtyard must establish a separate *eiruv,* even if the ditch is filled with straw and hay. However, if the ditch is filled with dirt, it is nullified, and the residents of the two courtyards establish one *eiruv* (*Shulḥan Arukh, Oraḥ Ḥayyim* 372:16).

A board across a ditch – **נֶסֶר עַל חָרִיץ:** If a board four handbreadths wide is placed across a ditch that separates two courtyards, it is considered a passageway between the courtyards, and the residents of the two courtyards may establish one joint *eiruv* if they wish. The same applies if the residents sealed the ditch along a length of four handbreadths with material that would render it nullified (Rema, based on Ritva and *Beit Yosef*; *Shulḥan Arukh, Oraḥ Ḥayyim* 372:17).

Two balconies – **שְׁתֵּי גְּזוּזְטְרָאוֹת:** If a plank four handbreadths wide is placed between two balconies that face each other, the residents of the two balconies may establish a single *eiruv* (*Shulḥan Arukh, Oraḥ Ḥayyim* 373:1).

LANGUAGE

Balcony [*gezuztra*] – **גְּזוּזְטְרָא:** From the Greek ἐξώστρα, *exostra,* meaning a balcony or area that protrudes from a building.

HALAKHA

A house that one filled – בַּיִת שֶׁמִּילְאוֹ: If one filled a house with straw and hay that he subsequently nullified, it is as though the house were nonexistent. Therefore, the ritual impurity imparted by a corpse found inside is not contained by the house; rather, it extends in all directions (Rambam *Sefer Tahara, Hilkhot Tumat Met* 7:6).

גמ׳ וְתֶבֶן לָא חָיֵיץ? וְהָא אֲנַן תְּנַן: מַתְבֵּן שֶׁבֵּין שְׁתֵּי חֲצֵירוֹת, גָּבוֹהַּ עֲשָׂרָה טְפָחִים – מְעָרְבִין שְׁנַיִם, וְאֵין מְעָרְבִין אֶחָד.

GEMARA The Gemara wonders: Does **hay not** constitute a proper **filling** to seal the ditch? **Didn't we learn** in the following mishna: With regard to **a haystack ten handbreadths high** that stands **between two courtyards,** the residents of the two courtyards **establish two** ***eiruvin*****, but they** may **not establish one** ***eiruv*****.** This indicates that hay can create a valid partition.

אָמַר אַבָּיֵי: לְעִנְיַן מְחִיצָה – כּוּלֵּי עָלְמָא לָא פְּלִיגִי דְּהָוְיָא מְחִיצָה, אֲבָל לְעִנְיַן חֲצִיצָה, אִי בַּטְלֵיהּ – חָיֵיץ, וְאִי לָא בַּטְלֵיהּ – לָא חָיֵיץ.

Abaye said that the matter should be understood as follows: **With regard to a partition, everyone agrees that** hay **is a partition** and that it divides between the courtyards as long as it is placed there. **But with regard to filling** the ditch so that it is considered sealed, one must distinguish between two cases: **If one** explicitly **nullified** the hay and decided to leave it there, **it fills** and seals the ditch; **however, if he did not nullify it** but intends to remove the hay from the ditch, **it does not fill** it, and the ditch is not considered sealed.

״מָלֵא עָפָר״. וַאֲפִילּוּ בִּסְתָמָא? וְהָתְנַן: בַּיִת שֶׁמִּילְאָהוּ תֶּבֶן אוֹ צְרוֹרוֹת וּבִיטְּלוֹ – בָּטֵל.

It is written in the mishna: If the ditch is **filled with dirt** or pebbles, it is considered sealed. The Gemara asks: Does this apply **even if** one **did not specify** his intention to leave it there? **Didn't we learn** in a mishna with regard to the ritual impurity of a corpse: If there is **a house that one filled**[H] **with hay or pebbles, and he nullified** the hay or pebbles and decided to leave them in the house, then the house (Rambam) **is nullified** and is no longer considered a house with partitions? Generally, a house containing a corpse is ritually impure on the inside but does not impart impurity to the surrounding area. However, in this case, the house is considered an enclosed grave that imparts ritual impurity to its surroundings.

בִּיטְּלוֹ – אִין,

And one can infer from the mishna: **If he nullified** the hay or pebbles, **yes,** the house is nullified and considered sealed.

Perek **VII**
Daf **79** Amud **a**

לֹא בִּיטְּלוֹ – לָא. אָמַר רַב הוּנָא: מַאן תָּנָא אֳהָלוֹת – רַבִּי יוֹסֵי הִיא.

However, if **he did not nullify it, no,** the house retains the status of a house, although it is filled with hay. **Rav Huna said: Who** is the *tanna* who **taught** tractate ***Oholot*****? It is Rabbi Yosei,** and the *tanna* of the mishna does not accept his opinion.

אִי רַבִּי יוֹסֵי – אִיפְּכָא שָׁמְעִינַן לֵיהּ. דְּתַנְיָא: רַבִּי יוֹסֵי אוֹמֵר: תֶּבֶן וְאֵין עָתִיד לְפַנּוֹתוֹ – הֲרֵי הוּא כִּסְתָם עָפָר וּבָטֵל, עָפָר וְעָתִיד לְפַנּוֹתוֹ – הֲרֵי הוּא כִּסְתָם תֶּבֶן וְלָא בְּטִיל!

The Gemara asks: **If** that mishna is in accordance with the opinion of **Rabbi Yosei,** there is a difficulty, since **we heard him** say **the opposite, as it was taught** in the *Tosefta* that **Rabbi Yosei says:** In a case where there is a house full of **hay and** the owner **does not intend to remove, it is considered as though** it were filled with **indeterminate dirt, and it is** therefore **nullified.** However, if the house was full of **dirt** that **he intends to remove, it is considered as though** it were filled with **indeterminate hay, and it is** therefore **not nullified.** Apparently, the decisive factor for Rabbi Yosei is not the specific material in the house, but whether or not the owner intends to remove it.

אֶלָּא אָמַר רַב אַסִי: מַאן תָּנָא עֵירוּבִין – רַבִּי יוֹסֵי הִיא.

Rather, Rav Asi said: Who is the *tanna* who **taught** tractate *Eiruvin*? **It is Rabbi Yosei,** who does not accept the opinion of the *tanna* of tractate *Oholot.*

רַב הוּנָא בְּרֵיהּ דְּרַב יְהוֹשֻׁעַ אָמַר: טוּמְאָה אַשַּׁבָּת קָרָמֵית?! הַנַּח אִיסּוּר שַׁבָּת, דַּאֲפִילּוּ אַרְנְקֵי נָמֵי מְבַטֵּל אִינִישׁ.

Rav Huna, son of Rav Yehoshua, said: Are you raising a contradiction between the *halakhot* of ritual **impurity** and the *halakhot* of **Shabbat?** These two areas of *halakha* cannot be compared. **Leave** aside the **prohibition of Shabbat.** With regard to Shabbat, **a person nullifies even a pouch** full of money. The pouch may not be moved on Shabbat and is therefore considered fixed in place. However, hay, which may be moved even on Shabbat, is not considered to be fixed in the ditch. With regard to ritual impurity, by contrast, the nullification must be permanent.

רַב אַשִׁי אָמַר: בַּיִת אַחָרִיץ קָא רָמֵית? בִּשְׁלָמָא חָרִיץ – לְמִיטַּיְּימֵיהּ קָאֵי. אֶלָּא בַּיִת לְמִיטַּיְּימֵיהּ קָאֵי?!

Rav Ashi said: And are you raising a contradiction between the *halakha* that governs a house and that which governs a ditch? Granted in the case of a ditch, it typically stands to be permanently filled. As there is no doubt that one's intention is to fill the ditch, the assumption is that anything placed inside a ditch will remain there. However, does a house stand to be permanently filled? Of course it does not. Presumably, the hay and dirt will be removed. Consequently, additional proof is necessary in order to conclude that the owner of the house intends to seal it permanently.

נָתַן עָלָיו נֶסֶר שֶׁרוֹחַב אַרְבָּעָה. אָמַר רָבָא: לֹא שָׁנוּ אֶלָּא שֶׁנָּתַן לְרׇחְבּוֹ, אֲבָל לְאׇרְכּוֹ – אֲפִילּוּ כׇּל שֶׁהוּא נַמִי, שֶׁהֲרֵי מִיעֲטוֹ מֵאַרְבָּעָה.

The mishna states: If **one placed a plank that is four** handbreadths **wide** across a ditch that separates two courtyards, the plank is considered an entrance. **Rava said: They taught** this *halakha* **only** in a case **where one placed** the plank **along the width** of the ditch. **But** if one positioned a plank **along its length,**[HB] **even** if the plank is of **minimum** width, it is **also** considered an entrance and reduces the ditch, **as he reduced** the opening **to less than four** handbreadths. The ditch was originally only four handbreadths wide. Therefore, if one places a plank of any width along its length, it becomes less than four handbreadths wide and no longer constitutes a partition.

״וְכֵן שְׁתֵּי גְזוּזְטְרָאוֹת זוֹ כְּנֶגֶד זוֹ״. אָמַר רָבָא: הָא דְּאָמְרַתְּ זוֹ כְּנֶגֶד זוֹ – אִין, זוֹ שֶׁלֹּא כְּנֶגֶד זוֹ – לָא. וְזוֹ לְמַעְלָה מִזּוֹ, נַמִי, לָא אֲמַרַן אֶלָּא שֶׁיֵּשׁ בֵּין זֶה לָזֶה שְׁלֹשָׁה טְפָחִים, אֲבָל אֵין בֵּין זֶה לָזֶה שְׁלֹשָׁה – גְּזוּזְטְרָא עֲקוּמָּה הִיא.

The mishna continues: **And similarly, if two balconies**[B] are **opposite each other,**[H] and one placed a plank four handbreadths wide between them, the residents of the two courtyards may establish a single *eiruv*, as the plank is considered an entrance from one courtyard to the other. **Rava said: That which you said:** If the two balconies are **opposite each other, yes,** carrying between them is permitted by means of a plank; by inference, if they are **not opposite each other, no,** carrying is not permitted in this manner, **and** in a case where **one** balcony **is above the other as well,** it is prohibited, as it is not an entrance because it is too dangerous to walk from one to the other by means of the plank. **We said** the prohibition in these cases **only where there is** a disparity of at least **three** handbreadths **between this** balcony and **that** balcony. **However, if there is** a difference of **less than three** handbreadths **between this** balcony and **that** balcony, **it** is considered a single **crooked balcony.** Two balconies separated by a gap of less than three handbreadths are considered joined, based on the principle of *lavud*.

מתני׳ מַתְבֵּן שֶׁבֵּין שְׁתֵּי חֲצֵירוֹת גָּבוֹהַּ עֲשָׂרָה טְפָחִים – מְעָרְבִין שְׁנַיִם, וְאֵין מְעָרְבִין אֶחָד. אֵלּוּ מַאֲכִילִין מִכָּאן, וְאֵלּוּ מַאֲכִילִין מִכָּאן. נִתְמַעֵט הַתֶּבֶן מֵעֲשָׂרָה טְפָחִים – מְעָרְבִין אֶחָד, וְאֵין מְעָרְבִין שְׁנַיִם.

MISHNA With regard to **a haystack that is** positioned **between two courtyards**[H] and is **ten handbreadths high,** it has the status of a partition, **and** therefore the residents of the courtyards may **establish two *eiruvin*, and they** may **not establish one *eiruv*. These,** the inhabitants of one courtyard, may **feed** their animals **from here,**[N] from one side of the haystack, **and those,** the inhabitants of the other courtyard, may **feed** their animals **from there,** from the other side of the haystack. There is no concern that the haystack might become too small to serve as a partition. If the height of **the hay was reduced** to less **than ten handbreadths** across its entire length, its legal status is no longer that of a partition. Consequently, the residents of both courtyards **establish one *eiruv*, and they do not establish two *eiruvin*.**

HALAKHA

A plank along its length – נֶסֶר לְאוֹרְכּוֹ: With regard to a person who places a plank along the length of the ditch, even a plank of minimal width, if the width of the ditch is thereby reduced to less than four handbreadths, the plank is considered an entrance. If the plank is longer than ten cubits, it has the status of a breach in a wall, and therefore the inhabitants on both sides of the ditch may establish only one *eiruv* (Rambam *Sefer Zemanim, Hilkhot Eiruvin* 3:14; *Shulḥan Arukh, Oraḥ Ḥayyim* 372:17).

Balconies opposite each other – גְּזוּזְטְרָאוֹת זוֹ כְּנֶגֶד זוֹ: With regard to a case of two balconies that face each other, or a case of one balcony positioned above the other on the same wall, if the balconies are separated by a gap of more than three handbreadths in height, they cannot be joined by means of a plank. If the difference in height is less than three handbreadths, it is considered a single crooked balcony and is permitted, as stated by Rava (*Shulḥan Arukh, Oraḥ Ḥayyim* 373:1).

A haystack that is between two courtyards – מַתְבֵּן שֶׁבֵּין שְׁתֵּי חֲצֵירוֹת: If a haystack between two courtyards is ten handbreadths high, the residents establish two *eiruvin*. If the haystack was reduced to less than ten handbreadths in height before Shabbat, the residents of both courtyards establish one *eiruv*. The Rosh maintains that the same *halakha* is in effect if the haystack was reduced on Shabbat itself.

It is prohibited to remove hay from a haystack ten handbreadths high on Shabbat to feed one's animal, and it is likewise prohibited to position an animal near the haystack. However, it is permitted to stand in front of the animal so that it will go there of its own accord. If the haystack is positioned between two houses, it is permitted to feed one's animal from it, even by hand (*Shulḥan Arukh, Oraḥ Ḥayyim* 372:19).

NOTES

These may feed from here – אֵלּוּ מַאֲכִילִין מִכָּאן: The Rosh explains that this statement of the mishna is referring only to a weekday. The mishna is teaching that even though the hay is required for a partition on Shabbat, the residents need not be concerned about this eventuality on a weekday. Rather, they may feed their animals from the haystack. This interpretation explains why the Gemara does not cite a proof or an objection from the mishna with regard to the statement of Rav Huna, as the *tanna* does not deal with the issue feeding an animal on Shabbat at all. However, in the Jerusalem Talmud an explanation is stated that is completely at odds with the above interpretation: It is indeed permitted to feed an animal on Shabbat, and contrary to the opinion of Rav Huna, one is even permitted to place hay into a basket and give it to his animal, as can be inferred from the phrase: They may feed.

BACKGROUND

A plank placed along its width or its length – נֶסֶר לְרׇחְבּוֹ וּלְאוֹרְכּוֹ: A plank placed across the width of the ditch forms an entrance that links the two courtyards on either side of the ditch. A plank placed lengthwise across the ditch does not join the two courtyards, but reduces the ditch to less than four handbreadths in width, and consequently forms a kind of entrance as well.

One plank placed across a ditch and one plank placed along its length

Two balconies – שְׁתֵּי גְזוּזְטְרָאוֹת:

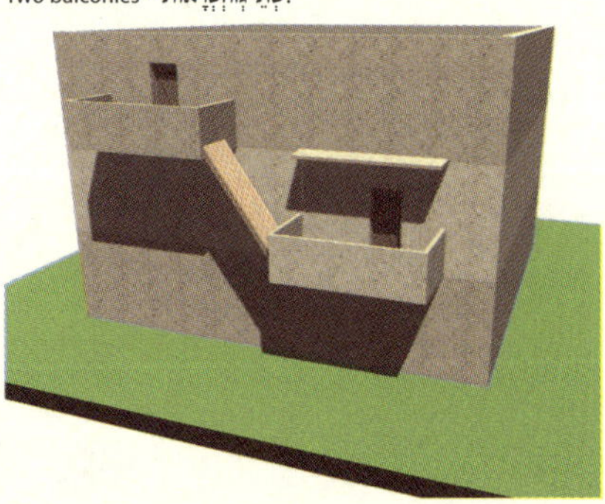

Two balconies, one above the other, joined together by means of a plank

גמ׳ אָמַר רַב הוּנָא: וּבִלְבַד שֶׁלֹּא יִתֵּן לְתוֹךְ קוּפָּתוֹ וְיַאֲכִיל.

GEMARA With regard to the mishna's statement that the inhabitants of the two courtyards are permitted to place their animals next to the haystack and feed them, **Rav Huna said: And** this is the *halakha* **provided that one does not** actually **put** hay **into his basket**[N] **and feed** his animals. In that case, there is concern that one might inadvertently reduce the height of the partition to less than ten handbreadths, which would constitute a breach between the courtyards and invalidate both *eiruvin*.

וּלְאוֹקְמֵי שָׁרֵי? וְהָאָמַר רַב הוּנָא, אָמַר רַבִּי חֲנִינָא: מַעֲמִיד אָדָם אֶת בְּהֶמְתּוֹ עַל גַּבֵּי עֲשָׂבִים בְּשַׁבָּת, וְאֵין מַעֲמִיד אָדָם אֶת בְּהֶמְתּוֹ עַל גַּבֵּי מוּקְצֶה בְּשַׁבָּת!

The Gemara asks: **And** if the actual handling of the hay is prohibited, is it **permitted to stand** one's animal next to the haystack and let it eat? **Didn't Rav Huna say** that **Rabbi Ḥanina said: A person may stand his animal on** a patch of **grass on Shabbat,** as he will certainly be careful not to pull out grass for the animal, due to the severity of the Torah prohibition involved. However, **a person may not stand his animal on set-aside** items **on Shabbat.**[H] As the prohibition of set-aside is rabbinic in origin, he might forget and move the set-aside objects himself. The same reasoning should apply in the case of the haystack. If it is prohibited by rabbinic decree to remove hay from the stack manually, it should likewise be prohibited to position one's animal alongside the stack.

דְּקָאֵים לַהּ בְּאַפַּהּ וְאָזְלָה וְאָכְלָה.

The Gemara answers: The mishna is not referring to a case where one directly brings the animal and places it alongside the haystack. Rather, it is dealing with a situation **where one stands in front of** the animal so that it cannot go elsewhere, **and it goes and eats** from the haystack of its own accord. In that case, the rabbinic decree does not apply.

וְלֹא יִתֵּן לְתוֹךְ קוּפָּתוֹ תֶּבֶן? וְהָתַנְיָא: בַּיִת שֶׁבֵּין שְׁתֵּי חֲצֵירוֹת וּמִילְאָהוּ תֶּבֶן – מְעָרְבִין שְׁנַיִם, וְאֵין מְעָרְבִין אֶחָד. זֶה נוֹתֵן לְתוֹךְ קוּפָּתוֹ וְיַאֲכִיל, וְזֶה נוֹתֵן לְתוֹךְ קוּפָּתוֹ וְיַאֲכִיל. נִתְמַעֵט הַתֶּבֶן מֵעֲשָׂרָה טְפָחִים – שְׁנֵיהֶם אֲסוּרִים.

The Gemara asks a question with regard to Rav Huna's statement itself: **And may one not put hay into his basket** and feed his animal? **Wasn't it taught** in a *baraita*: In the case of **a house that is** positioned **between two courtyards and** the residents **filled it with hay,** they **establish two** ***eiruvin*****, but** they **do not establish one** ***eiruv***, as the hay is considered a partition that divides the house. The resident of **this** courtyard **puts** hay **into his basket and feeds** his animal, **and** The resident of **that** courtyard **puts** hay **into his basket and feeds** his animal. **If the hay was reduced** to a height less **than ten handbreadths,** it is **prohibited** for residents of **both** to carry in their respective courtyards.

כֵּיצַד הוּא עוֹשֶׂה? נוֹעֵל אֶת בֵּיתוֹ וּמְבַטֵּל אֶת רְשׁוּתוֹ, הוּא אָסוּר וַחֲבֵירוֹ מוּתָּר.

How, then, **does** the resident of one of the courtyards **act** if he seeks to permit use of the other courtyard to its resident? He **locks his house and renounces his right** to carry in the courtyard in favor of the other person. Consequently, **it is prohibited** for him to carry from his house into the courtyard, **and it is permitted** for **the other** resident to do so.

וְכֵן אַתָּה אוֹמֵר בְּגוֹב שֶׁל תֶּבֶן שֶׁבֵּין שְׁנֵי תְּחוּמֵי שַׁבָּת. קָתָנֵי מִיהַת: זֶה נוֹתֵן לְתוֹךְ קוּפָּתוֹ וְיַאֲכִיל, וְזֶה נוֹתֵן לְתוֹךְ קוּפָּתוֹ וְיַאֲכִיל!

And you say likewise with regard to a pit [*gov*] of hay[N] **that is** positioned **between two Shabbat limits.** The residents of each area may feed their animals from the common hay, as there is no concern lest the animals go beyond the limit. **In any case,** the *baraita* **teaches:** The resident of **this** courtyard **puts** hay **into his basket and feeds** his animal, **and** the resident of **that** courtyard **puts** hay **into his basket and feeds** his animal. This *halakha* poses a difficulty to Rav Huna's opinion.

אָמְרִי: בַּיִת כֵּיוָן דְּאִיכָּא (מְחִיצוֹת וְ)תִקְרָה כִּי מִיפְחִית – מִינְכְּרָא לֵיהּ מִלְּתָא. הָכָא – לָא מִינְכְּרָא לֵיהּ מִלְּתָא.

The Gemara answers: **We can say** that in the case of **a house, since it has walls and a ceiling, when** the height of the haystack **is reduced the matter is conspicuous.** The height disparity between the haystack and the ceiling is obvious. Consequently, when the haystack is reduced to less than ten handbreadths, people will stop carrying in the courtyard. **Here,** however, with regard to the hay in the pit, the difference in height **is not conspicuous.** The height of the hay in the pit could become diminished to the extent that the partition is nullified without anyone noticing.

NOTES

One does not put hay into his basket – לֹא יִתֵּן לְתוֹךְ קוּפָּתוֹ: Rashi offers two reasons why it is prohibited to remove hay manually from the partition. Some commentaries explain that the rationale for this prohibition is that one would thereby break the partition, as the hay serves as a fence between the courtyards. Consequently, if he removes enough of the hay to nullify its status as a partition, this is tantamount to performing the labor of dismantling on Shabbat and is prohibited by rabbinic decree (Rashba).

Pit [*gov*] of hay – גּוֹב שֶׁל תֶּבֶן: Rabbeinu Ḥananel, the *Arukh*, the Ra'avad, and others read this word as *giv*, a pile of straw comprised of bundles tied together. This explanation is closer to the case described in the mishna.

HALAKHA

Where an animal may be positioned on Shabbat – הֵיכָן מַעֲמִיד בְּהֵמָה בְּשַׁבָּת: A person may position his animal on a patch of grass on Shabbat so that it may graze there, but he may not place the animal on set-aside objects (*Shulḥan Arukh*, *Oraḥ Ḥayyim* 324:13).

״נִתְמַעֵט הַתֶּבֶן מֵעֲשָׂרָה טְפָחִים שְׁנֵיהֶן אֲסוּרִין״. הָא עֲשָׂרָה – שָׁרֵי, וְאַף עַל גַּב דְמִידְלַיָא תִּקְרָה טוּבָא. שְׁמַע מִינָּהּ: מְחִיצוֹת שֶׁאֵין מַגִּיעוֹת לַתִּקְרָה – שְׁמָן מְחִיצוֹת!

It is stated in the *baraita*: If the height of **the hay was reduced** to less **than ten handbreadths** it is **prohibited** to carry in **both** courtyards. The Gemara infers from the phrasing of the *baraita*: If the hay was at least **ten** handbreadths high, it is **permitted** to carry there, even though the **ceiling is much higher** than the hay. **Conclude from it** that the legal **status of** ten-handbreadth **partitions that do not reach the ceiling is that of** standard **partitions,** which was the subject of a dispute elsewhere. Apparently, this *baraita* proves that they have the status of partitions in all respects.

אָמַר אַבַּיֵי: הָכָא בְּבַיִת שְׁלֹשָׁה עָשָׂר חָסֵר מַשֶּׁהוּ עָסְקִינַן, וְתֶבֶן עֲשָׂרָה.

Abaye said: Here, we are dealing with the case of a **house** that is **slightly less than thirteen** handbreadths high **and the hay** is **ten** handbreadths high. The haystack is less than three handbreadths from the ceiling, and based on the principle of *lavud,* they are considered joined as though the partitions reach the ceiling.

וְרַב הוּנָא בְּרֵיהּ דְּרַב יְהוֹשֻׁעַ אָמַר: אֲפִילּוּ תֵּימָא בְּבַיִת עֲשָׂרָה

And Rav Huna, son of Rav Yehoshua, said: Even if **you say** that the *baraita* is dealing **with a house ten** handbreadths high,

Perek **VII**
Daf **79** Amud **b**

וְתֶבֶן שִׁבְעָה וּמַשֶּׁהוּ. דְּכָל פָּחוֹת מִשְּׁלֹשָׁה כְּלָבוּד דָּמֵי.

and the hay in the house is **slightly more than seven** handbreadths high it is considered a full-fledged partition that reaches the ceiling, as objects separated by **any** gap of **less than three** handbreadths **are considered joined,** based on the principle of *lavud.*

בִּשְׁלָמָא לְאַבַּיֵי – הַיְינוּ דְּקָתָנֵי ״מֵעֲשָׂרָה״. אֶלָּא לְרַב הוּנָא בְּרֵיהּ דְּרַב יְהוֹשֻׁעַ, מַאי מֵעֲשָׂרָה?

The Gemara comments. **Granted, according to** the opinion of **Abaye, that is why** the *baraita* **teaches:** If the height of the haystack was reduced to less **than ten** handbreadths. **However, according to Rav Huna, son of Rav Yehoshua, what is** the meaning of: Less **than ten?** Even at the outset it was never as high as ten handbreadths.

מִתּוֹרַת עֲשָׂרָה.

The Gemara answers: It means that it was reduced to less **than the law of ten** handbreadths. As long as the hay is slightly more than seven handbreadths high, it is regarded as ten handbreadths high, in accordance with the principle of *lavud.* Once its height is reduced to less than seven handbreadths, the *halakha* of a partition ten handbreadths high is no longer in effect.

״שְׁנֵיהֶן אֲסוּרִין״. שְׁמַע מִינָּהּ: דִּיּוּרִין הַבָּאִין בַּשַּׁבָּת אֲסוּרִין.

The same *baraita* taught that if the height of the hay was reduced to less than ten handbreadths, it is **prohibited** to carry in **both.** The Gemara comments: Should we **learn from this** that **residents who arrive on Shabbat prohibit** the other residents from carrying? At the onset of Shabbat, both sets of residents were permitted to use the hay and the house, but once the hay was reduced on Shabbat it is as though new residents had been added to each of the courtyards, and it is prohibited for all of them to carry. Why not say that since at the beginning of Shabbat it was permitted to carry in the domain, they are permitted to do so for its duration?

דִּלְמָא דְּאִימְּעַט מֵאֶתְמוֹל.

The Gemara rejects this contention: **Perhaps** the *baraita* is referring to a case **where** the hay **was** already **reduced on the previous day,** before Shabbat began. In that case, it was never permitted to carry at all.

״כֵּיצַד הוּא עוֹשֶׂה? נוֹעֵל אֶת בֵּיתוֹ וּמְבַטֵּל רְשׁוּתוֹ״. תַּרְתֵּי?! הָכִי קָאָמַר: אוֹ נוֹעֵל אֶת בֵּיתוֹ, אוֹ מְבַטֵּל אֶת רְשׁוּתוֹ.

The *baraita* continues: **How,** then, **does** the resident of one of the courtyards **act** if he seeks to permit use of the other courtyard to its resident? He **locks his house and renounces his right** to carry in the courtyard in favor of the other person. The Gemara is surprised by this ruling: Does he require these **two** steps? One should suffice. The Gemara answers: **This is what** the *tanna* of the *baraita* **is saying: Either he locks his house or he renounces his right** to the courtyard.

וְאִיבָּעֵית אֵימָא: לְעוֹלָם תַּרְתֵּי, כֵּיוָן דְּדָשׁ בֵּיהּ – אָתֵי לְטַלְטוֹלֵי.

And if you wish, say a different explanation instead. **Actually, both** actions are required in this case, even though one of them would ordinarily suffice. The reason is: **Since he is accustomed to** using the courtyard, **he will come to carry.** Consequently, the Sages were stringent with a person in this position and obligated him to implement an additional change so that he will not forget and come to carry when it is prohibited.

״הוּא אָסוּר וַחֲבֵירוֹ מוּתָּר״. פְּשִׁיטָא! לָא צְרִיכָא דַּהֲדַר אִידָּךְ וּבָטֵיל לֵיהּ לְחַבְרֵיהּ. וְהָא קָא מַשְׁמַע לָן: דְּאֵין מְבַטְּלִין וְחוֹזְרִין וּמְבַטְּלִין.

It was taught in the *baraita*: If one locks his house and renounces his rights to the courtyard, **it is prohibited** for him to carry, **and it is permitted** for **the other** person to carry. The Gemara raises a difficulty: Isn't this **obvious?** Why was it necessary to state this *halakha*? The Gemara answers: **It was necessary only** in a case **where the other** person **then renounced** his right in favor **of the first** person. **And** the *baraita* **teaches us that** one **may not renounce** his rights in favor of the other, **and then** have the latter **renounce** his own rights in favor of the former.

.״וְכֵן אַתָּה אוֹמֵר בְּגוֹב שֶׁל תֶּבֶן שֶׁבֵּין שְׁנֵי תְחוּמֵי שַׁבָּת״. פְּשִׁיטָא! לָא צְרִיכָא לְרַבִּי עֲקִיבָא דְּאָמַר: תְּחוּמִין דְּאוֹרָיְיתָא. מַהוּ דְּתֵימָא: לִיגְזוֹר דִּלְמָא אָתֵי לְאִיחְלוּפֵי – קָא מַשְׁמַע לָן.

It was further taught in the *baraita*: **And you** can **say likewise with regard to a pit of hay that** is situated **between two Shabbat limits.** The inhabitants of each area may feed their animals from the common hay. The Gemara raises a difficulty: Isn't this **obvious?** The same principle that is in effect with regard to a haystack between courtyards should apply here as well. The Gemara answers: **It was necessary** to state this *halakha* only **according to** the opinion of **Rabbi Akiva, who said** that the principle of Shabbat **boundaries** is **by Torah law. Lest you say** that **let us issue a decree** and prohibit it, **lest** people **come to exchange**[N] objects from one boundary to another, which would violate a Torah prohibition; therefore, the *baraita* **teaches us** that no distinction is made between the cases, and no decree of this kind is issued.

מתני׳ כֵּיצַד מִשְׁתַּתְּפִין בְּמָבוֹי? מַנִּיחַ אֶת הֶחָבִית, וְאוֹמֵר: הֲרֵי זוֹ לְכָל בְּנֵי מָבוֹי. וּמְזַכֶּה לָהֶן עַל יְדֵי בְנוֹ וּבִתּוֹ הַגְּדוֹלִים, וְעַל יְדֵי עַבְדּוֹ וְשִׁפְחָתוֹ הָעִבְרִים, וְעַל יְדֵי אִשְׁתּוֹ.

MISHNA **How does one merge** the courtyards that open **into the alleyway,** if a person wishes to act on behalf of all the residents of the alleyway? **He places a barrel**[N] filled with his own food **and says: This is for all the residents of the alleyway.** For this gift to be acquired by the others, someone must accept it on their behalf, **and** the *tanna* therefore teaches that **he** may **confer possession**[N] **to them** even **by means of his adult son or daughter, and** likewise **by means of his Hebrew slave or maidservant,** whom he does not own, **and by means of his wife.** These people may acquire the *eiruv* on behalf of all the residents of the alleyway.

אֲבָל אֵינוֹ מְזַכֶּה לֹא עַל יְדֵי בְנוֹ וּבִתּוֹ הַקְּטַנִּים, וְלֹא עַל יְדֵי עַבְדּוֹ וְשִׁפְחָתוֹ הַכְּנַעֲנִים, מִפְּנֵי שֶׁיָּדָן כְּיָדוֹ.

However, he may **not confer possession by means of his minor son or daughter, nor by means of his Canaanite slave or maidservant,**[H] **because** they cannot effect acquisition, as ownership of objects that come into **their possession is as** if those objects came into **his possession.** Consequently, the master or father cannot confer possession to the slave or minor respectively on behalf of others as their acquisition is ineffective and the object remains in his own possession.

גמ׳ אָמַר רַב יְהוּדָה: חָבִית שֶׁל שִׁיתּוּפֵי מְבוֹאוֹת – צָרִיךְ לְהַגְבִּיהַּ מִן הַקַּרְקַע טֶפַח.

GEMARA **Rav Yehuda said:** With regard to **a barrel for the merging of alleyways,** the one acquiring it on behalf of the alleyway's residents **must raise** it **a handbreadth**[N] **from the ground,** as he must perform a valid act of acquisition on their behalf.[H]

אָמַר רָבָא: הָנֵי תַּרְתֵּי מִילֵּי סָבֵי דְּפוּמְבְּדִיתָא אָמְרִינְהוּ. חֲדָא – הָא. אִידָּךְ: הַמְקַדֵּשׁ, אִם טָעַם מְלֹא לוּגְמָיו – יָצָא, וְאִם לָאו – לֹא יָצָא.

Rava said: The elders of Pumbedita, Rav Yehuda and his students, **stated these two matters. One** was **this** mentioned above with regard to lifting the barrel; and **the other** was: With regard to **one who recites *kiddush*** over wine on Shabbat or a Festival, **if he tasted a mouthful** of wine, **he fulfilled** his obligation;[H] **however, if** he did **not** taste a mouthful, **he did not fulfill** his obligation.

אָמַר רַב חֲבִיבָא: הָא נַמִי סָבֵי דְּפוּמְבְּדִיתָא אָמְרִינְהוּ. דְּאָמַר רַב יְהוּדָה, אָמַר שְׁמוּאֵל: עוֹשִׂין מְדוּרָה לַחַיָּה בַּשַּׁבָּת.

Rav Ḥaviva said: In addition to the aforementioned pair of teachings, **the elders of Pumbedita stated this too, as Rav Yehuda said** that **Shmuel said: One builds a fire for a woman in childbirth on Shabbat.**

NOTES

Lest people come to exchange – דִּלְמָא אָתֵי לְאִיחְלוּפֵי: The concern is not that people might transfer objects from one Shabbat limit to another, for even according to Rabbi Akiva the Torah prohibits only walking beyond the boundary, not transferring of objects without leaving one's boundary. Instead, the worry is that they might forget, exchange objects, and end up walking beyond their Shabbat limit.

He places a barrel – מַנִּיחַ אֶת הֶחָבִית: There is no obligation to use a barrel specifically. The mishna uses the example of a barrel simply because people would typically establish a merging of alleyways with wine, which is kept in a barrel.

Conferring possession – זִיכּוּי: This conferral of possession must be achieved by parties legally capable of performing acquisitions in general. One method of acquisition is the lifting of the object to be acquired by the one acquiring it or receiving it as a gift [. The acquisition must be performed by means of another person because one cannot transfer rights to others by mere speech. In addition, any act of acquisition, including the donation of a gift, requires two sides, representing the original owner and the new owner. In this case, too, someone who is not the giver must acquire the gift on behalf of the receivers.

Raise it a handbreadth – לְהַגְבִּיהַּ...טֶפַח: Most commentaries understand this lifting of the object as a form of acquisition. However, some *ge'onim* explain that the barrel used for the merging the alleyway must remain a handbreadth higher than the other barrels, as a sign that it is the barrel of the merging (Rambam *Sefer Zemanim, Hilkhot Eiruvin* 1:17; see Rabbeinu Yehonatan).

HALAKHA

By means of whom may one confer possession – עַל יְדֵי מִי זוֹכִים: One may transfer possession of an *eiruv* to others by means of his wife, or his adult children, or by means of his Jewish servant or maidservant, even if they are minors and even if they eat from his table. As they can acquire possessions for themselves, they may do so on behalf of others as well. However, one may not transfer possession by means of his minor children, who have no right of acquisition, nor by means of a Canaanite slave, who has no right of acquisition either, as his hand is considered like his master's hand with regard to acquisition (Rif; Rambam *Sefer Zemanim, Hilkhot Eiruvin* 1:20; Ran).

Some authorities maintain that one may not transfer possession by means of his adult children if they eat at his table, i.e., if he supports them financially, or by means of his wife if he supports her, or by means of his daughter who has not reached maturity, as the Sages decreed that all their earnings belongs to their father or husband. The reason is that these people have no right of acquisition themselves (Rav Shimshon of Saens, who rules in accordance with Rabbi Yehuda in monetary matters). However, he may transfer possession by means of his minor children who are not supported by him. One should be stringent in accordance with both opinions *ab initio* (*Tur*). Nevertheless, after the fact, the lenient opinion with regard to an *eiruv* is accepted (Rema; *Shulḥan Arukh, Oraḥ Ḥayyim* 366:10).

How the possession of an *eiruv* is conferred to others – כֵּיצַד מְזַכֶּה עֵירוּב: One may place a barrel of wine for a merging of alleyways or bread for a joining of courtyards, lift it a handbreadth, and thereby transfer its possession to the residents of the courtyard or alleyway and all those who live with them. There is no need to inform them before Shabbat that one is transferring possession on their behalf (Rema; *Shulḥan Arukh, Oraḥ Ḥayyim* 366:9).

The obligation of *kiddush* – חוֹבַת קִידּוּשׁ: One who recited *kiddush* over wine and drank a mouthful, i.e., most of a quarter of a *log*, has fulfilled his obligation with regard to *kiddush* (*Shulḥan Arukh, Oraḥ Ḥayyim* 271:13).

סְבוּר מִינָּהּ: לַחַיָּה – אִין, לַחוֹלֶה – לָא. בִּימוֹת הַגְּשָׁמִים – אִין, בִּימוֹת הַחַמָּה – לָא.

The Gemara comments that the Sages **thought** to infer **from here: For a woman in childbirth, yes,** one builds a fire, due to her highly precarious state; **for a sick person, no,** one does not build a fire. Likewise, **in the rainy season,** when the danger of catching cold is ever present, **yes,** one builds a fire; **in the summer, no,** one may not.

אִיתְּמַר, אָמַר רַב חִיָּיא בַּר אָבִין, אָמַר שְׁמוּאֵל: הִקִּיז דָּם וְנִצְטַנֵּן – עוֹשִׂין לוֹ מְדוּרָה בַּשַּׁבָּת, וַאֲפִילּוּ בִּתְקוּפַת תַּמּוּז.

The Gemara adds that which **was stated: Rav Ḥiyya bar Avin said** that **Shmuel said:** With regard to one who **let blood and caught cold, one builds a fire for him on Shabbat, even during the season of Tammuz,** i.e., the summer. Clearly, Rav Yehuda's ruling is limited neither to a woman in childbirth nor to the rainy season.

אָמַר אַמֵימָר: הָא נַמִי סָבֵי דְּפוּמְבְּדִיתָא אָמְרִינְהוּ. דְּאִיתְּמַר: אֵיזוֹ הִיא אֲשֵׁירָה סְתָם?

Ameimar said: This too was stated by the elders of Pumbedita, as it was stated that the *amora'im* disagreed with regard to **which** tree **is presumed** to be **a tree designated for idolatry** [*asheira*],[N] even though no one actually saw it worshipped.

אָמַר רַב: כֹּל שֶׁכּוּמָרִין שׁוֹמְרִין אוֹתָהּ,

Rav said: It is any tree **that** idolatrous **priests guard.**

NOTES

Asheira – אֲשֵׁירָה: The *asheira* that is mentioned in the Torah several times was worshipped as an idol. This is the "*asheira* of Moses," i.e., the tree that appears in the Torah. However, little is known about a plain *asheira*. Is it a tree dedicated by idolatrous priests, or an idol?

Perek **VII**
Daf **80** Amud **a**

וְאֵין טוֹעֲמִין מִפֵּירוֹתֶיהָ.

and whose fruit they do not taste. This tree is evidently consecrated to the cult.

וּשְׁמוּאֵל אָמַר: כְּגוֹן דְּאָמְרִי "הָנֵי תַּמְרֵי לְשִׁיכְרָא דְּבֵי נִצְרְפֵי דְּשָׁתוּ לֵיהּ בְּיוֹם חַגָּם". (אֲמַר אַמֵימָר,) וַאֲמַרוּ לִי סָבֵי דְּפוּמְבְּדִיתָא: הִלְכְתָא כְּוָותֵיהּ דִּשְׁמוּאֵל.

And Shmuel said: For example, if they say: These dates are for the beer of the temple of Nitzrefei,[L] **which they drink on the day of their festival,**[N] then this is enough to establish the tree as an *asheira*.[H] **Ameimar said: And the elders of Pumbedita said to me** with regard to this issue: The ***halakha* is in accordance with** the opinion of **Shmuel.**

מֵיתִיבִי: כֵּיצַד מִשְׁתַּתְּפִין בַּמָּבוֹי – מְבִיאִים חָבִית שֶׁל יַיִן וְשֶׁל שֶׁמֶן וְשֶׁל תְּמָרִים וְשֶׁל גְּרוֹגָרוֹת וְשֶׁל שְׁאָר מִינֵי פֵּירוֹת,

The Gemara returns to Rav Yehuda's ruling that the barrel used for merging the alleyway must be raised a handbreadth from the ground. The Gemara **raises an objection** from a *baraita*: **How does one merge an alleyway? One brings a barrel of wine, or oil, or dates, or dried figs, or any other type of produce** for merging the alleyway.

אִם מִשֶּׁלּוֹ – צָרִיךְ לְזַכּוֹת, וְאִם מִשֶּׁלָּהֶן – צָרִיךְ לְהוֹדִיעַ. וּמַגְבִּיהַּ מִן הַקַּרְקַע מַשֶּׁהוּ! מַאי "מַשֶּׁהוּ" נַמִי דְּקָאָמַר – טֶפַח.

If one contributed a barrel **of his own, he must confer possession** to all the other residents by means of another person who acquires it on their behalf. **And if** the barrel **is theirs, he must** at least **inform** them that he is merging the alleyway. **And** the one acquiring it on behalf of the others **raises** the barrel **a minimal amount from the ground.** Apparently, the barrel need not be raised a handbreadth. The Gemara answers: Here **too, what is** this **minimal amount of which** the *tanna* of the *baraita* **spoke?** This expression means **a handbreadth,** but no less.

אִיתְּמַר, שִׁיתּוּפֵי מְבוֹאוֹת, רַב אָמַר: אֵין צָרִיךְ לְזַכּוֹת, וּשְׁמוּאֵל אָמַר: צָרִיךְ לְזַכּוֹת. עֵירוּבֵי תְחוּמִין, רַב אָמַר: צָרִיךְ לְזַכּוֹת. וּשְׁמוּאֵל אָמַר: אֵין צָרִיךְ לְזַכּוֹת.

It is stated that the *amora'im* disagreed with regard to the acquisition of a **merging of alleyways. Rav said: It is not necessary to confer possession** of the food used in merging the alleyway to all the residents of the alleyway; **and Shmuel said: It is necessary to confer possession** to them. They likewise disagreed with regard to a **joining of** Shabbat **boundaries,** but the opinions are reversed. **Rav said: It is necessary to confer possession** of the food to all those who wish to be included in the *eiruv*, **and Shmuel said: It is not necessary to confer possession** to them.

בִּשְׁלָמָא לִשְׁמוּאֵל – הָכָא – תְּנַן, וְהָכָא – לָא תְּנַן. אֶלָּא לְרַב, מַאי טַעְמָא?

The Gemara raises a difficulty: **Granted, according to** the opinion of **Shmuel,** his reasoning is clear, as **here,** with regard to a merging of the alleyways, **we learned** in the mishna that he must confer possession, **whereas there,** with regard to a joining of Shabbat boundaries, **we did not learn** that this is the *halakha*. **However, according to Rav, what is the reason** that he differentiates between the cases in this manner?

LANGUAGE

The temple of Nitzrefei – **בֵּי נִצְרְפֵי**: The source of this word is unclear. Apparently, it is a deliberate corruption of *bei nisrafei*, the place of burning [*sereifa*], where the Persian fire-worship was conducted. This would be in accordance with the requirement of *halakha* that the names of idolatry must be corrupted and mispronounced.

NOTES

Which they drink on the day of their festival – **דְּשָׁתוּ לֵיהּ בְּיוֹם חַגָּם**: Shmuel maintains that any tree consecrated for the purposes of a cult, even if it itself is not worshipped, is nonetheless considered an *asheira*, at least by rabbinic decree. Rav's opinion is included in the opinion of Shmuel, as the fact that the priests tend to the tree without deriving benefit from it proves that it is worshipped as a god to a certain extent.

HALAKHA

Asheira – **אֲשֵׁירָה**: The category of *asheira* includes a tree used by priests in the preparation of a drink for their idolatrous festival. This *halakha* also extends to a tree under which they sit without deriving benefit from its fruit (*Shakh*), in accordance with Shmuel's stringent opinion (*Shulḥan Arukh*, *Yoreh De'a* 142:12).

BACKGROUND

Take a roundabout route…go to the Ladder of Tyre – אַקֵּיף…לְסוּלָּמָא דְּצוֹר: The map depicts the two routes by means of which Rabbi Ya'akov could have reached Eretz Yisrael. One possible route would have taken him north, via Antioch. However, the shortest route is south, by way of Damascus, through the Golan to the Lower Galilee. It is also possible to travel to the coast and scale the hills known as the Ladder of Tyre before descending southward along the coast to Acre, and from there inland to Tiberias. This is a longer route to Eretz Yisrael.

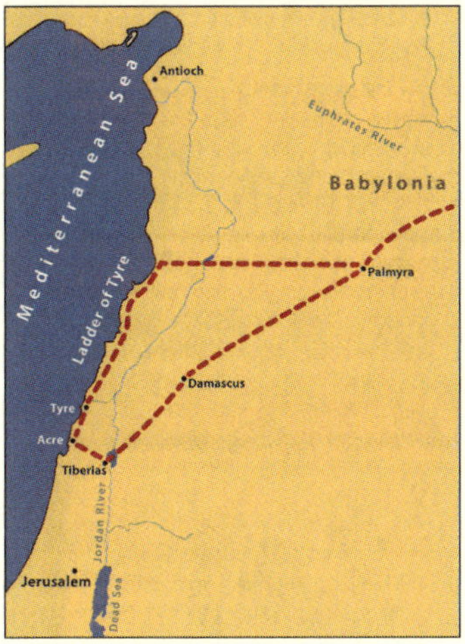

Different routes to Eretz Yisrael

NOTES

Rav's opinion with regard to conferring possession – שִׁיטַת רַב בְּזִכִּיָּה: Rashi and *Tosafot* question Rav's position, which apparently does not coincide with the content of the mishna and no fully acceptable proof is provided for it. Several commentaries explain that Rav distinguishes between a merging of alleyways and a joining of courtyards, which do not necessitate transfer of possession to others, and a joining of Shabbat boundaries, where transferring possession is required. The reason for this difference is that in the cases of an *eiruv* and a merging of alleyways the one transferring possession and the recipient are linked, as they reside in the same place and share the *eiruv* with the other inhabitants. As the recipient receives the possession and benefit of the *eiruv* himself, it stands to reason that he can acquire it on behalf of others as well. However, this is not the case with regard to a joining of boundaries, as the one transferring possession gains no benefit from the fact that another person can accompany him beyond the Shabbat limit. Consequently, if no one else receives possession, he cannot acquire it on behalf of another (Rashba; Ritva).

A joining of cooked foods [*eiruv tavshilin*] – עֵירוּב תַּבְשִׁילִין: On a Festival that occurs on a Friday, it is prohibited to cook food for the upcoming Shabbat *ab initio*. To circumvent this prohibition, one may prepare a joining of cooked foods [*eiruv tavshilin*]. This is done by setting aside bread and a cooked dish before the Festival and reserving them for Shabbat. One may then cook other food for Shabbat on the Festival, in addition to these foods.

תַּנָּאֵי הִיא; דְּאָמַר רַב יְהוּדָה, אָמַר רַב: מַעֲשֶׂה בְּכַלָּתוֹ שֶׁל רַבִּי אוֹשַׁעְיָא שֶׁהָלְכָה לְבֵית הַמֶּרְחָץ וְחָשְׁכָה לָהּ, וְעֵירְבָה לָהּ חֲמוֹתָהּ.

The Gemara answers: **This is** the subject of a dispute between **the** ***tanna'im*****, as Rav Yehuda said** that **Rav said:** There was **an incident involving** the **daughter-in-law of Rabbi Oshaya, who went** before Shabbat **to the bathhouse,** which was located beyond the Shabbat boundary, **and it grew dark** before **she** was able to return, **and her mother-in-law established a joining** of Shabbat boundaries for her so that she could return home.

וּבָא מַעֲשֶׂה לִפְנֵי רַבִּי חִיָּיא, וְאָסַר. אָמַר לוֹ רַבִּי יִשְׁמָעֵאל בְּרַבִּי יוֹסֵי: בַּבְלַאי! כׇּל כָּךְ אַתָּה מַחְמִיר בְּעֵירוּבִין?! כָּךְ אָמַר אַבָּא: כֹּל שֶׁיֵּשׁ לְךָ לְהָקֵל בְּעֵירוּבִין – הָקֵל.

And the incident came before Rabbi Ḥiyya for a ruling as to whether the *eiruv* is valid, **and he** ruled that it was not valid and **prohibited** her return. **Rabbi Yishmael, son of Rabbi Yosei, said to him: Babylonian, are you so stringent with regard to an** ***eiruv*****? This** is what my **father said:** Any case **where you have** the ability **to be lenient with regard to an** ***eiruv*****, be lenient.**

וְאִבַּעְיָא לְהוּ: מִשֶּׁל חֲמוֹתָהּ עֵירְבָה לָהּ, וּמִשּׁוּם דְּלָא זִיכְּתָה לָהּ, אוֹ דִּילְמָא: מִשֶּׁלָּהּ עֵירְבָה לָהּ, וּמִשּׁוּם דְּשֶׁלֹּא מִדַּעְתָּהּ?

And a dilemma was raised before the Sages: Did the mother-in-law **establish the** ***eiruv*** **for** her daughter-in-law **with the mother-in-law's** food, and Rabbi Ḥiyya prohibited it **because she did not confer possession to her,** i.e., she merely prepared the *eiruv* but did not confer possession of the food, and an *eiruv* of this kind is not effective? **Or perhaps she established the** ***eiruv*** **for her with the** daughter-in-law's **own** food, but the *eiruv* was invalid **because** it was prepared **without her knowledge?**

אֲמַר לְהֶן הַהוּא מֵרַבָּנַן וְרַבִּי יַעֲקֹב שְׁמֵיהּ: לְדִידִי מִיפָּרְשָׁא לָהּ מִינֵּיהּ דְּרַבִּי יוֹחָנָן: מִשֶּׁל חֲמוֹתָהּ עֵירְבָה, וּמִשּׁוּם דְּלָא זִיכְּתָה לָהּ.

One of the Sages, named Rabbi Ya'akov, said to them: It was personally **explained to me by Rabbi Yoḥanan** that the mother-in-law **established the** ***eiruv*** **for her with the mother-in-law's** food, **and** Rabbi Ḥiyya prohibited it **because she did not confer possession** of the food **to her.**

אֲמַר לֵיהּ רַבִּי זֵירָא לְרַבִּי יַעֲקֹב (בְּרֵיהּ) דְּבַת יַעֲקֹב: כִּי מָטֵית הָתָם, אַקֵּיף וְזִיל לְסוּלָּמָא דְּצוֹר, וּבְעָיָא מִינֵּיהּ מֵרַב יַעֲקֹב בַּר אִידִי.

Rabbi Zeira said to Rabbi Ya'akov, son of the daughter of Ya'akov: When you go there, to Eretz Yisrael, **take a roundabout** route, i.e., do not travel by the shortest path, **and go to the Ladder of Tyre**[B] **and raise** this **dilemma before Rav Ya'akov bar Idi.**

בְּעָא מִינֵּיהּ: מִשֶּׁל חֲמוֹתָהּ עֵירְבָה, וּמִשּׁוּם דְּלָא זִיכְּתָה לָהּ, אוֹ דִּלְמָא: מִשֶּׁלָּהּ עֵירְבָה, וּמִשּׁוּם דְּשֶׁלֹּא מִדַּעְתָּהּ?

Rabbi Ya'akov did so and **raised a dilemma before him:** With regard to that incident, did the mother-in-law **establish the** ***eiruv*** **for** her daughter-in-law **from the mother-in-law's** food, **and** Rabbi Ḥiyya prohibited it **because she did not confer possession** of the food **to her? Or perhaps she established the** ***eiruv*** **for her with** the daughter-in-law's **own** food, but the *eiruv* was invalidated **because** it was prepared **without her knowledge?**

אֲמַר לֵיהּ: מִשֶּׁל חֲמוֹתָהּ עֵירְבָה לָהּ, וּמִשּׁוּם דְּלָא זִיכְּתָה לָהּ.

Rav Ya'akov bar Idi **said to him:** The mother-in-law **established the** ***eiruv*** **for her with the mother-in-law's** food, and Rabbi Ḥiyya prohibited it **because she did not confer possession** of the food **to her.** Like his master and uncle, Rabbi Ḥiyya, Rav also maintains that possession of the food must be conferred upon those who wish to be included in a joining of Shabbat boundaries.[N]

אָמַר רַב נַחְמָן, נְקִטִינַן: אֶחָד עֵירוּבֵי תְחוּמִין, וְאֶחָד עֵירוּבֵי חֲצֵירוֹת, אֶחָד שִׁיתּוּפֵי מְבוֹאוֹת – צָרִיךְ לְזַכּוֹת. בָּעֵי רַב נַחְמָן: עֵירוּבֵי תַבְשִׁילִין, צָרִיךְ לְזַכּוֹת, אוֹ אֵין צָרִיךְ לְזַכּוֹת?

Rav Naḥman said: We hold based on tradition that with regard to **all of them, joining of** Shabbat **boundaries,**[H] **joining of courtyards,**[H] **and merging of alleyways,**[H] **it is necessary to confer possession.** After issuing this statement, **Rav Naḥman raised a dilemma** concerning an issue that was not sufficiently clear to him: With regard to **a joining of cooked foods** [***eiruv tavshilin***],[N] which must be prepared in order to permit cooking for Shabbat on a Festival that occurs on a Friday, **is it necessary to confer possession, or is it not necessary to confer possession?**

HALAKHA

Conferring possession for a joining of Shabbat boundaries – זִיכּוּי בְּעֵירוּב תְּחוּמִין: If the food used for a joining of boundaries belongs to one of the residents alone, he must transfer possession to all his neighbors by means of another person, in accordance with Rav Naḥman because he is a later authority (*Shulḥan Arukh, Oraḥ Ḥayyim* 413:1).

Transferring possession for a joining of courtyards – זִיכּוּי בְּעֵירוּב חֲצֵרוֹת: It is necessary to transfer possession of the food used for a joining of courtyards to the other residents of the courtyards (*Shulḥan Arukh, Oraḥ Ḥayyim* 366:9).

Transferring possession for a merging of alleyways – זִיכּוּי בְּשִׁיתּוּף מְבוֹאוֹת: It is necessary to transfer possession of the food used for a merging of alleyways to the other residents of the alleyways. The *halakha* of an alleyway in this regard is the same as that of a courtyard, in accordance with the opinion of Rav Naḥman (*Shulḥan Arukh, Oraḥ Ḥayyim* 386:3).

אֲמַר רַב יוֹסֵף: וּמַאי תִּיבָּעֵי לֵיהּ? לָא שְׁמִיעַ לֵיהּ הָא דְּאָמַר רַב נַחְמָן בַּר רַב אַדָּא אָמַר שְׁמוּאֵל: עֵירוּבֵי תַבְשִׁילִין צָרִיךְ לְזַכּוֹת?! אֲמַר לֵיהּ אַבַּיֵי: פְּשִׁיטָא דְּלָא שְׁמִיעַ לֵיהּ, דְּאִי שְׁמִיעַ לֵיהּ – מַאי תִּיבָּעֵי לֵיהּ?

Rav Yosef said: What is his dilemma? Did he not hear that which Rav Naḥman bar Rav Adda said that Shmuel said: With regard to a joining of cooked foods, it is necessary to confer possession?[H] Abaye said to Rav Yosef: It is obvious that he did not hear that ruling, as had he heard it, why would he have raised this dilemma?

אֲמַר לֵיהּ: אַטּוּ עֵירוּבֵי תְחוּמִין מִי לָא אֲמַר שְׁמוּאֵל "אֵין צָרִיךְ לְזַכּוֹת", וַאֲמַר אִיהוּ "צָרִיךְ לְזַכּוֹת"?

Rav Yosef said to him: Didn't Shmuel say, with regard to a joining of Shabbat boundaries, that it is not necessary to confer possession, and Rav Naḥman nonetheless said that it is necessary to confer possession? Perhaps here too Rav Naḥman did not accept Shmuel's ruling.

הָכִי הָשְׁתָּא?! בִּשְׁלָמָא הָתָם – פְּלִיגִי רַב וּשְׁמוּאֵל, וְקָא מַשְׁמַע לָן כְּחוּמְרִין דְּמָר וְכִי חוּמְרִין דְּמָר, אֲבָל הָכָא, אִי אִיתָא דִּשְׁמִיעַ לֵיהּ – מִי אִיכָּא דְּמַאן דְּפָלֵיג?

Abaye replied: How can you compare the two cases? Granted, there, with regard to a merging of alleyways and a joining of Shabbat boundaries, Rav and Shmuel disagree, and Rav Naḥman teaches us that the *halakha* is in accordance with the stringency of this master and the stringency of that master,[N] i.e., his ruling is based on both opinions. However, here, with regard to a joining of cooked foods, if it is so, if he actually heard Shmuel's ruling, is there anyone who disputes it? If one of his teachers issued an uncontested ruling, it is presumably an established *halakha*.

הַהוּא טוּרְזִינָא דַּהֲוָה בְּשִׁיבְבוּתֵיהּ דְּרַבִּי זֵירָא, אֲמַרוּ לֵיהּ אוֹגִיר לָן רְשׁוּתָךְ. לָא אוֹגִיר לְהוּ. אֲתוּ לְקַמֵּיהּ דְּרַבִּי זֵירָא, אֲמַרוּ לֵיהּ: מַהוּ לְמֵיגַר מִדְּבֵיתְהוּ?

A certain gentile superintendent [*turzina*][L] lived in Rabbi Zeira's neighborhood. The neighbors said to him: Rent your domain to us so that we may carry on Shabbat. However, he would not rent it to them. They came before Rabbi Zeira and asked him: What is the *halakha* if we seek to rent the domain from his wife without her husband's knowledge?

אֲמַר לְהוּ: הָכִי אֲמַר רֵישׁ לָקִישׁ מִשְּׁמֵיהּ דְּגַבְרָא רַבָּה, וּמַנּוּ – רַבִּי חֲנִינָא: אִשְׁתּוֹ שֶׁל אָדָם מְעָרֶבֶת שֶׁלֹּא מִדַּעְתּוֹ.

Rabbi Zeira said to them: Reish Lakish said as follows in the name of a great man, and who is this great man? It is Rabbi Ḥanina. He stated: A man's wife may establish an *eiruv* without his knowledge.[H] According to this principle, the superintendent's wife could indeed rent out the domain without his knowledge.

הַהוּא טוּרְזִינָא דַּהֲוָה בְּשִׁיבְבוּתֵיהּ דְּרַב יְהוּדָה בַּר אוֹשַׁעְיָא, אָמְרִי לֵיהּ: אוֹגַר לָן רְשׁוּתָךְ. לָא אוֹגַר לְהוּ. אָתוּ לְקַמֵּיהּ דְּרַב יְהוּדָה בַּר אוֹשַׁעְיָא, אָמְרִי לֵיהּ: מַהוּ לְמֵיגַר מִדְּבֵיתְהוּ? לָא הֲוָה בִּידֵיהּ, אָתוּ לְקַמֵּיהּ דְּרַב מַתָּנָה – לָא הֲוָה בִּידֵיהּ. אָתוּ לְקַמֵּיהּ דְּרַב יְהוּדָה, אֲמַר לְהוּ, הָכִי אֲמַר שְׁמוּאֵל: אִשְׁתּוֹ שֶׁל אָדָם מְעָרֶבֶת שֶׁלֹּא מִדַּעְתּוֹ.

The Gemara relates a similar incident: A certain superintendent lived in the neighborhood of Rav Yehuda bar Oshaya. The neighbors said to him: Rent your domain to us so that we may establish an *eiruv* and carry on Shabbat, but he would not rent it to them. They came before Rav Yehuda bar Oshaya and said to him: What is the *halakha* if we seek to rent it from his wife? He did not have a ready answer at hand. They subsequently came before Rav Mattana, and he too did not have an answer at hand. They came before Rav Yehuda, who said to them that Shmuel said as follows: A man's wife may establish an *eiruv* without his knowledge, and the same applies to renting out his property.

מֵיתִיבִי: נָשִׁים שֶׁעֵירְבוּ וְנִשְׁתַּתְּפוּ שֶׁלֹּא מִדַּעַת בַּעֲלֵיהֶן – אֵין עֵירוּבָן עֵירוּב, וְאֵין שִׁיתּוּפָן שִׁיתּוּף!

The Gemara raises an objection from a *baraita*: Women who joined the courtyards or merged the alleyways without the knowledge of their husbands, their *eiruv* is not a valid *eiruv*, and their merging of alleyways is not a valid merging. How can Shmuel rule against an explicit *baraita*?

לָא קַשְׁיָא; הָא – דַּאֲסַר, הָא – דְּלָא אֲסַר.

The Gemara answers: This is not difficult. In this case, where Shmuel said that a wife may establish an *eiruv* without her husband's knowledge, he was referring to a situation where the husband would prohibit[N] his neighbors from carrying if he did not join their *eiruv*, and the *halakha* is therefore lenient, as a wife may establish an *eiruv* on his behalf. However, in that case, the *baraita*, which states that his wife may not establish an *eiruv* without his knowledge, is referring to a situation where he would not prohibit his neighbors from carrying.

HALAKHA

Conferring possession of a joining of cooked foods – זִיכּוּי בְּעֵירוּב תַּבְשִׁילִין: It is necessary to transfer possession of a joining of cooked foods to all those who will benefit from the *eiruv*, in accordance with the opinion of Shmuel (*Shulḥan Arukh, Oraḥ Ḥayyim* 527:10).

A man's wife may establish an *eiruv* without his knowledge – אִשְׁתּוֹ שֶׁל אָדָם מְעָרֶבֶת שֶׁלֹּא מִדַּעְתּוֹ: With regard to a man who would impose restrictions on the other residents of his courtyard or alleyway, his wife may establish an *eiruv* without his knowledge and even against his will. Some commentaries state that she may establish the *eiruv* only without his knowledge, but not against his will (Rambam *Sefer Zemanim, Hilkhot Eiruvin* 2:12). If he is located in a place that would not prevent establishment of the *eiruv*, but he is accustomed to joining in an *eiruv* with the other residents, his wife may establish an *eiruv* without his knowledge. However, if he is not accustomed to participating with them and would not impose restrictions, then although she may establish an *eiruv* without his knowledge, she may not do so against his will (*Shulḥan Arukh, Oraḥ Ḥayyim* 367:1).

NOTES

With the stringency of this master and the stringency of that master – כְּחוּמְרִין דְּמָר וְכִי חוּמְרִין דְּמָר: In general, the Sages applied the verse: "And the fool walks in darkness" (Ecclesiastes 2:14) to one who acts in accordance with the stringencies of both sides of a debate. However, that principle does not apply to this case, as Rav and Shmuel provide different and not necessarily contradictory reasons. In this case, it is possible to accept both opinions (Ritva).

In this case he would prohibit – הָא דַּאֲסַר: Apparently, the Rambam interprets the phrase: In this case he would prohibit, as referring to a situation where he states that he does not wish to participate in the *eiruv*. In that case, it is prohibited for his wife to establish an *eiruv* for him without his knowledge. The phrase: In that case he would not prohibit, refers to a situation where he did not indicate his preference.

LANGUAGE

Superintendent [*turzina*] – טוּרְזִינָא: The source and meaning of this word are unclear. Some authorities maintain that it refers to the person who guards the clothes in the royal chambers. Other linguists explain that it derives from the Persian tirzan, or tabarozan, meaning military men, archers, or swordsmen. It possibly refers to a military appointment.

הָכִי נַמִי מִסְתַּבְּרָא, דְּאִם כֵּן – קַשְׁיָא דִּשְׁמוּאֵל אַדִּשְׁמוּאֵל; דְּאָמַר שְׁמוּאֵל: אֶחָד מִבְּנֵי מָבוֹי שֶׁרָגִיל לְהִשְׁתַּתֵּף עִם בְּנֵי מָבוֹי, וְלֹא נִשְׁתַּתֵּף – בְּנֵי הַמָּבוֹי נִכְנָסִין לְתוֹךְ בֵּיתוֹ וְנוֹטְלִין שִׁיתּוּפָן מִמֶּנּוּ בְּעַל כׇּרְחוֹ.

The Gemara adds: **So too, it is reasonable** that this is the correct interpretation, **as if** you do not say **this,** there is **a contradiction between** this ruling **of Shmuel and** another ruling **of Shmuel. As Shmuel said:** With regard to **one of the residents of an alleyway who was accustomed to join in a merging of alleyways**[H] **with the** other **residents of the alleyway, but** one Shabbat **he did not join in a merging of alleyways** with them, **the** other **residents of the alleyway** may **enter his house and take** his contribution to **their merging of alleyways from him** even **against his will.**

רָגִיל – אִין, שֶׁאֵין רָגִיל – לָא. שְׁמַע מִינָּהּ.

The Gemara infers: If he was **accustomed** to join in their merging of the alleyway, **yes,** they may enter his house to collect his contribution, but if he was **not accustomed** to do so, **no,** they may not do so. Clearly, it is not possible in all cases to compel a person to participate in a merging of alleyways against his will. The Gemara concludes: Indeed, **conclude from it** that it is so.

לֵימָא מְסַיֵּיעַ לֵיהּ: כּוֹפִין אוֹתוֹ לַעֲשׂוֹת לֶחִי וְקוֹרָה לַמָּבוֹי.

The Gemara suggests: **Let us say** that the following *baraita* **supports him.** The residents of an alleyway may **compel** anyone who lives in the alleyway **to erect a side post**[H] **and a cross beam for the alleyway.** This teaching indicates that with regard to these Shabbat enactments, a person's wishes are not taken into account; rather, others may act on his behalf even against his will.

HALAKHA

One…who was accustomed to join in a merging of alleyways – מִי שֶׁרָגִיל לְהִשְׁתַּתֵּף: With regard to a resident of an alleyway who is accustomed to participating in merging the alleyway with the other residents of his alleyway, but who does not impose restrictions upon them, or one who does impose restrictions but is unaccustomed to participate, and yet he now desires to participate in this merging, the other residents may collect his contribution from him even against his will (*Shulḥan Arukh, Oraḥ Ḥayyim* 367:1).

Compel to erect a side post – כּוֹפִין לַעֲשׂוֹת לֶחִי: All residents of an alleyway may be forced to erect a side post and a cross beam for the alleyway (*Shulḥan Arukh, Ḥoshen Mishpat* 162:1).

Perek **VII**
Daf **80** Amud **b**

שָׁאנֵי הָתָם דְּלֵיכָּא מְחִיצוֹת.

The Gemara answers: **It is different there, as there are no partitions.** That alley is breached, and it is therefore fitting to compel its residents to establish some sort of partition, if only for the sake of protection. However, if there are partitions, one is not obligated to join in a merging of alleyways.

לִישָּׁנָא אַחֲרִינָא: מִצַּד שָׁאנֵי.

Another version of this explanation: **From the side it is different,**[NH] i.e., the preparation of an *eiruv* does not involve an adjustment to the alleyway itself, but rather it is a side issue. Consequently, an individual cannot be forced to participate in its preparation (*Meir Netiv*).

אִתְּמַר, רַב חִיָּיא בַּר אַשִׁי אָמַר: עוֹשִׂין לֶחִי אֲשֵׁירָה. וְרַבִּי שִׁמְעוֹן בֶּן לָקִישׁ אָמַר: עוֹשִׂין קוֹרָה אֲשֵׁירָה.

It is stated that the *amora'im* disputed this issue. **Rav Ḥiyya bar Ashi said: One** may **build a side post** from the wood of **an** *asheira.* Although it is prohibited to benefit from the tree and it must be burned, setting up a side post is a mitzva, and mitzvot were not given for benefit, i.e., the fulfillment of a mitzva is not in itself considered a benefit. **And Rabbi Shimon ben Lakish said: One** may **build a** cross **beam** from the wood of **an** *asheira.*[H]

מַאן דְּאָמַר קוֹרָה – כׇּל שֶׁכֵּן לֶחִי, וּמַאן דְּאָמַר לֶחִי – אֲבָל קוֹרָה לֹא, כְּתוּתֵי מִכְתַּת שִׁיעוּרֵיהּ.

The Gemara clarifies their opinions: With regard to **the one who said** that one may build **a** cross **beam** from the wood of an *asheira,* Rabbi Shimon ben Lakish, **all the more so** he would permit **a side post** to be prepared from an *asheira.* **And the one who said** that one may build a **side post** from an *asheira,* Rav Ḥiyya bar Ashi, spoke only of a side post; **but** as for a cross **beam, no,** he did not permit one to build it from an *asheira.* The reason is that an *asheira* must be burned, and it is therefore as though **its size has** already **been crushed.** Consequently, a cross beam, which must be at least a handbreadth in size, may not be prepared from an *asheira.* With regard to a side post, by contrast, a minimum width suffices, which means that even wood from an *asheira* is fit, despite the fact that it is viewed as burned.

מתני׳ נִתְמַעֵט הָאוֹכֶל – מוֹסִיף וּמְזַכֶּה, וְאֵין צָרִיךְ לְהוֹדִיעַ. נִתּוֹסְפוּ עֲלֵיהֶן – מוֹסִיף וּמְזַכֶּה, וְצָרִיךְ לְהוֹדִיעַ.

MISHNA **If the food** in the barrel for the merging of the alleyway **diminished** and was less than the requisite measure, **one** may **add** a little of his own **and confer possession** to the others, **and he need not inform** them of his addition. However, if new residents **were added to** the residents of the alleyway, **he** may **add** food on behalf of those residents **and confer possession** to them, **and he must inform** the new residents of their inclusion in the merging of alleyways.

NOTES

From the side [*mitzad*] it is different – מִצַּד שָׁאנֵי: This phrase is unclear, and the commentaries sought to explain it. Some commentaries rely on variant readings of the text that omit the phrase. The Vilna Gaon and the author of the *Noda BiYhuda* read: In the court [the abbreviation of *beveit din, beit, beit, dalet*] it is different, i.e., there is a difference between neighbors coercing each other of their own accord, and the coercion of a court order.

Other authorities maintain that the phrase: From the side is different, is referring to carrying from the side. In other words, if the alleyway had a side post or a cross beam, the full prohibition of carrying would not be in effect, as it would be considered carrying from the side, i.e., in an unusual manner. It is therefore necessary to coerce each person to contribute to the adjustment of the alleyway (*Mekom Shmuel*).

Alternatively, the word *mitzad* may be derived from *metzuda,* a fortress (see I Chronicles 11:7). As the alleyway has partitions and is closed off like a fortress, one is forced to erect a side post or a cross beam as well (Rabbi A. Z. Margaliyot).

Yet other commentaries explain that the phrase: From the side, is referring to the adjustment of a merging of alleyways, which is not part of the alleyway itself, and therefore one is not compelled to participate. The same cannot be said with regard to the adjustment of a side post or a cross beam, which does affect the alleyway itself (*Sefer Yehoshua;* Responsa *Meir Netiv*).

HALAKHA

From the side it is different – מִן הַצַּד שָׁאנֵי: One who is not accustomed to participating in an *eiruv* cannot be compelled to join an *eiruv* against his will. However, he may be coerced by the court to do so. According to the Vilna Gaon and other authorities, the source for that *halakha* is this passage in the Gemara, due to the variant reading: In the court, it is different (*Shulḥan Arukh, Oraḥ Ḥayyim* 367:1).

A side post and a cross beam from an *asheira* – לֶחִי וְקוֹרָה מֵאֲשֵׁרָה: A side post may be built from the wood of an *asheira,* but a cross beam may not, as the latter must be of a particular length and width, in accordance with the opinion of Rabbi Ḥiyya bar Ashi (*Shulḥan Arukh, Oraḥ Ḥayyim* 363:8, 16).

כַּמָּה הוּא שִׁיעוּרָן? בִּזְמַן שֶׁהֵן מְרוּבִּין – מְזוֹן שְׁתֵּי סְעוּדוֹת לְכוּלָּם, בִּזְמַן שֶׁהֵן מוּעָטִין – כַּגְּרוֹגֶרֶת לְכָל אֶחָד וְאֶחָד.

What is the measure of food required for a merging of the alleyways? When the residents of the alley **are numerous, food for two meals** is sufficient **for all of them; when they are few,** less than a certain number, **a dried fig-bulk for each and every one of them** is enough.[H]

אָמַר רַבִּי יוֹסֵי: בַּמֶּה דְּבָרִים אֲמוּרִים – בִּתְחִילַּת עֵירוּב, אֲבָל בִּשְׁיָרֵי עֵירוּב – כָּל שֶׁהוּא.

Rabbi Yosei said: In what case **is this statement said?** It is said **with regard to the beginning of an** ***eiruv***, when it is initially established. **However, with regard to the remnants of an** ***eiruv***, e.g., if the *eiruv* decreased in size on Shabbat, it remains valid if even **any amount** remains.[H]

וְלֹא אָמְרוּ לְעָרֵב בַּחֲצֵירוֹת אֶלָּא כְּדֵי שֶׁלֹּא לְשַׁכֵּחַ אֶת הַתִּינוֹקוֹת.

And in general **they said** that it is necessary **to join the courtyards,**[H] even though a merging of the alleyways was already in place, **only so that** the halakhic category of *eiruv* **will not be forgotten by the children,** i.e., so that the next generation should be aware that an *eiruv* can be established for a courtyard, for otherwise they would be entirely unaware of this halakhic category.

גמ׳ בְּמַאי עָסְקִינַן? אִילֵימָא בְּמִין אֶחָד – מַאי אִירְיָא נִתְמַעֵט, אֲפִילּוּ כָּלָה נָמֵי!

GEMARA The mishna stated: If the food in the barrel for the merging of the alleyway diminished and was less than the requisite measure, one may add to it without informing the others. The Gemara poses a question: **With what** case **are we dealing** here? **If you say** that he added **the same type** of food that had initially been used for the merging of the alleyway, **why specify** this particular case where the food **decreased**[H] in measure? **Even if** the food **was** entirely **finished,** he should **likewise** not be obligated to inform them.

אֶלָּא בִּשְׁנֵי מִינִין – אֲפִילּוּ נִתְמַעֵט נָמֵי לֹא, דְּתַנְיָא: כָּלָה הָאוֹכֶל, מִמִּין אֶחָד – אֵין צָרִיךְ לְהוֹדִיעַ, מִשְּׁנֵי מִינִים – צָרִיךְ לְהוֹדִיעַ!

Rather, perhaps it is referring **to two types** of food, i.e., one added a different kind of food that had not been used beforehand. If so, **even if** it only **decreased** in measure, **no,** he should **also** not be permitted to add to the merging of the alleyway without informing them. **As it was taught** in a *baraita*: **If the food** of a merging of the alleyway **was** entirely **finished,** and he added **the same type** of food to it, **he need not inform** the other residents; however, if the amount he added was **from two types** of food, i.e., if the added food was different from the original, **he must inform** them. The Gemara assumes that the same *halakha* is in effect even if the food of the merging of the alleyway only decreased in measure.

אִיבָּעֵית אֵימָא: מִמִּין אֶחָד, וְאִיבָּעֵית אֵימָא: מִשְּׁנֵי מִינִין. אִיבָּעֵית אֵימָא מִמִּין אֶחָד, מַאי נִתְמַעֵט – נִתְמַטְמֵט.

The Gemara answers: **If you wish, say** that the mishna is referring to a case where his addition was **from the same kind** of food, **and if you wish, say** instead that it was **from two kinds.** The Gemara clarifies the previous statement: **If you wish, say** that it is referring to a case where his addition was **from the same kind** of food, and **what** is the meaning of **decreased?** It means that the food entirely **crumbled away,** so that nothing at all remained.

וְאִיבָּעֵית אֵימָא מִשְּׁנֵי מִינִין – כָּלָה שָׁאנֵי.

And if you wish, say instead that the mishna is referring to a case where his addition was **from two kinds** of food, for if the *eiruv* **was** entirely **finished,** the *halakha* **is different.**[N] That is to say, the *halakha* of the *baraita* that he must inform the others is in effect only if the food was entirely finished, but if any of it remains there is no need to inform them of his addition, and he may confer possession of even a different kind of food.

NOTES

If the ***eiruv*** **was finished, the** ***halakha*** **is different** – **כָּלָה שָׁאנֵי**: The Ritva maintains that finished does not mean completely finished, as in that case it cannot be likened to food that has merely decreased. Rather, it means that it has been so greatly reduced from its original amount that it is virtually finished.

HALAKHA

The measure of an ***eiruv*** **at the beginning** – **שִׁיעוּר עֵירוּב בִּתְחִילָּה**: What is the initial amount of food required for an *eiruv*? If there are numerous residents participating, there must be enough food for two meals for all of them. If there were few participants, the amount of a dried fig-bulk for each of them is sufficient (*Shulḥan Arukh, Oraḥ Ḥayyim* 368:4).

The measure of the remnants of an ***eiruv*** – **שִׁיעוּר בִּשְׁיָרֵי עֵירוּב**: With regard to food of an *eiruv* that decreased to less than the required amount after Shabbat began, if any part of it remains, it is a valid *eiruv*, even for another Shabbat. However, the consensus among the later commentaries is that one should not rely on an *eiruv* of this kind (*Be'er Heitev*; *Shulḥan Arukh, Oraḥ Ḥayyim* 367:4).

To join the courtyards – **עֵירוּב בַּחֲצֵירוֹת**: In places where everyone participates in the merging of an alleyway, they should nonetheless establish an *eiruv* for their courtyards, so that the *halakha* of *eiruv* will not be forgotten by their children (*Shulḥan Arukh, Oraḥ Ḥayyim* 387:1).

If an ***eiruv*** **decreased** – **נִתְמַעֵט הָעֵירוּב**: When the food of an *eiruv* is reduced to less than the required amount, the following rules apply: If one adds the same type of food to it, he is not obligated to inform the other residents. If he added a different type of food, he must inform the other participants if the food was entirely finished. However, if the food only decreased in amount, he is not required to inform them. These *halakhot* apply only if he prepared the *eiruv* from their food. However, if he transferred possession of his own food to them, he need not inform them in any of these cases (Rashi; *Shulḥan Arukh, Oraḥ Ḥayyim* 368:2).

"נִיתּוֹסְפוּ עֲלֵיהֶן מוֹסִיף וּמְזַכֶּה וכו׳". אָמַר רַב שֵׁיזְבִי, אָמַר רַב חִסְדָּא, זֹאת אוֹמֶרֶת: חֲלוּקִין עָלָיו חֲבֵירָיו עַל רַבִּי יְהוּדָה.

We learned in the mishna: If other residents **were added**[H] **to** the residents of the alleyway, **he may add** food for those residents **and confer possession** to them, but he must inform the new residents of their inclusion in the merging of the alleyway. **Rav Sheizvi said** that **Rav Ḥisda said: That is to say,** i.e., we can infer from the mishna, that **Rabbi Yehuda's colleagues disagree with him.**

דִּתְנַן, אָמַר רַבִּי יְהוּדָה: בַּמֶּה דְּבָרִים אֲמוּרִים – בְּעֵירוּבֵי תְחוּמִין, אֲבָל בְּעֵירוּבֵי חֲצֵירוֹת – מְעָרְבִין בֵּין לָדַעַת וּבֵין שֶׁלֹּא לָדַעַת. פְּשִׁיטָא דַּחֲלוּקִין!

As we learned in a mishna that **Rabbi Yehuda said: In what** case **is this statement,** that an *eiruv* may be established for a person only with his knowledge, **said?** It is said **with regard to a joining of** Shabbat **boundaries; however, with regard to a joining of courtyards, one** may **establish an** *eiruv* for another person either **with his knowledge or without his knowledge.** Rabbi Yehuda's opinion conflicts with that of the *tanna* of the mishna, who does not permit a person to be included in a joining of courtyards without his knowledge. The Gemara is surprised at this statement: **It is obvious** that **they disagree;** why did Rav Ḥisda find it necessary to teach us something so evident?

מַהוּ דְּתֵימָא: הָנֵי מִילֵּי – בְּחָצֵר שֶׁבֵּין שְׁנֵי מְבוֹאוֹת, אֲבָל חָצֵר שֶׁל מָבוֹי אֶחָד – אֵימָא לָא, קָמַשְׁמַע לָן. "כַּמָּה הוּא שִׁיעוּרוֹ וכו׳".

The Gemara answers: It was nonetheless necessary, **lest you say** that **this** ruling, i.e., that he must inform them, **applies only to a courtyard that is** situated **between two alleyways,** in which case the residents of the courtyard may join in a merging of alleyways with whichever alleyway they prefer. Consequently, he must inform them with which alleyway he prepared the merging, in case they preferred to join the other alleyway. **However,** with regard to **a courtyard** that opens into only **one alleyway,** the merging of the alleyway only benefits them and does not harm them in any way, and you might therefore **say no,** that even the *tanna* of the mishna concedes that it is not necessary to inform them. Rav Ḥisda therefore **teaches us** that the *tanna* of the mishna maintains that he must inform them in all cases, contrary to the opinion of Rabbi Yehuda.

כַּמָּה הוּא מְרוּבִּין? אָמַר רַב יְהוּדָה, אָמַר שְׁמוּאֵל: שְׁמוֹנֶה עֶשְׂרֵה בְּנֵי אָדָם. שְׁמוֹנֶה עֶשְׂרֵה וְתוּ לָא? אֵימָא: מִשְּׁמוֹנֶה עֶשְׂרֵה וְאֵילָךְ.

The mishna continues: **What is the measure** of food required for a merging of the alleyways? It then specifies different amounts when the residents of the alley are numerous and when they are few. The Gemara asks: **How many are numerous,** and how many are considered few?[H] **Rav Yehuda said** that **Shmuel said: Eighteen people** are considered numerous. The Gemara registers surprise: **Eighteen and no more?**[N] The Gemara answers: **Say: From eighteen upward.**

וּמַאי שְׁמוֹנֶה עֶשְׂרֵה דְּנָקַט? אָמַר רַב יִצְחָק בְּרֵיהּ דְּרַב יְהוּדָה: לְדִידִי מִיפָּרְשָׁא לִי מִינֵּיהּ דְּאַבָּא, כֹּל שֶׁאִילּוּ מְחַלְּקוֹ לִמְזוֹן שְׁתֵּי סְעוּדוֹת בֵּינֵיהֶן וְאֵין מַגַּעַת גְּרוֹגֶרֶת לְכָל אֶחָד וְאֶחָד – הֵן הֵן מְרוּבִּין, וְסַגִּי בִּמְזוֹן שְׁתֵּי סְעוּדוֹת. וְאִי לָא (הֵן הֵן) מוּעָטִין נִינְהוּ.

The Gemara asks: **And what is** the significance of the number **eighteen** that **he cited?** Why this figure in particular? The Gemara answers that **Rav Yitzḥak, son of Rav Yehuda, said: It was explained to me** personally **by my father,** Rav Yehuda: **Any** case where, **if** one were to **divide** the food of **two meals between them and it does not amount to** the measure of **a dried fig for each and every one of them, these are the very ones** the *tanna* called **numerous, and** in this case **food for two meals suffices** for all of them. **And if not, these are the very ones** the *tanna* termed **few,** which means food in the measure of a dried fig is required for each of them.

וְאַגַּב אוֹרְחֵיהּ קָא מַשְׁמַע לָן דִּשְׁתֵּי סְעוּדוֹת הָוְיָין שְׁמוֹנֶה עֶשְׂרֵה גְּרוֹגָרוֹת.

And Rav Yehuda **incidentally teaches us that** food for **two meals consists of** a measure equal to **eighteen dried figs.** Consequently, if there were numerous residents in the alley, then eighteen dried figs, which is food sufficient for two meals, is enough for them.

מתני׳ בַּכֹּל מְעָרְבִין וּמִשְׁתַּתְּפִין, חוּץ מִן הַמַּיִם וּמִן הַמֶּלַח, דִּבְרֵי רַבִּי אֱלִיעֶזֶר. רַבִּי יְהוֹשֻׁעַ אוֹמֵר: כִּכָּר הוּא עֵירוּב, אֲפִילּוּ מַאֲפֶה סְאָה וְהוּא פְּרוּסָה – אֵין מְעָרְבִין בָּהּ. כִּכָּר כְּאִיסָּר וְהוּא שָׁלֵם – מְעָרְבִין בּוֹ.

MISHNA **One** may **join** courtyards **and merge** alleyways **with all** types of food, **except for water and salt,** as they are not considered foods. This is **the statement of Rabbi Eliezer. Rabbi Yehoshua says** that a different limitation applies: A whole **loaf** may be used for **an** *eiruv.* With regard to **a baked** product even the size **of a** *se'a,* **if it** consists of **pieces, one** may **not join** courtyards **with it.** However, with regard to **a loaf,** even one the size of **an** *issar,*[LB] **if it is whole, one** may **join** courtyards **with it.**[H]

HALAKHA

If residents were added – נִיתּוֹסְפוּ דַּיָּירִים: If a person included more residents in an *eiruv* of courtyards, he is required to inform them, even if he prepared the *eiruv* from his own food (*Magen Avraham*), especially if they have the option of participating in an *eiruv* in a different place (*Shulḥan Arukh, Oraḥ Ḥayyim* 368:2).

Numerous and few – מְרוּבִּין וּמוּעָטִין: With regard to the food of an *eiruv,* numerous means eighteen people or more, in accordance with the opinion of Shmuel (*Shulḥan Arukh, Oraḥ Ḥayyim* 368:3).

With a loaf but not with a broken piece – בְּכִכָּר וְלֹא בִּפְרוּסָה: An *eiruv* must be prepared from a whole loaf of bread, even a small one. A broken piece may not be used, even if it is large. The Rema explains that each person provides a small amount of flour with which they bake a single loaf, in accordance with the Ra'avad and the *Maggid Mishne.* This is the prevalent custom.

According to the Rosh and the *Mordekhai,* if one person transfers possession of the *eiruv* to all the rest, he may even use a broken piece (*Shulḥan Arukh HaRav; Shulḥan Arukh, Oraḥ Ḥayyim* 366:6).

NOTES

Eighteen and no more – שְׁמוֹנֶה עֶשְׂרֵה וְתוּ לָא: This question is surprising, as it is well known that whenever the Sages established a measure as a particular number they mean from that number upwards. However, in this context it perhaps they permitted using food for two meals in merging alleyways only if there are eighteen people participating, which would be slightly less than a dried fig-bulk per person. However, if there were more than eighteen people, perhaps a larger amount would be required. Consequently, the question is appropriate (Rashba).

LANGUAGE

Issar – **אִיסָּר:** From the Greek ἀσσάριον, *assariyon,* meaning a Roman *issar* coin.

BACKGROUND

Issar – **אִיסָּר:** A small coin typically made of copper. Its standard value was eight *perutot.*

Roman *issar* from the time of Tiberius Caesar

גמ׳ תָּנֵינָא חֲדָא זִימְנָא: ״בַּכֹּל מְעָרְבִין וּמִשְׁתַּתְּפִין חוּץ מִן הַמַּיִם וְהַמֶּלַח״!

GEMARA With regard to the mishna's ruling concerning the foods which may or may not be used for an *eiruv* and to merge alleyways, the Gemara poses a question: This ruling is apparently superfluous, as we have already **learned** it **once** before in another mishna: **One** may **establish an *eiruv* and a merging of alleyways with all** kinds of food, **except for water and salt.**

אָמַר רַבָּה: לְאַפּוֹקֵי מִדְּרַבִּי יְהוֹשֻׁעַ, דְּאָמַר: כִּכָּר אִין, מִידֵּי אַחֲרִינָא לָא – קָמַשְׁמַע לָן ״בַּכֹּל״.

Rabba said: This addition comes **to exclude** the opinion of **Rabbi Yehoshua** in the mishna, who **said** that **a loaf, yes,** it may be used for an *eiruv*; but **anything else, no,** other foods may not be used. Therefore, the mishna **teaches us** that an *eiruv* may be established **with all** kinds of food, not only bread.

אֵיתִיבֵיהּ אַבָּיֵי: בַּכֹּל מְעָרְבִין עֵירוּבֵי חֲצֵירוֹת וּבַכֹּל מִשְׁתַּתְּפִין שִׁיתּוּפֵי מְבוֹאוֹת, וְלֹא אָמְרוּ לְעָרֵב בַּפַּת אֶלָּא בְּחָצֵר בִּלְבַד. מַאן שָׁמְעַתְּ לֵיהּ דְּאָמַר: פַּת אִין מִידֵּי אַחֲרִינָא לָא – רַבִּי יְהוֹשֻׁעַ, וְקָתָנֵי: בַּכֹּל!

Abaye raised an objection from a *baraita*: **One** may **establish a joining of courtyards with all** kinds of food, **and** likewise **one may establish a merging of alleyways with all** kinds of food. **They said** that **one** must **establish an *eiruv* with bread only with regard to** an *eiruv* of **a courtyard. Who did you hear that said** that **bread, yes,** it may be used for an *eiruv*, but **anything else, no,** it may not be used? It was **Rabbi Yehoshua, and** yet the *baraita* **teaches: With all** kinds of food. This proves that the phrase: One may establish an *eiruv* with all kinds of food, does not necessarily exclude Rabbi Yehoshua's opinion.

אֶלָּא אָמַר רַבָּה בַּר בַּר חָנָה: לְאַפּוֹקֵי מִדְּרַבִּי יְהוֹשֻׁעַ, דְּאָמַר: שְׁלֵימָה אִין, פְּרוּסָה לָא – קָמַשְׁמַע לָן ״בַּכֹּל״.

Rather, Rabba bar bar Ḥana said: It comes **to exclude** a different aspect of the opinion of **Rabbi Yehoshua, as** Rabbi Yehoshua **said: A whole** loaf, **yes,** it is fit to be used as an *eiruv*, but **a broken** loaf, **no,** it is not suitable for this purpose. The mishna therefore **teaches us** that one may prepare an *eiruv* **with all** kinds of bread, even a broken loaf.

וּפְרוּסָה מַאי טַעְמָא לָא? אָמַר רַבִּי יוֹסֵי בֶּן שָׁאוּל, אָמַר רַבִּי: מִשּׁוּם אֵיבָה.

The Gemara analyzes Rabbi Yehoshua's position itself: **And** with regard to a **broken** loaf of bread, **what is the reason** that it may **not** be used for an *eiruv*? **Rabbi Yosei ben Shaul said** that **Rabbi** Yehuda HaNasi **said:** The reason is **due to** potential **enmity** between neighbors. To avoid a situation where one person says to the other: You contributed a mere slice of bread, while I donated an entire loaf, the Sages instituted that each person should provide a whole loaf.

אֲמַר לֵיהּ רַב אַחָא בְּרֵיהּ דְּרָבָא לְרַב אַשִׁי: עֵירְבוּ כּוּלָּן בִּפְרוּסוֹת, מַהוּ? אֲמַר לֵיהּ: שֶׁמָּא יַחֲזוֹר דָּבָר לְקִלְקוּלוֹ.

Rav Aḥa, son of Rava, said to Rav Ashi: If **they all established** the ***eiruv* with broken** loaves of bread, **what is** the *halakha*? In this case there is no cause for enmity. Rav Ashi **said to him:** There is nonetheless a concern **lest the problem recur,** as one of them might give an entire loaf and proceed to complain about his neighbor who donated only a partial loaf.

אָמַר רַבִּי יוֹחָנָן בֶּן שָׁאוּל: נִיטְּלָה הֵימֶנָּה כְּדֵי חַלָּתָהּ וּכְדֵי דִּימּוּעָהּ – מְעָרְבִין לוֹ בָּהּ.

A portion of dough, known as *ḥalla*, must be set aside and given to the priests. If *ḥalla* was not set aside from the dough, it must be separated from the baked bread. Moreover, if one part *teruma* fell into a hundred parts non-sacred produce, a proportionate amount must be removed from the mixture and given to a priest, after which the remainder may be eaten. **Rabbi Yoḥanan ben Shaul said: If one removed from** the loaf **as much as** must be set aside for **its *ḥalla*, or as much as** must be separated **from a mixture**[N] of *teruma* and non-sacred produce, **he** may **establish an *eiruv* with** that loaf. The reason is that in this case people would not complain that he did not give a whole loaf, as they would assume the loaf had a small part missing because *ḥalla* had been separated from it, or because *teruma* had fallen into the dough, which necessitated the separation of a certain portion. However, if more than this amount was missing, people would suspect him of eating from the *eiruv*.

וְהָתַנְיָא: כְּדֵי דִּימּוּעָהּ – מְעָרְבִין לוֹ בָּהּ, כְּדֵי חַלָּתָהּ – אֵין מְעָרְבִין לוֹ בָּהּ!

The Gemara raises a difficulty: **Wasn't it was taught** otherwise in a *baraita*: If a loaf was missing **as much as** must be removed **from a mixture** of *teruma* and non-sacred produce, **one may establish an *eiruv* with it,** but if it was missing **as much as** must be removed for **its *ḥalla*, one may not establish an *eiruv* with it?**[N]

NOTES

Mixture [*dimua*] – **דִּימּוּעַ:** This term means mixtures in general, but the Sages typically used it in reference to *teruma* that became intermingled with regular produce. If *teruma*, or anything that has the sanctity of *teruma*, such as *ḥalla*, became mixed with regular produce, if the mixture does not contain more than one part *teruma* to one hundred parts non-sacred produce, one may separate one one-hundredth of the mixture, and the rest is permitted to be eaten by non-priests.

As much as must be removed for its *ḥalla* and as much as must be removed from a mixture – כְּדֵי חַלָּתָהּ וּכְדֵי דִּימּוּעָהּ: Some commentaries explain that the missing portion was actually removed from the loaf as *ḥalla* or as the portion removed from a mixture of *teruma* and non-sacred produce. However, if it were removed for any other reason, the loaf is not suitable for an *eiruv*. Most commentaries maintain that if the portion removed was the amount of *ḥalla* or the amount removed from the mixture, even if the portion was used for a different purpose, the loaf is fit for an *eiruv*, as people do not know why it is missing (Rosh; see *Tosafot*).

לָא קַשְׁיָא; הָא – בְּחַלַּת נַחְתּוֹם, הָא – בְּחַלַּת בַּעַל הַבַּיִת.

The Gemara answers: This is **not difficult**, as the two sources are not dealing with the same amounts. In **this** case, where the *tanna* permitted a loaf that was missing the amount that must be removed for *ḥalla*, he is referring **to a baker's *ḥalla*,** which is a smaller amount and is therefore not considered a significant reduction of the loaf. However, in **that** case, where the *tanna* did not permit a loaf that was lacking the amount that must be removed for *ḥalla*, it is referring **to an** ordinary **homeowner's *ḥalla*.**[NH] This *ḥalla* portion is larger in size, and consequently the loaf may not be used for an *eiruv* if it is missing such a large amount.[N]

דִּתְנַן: שִׁיעוּר חַלָּה אֶחָד מֵעֶשְׂרִים וְאַרְבָּעָה, הָעוֹשֶׂה עִיסָּה לְעַצְמוֹ וְעִיסָּה לְמִשְׁתֵּה בְנוֹ, אֶחָד מֵעֶשְׂרִים וְאַרְבָּעָה. נַחְתּוֹם שֶׁהוּא עוֹשֶׂה לִמְכּוֹר בַּשּׁוּק, וְכֵן הָאִשָּׁה שֶׁעָשְׂתָה לִמְכּוֹר בַּשּׁוּק – אֶחָד מֵאַרְבָּעִים וּשְׁמוֹנָה.

The Gemara explains that this is **as we learned** in a mishna: **The measure of *ḥalla*** fixed by the Sages is **one twenty-fourth** of the dough. Consequently, **one who prepares dough for himself or dough for his son's** wedding **feast,** the measure for *ḥalla* is **one twenty-fourth. However, a baker who prepares** dough **for sale in the market, and likewise a woman who prepares** dough **for sale in the market,** is required to separate only **one forty-eighth** of the dough, as the Sages were lenient with those who sell their wares so that they should not suffer loss.[H]

אָמַר רַב חִסְדָּא: תְּפָרָהּ בְּקֵיסָם – מְעָרְבִין לוֹ בָּהּ. וְהָא תַּנְיָא: אֵין מְעָרְבִין לוֹ בָּהּ! לָא קַשְׁיָא; הָא – דִּידִיעַ תִּיפְּרָה, הָא – דְּלָא יְדִיעַ תִּיפְּרָה.

Rav Ḥisda said: With regard to **one who connected** the two portions of a broken loaf **with a wood chip,**[NH] **one** may **establish an *eiruv* with it,** as it looks whole. The Gemara raises a difficulty: **But wasn't it taught** in a *baraita* with regard to a case of this kind that **one** may **not establish an *eiruv* with it?** The Gemara answers: This is **not difficult,** as in **this** case, where it may not be used for an *eiruv*, we are dealing with a situation **where the seam is conspicuous;** however, in **that** case, where it may be used for an *eiruv*, the reference is to a situation **where the seam is not conspicuous.**

אָמַר רַבִּי זֵירָא, אָמַר שְׁמוּאֵל: מְעָרְבִין בְּפַת אוֹרֶז וּבְפַת דּוֹחַן. אָמַר מָר עוּקְבָא: לְדִידִי מִיפַּרְשָׁא לִי מִינֵּיהּ דְּמָר שְׁמוּאֵל, בְּפַת אוֹרֶז – מְעָרְבִין, וּבְפַת דּוֹחַן – אֵין מְעָרְבִין.

Rabbi Zeira said that **Shmuel said: One** may **establish an *eiruv*** even **with rice bread or with millet bread. Mar Ukva said:** This ruling **was explained to me by Mar Shmuel** himself. **With rice bread one** may **establish an *eiruv*, but with millet bread one** may **not establish an *eiruv*,** as it is difficult to bake edible bread out of millet.

אָמַר רַב חִיָּיא בַּר אָבִין, אָמַר רַב: מְעָרְבִין בְּפַת עֲדָשִׁים. אִינִי?! וְהָא הַהִיא דַּהֲוַאי בִּשְׁנֵי דְּמָר שְׁמוּאֵל, וְשַׁדְיֵיהּ לְכַלְבֵּיהּ וְלָא אֲכָלָהּ!

Rav Ḥiyya bar Avin said that **Rav said: One** may **establish an *eiruv* with lentil bread.**[H] The Gemara raises a difficulty: **Is that so?** Is such bread edible? **But there was that** lentil bread **in the days of Mar Shmuel, which he threw to his dog, and** even **it would not eat it.** Clearly, lentil bread is not fit for human consumption.

הַהִיא דִּשְׁאָר מִינִים הֲוָיָא, דִּכְתִיב: ״וְאַתָּה קַח לְךָ חִטִּין וּשְׂעוֹרִים וּפוֹל וַעֲדָשִׁים וְדוֹחַן וְכוּסְּמִים״ וגו׳.

The Gemara answers: **That** bread which the dog refused to eat **was** a mixture of **various types** of grain. It was baked in order to discover the taste of a bread of mixed ingredients and was similar to that which the prophet Ezekiel was commanded to eat, **as it is written: "Take you for yourself wheat, and barley, and beans, and lentils, and millet, and spelt,** and put them in one vessel, and make them for yourself into bread" (Ezekiel 4:9). This bread is unfit for human consumption, as even a dog at times will not eat it. However, bread prepared from lentils alone is edible.

רַב פַּפָּא אָמַר: הַהִיא צְלוּיָה בְּצוֹאַת הָאָדָם הֲוַאי, דִּכְתִיב: ״וְהִיא בְּגֶלְלֵי צֵאַת הָאָדָם תְּעֻגֶנָה לְעֵינֵיהֶם״.

Rav Pappa said: That bread of Ezekiel's **was roasted in human excrement, as it is written:** "And you shall eat it as barley cakes, **and you shall bake it with human excrement, in their sight"** (Ezekiel 4:12).

מַאי ״וְעוּגַת שְׂעוֹרִים תֹּאכְלֶנָּה״? אָמַר רַב חִסְדָּא: לְשִׁיעוּרִים. רַב פַּפָּא אָמַר: עֲרִיבָתָהּ כַּעֲרִיבַת שְׂעוֹרִים, וְלֹא כַּעֲרִיבַת חִטִּים.

Having mentioned this verse, the Gemara asks a related question: **What is the meaning of: "And you shall eat it as barley [*seorim*] cakes"? Rav Ḥisda said:** The verse means that he should eat it **in** small **measures [*leshiurim*]**, not as a satisfying meal. **Rav Pappa said: Its preparation** must be **like the preparation of barley** bread, coarse bread with regard to which one invests little effort, **and not like the preparation of wheat** bread.

NOTES

A baker's dough and a homeowner's dough – עִיסַּת נַחְתּוֹם וְעִיסַּת בַּעַל הַבַּיִת: In the Jerusalem Talmud a dispute is cited concerning the rationale for this distinction. One opinion stated there is that a homeowner is required to give more because the dough he prepares is smaller. Were he to separate one forty-eighth of his dough, the measure that a baker is obligated to separate, this would not constitute a proper gift, which is not the case with the baker's large batches of dough. Another opinion is that a homeowner is stingy with regard to the dough he sets aside. Therefore, the Sages ruled that he should give more, in hope that he would not give less (see Rambam and Rav Shimshon of Saens).

Its *ḥalla* and its mixture of *teruma* and non-sacred produce – חַלָּתָהּ וְדִימּוּעָהּ: A difficulty remains: A baker's *ḥalla* is one forty-eighth of the dough, while the mixture of *teruma* is one one-hundredth. If the amount of a baker's *ḥalla* is permitted, all the more so the amount of the mixture of *teruma* should be permitted. The Ra'avad answers that the reference here is not to a mixture of *teruma* in its usual sense. Rather, it is referring to a case where one forgot to separate regular *teruma* from the produce, a mistake they intend to rectify. The average gift of regular *teruma* is one-fiftieth, which is very close to the measure of a baker's *ḥalla*.

Connected with a chip – תְּפָרָהּ בְּקֵיסָם: In other talmudic sources the Sages do not consider a connection of this kind as attached, because in those cases the attachment is required by *halakha*. In our context, a whole loaf is required only for the sake of appearances, and it is therefore permitted, as long as the seam is inconspicuous (Rav Ya'akov Emden).

HALAKHA

A baker's dough and a homeowner's dough – עִיסַּת נַחְתּוֹם וְעִיסַּת בַּעַל הַבַּיִת: If a loaf is missing a piece the size of a portion that is generally removed as baker's *ḥalla*, it may be still be used for an *eiruv*. This rule applies even if that amount had not been removed as *ḥalla* (Rosh), since the neighbors will think that the missing part is *ḥalla* and no enmity will result (*Magen Avraham*; *Shulḥan Arukh, Oraḥ Ḥayyim* 366:6).

The measure of *ḥalla* – שִׁיעוּר חַלָּה: By Torah law, there is no fixed measure for *ḥalla*. Nevertheless, the Sages determined that it must constitute one twenty-fourth of the dough. They were lenient with regard to a baker, due to the potential loss (*Taz*) or due to the thickness of his dough (Rambam *Sefer Zera'im, Hilkhot Bikkurim* 5:2). Consequently, they required him to separate only one forty-eighth of the dough (*Shulḥan Arukh, Yoreh De'a* 322:1).

Connected with a chip – תְּפָרָהּ בְּקֵיסָם: If one connected the portions of a broken loaf with a wooden chip and the seam is inconspicuous, the loaf may be used for an *eiruv* (*Shulḥan Arukh, Oraḥ Ḥayyim* 366:6).

Rice, lentil, and millet bread – פַּת אוֹרֶז עֲדָשִׁים וְדוֹחַן: An *eiruv* may be prepared with rice bread, in accordance with Shmuel's opinion, and with lentil bread, as stated by Rav, but not with millet bread, as per the statement of Mar Ukva in the name of Shmuel (*Shulḥan Arukh, Oraḥ Ḥayyim* 366:8).

מתני׳ נוֹתֵן אָדָם מָעָה לַחֶנְוָנִי וְלַנַּחְתּוֹם כְּדֵי שֶׁיִּזְכֶּה לוֹ עֵירוּב, דִּבְרֵי רַבִּי אֱלִיעֶזֶר.

MISHNA A person may give a *ma'a* coin to a grocer or a baker, if they live in the same alleyway or courtyard, so that the grocer or baker will confer upon him possession of wine or bread for a merging of the alleyway or an *eiruv*, if other residents come to them to purchase these products for that purpose. This is the statement of Rabbi Eliezer.

וַחֲכָמִים אוֹמְרִים: לֹא זָכוּ לוֹ מְעוֹתָיו.

And the Rabbis say: His money did not confer possession on him,[H] as the transfer of money alone is not a valid mode of acquisition and cannot confer possession. One must perform a valid mode of acquisition, e.g., pulling an article into one's possession, to transfer ownership.

HALAKHA

Acquiring an *eiruv* with money – קְנִיַּית עֵירוּב בְּמָעוֹת: If a person gives money to a storeowner or a baker to transfer possession of an *eiruv* to him, the money does not transfer possession and the *eiruv* is invalid, in accordance with the opinion of the Rabbis. However, if he appointed the baker as his agent for establishing the *eiruv*, the *eiruv* is valid (*Shulḥan Arukh HaRav*, based on the Rosh and the *Tur*; *Shulḥan Arukh, Oraḥ Ḥayyim* 369:1).

וּמוֹדִים בִּשְׁאָר כָּל הָאָדָם שֶׁזָּכוּ לוֹ מְעוֹתָיו, שֶׁאֵין מְעָרְבִין לְאָדָם אֶלָּא מִדַּעְתּוֹ.

And the Rabbis **concede with regard to all** other **people,** apart from grocers and bakers, **that** if one gave them money for the food of an *eiruv*, **his money confers possession upon him, as one** may **establish an *eiruv* for a person only with his knowledge**[NH] and at his bidding. With regard to a grocer or baker, the person giving the money does not intend to appoint the grocer or the baker as his agent and the money itself does not effect an acquisition, and consequently, he did not accomplish anything. With regard to anyone else, however, there is no doubt that he must have intended to appoint him his agent, and his act is effective.[N]

אָמַר רַבִּי יְהוּדָה: בַּמֶּה דְּבָרִים אֲמוּרִים – בְּעֵירוּבֵי תְחוּמִין, אֲבָל בְּעֵירוּבֵי חֲצֵירוֹת – מְעָרְבִין לְדַעְתּוֹ וְשֶׁלֹּא לְדַעְתּוֹ, לְפִי שֶׁזָּכִין לְאָדָם שֶׁלֹּא בְּפָנָיו וְאֵין חָבִין לְאָדָם שֶׁלֹּא בְּפָנָיו.

Rabbi Yehuda said: In what case is this statement said? It is said **with regard to a joining of** Shabbat **boundaries, but with regard to a joining of courtyards, one** may **establish an *eiruv*** for a person either **with his knowledge or without his knowledge.**[H] The reason is **because one may act for a person's benefit in his absence, but one may not act to a person's disadvantage in his absence.** As a participant in a joining of courtyards benefits from his inclusion in the *eiruv*, his consent is not required. However, with regard to a joining of Shabbat boundaries, although it enables one to go farther in one direction, he loses the option of traveling in the opposite direction. When an action is to a person's disadvantage, or if it entails both benefits and disadvantages, one may act on that person's behalf only if he has been explicitly appointed his agent.

גמ׳ מַאי טַעְמָא דְּרַבִּי אֱלִיעֶזֶר? הָא לֹא מָשַׁךְ!

GEMARA The Gemara poses a question: **What is the reason for Rabbi Eliezer's** opinion that one who gave money to a grocer or a baker has acquired possession of the food for the *eiruv*? This ruling is difficult, as **he did not** perform a transaction by **pulling** the food into his possession, and one can acquire an object only by performing a valid act of acquisition.

אָמַר רַב נַחְמָן, אָמַר רַבָּה בַּר אֲבָהוּ: עֲשָׂאוֹ רַבִּי אֱלִיעֶזֶר כְּאַרְבָּעָה פְּרָקִים בַּשָּׁנָה. דִּתְנַן: בְּאַרְבָּעָה פְּרָקִים אֵלּוּ מַשְׁחִיטִין אֶת הַטַּבָּח בְּעַל כָּרְחוֹ, אֲפִילּוּ שׁוֹר שָׁוֶה אֶלֶף דִּינָר וְאֵין לַלּוֹקֵחַ אֶלָּא דִּינָר אֶחָד – כּוֹפִין אוֹתוֹ לִשְׁחוֹט.

Rav Naḥman said that **Rabba bar Abbahu said: Rabbi Eliezer established** this acquisition so that it should be **like the four times**[N] **during the year** that the payment of money effects acquisition, **as we learned** in a mishna: **On these four times** every year, on the eves of Passover, *Shavuot*, Rosh HaShana, and the Eighth Day of Assembly, one who paid for meat may **force the butcher to slaughter**[H] an animal against his will. **Even** if his **ox** was **worth a thousand dinar, and the customer has** paid for **only one dinar's** worth of meat, the customer may **force** the butcher **to slaughter** it, so that the buyer can receive his meat. The reason is that on these four occasions everyone buys meat, and therefore the butcher who promised to supply the customer with meat must give it to him, even if this causes the butcher a considerable loss.

NOTES

As one may establish an *eiruv* for a person only with his knowledge – שֶׁאֵין מְעָרְבִין לְאָדָם אֶלָּא מִדַּעְתּוֹ: According to Rashi and other commentaries, the expression: As one may establish an *eiruv* for a person only with his knowledge, is referring to the previous statement of the mishna. The phrase explains why the money does not effect the transfer of possession to the one who gave the money to the storeowner. The Rosh, however, claims that the mishna is referring to a case of purchase, rather than to a case where another confers possession upon him. Consequently, the phrase: As one may establish an *eiruv* for a person only with his knowledge, does not clarify the previous statement; rather, it stands on its own.

The subject of the mishna – עִנְיָנָהּ שֶׁל הַמִּשְׁנָה: The mishna apparently deals with a joining of courtyards. However, some authorities maintain that with regard to a joining of courtyards, the transfer of the money should establish a valid *eiruv*, either because the storeowner himself is located in the courtyard or because everyone agrees, according to this approach, that a joining of courtyards is a benefit and not a disadvantage. Therefore, these commentaries explain the mishna as referring only to a joining of Shabbat boundaries (see Rashba).

Four times – אַרְבָּעָה פְּרָקִים: These are four dates on which everyone holds large feasts. Any purchase of meat is evidently for this purpose and cannot be postponed to another occasion (see Rashi in tractate *Ḥullin*). Consequently, the butcher must slaughter the ox, even if he will entail a financial loss.

HALAKHA

As one may establish an *eiruv* for a person only with his knowledge – שֶׁאֵין מְעָרְבִין לְאָדָם אֶלָּא מִדַּעְתּוֹ: One may establish a joining of Shabbat boundaries for someone only with his knowledge, as stated by Rabbi Yehuda (*Shulḥan Arukh, Oraḥ Ḥayyim* 414:1).

A joining of courtyards without his knowledge – עֵירוּבֵי חֲצֵרוֹת שֶׁלֹּא לְדַעַת: There is no need to inform the people on whose behalf a joining of courtyards is established, because it is regarded as a benefit for them, in accordance with the opinion of Rabbi Yehuda. This *halakha* applies to a merging of alleyways as well (*Shulḥan Arukh, Oraḥ Ḥayyim* 366:10 in the comment of the Rema, and 392:8).

One may force the butcher to slaughter – מַשְׁחִיטִין אֶת הַטַּבָּח: On the four dates listed in the mishna, a butcher must slaughter an animal even for a buyer who wishes to purchase only a small amount, and the transaction is effected by the payment. Some authorities maintain that the *halakha* is the same with regard to one who purchases wine for *kiddush*, that his payment effects the transaction (Rema, based on the Maharil; *Shulḥan Arukh, Ḥoshen Mishpat* 199:3).

לְפִיכָךְ, אִם מֵת – מֵת לַלּוֹקֵחַ. מֵת לַלּוֹקֵחַ?! הָא לֹא מָשַׁךְ! אָמַר רַב הוּנָא: בְּשֶׁמָּשַׁךְ.

Therefore, if the ox **died, it died at the buyer's** expense. That is to say, he must bear the loss and is not entitled to get his dinar back. The Gemara asks: Why is this so? The customer **did not pull** the ox into his possession. As he did not perform an act of acquisition, he has not acquired any part of the ox, and his dinar should therefore be restored to him.[N] **Rav Huna said:** We are dealing here with a case **where he did pull** the ox into his possession.

אִי הָכִי, אֵימָא סֵיפָא: בִּשְׁאָר יְמוֹת הַשָּׁנָה אֵינוֹ כֵּן; לְפִיכָךְ, אִם מֵת – מֵת לַמּוֹכֵר. אַמַּאי? הָא מָשַׁךְ!

The Gemara raises a difficulty: **If so, say the latter clause** of that mishna as follows: With regard to **the rest of the days of the year, it is not so. Therefore, if** the animal **died, it died at the seller's** expense. If, as Rav Huna claims, the mishna is referring to a case where the purchaser had already pulled the animal into his possession, **why** must the seller suffer the loss? Since the customer **pulled** it into his possession and has acquired it, the ox died in his possession.

אֲמַר רַבִּי שְׁמוּאֵל בַּר יִצְחָק: לְעוֹלָם בְּשֶׁלֹּא מָשַׁךְ, הָכָא בְּמַאי עָסְקִינַן – בְּשֶׁזִּיכָּה לוֹ עַל יְדֵי אַחֵר.

Rabbi Shmuel bar Yitzḥak said: Actually, the mishna is referring to a case **where** the customer **did not pull** the animal into his possession. **With what are we dealing here?** We are dealing **with** a case **where** the butcher **conferred possession upon** his customer **by means of another** person, i.e., the butcher conferred possession upon the customer by instructing another person to acquire a dinar's worth of the ox's meat on his behalf, without having obtained his consent.

בְּאַרְבָּעָה פְּרָקִים אֵלּוּ, דִּזְכוּת הוּא לוֹ – זָכִין לוֹ שֶׁלֹּא בְּפָנָיו, בִּשְׁאָר יְמוֹת הַשָּׁנָה דְּחוֹב הוּא לוֹ – אֵין חָבִין לוֹ אֶלָּא בְּפָנָיו.

Consequently, **at these four times, when it is for his benefit,** as everyone wishes to buy meat on these days, **one may act for his benefit in his absence,** and the acquisition is valid. With regard to **the rest of the days of the year, when it is to his disadvantage,** as it obligates him in payment and he might have no interest in this purchase, **one may act to his disadvantage only in his presence.**

וְרַב אִילָא אָמַר רַבִּי יוֹחָנָן: בְּאַרְבָּעָה פְּרָקִים אֵלּוּ הֶעֱמִידוּ חֲכָמִים דִּבְרֵיהֶן עַל דִּבְרֵי תוֹרָה. דְּאָמַר רַבִּי יוֹחָנָן: דְּבַר תּוֹרָה מָעוֹת קוֹנוֹת,

And Rav Ila said that **Rabbi Yoḥanan said: At these four times, the Sages based their statement on Torah law,** i.e., they ruled in accordance with Torah law. **As Rabbi Yoḥanan said: By Torah law,** the payment of **money** is an effective act of acquisition, which **acquires** movable property. Merchandise that is purchased with money is immediately transferred to the ownership of the buyer.

וּמִפְּנֵי מָה אָמְרוּ "מְשִׁיכָה קוֹנָה" – גְּזֵירָה שֶׁמָּא יֹאמַר לוֹ: נִשְׂרְפוּ חִיטֶּיךָ בָּעֲלִיָּיה.

And why, then, **did** the Sages **say** that the mode of acquisition of **pulling,** not monetary payment, **acquires** movable goods? It is **a decree** issued by the Sages, **lest** the seller **say to** a buyer who has already paid for his merchandise: **Your wheat was burned in the upper story** of my house, and you have lost everything. According to Torah law, once the buyer pays, he owns the merchandise wherever it is located. As this state of affairs can lead to fraud, the Sages instituted that only an act of physical transfer of the item purchased can finalize the sale. On these four occasions, however, the Sages ordained that Torah law remains in effect. Rabbi Eliezer maintains that this enactment applies to an *eiruv* as well.

"וּמוֹדִים בִּשְׁאָר כָּל הָאָדָם כו'". מַאן שְׁאָר כָּל אָדָם? אָמַר רַב: בַּעַל הַבַּיִת.

The mishna stated: The Rabbis **concede with regard to all** other **people** that if he gave them money for food for an *eiruv*, his money confers possession upon him. The Gemara asks: **Who is** included among **all** other **people? Rav said:** The reference is to **an** ordinary **homeowner,**[H] not a merchant, who was asked by someone to receive possession of food for an *eiruv* on his behalf, by means of the money that he provided.

וְכֵן אָמַר שְׁמוּאֵל: בַּעַל הַבַּיִת. דְּאָמַר שְׁמוּאֵל: לֹא שָׁנוּ אֶלָּא נַחְתּוֹם, אֲבָל בַּעַל הַבַּיִת – קוֹנֶה. וְאָמַר שְׁמוּאֵל: לֹא שָׁנוּ אֶלָּא מָעָה, אֲבָל כְּלִי – קוֹנֶה.

And likewise, Shmuel said: The reference is to **an** ordinary **homeowner. As Shmuel said: They taught** this *halakha* **only** with regard to **a baker, but an** ordinary **homeowner** may **acquire** the food on behalf of another person. **And Shmuel** also **said: They taught** this *halakha* **only** in a case where he gave him **a *ma'a*, but** if he gave him **a utensil, he acquires**[H] the food for the *eiruv* by the mode of acquisition known as exchange. By handing over the utensil in exchange for the food of the *eiruv*, he acquires that food wherever it is located. However, one cannot perform the mode of acquisition of exchange with money.

NOTES

Acquisition and pulling – קִנְיָן וּמְשִׁיכָה: In general, the transfer of money is not a valid mode of acquisition according to *halakha*. In other words, the money paid by a buyer does not transfer to him the actual ownership of the object he seeks to purchase. Consequently, both the seller and the buyer may renege on the deal, although it is considered improper to do so. In addition, the seller bears responsibility if something happens to the object. The transfer of money merely obligates the seller either to return the money or hand over the object, whichever he prefers. In contrast, the act of pulling the object into one's possession, or one of the other modes of acquisition, results in the full transfer of ownership from seller to buyer. According to Torah law, the object now belongs to the purchaser. This means that even if the purchaser has not yet paid for it, the outstanding payment is considered a debt, while the item itself belongs to him.

HALAKHA

If he gave a *ma'a* to a homeowner – נָתַן מָעָה לְבַעַל הַבַּיִת: With regard to one who gave a *ma'a* to a homeowner to establish an *eiruv* for him, if he said to the homeowner: Confer possession upon me, even if he did not explicitly appoint him as his agent, his intention was certainly to appoint him his agent. Consequently, he acquires the *eiruv*, in accordance with the opinion of Rav and Shmuel (*Shulḥan Arukh, Oraḥ Ḥayyim* 369:1).

But if he gave him a utensil, he acquires – כְּלִי קוֹנֶה: If a person gave a utensil to a baker, even if he said: Confer possession upon me, he establishes the *eiruv* by means of the form of acquisition known as exchange, in accordance with the opinion of Shmuel (*Shulḥan Arukh, Oraḥ Ḥayyim* 369:1).

וְאָמַר שְׁמוּאֵל: לֹא שָׁנוּ אֶלָּא דְּאָמַר לוֹ "זְכֵה לִי", אֲבָל אָמַר "עָרֵב לִי" – שְׁלִיחַ שַׁוְּיֵהּ, וְקָנֵי.

And Shmuel further **said: They taught** this *halakha* **only** in a case **where he said to** the grocer or baker: **Confer possession upon me; but if he said** to him: **Establish an *eiruv* on my behalf,**[H] he clearly intended to **appoint him** his **agent** to establish an *eiruv* on his behalf, **and** therefore the *eiruv* **is acquired** by means of his agency.

"אָמַר רַבִּי יְהוּדָה בַּמֶּה דְּבָרִים אֲמוּרִים וכו'". אָמַר רַב יְהוּדָה, אָמַר שְׁמוּאֵל: הֲלָכָה כְּרַבִּי יְהוּדָה. וְלֹא עוֹד, אֶלָּא: כׇּל מָקוֹם שֶׁשָּׁנָה רַבִּי יְהוּדָה בְּעֵירוּבִין – הֲלָכָה כְּמוֹתוֹ.

We learned in the mishna: **Rabbi Yehuda said: In what** case **is this statement,** that one may establish an *eiruv* only with a person's knowledge, **said?** This *halakha* applies to a joining of Shabbat boundaries, but not a joining of courtyards. **Rav Yehuda said** that **Shmuel said:** The ***halakha* is in accordance with** the opinion of **Rabbi Yehuda** in this regard, **and not only that, but any place where Rabbi Yehuda taught** a *halakha* **with regard to *eiruvin*,** the ***halakha* is in accordance with his** opinion.

אָמַר לֵיהּ רַב חָנָא בַּגְדָּתָאָה לְרַב יְהוּדָה: אָמַר שְׁמוּאֵל אֲפִילּוּ בְּמָבוֹי שֶׁנִּיטְּלוּ קוֹרוֹתָיו אוֹ לְחָיָיו?!

Rav Ḥana from Baghdad said to Rav Yehuda: Did **Shmuel state** this ruling **even with regard to an alleyway whose** cross **beam or side post was removed** during Shabbat? Rabbi Yehuda maintains that it is permitted to carry in this alleyway on that same Shabbat.

אָמַר לֵיהּ: בְּעֵירוּבִין אָמַרְתִּי לָךְ, וְלֹא בִּמְחִיצּוֹת.

He said to him: I spoke to you with regard to the acquisition of ***eiruvin*, and not with regard to partitions.** The *halakhot* of partitions are not considered part of the *halakhot* of *eiruvin*, as they touch upon several areas of *halakha*, only one of which is the issue of an *eiruv*. With regard to partitions, the *halakha* is not in accordance with Rabbi Yehuda.

אָמַר לֵיהּ רַב אַחָא בְּרֵיהּ דְּרָבָא לְרַב אַשִׁי: הֲלָכָה מִכְּלָל דִּפְלִיגִי? וְהָאָמַר רַבִּי יְהוֹשֻׁעַ בֶּן לֵוִי: כׇּל מָקוֹם שֶׁאָמַר רַבִּי יְהוּדָה "אֵימָתַי" וּ"בַמֶּה" בְּמִשְׁנָתֵנוּ – אֵינוֹ אֶלָּא לְפָרֵשׁ דִּבְרֵי חֲכָמִים!

Rav Aḥa, son of Rava, said to Rav Ashi: As it is stated that the ***halakha*** is in accordance with Rabbi Yehuda, this proves **by inference that there is a dispute** concerning this issue. **But didn't Rabbi Yehoshua ben Levi say: Any place where Rabbi Yehuda says when, or in what** case is this, **in the Mishna,** he intends **only to explain the** earlier **statement of the Rabbis,** not to disagree with them. Why, then, did Shmuel say that the *halakha* is in accordance with the opinion of Rabbi Yehuda, when according to Rabbi Yehoshua ben Levi he is merely clarifying the opinion of the Rabbis, and there is no dispute between them?

וְלָא פְּלִיגִי?! וְהָא אֲנַן תְּנַן: נִתּוֹסְפוּ עֲלֵיהֶן – מוֹסִיף וּמְזַכֶּה וְצָרִיךְ לְהוֹדִיעַ!

Before addressing this question, the Gemara expresses surprise over the claim itself: **And do** Rabbi Yehuda and the Sages **not dispute** this issue? **Didn't we learn** in an earlier mishna: If new residents **were added to** the original residents of the alleyway, **he may add** to the *eiruv* for those residents **and confer possession** on them, **and he must inform** the new residents of their inclusion in the merging of alleyways. Apparently, this *tanna* maintains that one must inform them even with regard to a joining of courtyards. This ruling contradicts the opinion of Rabbi Yehuda, which proves that there is at least one Sage who does not accept his opinion.

הָתָם בְּחָצֵר שֶׁבֵּין שְׁנֵי מְבוֹאוֹת.

The Gemara answers: **There,** the mishna is referring **to a courtyard** situated **between two alleyways,**[H] in which case the residents of the courtyard may join a merging with whichever alleyway they prefer. As their participation in the merging involves a certain disadvantage, for perhaps the residents of the courtyard would not want to establish a merging of alleyways with one alleyway and lose out on a potential merging with the other, it is necessary to inform them.

וְהָאָמַר רַב שֵׁיזְבִי, אָמַר רַב חִסְדָּא: זֹאת אוֹמֶרֶת חֲלוּקִין עָלָיו חֲבֵירָיו עַל רַבִּי יְהוּדָה!

The Gemara raises a further difficulty: **Didn't Rav Sheizvi say** that **Rav Ḥisda said** with regard to that same mishna: **That is to say** that **Rabbi Yehuda's colleagues disagree with him** over the need to inform the other residents about the *eiruv*? This statement indicates that at least some Sages hold that the matter is in dispute, and not everyone agrees with Rabbi Yehuda.

אֶלָּא

Rather, the Gemara resolves both difficulties together:

HALAKHA

If he said: Establish an *eiruv* on my behalf – אָמַר עָרֵב לִי: If one said to a baker or anyone else: Establish an *eiruv* on my behalf, and gave him money for this purpose, he has appointed him his agent for the *eiruv*, and the baker acquires the *eiruv* for him (*Shulḥan Arukh, Oraḥ Ḥayyim* 369:1).

A courtyard between two alleyways – חָצֵר שֶׁבֵּין שְׁנֵי מְבוֹאוֹת: With regard to a courtyard situated between two alleyways, one who transfers possession of a merging to the residents must inform them before he does so, as they might prefer to participate in a merging of alleyways with the other alleyway (*Shulḥan Arukh, Oraḥ Ḥayyim* 368:2).

גַּבְרָא אַגַּבְרָא קָא רָמֵית?! מָר סָבַר: פְּלִיגִי, וּמָר סָבַר: לָא פְּלִיגִי.

Are you raising a contradiction between the opinion of **one person and** that of **another?**[N] In other words, a difficulty cannot be raised from the statement of one *amora* against those of another. **One Sage,** Shmuel, **maintains** that Rabbi Yehuda and the Sages **disagree, and one** other **Sage,** Rabbi Yehoshua ben Levi, **maintains** that they **do not disagree.**

גּוּפָא, אָמַר רַבִּי יְהוֹשֻׁעַ בֶּן לֵוִי: כׇּל מָקוֹם שֶׁאָמַר רַבִּי יְהוּדָה, ״אֵימָתַי״ וּ״בַמֶּה״ בְּמִשְׁנָתֵינוּ – אֵינוֹ אֶלָּא לְפָרֵשׁ דִּבְרֵי חֲכָמִים. וְרַבִּי יוֹחָנָן אָמַר: ״אֵימָתַי״ – לְפָרֵשׁ, וּ״בַמֶּה״ – לַחֲלוֹק.

The Gemara analyzes the statement of Rabbi Yehoshua ben Levi cited in the course of the previous discussion. With regard to **the matter itself: Rabbi Yehoshua ben Levi said** that **any place where Rabbi Yehuda says when, or in what** case **are these, in the Mishna, he** intends **only to explain the** earlier **statement of the Rabbis,** not to disagree with them. **And Rabbi Yoḥanan said:** The term **when** indicates that Rabbi Yehuda comes **to explain,** but the phrase **in what** case is this, indicates that he intends **to disagree.**

וְ״אֵימָתַי״ לְפָרֵשׁ הוּא? וְהָא תְּנַן: וְאֵלּוּ הֵן הַפְּסוּלִים: הַמְשַׂחֵק בְּקוּבְיָא, וּמַלְוֶה בְּרִבִּית, וּמַפְרִיחֵי יוֹנִים, וְסוֹחֲרֵי שְׁבִיעִית.

The Gemara raises a difficulty: **Is** the word **when** invariably a sign that Rabbi Yehuda merely seeks **to explain? Didn't we learn** in a mishna: **The following** people **are disqualified**[NH] by the Sages from giving testimony, as they are people who commit transgressions for profit: **One who plays with dice** [*kubiyya*][LB] for money,[B] **and one who lends** money **at interest, and those who fly pigeons,** i.e., people who arrange competitions between pigeons while placing wagers on which bird will fly faster. The reason for their disqualification is that those who play games of chance do not fully relinquish ownership of their gambling money, as they expect to win their bet. Consequently, one who accepts money in such circumstances has effectively taken something that the giver has not wholeheartedly handed over, and he is therefore like a robber, at least by rabbinic decree. The list of those disqualified from giving testimony includes **merchants** who trade in the produce **of the Sabbatical Year,** which may be eaten but may not be sold as an object of commerce.

אָמַר רַבִּי יְהוּדָה: אֵימָתַי – בִּזְמַן שֶׁאֵין לוֹ אוּמָּנוּת אֶלָּא הִיא, אֲבָל יֵשׁ לוֹ אוּמָּנוּת שֶׁלֹּא הִיא – הֲרֵי זֶה כָּשֵׁר.

Rabbi Yehuda said: When is this so? **When he has no occupation other than this** one, **but if he has a** worthy **occupation other than this,** although he also earns money by these means, **this** person **is qualified** to give testimony. Rabbi Yehuda maintains that one who earns money by means of games of chance is not a criminal or a robber. Rather, the reason why these people are disqualified from giving testimony is because they are not occupied in the constructive development of the world. As they earn their money without effort, they do not care about the monetary losses of others. Consequently, if they have any other occupation, they are valid witnesses.

וְתָנֵי עֲלָהּ בְּבָרַיְיתָא: וַחֲכָמִים אוֹמְרִים: בֵּין שֶׁאֵין לוֹ אוּמָּנוּת אֶלָּא הִיא, וּבֵין שֶׁיֵּשׁ לוֹ אוּמָּנוּת שֶׁלֹּא הִיא – הֲרֵי זֶה פָּסוּל!

The Gemara resumes its difficulty: According to the above principle with regard to statements introduced with the term when, Rabbi Yehuda's statement should be understood merely as an explanation of the previous opinion. However, **a *baraita* was taught about** the mishna: **And the Rabbis say: Whether he has no occupation other than this** one, **or whether he has a** fitting **occupation other than this, this** person **is disqualified** from giving testimony. Apparently, Rabbi Yehuda is disagreeing rather than explaining, even though he introduced his statement with the term when.

הַהִיא דְּרַבִּי יְהוּדָה אָמַר רַבִּי טַרְפוֹן הִיא;

The Gemara answers: **That** opinion in the *baraita*, with regard to those disqualified from providing testimony, is not the opinion of the Rabbis of the mishna. Rather, **it is** that **of Rabbi Yehuda,** who maintained that **Rabbi Tarfon said** this opinion. The Rabbis of the mishna, however, agree with Rabbi Yehuda in this regard, and his statement serves to explain their position.

NOTES

Are you raising a contradiction between one person and another – גַּבְרָא אַגַּבְרָא קָא רָמֵית: This expression indicates that the contradiction involves a dispute between two *amora'im*, which does not pose a problem. Indeed, it is possible to raise a difficulty against the opinion of an *amora* only from a statement of a *tanna*, as an *amora* may not dispute a *tanna*. However, he may take issue with another *amora*.

The following people are disqualified – אֵלּוּ הֵן הַפְּסוּלִים: There are various reasons for disqualifying a person from giving testimony. Some people are disqualified because they are relatives of the litigants or due to their personal interest in the matter, while others are disqualified as sinners. The Torah excludes the testimony of a wicked witness. The Sages list the witnesses disqualified by rabbinic law in a mishna in tractate *Sanhedrin*. Although those listed in the mishna are not criminals according to the Torah's standards, nevertheless, as they are suspected of committing a transgression due to greed for prohibited gain, they will similarly testify falsely for a bribe or due to some other financial incentive.

HALAKHA

Those who are disqualified from giving testimony – הַפְּסוּלִין לְעֵדוּת: The following people are disqualified from giving testimony because their credibility is suspect: Moneylenders for interest, pigeon-racers, traders in Sabbatical Year produce, and gamblers if they have no other occupation. Some authorities disqualify gamblers even if only a small portion of their income is from dice playing (Rambam *Sefer Shofetim, Hilkhot Edut* 10:4; 12:1), while others disqualify them only if their entire livelihood is based on gambling (Rashi; *Tur*; *Shulḥan Arukh*, *Ḥoshen Mishpat* 34:16).

LANGUAGE

Dice [*kubiyya*] – קוּבִּיָּה: From the Greek κυβεία, *kubeya*, a game of chance played with dice.

BACKGROUND

Dice – קוּבִּיָּה:

Roman dice used for games of chance

Games of dice – מִשְׂחֲקֵי קוּבִּיָּה:

Roman sketch depicting dice playing, from the talmudic period

דְּתַנְיָא, אָמַר רַבִּי יְהוּדָה מִשּׁוּם רַבִּי טַרְפוֹן: לְעוֹלָם אֵין אֶחָד מֵהֶן נָזִיר, לְפִי שֶׁאֵין נְזִירוּת אֶלָּא לְהַפְלָאָה.

As it was taught in a *baraita* with regard to naziriteship: **Rabbi Yehuda said in the name of Rabbi Tarfon:** In a case where two people accepted a bet, with each undertaking to become a nazirite if he lost the wager, and a doubt arose as to who won, **neither one** of them **can possibly be a nazirite, as there is no** acceptance of **naziriteship without** clear and definitive **pronunciation.**[N] A vow of naziriteship is only binding if it was expressly pronounced, i.e., if it was clear from the outset that the person intended to become a nazirite.

אַלְמָא: כֵּיוָן דִּמְסַפְּקָא לֵיהּ אִי נָזִיר אִי לָא נָזִיר הוּא – לָא מְשַׁעְבֵּיד נַפְשֵׁיהּ, הָכָא נַמִי: כֵּיוָן דְּלָא יָדַע אִי קָנֵי אִי לָא קָנֵי – לָא גָּמַר וּמַקְנֶה.

Consequently, it can be inferred that **since he is in doubt** as to **whether he is a nazirite or he is not a nazirite, he does not submit himself** to and accept his vow of naziriteship. **Here, too,** Rabbi Yehuda disqualifies those who play games of chance from delivering testimony due to the fact that they are robbers. **Since** the player **does not know whether he will** win and **acquire** the money **or whether he will** lose and **not acquire** it, **he does not fully transfer ownership** of the money with which he plays to others, which means that the one who gains from these games receives money that was not wholeheartedly given to him. He is therefore likened to a robber, at least on the rabbinic level, which disqualifies him from giving testimony.

הדרן עלך חלון

NOTES

Distinct utterance and a stipulation of surety – הַפְלָאָה וְאַסְמַכְתָּא: According to Rabbi Yehuda, who cites Rabbi Tarfon, the flaw that applies to a naziriteship made conditional on a wager is equally relevant to games of chance. The assumption is that a stipulation of surety does not effect acquisition, i.e., a person does not wholeheartedly transfer possession of an object to another unless he's certain of his obligation. Since his stipulation that he will pay if he loses was based on his certainty that he will win, he does not commit himself to pay. Consequently, this is not a legal acquisition, just as an analogous unclear condition does not result in halakhic naziriteship.

Summary of **Perek VII**

The Gemara resolved the problems relating to the definition of the boundaries that demarcate between two courtyards by dividing the cases into three categories.

Any partition created by a ten-handbreadth height disparity either above or below the surface of the courtyard is considered a full-fledged barrier. Each courtyard on either side of a partition is a separate domain, whose residents establish their own *eiruv*.

If the barrier is lower than ten handbreadths, or if there is a breach wider than ten cubits, the two courtyards are considered a single unit, and the residents establish one *eiruv* together, as residents of one large courtyard. If the barrier was properly erected but includes an entrance, whether an actual passageway or merely a window large enough to transfer objects, the residents of the courtyards may opt to establish a single *eiruv* as residents of one courtyard, or to establish a separate *eiruv* in each of the courtyards. In the latter case, they may not carry into the other courtyard.

Regarding the second issue, the manner in which the merging of courtyards that open into an alleyway is accomplished in practice, the consensus was that all types of *eiruv*, i.e., courtyards, alleyways, and Shabbat boundaries, can be established with anything characterized as food. However, the Sages instituted that the joining of courtyards should be performed only with a whole loaf of bread, to preclude quarrels between the residents.

As for the manner of participation in an *eiruv*, the Gemara concluded that it is not necessary for each member to contribute his portion in person, as one may acquire the *eiruv* through an agent acting on his behalf. Similarly, a person may acquire an *eiruv* on behalf of others. The principle is that any *eiruv* that is exclusively for the benefit and convenience of its participants, e.g., the joining of courtyards and the merging of alleyways, can be acquired on behalf of another even without his knowledge, as long as he is eventually informed that it was established. In the case of the joining of Shabbat boundaries, in contrast, since that *eiruv* involves a degree of loss as it prevents walking beyond the city limits in the opposite direction, the consent of the other party is required for its acquisition.

Introduction to **Perek VIII**

In this chapter the discussion of details of the partnership of *eiruv* continues from the previous chapter, although its main focus is on two different matters.

The first matter is completing the definition of the essence of a residence. While the location and the boundaries of a residence as well as the manner in which one resides in a residence have already been addressed, some matters remain that require clarification. Once the structure has been classified as a residence, there are additional, adjacent areas beyond the residence proper to which the residents have access and which they have the right to use. Although the residents do not necessarily own the adjacent areas, the question with regard to the *halakhot* of Shabbat is to what degree the residents have the right to utilize that adjacent area and under what circumstances those rights are revoked, either because the residents were never entitled to make use of that area or because the rights of others take precedence over theirs.

In continuation of the discussion concerning what constitutes a residence, an additional question arises: Is every structure in which people reside considered a residence, or are there places that by their very nature are not considered residences as far as the *halakhot* of *eiruv* are concerned? Examples include places that are not fit for residence, dwellings that belong to others, and uninhabited dwellings whose owners are not present. Are all of these considered residences in terms of the *halakhot* of *eiruv*?

The other matter addressed in this chapter is the use of water on Shabbat, within the constraints of the *halakhot* of boundaries and of moving objects on Shabbat. Typically, the legal status of any body of water is that of a *karmelit*; however, since there are bodies in which the water is not stationary, e.g., rivers, streams, and canals, special guidelines are necessary in some cases. Water is needed for drinking and washing, and waste water must be poured out. The *halakhot* of Shabbat in general, and of *eiruv* in particular, pose problems as to how those needs can be met without violating prohibitions by Torah or rabbinic law.

מתני׳ כֵּיצַד מִשְׁתַּתְּפִין בַּתְּחוּמִין? מַנִּיחַ אֶת הֶחָבִית, וְאוֹמֵר: הֲרֵי זֶה לְכָל בְּנֵי עִירִי לְכָל מִי שֶׁיֵּלֵךְ לְבֵית הָאֵבֶל אוֹ לְבֵית הַמִּשְׁתֶּה. וְכָל שֶׁקִּיבֵּל עָלָיו, מִבְּעוֹד יוֹם – מוּתָּר, מִשֶּׁתֶּחְשַׁךְ – אָסוּר, שֶׁאֵין מְעָרְבִין מִשֶּׁתֶּחְשַׁךְ.

MISHNA **How does one participate in** the joining of Shabbat **boundaries?** One who wishes to establish a joining of Shabbat boundaries for himself and others **places a barrel** of food in the location he designates as their place of residence, **and says: This is for all the residents of my town, for anyone** who wishes to **go** on Shabbat **to a house of mourning or to a house** of a wedding **feast**[N] situated beyond the Shabbat limit. **Anyone who accepted upon himself while it was still day,** i.e., before the onset of Shabbat, that he will rely on the *eiruv*, **is permitted** to rely upon it; but if one did so only **after nightfall,** he is **prohibited** to rely upon it, as the principle is that **one may not establish an** ***eiruv*** **after nightfall.**

גמ׳ אָמַר רַב יוֹסֵף: אֵין מְעָרְבִין אֶלָּא לִדְבַר מִצְוָה. מַאי קָא מַשְׁמַע לַן? תְּנֵינָא: לְכָל מִי שֶׁיֵּלֵךְ לְבֵית הָאֵבֶל אוֹ לְבֵית הַמִּשְׁתֶּה!

GEMARA **Rav Yosef said: One may establish a joining** of Shabbat boundaries **only for the purpose of a mitzva,**[NH] i.e., to enable the fulfillment of a religious obligation, but not for an optional activity. The Gemara asks: **What** novel element **is he teaching us** by this? **We** explicitly **learned** this idea in the mishna from the phrase: **For anyone who** wishes to **go** on Shabbat **to a house of mourning or to a house of a wedding feast.** This mishna indicates that an *eiruv* may be established only for the purpose of a mitzva, e.g., in order to comfort mourners or to celebrate a wedding, but not for any other reason.

מַהוּ דְּתֵימָא: אוֹרְחָא דְּמִלְּתָא קָתָנֵי, קָא מַשְׁמַע לַן.

The Gemara answers: This teaching is necessary, **lest you say** that the mishna merely **teaches the usual case.** Generally, a group of people would establish an *eiruv* in order to walk beyond the Shabbat limit only for a special purpose, such as a wedding, but one might be permitted to establish an *eiruv* even for an optional activity as well. Rav Yosef therefore **teaches us** that an *eiruv* may indeed be established only for the purpose of a mitzva.

״וְכָל שֶׁקִּיבֵּל עָלָיו מִבְּעוֹד יוֹם״ – שְׁמַעַתְּ מִינָּהּ: אֵין בְּרֵירָה. דְּאִי יֵשׁ בְּרֵירָה – תִּיגְלֵי מִילְּתָא לְמַפְרֵעַ דְּמִבְּעוֹד יוֹם הֲוָה נִיחָא לֵיהּ!

We learned in the mishna: **Anyone who accepted upon himself while it was still day** that he will rely upon the *eiruv*[N] is permitted to rely upon it on Shabbat. The Gemara comments: Apparently, **learn from here** that **there is no** halakhic principle of retroactive **clarification.** That is to say, there is no halakhic assumption that an uncertain state of affairs can be retroactively clarified. A later statement or action cannot retroactively clarify one's earlier intentions as though he had explicitly stated those intentions at the outset. For **if there is** a halakhic principle of retroactive **clarification,** the *eiruv* should be effective even if one relied upon it only after nightfall, as **it is retroactively revealed that he wanted** the *eiruv* **while it was still day.**

אָמַר רַב אַשִׁי: ״הוֹדִיעוּהוּ״ וְ״לֹא הוֹדִיעוּהוּ״ קָתָנֵי.

Rav Ashi said that the mishna **teaches:** While it was still day. This phrase does not require one to make the decision to rely on the *eiruv* before Shabbat. Rather, the criterion for using the *eiruv* on Shabbat is whether **they informed him or they did not inform him**[H] of the existence of the *eiruv* prior to Shabbat. In other words, if one knew about the *eiruv* while it was still day, he may rely on it, even if he decided to use it only after the onset of Shabbat, as the halakhic principle of retroactive clarification is accepted. However, if one was unaware of the existence of the *eiruv* when it came into effect at the onset of Shabbat, the matter cannot be retroactively clarified.

אָמַר רַב אַסִי: קָטָן בֶּן שֵׁשׁ יוֹצֵא בְּעֵירוּב אִמּוֹ. מֵיתִיבִי: קָטָן שֶׁצָּרִיךְ לְאִמּוֹ – יוֹצֵא בְּעֵירוּב אִמּוֹ. וְשֶׁאֵין צָרִיךְ לְאִמּוֹ – אֵין יוֹצֵא בְּעֵירוּב אִמּוֹ.

Rav Asi said: A six-year-old child may go out by means **of his mother's** ***eiruv***.[H] As he is subordinate to her, he is included in her *eiruv* and does not require his own *eiruv*. **The Gemara raises an objection** from a *baraita*: **A child who needs his mother may go out by** means **of his mother's** ***eiruv***, **but one who does not need his mother may not go out by** means **of his mother's** ***eiruv***.

וּתְנַן נַמִי גַּבֵּי סוּכָּה כִּי הַאי גַּוְונָא: קָטָן שֶׁאֵין צָרִיךְ לְאִמּוֹ – חַיָּיב בַּסּוּכָּה.

And we also learned a similar ***halakha*** in a mishna **with regard to a** ***sukka***: **A child who does not need his mother is obligated** in the mitzva **of** ***sukka*** by rabbinical law, so that he will be trained in the observance of mitzvot.[H]

NOTES

To a house of mourning or to a house of a wedding feast – לְבֵית הָאֵבֶל אוֹ לְבֵית הַמִּשְׁתֶּה: The mishna mentions a house of mourning before a house of a wedding feast, in accordance with the verse "It is better to go to the house of mourning than to go to the house of feasting" (Ecclesiastes 7:2; Ritva).

A joining of Shabbat boundaries only for the purpose of a mitzva – עֵירוּב לִדְבַר מִצְוָה: Some commentaries claim that the limitation of an *eiruv* for the purpose of a mitzva applies only to one who acquires an *eiruv* by placing bread at the place in question. However, one may establish an *eiruv* even for a voluntary matter if he does so by means of his physical presence (Rabbeinu Yehonatan).

Who accepted upon himself while it was still day that he will rely upon the ***eiruv*** **– שֶׁקִּיבֵּל עָלָיו מִבְּעוֹד יוֹם:** The Ra'avad explains that this entire discussion concerns one who establishes an *eiruv* for another individual. The Gemara initially assumed that the other person must accept and acquire the *eiruv*. Rav Ashi rejects this approach, as he maintains that it is enough to inform the recipient that the *eiruv* exists, as his mere knowledge of the *eiruv* is sufficient to enable him to be included in it retroactively.

HALAKHA

A joining of Shabbat boundaries only for the purpose of a mitzva – עֵירוּב לִדְבַר מִצְוָה: One may establish an joining of Shabbat boundaries only for the purpose of a mitzva, e.g., to celebrate a wedding, to go to a mourner's house, to greet one's master or student, or to run from danger. Nonetheless, if one establishes an *eiruv* for an everyday purpose, the *eiruv* is valid (*Tur*, citing the Rambam; *Shulḥan Arukh, Oraḥ Ḥayyim* 415:1).

They informed him or they did not inform him – הוֹדִיעוּהוּ וְלֹא הוֹדִיעוּהוּ: If one is informed about an *eiruv* of Shabbat limits while it is still day, the *eiruv* is valid even if he accepted it only after nightfall. If he was not informed about the existence of the *eiruv* prior to the onset of Shabbat, he may not rely on it, even if he so desires (*Shulḥan Arukh, Oraḥ Ḥayyim* 413:1).

May go out by means of his mother's ***eiruv*** **– יוֹצֵא בְּעֵירוּב אִמּוֹ:** A child up to and including the age of six may use his mother's *eiruv*, without contributing two meals toward the *eiruv*. The *halakha* is in accordance with the opinion of Rav Asi (Rif; Rambam; *Sefer Mitzvot Gadol*; *Sefer Mitzvot Katan*). However, other sources indicate that a five-year-old child who does not need his mother may not rely on her *eiruv* (*Shulḥan Arukh, Oraḥ Ḥayyim* 414:2).

A minor with regard to a ***sukka*** **– קָטָן לְעִנְיַן סוּכָּה:** The Sages obligate parents to educate their young children in the observance of mitzvot. This duty pertains to minors from the age of five or six. Some authorities maintain that the obligation begins when the child is six years old, in accordance with the opinion of Rav Asi (Vilna Gaon; *Shulḥan Arukh, Oraḥ Ḥayyim* 640:2).

NOTES

And does not call Mother – וְאֵינוֹ קוֹרֵא אִימָּא: Rashi explains in tractate *Sukka* that this definition of a young child is referring to one who cries Mother, Mother for as long as he remains awake, whereas one who does not need his mother calls out to her only from time to time.

וְהָוֵינַן בָּהּ: וְאֵיזֶהוּ קָטָן שֶׁאֵין צָרִיךְ לְאִמּוֹ? אָמְרִי דְּבֵי רַבִּי יַנַּאי: כֹּל שֶׁנִּפְנֶה וְאֵין אִמּוֹ מְקַנַּחְתּוֹ.

And we discussed this mishna and raised a question: **But who is the child who does not need his mother?** The Sages of the **school of Rabbi Yannai said:** This is referring to **any** child **who defecates and his mother does not wipe him.** A child who can clean himself is considered sufficiently mature for the purposes of the *halakha* of *sukka*.

רַבִּי שִׁמְעוֹן בֶּן לָקִישׁ אָמַר: כֹּל שֶׁנֵּיעוֹר וְאֵינוֹ קוֹרֵא "אִימָּא". אִימָּא סָלְקָא דַּעְתָּךְ? גְּדוֹלִים נַמִי קָרוּ! אֶלָּא אֵימָא: כֹּל שֶׁנֵּיעוֹר מִשְּׁנָתוֹ וְאֵינוֹ קוֹרֵא "אִימָּא אִימָּא".

Rabbi Shimon ben Lakish said: Any child **who wakens** from sleep **and does not call: Mother,**[N] is obligated in the mitzva of *sukka*. The Gemara expresses surprise at this statement: **Can it enter your mind** that every child who cries: **Mother** is considered to be one who needs his mother? Much **older** children **also call** out to their mothers for assistance when they awaken. **Rather, say** that the *halakha* includes **any child who wakens from sleep and does not** persistently **call: Mother, Mother.** A minor who arises only when his mother comes is classified as one who needs his mother.

וְכַמָּה, כְּבַר אַרְבַּע כְּבַר חָמֵשׁ!

The Gemara continues. The Sages who discussed the mishna asked: **And at what** age is a child no longer considered to be in need of his mother? Such a child is **one about four** years old or **about five** years **old**, as some children become independent of their mothers earlier than others. This poses a difficulty to the opinion of Rav Asi, who maintains that even a six-year-old child is considered to be in need of his mother, and may go out by means of his mother's *eiruv*.

Perek **VIII**
Daf **82** Amud **b**

אָמַר רַב יְהוֹשֻׁעַ בְּרֵיהּ דְּרַב אִידִי: כִּי קָאָמַר רַב אַסִי – כְּגוֹן שֶׁעֵירַב עָלָיו אָבִיו לַצָּפוֹן, וְאִמּוֹ לַדָּרוֹם. דַּאֲפִילּוּ בַּר שֵׁשׁ נַמִי, בְּצַוְותָא דְּאִמֵּיהּ נִיחָא לֵיהּ.

Rav Yehoshua, son of Rav Idi, said in answer: **When Rav Asi said** that this child may go out by means of his mother's *eiruv*, he was referring to a case **where his father established an *eiruv* on his behalf to the north, and his mother** prepared an *eiruv* on his behalf **to the south, as even a six-year-old prefers the company of his mother** to that of his father. However, Rav Asi agrees that if they did not both establish an *eiruv* for him he is not subordinate to his mother.

מֵיתִיבִי: קָטָן שֶׁצָּרִיךְ לְאִמּוֹ – יוֹצֵא בְּעֵירוּב אִמּוֹ, עַד בֶּן שֵׁשׁ. תְּיוּבְתָּא דְּרַב יְהוֹשֻׁעַ בַּר רַב אִידִי! תְּיוּבְתָּא.

The Gemara raises an objection from a *baraita*: **A child who needs his mother may go out by** means of **his mother's *eiruv*** that she established for herself. Until what age may he do so? He can be **up to the age of six.** This *baraita* **is a conclusive refutation of** the opinion of **Rav Yehoshua bar Rav Idi,** who maintains that a six-year-old may go out by means of his mother's *eiruv* only if she established an *eiruv* on his behalf as well? The Gemara concludes: This is indeed **a conclusive refutation.**

לֵימָא תֶּיהֱוֵי תְּיוּבְתֵּיהּ דְּרַב אַסִי?! אָמַר לָךְ רַב אַסִי: "עַד" וְעַד בִּכְלָל.

The Gemara comments: **Let us say** that this **is** also **a refutation of** the opinion of **Rav Asi,** as here it states: Until the age of six, which indicates that he can be up to, but not including, six years old, whereas Rav Asi maintains that even a six-year-old is included in this *halakha*. The Gemara states: **Rav Asi** can **say to you** that when the *baraita* states: **Up to** the age of six, it means **up to and including** six years old.

לֵימָא תֶּיהֱוֵי תְּיוּבְתֵּיהּ דְּרַבִּי יַנַּאי וְרֵישׁ לָקִישׁ?! לָא קַשְׁיָא; הָא – דְּאִיתֵיהּ אֲבוּהִי בְּמָתָא, הָא – דְּלָא אִיתֵיהּ אֲבוּהִי בְּמָתָא.

The Gemara comments: **Let us say** that this **is** also **a refutation of** the opinion of **Rabbi Yannai and Reish Lakish,** who maintain that a child in need of his mother is one who is up to age four or five. The Gemara explains: This is **not difficult. Here** Rabbi Yannai and Reish Lakish are referring to a situation **when** the child's **father is in town.** As the child can go out with his father, he is no longer in need of his mother, even though he is younger than six. In contrast, **there** the *baraita* is referring to a case **when his father is not in town.** The child therefore needs his mother until he reaches the age of six.

תָּנוּ רַבָּנַן: מְעָרֵב אָדָם עַל יְדֵי בְנוֹ וּבִתּוֹ הַקְּטַנִּים, עַל יְדֵי עַבְדּוֹ וְשִׁפְחָתוֹ הַכְּנַעֲנִים, בֵּין לְדַעְתָּן בֵּין שֶׁלֹּא לְדַעְתָּן אֲבָל אֵינוֹ מְעָרֵב לֹא עַל יְדֵי עַבְדּוֹ וְשִׁפְחָתוֹ הָעִבְרִים, [וְלֹא] עַל יְדֵי בְנוֹ וּבִתּוֹ הַגְּדוֹלִים, וְלֹא עַל יְדֵי אִשְׁתּוֹ, אֶלָּא מִדַּעְתָּם.

Our Sages taught in a *baraita*: **A person may establish an** ***eiruv*** **on behalf of his minor son or daughter, and on behalf of his Canaanite servant or maidservant, either with their knowledge or without their knowledge. However, he may not establish an** ***eiruv*****, neither on behalf of his Hebrew servant or maidservant, nor on behalf of his adult son or daughter, nor on behalf of his wife, except with their knowledge.**

תַּנְיָא אִידָךְ: לֹא יְעָרֵב אָדָם עַל יְדֵי בְנוֹ וּבִתּוֹ הַגְּדוֹלִים וְעַל יְדֵי עַבְדּוֹ וְשִׁפְחָתוֹ הָעִבְרִים, וְלֹא עַל יְדֵי אִשְׁתּוֹ, אֶלָּא מִדַּעְתָּן. אֲבָל מְעָרֵב הוּא עַל יְדֵי עַבְדּוֹ וְשִׁפְחָתוֹ הַכְּנַעֲנִים, וְעַל יְדֵי בְנוֹ וּבִתּוֹ הַקְּטַנִּים, בֵּין לְדַעְתָּן וּבֵין שֶׁלֹּא לְדַעְתָּן – מִפְּנֵי שֶׁיָּדָן כְּיָדוֹ.

It was taught in another *baraita*: **A person may establish an** ***eiruv*** **on behalf of his adult son or daughter, and on behalf of his Hebrew servant or maidservant, and on behalf of his wife, only with their knowledge. However, he may establish an** ***eiruv*** **on behalf of his Canaanite servant or maidservant, and on behalf of his minor son or daughter, either with their knowledge or without their knowledge, as their hand is like his hand,** i.e., their status and the domain in which they are located are determined by his status and domain.

וְכוּלָּן שֶׁעֵירְבוּ, וְעֵירֵב עֲלֵיהֶם רַבָּן – יוֹצְאִין בְּשֶׁל רַבָּן, חוּץ מִן הָאִשָּׁה, מִפְּנֵי שֶׁיְּכוֹלָה לִמְחוֹת.

And all of these who established an ***eiruv*** for themselves, **and** at the same time **their master established an** ***eiruv*** **for them** in a different direction, **they may go out** by means of **their master's** ***eiruv*****, except for a wife, because she can object** by saying that she does not want her husband's *eiruv*.

אִשָּׁה מַאי שְׁנָא? אָמַר רַבָּה: אִשָּׁה וְכָל דְּדָמֵי לָהּ.

The Gemara begins its analysis of the *baraitot* by posing a question: **A wife,** in **what** way is she **different** from an adult son or daughter? Why can't they object? They are also of age and under their own authority. **Rabba said:** The reference is not only to a wife; the *tanna* is speaking of **a wife and all who are similar to her** in this regard, such as a Hebrew servant or an adult son.

אָמַר מָר: חוּץ מִן הָאִשָּׁה, מִפְּנֵי שֶׁיְּכוֹלָה לִמְחוֹת. טַעְמָא: דְּמָחְיָ, הָא סְתָמָא – נָפְקָא בִּדְבַעְלָהּ. הָא קָתָנֵי רֵישָׁא: ״אֶלָּא מִדַּעְתָּם״, מַאי לָאו דְּאָמְרִי אִין!

The Master said in the *baraita*: These people may go out by means of their master's *eiruv*, **except for a wife, because she can object.** The Gemara infers: **The reason is due to** the fact **that she objected, but** if he established an *eiruv* and she **did not specify** her feelings about it one way or another, **she may go out by** means of **her husband's** *eiruv*. The Gemara raises an objection: **Doesn't the first clause** of the *baraita* **state** that he may establish an *eiruv* **only with their knowledge? What,** is this **not** referring to a case where he asked them whether or not they want this *eiruv*, and **they said yes?** It can be inferred from here that if his wife did not say anything, she may not use the *eiruv*.

לָא, מַאי ״אֶלָּא מִדַּעְתָּם״, דְּאִשְׁתִּיקוּ. לְאַפּוֹקֵי הֵיכָא דְּאָמְרִי ״לָא״.

The Gemara rejects this argument: **No; what is** the meaning of the phrase: **Only with their knowledge?** It means **that they were silent** and said nothing in protest. This comes **to exclude** a case **where they said no.** If, however, they did not object, they may go out by means of the *eiruv* of the head of the family.

הָא ״וְכוּלָּן שֶׁעֵירְבוּ וְעֵירֵב עֲלֵיהֶן רַבָּן יוֹצְאִין בְּשֶׁל רַבָּן״ וּסְתָמָא הוּא, וְקָתָנֵי חוּץ מִן הָאִשָּׁה, דְּלָא נָפְקִי!

The Gemara raises an objection: **Wasn't** it taught in that same *baraita*: **And** with regard to **all of these who established an** ***eiruv*** for themselves, **and their master established an** ***eiruv*** **for them** in a different direction, **they may go out by** means of **their master's** ***eiruv***. **And that is** referring to a situation when they **did not specify** their feelings, as it does not state that they objected, **and** yet the *baraita* **states: Except for a wife, who may not go out** by means of her husband's *eiruv*. The *baraita* clearly indicates that even if she did not object, the husband's *eiruv* is ineffective for his wife.

אָמַר רָבָא: כֵּיוָן שֶׁעֵירְבוּ – אֵין לְךָ מִיחוּי גָּדוֹל מִזֶּה.

Rava said: Since they established an ***eiruv*** in a different direction, **you have no protest greater than this.** They need not register any other objection, as their actions prove that they do not wish to be part of their master's *eiruv*.[H]

HALAKHA

For whom may an *eiruv* be established with his knowledge – לְמִי מְעָרְבִין מִדַּעְתּוֹ: An *eiruv* cannot be established for an adult, including one's wife, adult child, and Jewish servant and maidservant, without that person's knowledge. If they raise an objection or establish an *eiruv* in a different direction, they may not use his *eiruv*. However, if they remain silent, it is as though they gave their consent. One may establish an *eiruv* for his minor children without their knowledge, to educate them in mitzvot (*Magen Avraham*). One may also establish an *eiruv* for his gentile servant and maidservant, and his *eiruv* includes them even if they raise an objection (*Shulḥan Arukh*, *Oraḥ Ḥayyim* 414:1).

LANGUAGE

Pundeyon – **פּוּנְדְּיוֹן**: From the Latin dupondium, a coin worth two *issar*.

BACKGROUND

Pundeyon – **פּוּנְדְּיוֹן**: A copper coin worth two *issar*.

Pundeyon from the talmudic period

Money and produce – **כְּסָפִים וּתְבוּאָה**: This table lists the various coins and the amounts of wheat or loaves of bread that can be bought with them, in accordance with the opinion of Rabbi Yoḥanan ben Beroka.

Amount of money	Purchase
1 *sela*	4 *se'a*
1 *dinar*	1 *se'a*
24 *ma'a*	4 *se'a*
48 *pundeyon*	48 or 96 loaves

מתני׳ כַּמָּה הוּא שִׁיעוּרוֹ? מְזוֹן שְׁתֵּי סְעוּדוֹת לְכׇל אֶחָד וְאֶחָד, מְזוֹנוֹ לְחוֹל וְלֹא לְשַׁבָּת, דִּבְרֵי רַבִּי מֵאִיר. רַבִּי יְהוּדָה אוֹמֵר: לְשַׁבָּת וְלֹא לְחוֹל. וְזֶה וָזֶה מִתְכַּוְּונִים לְהָקֵל.

MISHNA **What is the measure** for an joining of Shabbat boundaries? It consists of a quantity of **food** sufficient **for two meals for each and every one** of those included in the *eiruv*.[NH] The *tanna'im* disagree with regard to the size of these two meals. It is referring to **one's food** that he eats **on a weekday and not on Shabbat;** this is **the statement of Rabbi Meir. Rabbi Yehuda says:** It is referring to the amount he eats **on Shabbat and not on a weekday. And** both **this** Sage, Rabbi Meir, **and that** Sage, Rabbi Yehuda, **intended to be lenient,**[N] as Rabbi Meir maintains that people eat more food on Shabbat, whereas Rabbi Yehuda believes that they consume more on a weekday.

רַבִּי יוֹחָנָן בֶּן בְּרוֹקָה אוֹמֵר: מִכִּכָּר בְּפוּנְדְּיוֹן מֵאַרְבַּע סְאִין בְּסֶלַע. רַבִּי שִׁמְעוֹן אוֹמֵר: שְׁתֵּי יָדוֹת לְכִכָּר מִשָּׁלֹשׁ לַקַּב.

Rabbi Yoḥanan ben Beroka says: Food for two meals is the size **of a loaf** bought **with a *pundeyon*,**[LB] which is one-forty-eighth of a *sela*, **when four *se'a*** of wheat are sold **for a *sela*.**[NB] **Rabbi Shimon says:** Food for two meals is **two of three parts of a loaf, when three** loaves are prepared **from a *kav*** of wheat. In other words, the measure is two-thirds of a loaf the size of one-third of a *kav*.

חֶצְיָיהּ לְבֵית הַמְנוּגָּע, וַחֲצִי חֶצְיָיהּ לִפְסוֹל אֶת הַגְּוִיָּיה.

Having discussed measures with regard to a loaf of bread, the mishna states that **half** of this loaf is the amount called a half [*peras*], a measure relevant **for the** *halakhot* **of a leprous house.**[H] If one enters a house afflicted with leprosy and remains there long enough to eat this amount of food, the clothes he is wearing become ritually impure. **And half of its half,** a quarter of this loaf, is the amount of ritually impure food that **disqualifies the body.**[NH] In other words, impure food of this amount imparts ritual impurity to the body of the eater, and disqualifies him by rabbinic law from eating *teruma*.

גמ׳ וְכַמָּה מְזוֹן שְׁתֵּי סְעוּדוֹת? אָמַר רַב יְהוּדָה, אָמַר רַב: תַּרְתֵּי רִיפְתָּא אִיכָּרִייָתָא. רַב אַדָּא בַּר אַהֲבָה אָמַר: תַּרְתֵּי רִיפְתָּא נְהַר פַּפִּיתָא.

GEMARA The Gemara asks: **And how much is food for two meals** according to the measures of Rabbi Yehuda and Rabbi Meir? **Rav Yehuda said** that **Rav said: Two farmers'** [*ikaryata*][N] **loaves of bread. Rav Adda bar Ahava said: Two** standard **loaves of bread** baked in the region of **the Pappa River.**

NOTES

Food for two meals with regard to an *eiruv* – **מְזוֹן שְׁתֵּי סְעוּדוֹת בְּעֵירוּב**: As one must eat three meals on Shabbat, why is food for two meals enough with regard to an *eiruv*? Some commentaries explain that for the purpose of establishing a place of residence, one need only deposit food sufficient for him to eat on an ordinary weekday. In talmudic times, it was customary to eat only two meals on a weekday (*Tosafot Yom Tov*).

Intended to be lenient – **מִתְכַּוְּונִים לְהָקֵל**: In the Jerusalem Talmud, as well as in the Rambam and Rashi elsewhere, it is explained that according to Rabbi Meir, one who eats the well-seasoned food typically eaten on Shabbat and has much food available will consume a large quantity of bread with his meal. Rabbi Yehuda, in contrast, claims that one eats less bread if he has an abundance of other foods.

When four *se'a* are sold for a *sela* – **מֵאַרְבַּע סְאִין בְּסֶלַע**: Although the calculation would be easier had Rabbi Yoḥanan ben Beroka said one *se'a* for a *dinar*, he preferred to cite a common example, as storeowners would generally purchase four *se'a* at once (*Ge'on Ya'akov*).

Disqualification of the body – **פְּסוּל הַגְּוִיָּיה**: According to Torah law, ritually impure food of any level of impurity cannot impart impurity to a person. In fact, one can become ritually impure only as a result of contact with a primary source of impurity or from impure utensils. However, an early rabbinic decree established that the consumption of ritually impure foods defiles one's body. This level of impurity is not severe enough for him to impart impurity to other people, but he does defile any *teruma* with which he comes into contact. This *teruma* must subsequently be burned.

Farmers [*ikaryata*] – **אִיכָּרִייָתָא**: Rashi explains that these farmers are herdsmen. He associates the word *ikar* with *kar*, one meaning of which is sheep (Rav Ya'akov Emden). Some commentaries understand *ikaryata* as a reference to a particular place (*Arukh*).

HALAKHA

The measure for a joining of Shabbat boundaries – **שִׁיעוּר עֵירוּב תְּחוּמִין**: An *eiruv* of Shabbat boundaries must consist of food sufficient for two meals for each person included in the *eiruv*. The measure for two meals is an amount of bread equal in volume to six egg-bulks (Rambam, in accordance with Rabbi Yoḥanan ben Beroka; Vilna Gaon). Some authorities rule that the amount must be equal to the volume of at least eight egg-bulks (Rema). This measure applies to both an average person and a gluttonous one. However, an elderly or sick person requires less food (*Shulḥan Arukh, Oraḥ Ḥayyim* 409:7).

Half for a leprous house – **חֶצְיָיהּ לְבֵית הַמְנוּגָּע**: If one enters a leprous house and remains there long enough to eat food equal in volume to that of three egg-bulks, which is half the amount of food required for two meals, his clothing contracts ritual impurity (Rambam *Sefer Tahara, Hilkhot Tumat Tzara'at* 17:6).

Half of its half disqualifies the body – **חֲצִי חֶצְיָיהּ לִפְסוֹל אֶת הַגְּוִיָּיה**: Ritually impure food in the amount of half a *peras*, equivalent in volume to approximately an egg-bulk and one half, imparts impurity to a person (Rambam *Sefer Tahara, Hilkhot Tumat Okhalin* 4:1).

אָמַר לֵיהּ רַב יוֹסֵף לְרַב יוֹסֵף בְּרֵיהּ דְּרָבָא: אֲבוּךְ כְּמַאן סְבִירָא לֵיהּ? כְּרַבִּי מֵאִיר סְבִירָא לֵיהּ. אֲנָא נַמִי כְּרַבִּי מֵאִיר סְבִירָא לֵיהּ, דְּאִי כְּרַבִּי יְהוּדָה – קַשְׁיָא הָא דְּאָמְרִי אֱינָשֵׁי ״רַוְוחָא לִבְסִימָא שְׁכִיחַ״.

Rav Yosef said to Rav Yosef, son of Rava: Your father, in accordance with whose opinion **does he hold,** that of Rabbi Yehuda or Rabbi Meir? He replied: **He holds in accordance with** the opinion of **Rabbi Meir.** Rav Yosef added: **I too agree with** the ruling of **Rabbi Meir, because if** the *halakha* is **in accordance with Rabbi Yehuda, a difficulty** would arise **from the popular saying: There** is always **room for sweets.** It is generally accepted that one dining on delicacies eats more, and therefore, the amount of food in Shabbat meals is greater than that of weekdays, as they include more sweet foods.

״רַבִּי יוֹחָנָן בֶּן בְּרוֹקָה אוֹמֵר״. תָּנָא: וּקְרוֹבִים דִּבְרֵיהֶן לִהְיוֹת שָׁוִין. מִי דָּמֵי?! דְּרַבִּי יוֹחָנָן – אַרְבַּע סְעוּדָתָא לְקַבָּא, דְּרַבִּי שִׁמְעוֹן – תְּשַׁע סְעוּדָתָא לְקַבָּא!

We learned in the mishna that **Rabbi Yoḥanan ben Beroka says** that one measure is the amount of food for two meals, while Rabbi Shimon established a different amount. A Sage **taught** in the *Tosefta*: **And their statements are close to being identical.** The Gemara expresses surprise at this: **Are they** really **identical?** According to the opinion **of Rabbi Yoḥanan** there are **four meals to a *kav*.** He maintains that food for two meals is equivalent to a loaf that can be purchased with a *pundeyon*, which is one-forty-eighth of a *sela*, when four *se'a* are bought for a *sela*. As there are twenty-four *kav* in four *se'a*, a loaf purchased with a *pundeyon* is half of a *kav*. This means that each meal is a quarter of a *kav*, or that there are four meals in a *kav*. In contrast, according to the opinion **of Rabbi Shimon,** there are **nine meals to a *kav*.** Rabbi Shimon maintains that food for two meals is two-thirds of a loaf equal in size to one-third of a *kav*. By this calculation, one meal is one-third of a loaf that itself is one-third of a *kav* in size, which amounts to nine meals in a *kav*.

אָמַר רַב חִסְדָּא: צֵא מֵהֶן שְׁלִישׁ לַחֶנְוָנִי.

Rav Ḥisda said in explanation of Rabbi Yoḥanan ben Beroka's opinion: **Deduct one-third for the grocer's** markup, as he takes one-third as profit. This adds one half to the total cost.

וְאַכַּתִּי לְמָר – תִּשְׁעָה, וּלְמָר – שִׁית!

The Gemara asks: Even after allowing for this adjustment, it **remains** the case that **according to** this **Sage,** Rabbi Shimon, there are **nine** meals to a *kav*, **whereas according to** the other **Sage,** Rabbi Yoḥanan, although it suffices for more than four meals, there are only **six** meals to a *kav*. According to the measure of Rabbi Yoḥanan ben Beroka, each meal is two-thirds of a quarter *kav*, i.e., one sixth of a *kav*, which still leaves a considerable discrepancy between their measures.

[אֶלָּא כְּאִידָךְ] דְּרַב חִסְדָּא, דְּאָמַר: צֵא מֵהֶן מֶחֱצָה לַחֶנְוָנִי.

Rather, we must explain **in accordance with** that **other** statement of **Rav Ḥisda, as he said: Deduct one half for the grocer's** markup. If the calculation is based on the assumption that the grocer takes half the sum as profit, the two measures are indeed close.

וְאַכַּתִּי, לְמָר – תֵּשַׁע, וּלְמָר – תְּמָנֵי! הַיְינוּ דְּקָאָמַר ״וּקְרוֹבִים דִּבְרֵיהֶם לִהְיוֹת שָׁוִין״.

The Gemara asks: **But** it **remains** the case that **according to** this **Sage,** there are **nine** meals to a *kav*, whereas **according to** the other **Sage,** there are only **eight** meals to a *kav*, as each meal is one half of a quarter *kav*, or one-eighth of a *kav*. The Gemara answers: **This is** the meaning of **that which was stated** in the *Tosefta*: **And their rulings are close to being identical.** Although their measures are not exactly the same, there is no great difference between them.

קַשְׁיָא דְּרַב חִסְדָּא אַדְּרַב חִסְדָּא! לָא קַשְׁיָא; הָא – דְּקָא יָהֵיב בַּעַל הַבַּיִת צִיבֵי, הָא – דְּלָא יָהֵיב בַּעַל הַבַּיִת צִיבֵי.

The Gemara comments: Nonetheless, there is **a contradiction between** one statement of **Rav Ḥisda and** the other statement of **Rav Ḥisda** concerning the size of the grocer's profit. The Gemara answers: This is **not difficult,** as in **this** case, **the homeowner provides the wood** for baking bread, and the grocer therefore marks up the price by one-third as compensation for his efforts. Whereas in **that** case, **the homeowner does not provide the wood;** the grocer is entitled to reimbursement for the cost of the wood in addition to the work of baking, and consequently he marks up the price by one half.

״חֶצְיָיהּ לַבַּיִת הַמְנוּגָּע וַחֲצִי חֶצְיָיהּ לִפְסוֹל אֶת הַגְּוִיָּיה״.

We learned in the mishna that the time it takes to eat **half** the loaf is the time it takes **for** the clothes of one who entered **a leprous house** to become ritually impure, and **half of its half,** of the loaf, is the amount of ritually impure food that **disqualifies the body** from eating *teruma*.

HALAKHA

Half of one half of its half contracts the ritual impurity of foods – חֲצִי חֲצִי חֶצְיָהּ לְטַמֵּא טוּמְאַת אוֹכָלִין: Food that is the volume of an egg without its shell is susceptible to contract ritual impurity of foods, in accordance with the opinion of the Rabbis (Rambam *Sefer Tahara, Hilkhot Tumat Okhalin* 4:1).

LANGUAGE

Measure [*modya*] – **מוֹדְיָא:** From the Greek μόδιος, *modios*, a dry measure.

תָּנָא: וַחֲצִי חֲצִי חֶצְיָהּ לְטַמֵּא טוּמְאַת אוֹכָלִין. וְתַנָּא דִּידַן, מַאי טַעְמָא לָא תָּנֵי טוּמְאַת אוֹכָלִין? מִשּׁוּם דְּלָא שָׁווּ שִׁיעוּרַיְיהוּ לַהֲדָדֵי.

A Sage **taught** in the *Tosefta*: **And half of one half of its half,**[N] one-eighth of this loaf, is the minimum measure of food that **contracts the** ritual **impurity of foods.**[H] The Gemara asks: **And our *tanna*,** in the mishna, for **what reason** did **he did not teach** the measure of **the impurity of foods?** The Gemara answers: He did not state this *halakha* **because their measures are not** precisely **identical.** The measure for the impurity of foods is not exactly half the amount of ritually impure food that disqualifies one from eating *teruma*.

דְּתַנְיָא: כַּמָּה שִׁיעוּר חֲצִי פְּרָס – שְׁתֵּי בֵּיצִים חָסֵר קִימְעָא, דִּבְרֵי רַבִּי יְהוּדָה. רַבִּי יוֹסֵי אוֹמֵר: שְׁתֵּי בֵּיצִים שׁוֹחֲקוֹת. שִׁיעֵר רַבִּי שְׁתֵּי בֵּיצִים וְעוֹד. כַּמָּה וְעוֹד? אֶחָד מֵעֶשְׂרִים בַּבֵּיצָה.

As it was taught in a *baraita*: **How much is half a *peras*? Two eggs minus a little;** this is **the statement of Rabbi Yehuda. Rabbi Yosei says: Two large eggs,** slightly larger ones than average. **Rabbi** Yehuda HaNasi **measured** the amount of half a *peras* after calculating the number of *kav* in the *se'a* brought before him, and found it to be **a little more than two eggs.**[N] The *tanna* asks: **How much is** this **little more? One-twentieth of an egg.**

וְאִילּוּ גַּבֵּי טוּמְאַת אוֹכָלִין תַּנְיָא: רַבִּי נָתָן וְרַבִּי דּוֹסָא אָמְרוּ: כַּבֵּיצָה שֶׁאָמְרוּ – כָּמוֹהָ וְכִקְלִיפָּתָהּ, וַחֲכָמִים אוֹמְרִים: כָּמוֹהָ בְּלֹא קְלִיפָּתָהּ.

In contrast, concerning the impurity of foods, it was taught in a *baraita*: **Rabbi Natan and Rabbi Dosa said** that the measure of **an egg-bulk, which** the Sages **said** is the amount that contracts the impurity of foods, **is equivalent to it,** i.e., the egg, **and its shell. And the Rabbis say:** It is **equivalent to it without its shell.**[N] These amounts are not precisely half of any of the measurements given for half a *peras*.

אָמַר רַפְרָם בַּר פַּפָּא, אָמַר רַב חִסְדָּא: זוֹ דִּבְרֵי רַבִּי יְהוּדָה וְרַבִּי יוֹסֵי, אֲבָל חֲכָמִים אוֹמְרִים: כְּבֵיצָה וּמֶחֱצָה שׁוֹחֲקוֹת. וּמַאן חֲכָמִים – רַבִּי יוֹחָנָן בֶּן בְּרוֹקָה.

As for the issue itself, **Rafram bar Pappa said** that **Rav Ḥisda said: This** *baraita* that clarifies the measure of half a *peras* is in accordance with **the statements of Rabbi Yehuda and Rabbi Yosei,** a measure that is identical to that of Rabbi Shimon in the mishna. **But the Rabbis say: One and one half large egg-bulks. And who are** these **Rabbis? Rabbi Yoḥanan ben Beroka.**

פְּשִׁיטָא! שׁוֹחֲקוֹת אֲתָא לְאַשְׁמוּעִינַן.

The Gemara registers surprise: This is **obvious,** as Rabbi Yoḥanan ben Beroka maintains that half a loaf is three egg-bulks, half of which is an egg-bulk and one half. The Gemara explains: The novel aspect of this teaching is not the amount itself; rather, **he came to teach us** that the measurement is performed with **large eggs.**

כִּי אֲתָא רַב דִּימִי, אֲמַר: שִׁיגֵּר בּוֹנְיוֹס לְרַבִּי מוֹדְיָא דְּקוֹנְדִּיס דְּמִן נַאוּסָא, וְשִׁיעֵר רַבִּי מָאתָן וּשְׁבַע עֶשְׂרֵה בֵּיעִין.

The Gemara relates that **when Rav Dimi came** from Eretz Yisrael to Babylonia, **he said:** A person named **Bonyos sent Rabbi** Yehuda HaNasi **a measure** [*modya*][L] **of a *se'a* from** a place called **Na'usa,** where they had a tradition that it was an ancient and accurate measure (Ritva). **And Rabbi** Yehuda HaNasi **measured** it and found it contained **217 eggs.**

הָא סְאָה דְּהֵיכָא? אִי דְּמִדְבָּרִית – מֵאָה אַרְבָּעִים וְאַרְבַּע הָוְיָא,

The Gemara asks: **This *se'a*, from where** is it, i.e., on what measure is it based? **If** it is based on **the wilderness** *se'a*, the standard measure used by Moses in the wilderness, which is the basis for all the Torah's measurements of volume, the difficulty is that a *se'a* is composed of six *kav*, where each *kav* is equivalent to four *log* and each *log* is equivalent to six egg-bulks. This means that a *se'a* **is** equivalent to a total of **144** egg-bulks.

NOTES

And half of one half of its half – וַחֲצִי חֲצִי חֶצְיָהּ: The early commentaries discuss the question of whether or not the measure for the impurity of foods is linked to the measure of a loaf of bread and half-a-loaf [*peras*]. Some commentaries accept this connection (Rashi, *Tosafot*, and others). Other authorities maintain that all the Sages agree that the minimum amount required for food to be susceptible to ritual impurity is the volume of an egg, even according to Rabbi Yoḥanan ben Beroka, as a different reason is offered for this minimum amount. In that case, there is no connection between the two measures (Ritva). Even so, this issue remains problematic: If the Ritva is correct, and there is no connection between the two, why does the Gemara inquire into the reason that the *tanna* did not teach this amount (*Baḥ*)? One answer is that even though it would not have been accurate according to Rabbi Yoḥanan ben Beroka's ruling, it would have been reasonable to expect the mishna to continue in accordance with the opinion of Rabbi Shimon and the others (Rashi).

A little more than two eggs – שְׁתֵּי בֵּיצִים וְעוֹד: Some commentaries explain that this additional amount is referring to both egg-bulks together. In other words, one-fortieth of an egg-bulk is added to each egg-bulk (see Rashi). However, it is more likely that the excess amount of one-twentieth is added to each egg-bulk. Consequently, the amount for two egg-bulks is one-tenth of an egg-bulk, as implied by Rashi's calculation (Ritva).

An egg-bulk without the egg's shell – כַּבֵּיצָה בְּלִי קְלִיפָּתָהּ: Food is susceptible to ritual impurity when it consists of the measure of food eaten in one sitting. Since this measure was established as an egg-bulk, it must refer to the edible part of an egg, which excludes its shell (*Me'iri*).

וְאִי דִּירוּשַׁלְמִית – מֵאָה שִׁבְעִים וְשָׁלֹשׁ הָוְיָא.

And if it is **the Jerusalem** *se'a*, then the *se'a* **is** only **173** egg-bulks, as they enlarged the measures in Jerusalem by adding a fifth to the measures of the wilderness.

וְאִי דְּצִיפּוֹרִית – מָאתַיִם וָשֶׁבַע הָוְיָין!

And if it is a *se'a* **of Tzippori,** as the measures were once again increased in Tzippori, where another fifth was added to the Jerusalem measure,[B] the *se'a* **is 207** egg-bulks.[B] The *se'a* measured by Rabbi Yehuda HaNasi does not correspond to any of these measures of a *se'a*.

לְעוֹלָם דְּצִיפּוֹרִית, אַיְיתֵי חַלְּתָא שְׁדֵי עֲלַיְיהוּ.

The Gemara answers: **Actually,** this measure is based **on the** *se'a* **of Tzippori,** but you must **bring** the amount of **the *ḥalla*** given to a priest, **and add it to them.** That is to say, although this measure is slightly larger than a *se'a*, if it is used for flour and you deduct the amount due as *ḥalla*, you are left with exactly one *se'a*, or 207 egg-bulks.

חַלְּתָא כַּמָּה הָוְיָין – תְּמָנֵי, אַכַּתִּי בָּצַר לֵיהּ?!

The Gemara raises an objection: The amount of ***ḥalla*, how many** egg-bulks **is it?** Approximately **eight** egg-bulks, one-twenty-fourth of 207.[H] Yet in that case, **it remains less** than 217 egg-bulks, for even if we were to add another eight egg-bulks for *ḥalla* to the 207 egg-bulks, we would have only 215 egg-bulks, almost 216 to be more precise, which is still less than 217.

אֶלָּא: אַיְיתֵי עוּדְפוֹת דְּרַבִּי שְׁדֵי עֲלַיְיהוּ.

Rather, you must **bring** the **excess** amounts **of Rabbi** Yehuda HaNasi, the little more he included in his measure, **and add** these **to them.** In Rabbi Yehuda HaNasi's calculations, he did not factor in the *ḥalla* that had to be separated. Instead, the egg-bulks he used to measure the *se'a* were small egg-bulks. Consequently, one-twentieth of an egg-bulk must be added for each egg-bulk. Since one-twentieth of 207 egg-bulks is roughly ten, the total amount equals 217 egg-bulks.

אִי הָכִי, הָוֵי לֵיהּ טְפֵי! כֵּיוָן דְּלָא הָוֵי כְּבֵיצָה – לָא חָשֵׁיב לֵיהּ.

The Gemara raises an objection: **If so, it is** still slightly **more** than 217 egg-bulks, by seven-twentieths of an egg-bulk, to be precise. The Gemara answers: **Since it is not** more than 217 egg-bulks by a whole **egg, he did not count it.**

תָּנוּ רַבָּנַן: סְאָה יְרוּשַׁלְמִית יְתֵירָה עַל מִדְבָּרִית שְׁתוּת, וְשֶׁל צִיפּוֹרִית יְתֵירָה עַל יְרוּשַׁלְמִית שְׁתוּת. נִמְצֵאת שֶׁל צִיפּוֹרִית יְתֵירָה עַל מִדְבָּרִית שְׁלִישׁ.

The Sages taught in a *baraita*: **A Jerusalem *se'a* is larger than a wilderness *se'a* by one-sixth, and that of Tzippori is larger than a Jerusalem *se'a* by one-sixth. Consequently,** a *se'a* **of Tzippori is larger than a wilderness** *se'a* **by one-third.**

שְׁלִישׁ דְּמַאן? אִילֵימָא שְׁלִישׁ דְּמִדְבָּרִית, מִכְּדֵי שְׁלִישׁ דְּמִדְבָּרִית כַּמָּה הָוֵי – אַרְבְּעִין וּתְמַנְיָא, וְאִילּוּ עוּדְפָּא – שִׁיתִּין וּתְלָת!

The Gemara inquires: **One-third of which** measurement? **If you say** it means **one-third of a wilderness** *se'a*, **now** you must consider: **One-third of a wilderness** *se'a*, **how much is it? Forty-eight** egg-bulks, and **yet the difference** between the wilderness *se'a* and the Tzippori *se'a* is **sixty-three** egg-bulks. As stated above, a Tzippori *se'a* is 207 egg-bulks, whereas a wilderness *se'a* is only 144 egg-bulks.

וְאֶלָּא שְׁלִישׁ דִּירוּשַׁלְמִית, שְׁלִישׁ דִּידַהּ כַּמָּה הָוֵי – חַמְשִׁין וּתְמַנְיָא, נְכֵי תִּילְתָּא. וְאִילּוּ עוּדְפָּא שִׁתִּין וּתְלָת! וְאֶלָּא דְּצִיפּוֹרִי שְׁלִישׁ דִּידַהּ כַּמָּה הָוֵי – שַׁבְעִין נְכֵי חֲדָא, וְאִילּוּ עוּדְפָּא – שִׁשִּׁים וְשָׁלֹשׁ!

But rather, this one-third mentioned in the *baraita* is referring to **one-third of a Jerusalem** *se'a*, which is 173 egg-bulks, as stated above. The Gemara again examines the calculation: **One-third of that** *se'a*, **how much is it? Fifty-eight less one-third,** and **yet the difference** between the wilderness and the Tzippori *se'a* is **sixty-three. Rather,** you must say that it is referring to one-third of a **Tzippori** *se'a*. **One-third of that** *se'a*, **how much is it? Seventy less one-third,** and **yet the difference** between the wilderness *se'a* and the Tzippori *se'a* is **sixty-three** egg-bulks. The difference between the measures is not exactly one-third according to any of the known *se'a* measurements.

אֶלָּא אָמַר רַבִּי יִרְמְיָה, הָכִי קָאָמַר: נִמְצֵאת סְאָה שֶׁל צִיפּוֹרִי יְתֵירָה עַל מִדְבָּרִית קָרוֹב לִשְׁלִישׁ שֶׁלָּהּ, וּשְׁלִישׁ שֶׁלָּהּ קָרוֹב לְמֶחֱצָה דְּמִדְבָּרִית.

Rather, Rabbi Yirmeya said that **this is** what the *tanna* **is saying: Consequently,** a ***se'a* of Tzippori is larger than a wilderness *se'a*** by sixty-three egg-bulks, which **is close to one-third of** a Tzippori *se'a* of sixty-nine egg-bulks. **And one-third of it,** sixty-nine egg-bulks, **is close to half of a wilderness** *se'a* of seventy-two egg-bulks.

BACKGROUND

The changing measurements – הַמִּדּוֹת וְשִׁנּוּיָין: The three measures mentioned here are from three different periods in Jewish history. The wilderness *se'a* is the biblical measure for calculating measurements required by Torah law, which is the basis for the calculation of measures and weights. The Jerusalem measure was used in the Second Temple period, and the Tzippori *se'a* was established when the center of Torah and political activity moved there after the destruction of the Temple.

It should be kept in mind that these differences do not pertain to the basic measure of an egg-bulk but rather to the other measures. This is because an egg is a rough natural measure of volume, independent of human convention. This is the reason it was adopted as a standard, and later adjustments did not tamper with the measure of the egg-bulk but only with conventional measures such as the *log*, the *kav*, and the *se'a* (*ge'onim*).

The various measurements – הַמִּדּוֹת הַשּׁוֹנוֹת:

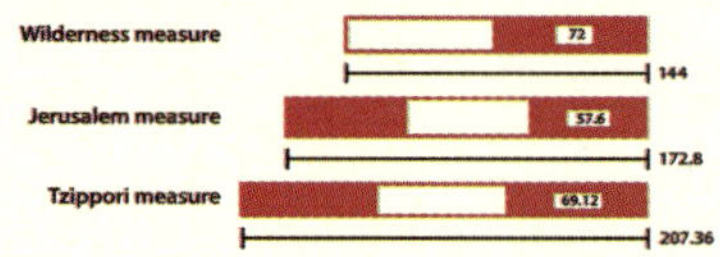

Wilderness, Jerusalem, and Tzippori measures in egg-bulks, without Rabbi Yehuda HaNasi's additions, placed on a uniform scale

HALAKHA

Dough from which *ḥalla* is separated – עִיסָּה לְהַפְרִישׁ מִמֶּנָּה חַלָּה: *Ḥalla* must be separated from dough that has the volume of at least 43⅕ egg-bulks. This amount is measured with a mound of flour that has been flattened on top (Rashba). In practice, *ḥalla* is separated without a blessing from dough containing 1.25 kg of flour. It is separated with a blessing from dough that contains 1.75 kg of flour. *Ḥalla* is not separated from dough that contains less than 1.25 kg of flour (*Shulḥan Arukh*, *Yoreh De'a* 324:1).

NOTES

The excess amounts of Rabbi Yehuda HaNasi – וְעוֹדִיּוֹת שֶׁל רַבִּי: Some commentaries explain that this measurement sent by Bonyos was indeed that of a Tzippori *se'a*, as it was a large measure calculated with outsized eggs (*Me'iri*).

One-third of the Tzippori *se'a* and half of the wilderness *se'a* – שְׁלִישׁ צִיפּוֹרִית וּמֶחֱצִית מִדְבָּרִית: Although the final sum is accurate, the wording of the *baraita* remains difficult (see *Tosafot*). However, it can in fact be explained in a straightforward manner: One-third of the large Tzippori measure of 217 egg-bulks is the difference between the Tzippori and the wilderness measurements, which is 143 egg-bulks plus one-third of an egg-bulk. This interpretation fits the wording of the *baraita* precisely.

מַתְקִיף לָהּ רָבִינָא: מִידֵּי "קָרוֹב" "קָרוֹב" קָתָנֵי?! אֶלָּא אָמַר רָבִינָא, הָכִי קָאָמַר: נִמְצֵאת שְׁלִישׁ שֶׁל צִיפּוֹרִי בְּוְעוֹדִיּוֹת שֶׁל רַבִּי, יְתֵירָה עַל מֶחֱצָה שֶׁל מִדְבָּרִית שְׁלִישׁ בֵּיצָה.

Ravina raised an objection to the opinion of Rabbi Yirmeya: **Does** the *baraita* **state** either: **Close** to one-third of a Tzippori *se'a* or: **Close** to half of a wilderness *se'a*? The wording of the *baraita* indicates an exact amount. **Rather, Ravina said** that **this is** what the *tanna* **is saying: Consequently, one-third of a Tzippori** *se'a* together **with the excess** amounts **of Rabbi** Yehuda HaNasi[N] **is greater than half of a wilderness** *se'a* of seventy-two egg-bulks by only **one-third of an egg.**[N] In other words, a Tzippori *se'a* of 207 egg-bulks added to the excess amounts of Rabbi Yehuda HaNasi of one-twentieth of an egg-bulk for each egg-bulk amounts to a total of 217 egg-bulks, one-third of which is seventy-two and one-third egg-bulks.

תָּנוּ רַבָּנַן: "רֵאשִׁית עֲרִיסוֹתֵיכֶם" –

Our Sages taught a *baraita*: The verse states: "You shall set apart a cake of **the first of your dough** as a gift; like the gift of the threshing floor, so shall you set it apart" (Numbers 15:20).

Perek **VIII**
Daf **83** Amud **b**

NOTES

The residents of a courtyard and…a balcony – אַנְשֵׁי חָצֵר וְאַנְשֵׁי מִרְפֶּסֶת: This chapter began with a discussion of the *halakhot* governing the joining of Shabbat limits, a natural extension of the previous chapters, which focused on the required measures for merging courtyards that open into an alleyway and a joining of houses in a courtyard. Now, however, the mishna returns to the main topic of these chapters, the *halakhot* of the joining of courtyards.

Forgot and did not establish an *eiruv* – שֶׁשָּׁכְחוּ וְלֹא עֵירְבוּ: Rashi and most commentaries explain that the residents of the courtyard and the balcony established separate *eiruvin*. However, Rabbi Zeraḥya HaLevi maintains that the same *halakha* applies even if they did not establish an *eiruv* at all. *Tosafot Yom Tov* adduces proof for Rashi's explanation from the phrase: Forgot and did not establish an *eiruv*. The seeming redundancy of this double expression indicates that the inhabitants prepared some sort of *eiruv*, albeit not a complete one. Had they established no *eiruv* at all, the mishna would simply have stated that they did not establish an *eiruv*.

BACKGROUND

A balcony with stairs leading to a courtyard – מִרְפֶּסֶת עִם גִּישָׁה לְחָצֵר: The residents on the upper story access the balcony and the courtyard via stairs.

Balcony with stairs leading to a courtyard with a post ten handbreadths high

כְּדֵי עִיסּוֹתֵיכֶם. וְכַמָּה עִיסּוֹתֵיכֶם – כְּדֵי עִיסַּת הַמִּדְבָּר. וְכַמָּה עִיסַּת הַמִּדְבָּר –

What is the quantity of dough from which *ḥalla* must be separated? **The amount of "your dough." And how much is "your dough"?** This amount is left unspecified by the verse. The Gemara answers: It is **as the amount of the dough of the wilderness.** The Gemara again asks: **And how much is the dough of the wilderness?**

דִּכְתִיב: "וְהָעוֹמֶר עֲשִׂירִית הָאֵיפָה הוּא". מִכָּאן אָמְרוּ: שִׁבְעָה רְבָעִים קֶמַח וְעוֹד חַיֶּיבֶת בְּחַלָּה, שֶׁהֵן שִׁשָּׁה שֶׁל יְרוּשַׁלְמִית, שֶׁהֵן חֲמִשָּׁה שֶׁל צִיפּוֹרִי.

The Gemara responds: The Torah states that the manna, the dough of the wilderness, was "an *omer* a head" (Exodus 16:16). A later verse elaborates on that measure, **as it is written: "And an *omer* is the tenth part of an *eifa*"** (Exodus 16:36). An *eifa* is three *se'a*, which are eighteen *kav* or seventy-two *log*. An *omer* is one-tenth of this measure. **From here,** this calculation, Sages **said** that dough prepared from **seven quarters** of a *kav* **of flour and more is obligated in *ḥalla*. This is equal to six** quarter-*kav* of the **Jerusalem** measure, **which is five** quarter-*kav* of the **Tzippori** measure.

מִכָּאן אָמְרוּ: הָאוֹכֵל כְּמִדָּה זוֹ, הֲרֵי זֶה בָּרִיא וּמְבוֹרָךְ, יָתֵר עַל כֵּן – רַעַבְתָן, פָּחוֹת מִכָּאן – מְקוּלְקָל בְּמֵעָיו.

From here the Sages also **said: One who eats roughly this amount** each day, **is healthy,** as he is able to eat a proper meal; **and** he is also **blessed,** as he is not a glutton who requires more. One who eats **more than this is a glutton,** while one who eats **less than this has damaged bowels** and must see to his health.

מתני׳ אַנְשֵׁי חָצֵר וְאַנְשֵׁי מִרְפֶּסֶת שֶׁשָּׁכְחוּ וְלֹא עֵירְבוּ, כֹּל שֶׁגָּבוֹהַּ עֲשָׂרָה טְפָחִים – לַמִּרְפֶּסֶת, פָּחוֹת מִכָּאן – לֶחָצֵר.

MISHNA If both **the residents of** houses that open directly into **a courtyard and the residents** of apartments that open onto **a balcony**[N] from which stairs lead down to that courtyard[B] **forgot and did not establish an *eiruv***[NH] between them, **anything** in the courtyard **that is ten handbreadths high,** e.g., a mound or a post, is part **of the balcony.** The residents of the apartments open to the balcony may transfer objects to and from their apartments onto the mound or post. Any post or mound that is **lower than this** height is part **of the courtyard.**

HALAKHA

The residents of a courtyard and the residents of a balcony forgot and did not establish an *eiruv* – אַנְשֵׁי חָצֵר וְאַנְשֵׁי מִרְפֶּסֶת שֶׁשָּׁכְחוּ וְלֹא עֵירְבוּ: With regard to a mound or a post that is located in a courtyard and belongs to both to the courtyard and the balcony, both of whose residents did not establish a joint *eiruv*, if the mound or post is not ten handbreadths high, the residents of the courtyard render it prohibited for the residents of the balcony to carry any utensil that was located in the house when Shabbat began and vice versa. If the post is four handbreadths away from the house, some commentaries state that it belongs to both groups because the inhabitants of the balcony can use it by throwing objects onto it (*Magen Avraham*, citing the *Beit Yosef*). Other authorities maintain that if the post stands at a distance of four handbreadths from the balcony or if it is lower than ten handbreadths from the balcony, it may be used exclusively by the residents of the courtyard (*Tur* and other authorities; *Shulḥan Arukh HaRav*). If the post is ten handbreadths higher than the courtyard but within ten handbreadths of the height of the balcony, and the post is within four handbreadths of the balcony, use of the post is granted to the residents of the balcony (*Shulḥan Arukh*, *Oraḥ Ḥayyim* 375:2).

חוּלְיַית הַבּוֹר וְהַסֶּלַע גְּבוֹהִים עֲשָׂרָה טְפָחִים – לַמִּרְפֶּסֶת, פָּחוֹת מִכָּאן – לֶחָצֵר.

A similar *halakha* applies to **an embankment** that surrounds **a cistern or a rock:** If the embankments that surround a cistern or rock are **ten handbreadths high,** they belong **to the balcony;** if they are **lower than this,** they may be used only **by** the inhabitants of **the courtyard.**

בַּמֶּה דְּבָרִים אֲמוּרִים – בִּסְמוּכָה, אֲבָל בְּמוּפְלֶגֶת – אֲפִילּוּ גְּבוֹהָ עֲשָׂרָה טְפָחִים לֶחָצֵר. וְאֵיזוֹ הִיא סְמוּכָה – כֹּל שֶׁאֵינָהּ רְחוֹקָה אַרְבָּעָה טְפָחִים.

In what case **are these matters,** the *halakha* that anything higher than ten handbreadths belongs to the balcony, **stated?** When the mound or embankment is **near** the balcony. **But in** a case where the embankment or mound is **distant** from it, **even** if it is **ten handbreadths high,** the right to use the embankment or mound goes **to** the members of **the courtyard. And what is** considered **near? Anything that is not four handbreadths removed** from the balcony.

גמ׳ פְּשִׁיטָא: לָזֶה בְּפֶתַח וְלָזֶה בְּפֶתַח – הַיְינוּ חַלּוֹן שֶׁבֵּין שְׁתֵּי חֲצֵירוֹת.

GEMARA The Gemara comments: It is **obvious** that if the residents of two courtyards established separate *eiruvin*, and the residents of both courtyards have convenient access to a certain area, the residents of **this** courtyard **through an entrance, and** the residents of **that** courtyard **through** another **entrance, this is** similar to the case of **a window between two courtyards.** If the residents did not establish a joint *eiruv*, the use of this window is prohibited to the residents of both courtyards.

לָזֶה בִּזְרִיקָה וְלָזֶה בִּזְרִיקָה – הַיְינוּ כּוֹתֶל שֶׁבֵּין שְׁתֵּי חֲצֵירוֹת. לָזֶה בְּשִׁלְשׁוּל וְלָזֶה בְּשִׁלְשׁוּל – הַיְינוּ חָרִיץ שֶׁבֵּין שְׁתֵּי חֲצֵירוֹת.

It is similarly obvious that if a place can be used by the residents **of this** courtyard only **by throwing** an object onto it **and** by the residents **of that** courtyard only **by throwing,** but it cannot be conveniently used by either set of residents, then **this is** equivalent to the case of **a wall between two courtyards.** If there is a wall between two courtyards, it may not be used by either courtyard. Likewise, if a place can be used by the residents **of this** courtyard only **by lowering** an object down to it **and** by the residents **of that** courtyard **by** a similar act of **lowering, this is** comparable to the *halakha* of **a ditch between two courtyards,** which may not be used by the residents of either courtyard.

לָזֶה בְּפֶתַח וְלָזֶה בִּזְרִיקָה – הַיְינוּ דְּרַבָּה בַּר רַב הוּנָא אָמַר רַב נַחְמָן. לָזֶה בְּפֶתַח וְלָזֶה בְּשִׁלְשׁוּל – הַיְינוּ דְּרַב שֵׁיזְבִי אָמַר רַב נַחְמָן.

It is likewise obvious that in a place that can be conveniently used by the residents **of this** courtyard **through an entrance but** can be used by the residents **of that** courtyard only **by throwing** an object onto it, **this is** governed by the ruling **of Rabba bar Rav Huna,** who said that **Rav Naḥman said:** This place may be used only by those who have access to the area by way of an entrance. Likewise, a place that can be conveniently used by the residents **of this** courtyard **through an entrance but** can be used by the residents **of that** courtyard only **by lowering** an object down to it, **this is** governed by the ruling **of Rav Sheizvi,** who said **that Rav Naḥman said:** This place may be used only by those who have convenient access to it.

לָזֶה בְּשִׁלְשׁוּל וְלָזֶה בִּזְרִיקָה מַאי?

The ruling in each of the aforementioned cases is clear. **What** is the *halakha* concerning a place that can be used by the residents **of this** courtyard only **by lowering** an object down to it **and by** the residents **of that** courtyard only **by throwing**[H] an object on top of it? In other words, if an area is lower than one courtyard but higher than the other, so that neither set of residents has convenient access to it, which of them is entitled to use it?[N]

אָמַר רַב: שְׁנֵיהֶן אֲסוּרִין. וּשְׁמוּאֵל אָמַר: נוֹתְנִין אוֹתוֹ לָזֶה שֶׁבְּשִׁלְשׁוּל, שֶׁלָּזֶה תַּשְׁמִישׁוֹ בְּנַחַת וְלָזֶה תַּשְׁמִישׁוֹ בְּקָשֶׁה. וְכֹל דָּבָר שֶׁתַּשְׁמִישׁוֹ לָזֶה בְּנַחַת וְלָזֶה בְּקָשֶׁה – נוֹתְנִים אוֹתוֹ לָזֶה שֶׁתַּשְׁמִישׁוֹ בְּנַחַת.

Rav said: It is **prohibited** for **both** sets of residents to use it. As the use of the area is equally inconvenient to the residents of both courtyards, they retain equal rights to it and render it prohibited for the other group to use. **And Shmuel said:** The use of the area **is granted to those who** can reach it **by lowering, as** it is relatively easy **for them** to lower objects to it, and therefore **its use is** more **convenient;** whereas **for the others,** who must throw onto it, **its use is** more **demanding. And** there is a principle concerning Shabbat: **Anything whose use is convenient for one** party **and** more **demanding for another** party, **one provides it to that** one **whose use** of it **is convenient.**

תְּנַן: אַנְשֵׁי חָצֵר וְאַנְשֵׁי מִרְפֶּסֶת שֶׁשָּׁכְחוּ וְלֹא עֵירְבוּ, כֹּל שֶׁגָּבוֹהַּ עֲשָׂרָה טְפָחִים – לַמִּרְפֶּסֶת, פָּחוֹת מִכָּאן – לֶחָצֵר.

In order to decide between these two opinions, the Gemara attempts to adduce a proof from the mishna: If **the residents of** houses that open directly into **a courtyard and the residents of** apartments that open onto **a balcony** from which stairs lead down to that courtyard **forgot and did not establish an** *eiruv* between them, **anything** in the courtyard **that is ten handbreadths high** belongs **to the balcony,** while anything that is **less than this** height belongs **to the courtyard.**

HALAKHA

This by lowering and…that by throwing – לָזֶה בְּשִׁלְשׁוּל וְלָזֶה בִּזְרִיקָה: When a mound or a post in a courtyard can be used by two separate groups of people, one group by lowering items down to it and the other group by throwing items onto it, both groups are prohibited to use it, as the *halakha* is in accordance with the opinion of Rav with regard to cases involving prohibitions (*Maggid Mishne*; Rambam *Sefer Zemanim, Hilkhot Eiruvin* 3:16).

NOTES

Throwing and lowering – זְרִיקָה וְשִׁלְשׁוּל: Apparently, this discussion pertains to a post ten handbreadths high, at roughly the height of the average person's hand when he is standing. If so, why does Shmuel consider lowering an object down to it more convenient than throwing an object onto it? One explanation is that it is easier to lower a heavy item than to throw it, even onto a low level (Rabbeinu Yehonatan).

קָא סָלְקָא דַּעְתָּךְ, מַאי מִרְפֶּסֶת –

The Gemara first explains: **It might have entered your mind** to say: **What is** the meaning of the **balcony** mentioned in the mishna?

Perek **VIII**
Daf **84** Amud **a**

בְּנֵי עֲלִיָּיה וּמַאי קָרוּ לָהּ מִרְפֶּסֶת – דְּקָסָלְקִי בְּמִרְפֶּסֶת. אַלְמָא: כָּל לָזֶה בְּשִׁלְשׁוּל וְלָזֶה בִּזְרִיקָה – נוֹתְנִין אוֹתוֹ לָזֶה שֶׁבְּשִׁלְשׁוּל!

It is referring to **the residents of an upper story** above the balcony; **and** if so, **why do we call** the upper story **a balcony?** Because the residents of the upper story **ascend** and descend to and from their apartments **by** way of **the balcony. From here** the Gemara infers: With regard to **any** place **that** can be used **by one** set of residents only **by lowering** an object down to it **and by another** set of residents only **by throwing** an object on top of it, **we grant** Shabbat use of **it to those who** can use it **by lowering,** as the residents of the upper story who use the area ten handbreadths high do so by means of lowering. Apparently, the mishna supports Shmuel and presents a difficulty to Rav.[N]

כִּדְאָמַר רַב הוּנָא: לְאוֹתָן הַדָּרִים בְּמִרְפֶּסֶת. הָכִי נַמִי: לְאוֹתָן הַדָּרִין בְּמִרְפֶּסֶת.

The Gemara rejects this argument: **As Rav Huna said** with regard to a different issue discussed in a subsequent mishna, that the *tanna* is referring **to those who live in** apartments that open directly onto **the balcony** rather than those who live in an upper story; **here too,** the *tanna* is speaking **of those who live in** apartments that open directly onto **the balcony.**[H] In this case, the use of an area ten handbreadths high is convenient for the residents of the balcony, as it is on their level; whereas its use is relatively inconvenient for the residents of the courtyard. Consequently, the right to use this area is granted to the residents of the balcony.

אִי הָכִי, אֵימָא סֵיפָא: פָּחוֹת מִכָּאן – לֶחָצֵר, אַמַּאי? לָזֶה בְּפֶתַח וְלָזֶה בְּפֶתַח הוּא!

The Gemara raises an objection: **If so, say the next clause** of the mishna: Anything that is **lower than this,** i.e., lower than ten handbreadths, its use belongs **to the courtyard.** But **why** should this be the *halakha*? This is similar to a case of residents of two courtyards who have equally convenient access to a certain area. The residents **of this** courtyard access the area **through** one **entrance, and** the residents **of that** courtyard access the area **through** another **entrance.** In our case, the use of the area is equally convenient for the inhabitants of both the balcony and the courtyard; why should the latter be granted exclusive right of use?[N]

מַאי לֶחָצֵר – אַף לֶחָצֵר, וּשְׁנֵיהֶן אֲסוּרִין.

The Gemara answers: **What is** the meaning of the phrase **to the courtyard?** It means **also to the courtyard.** In other words, even the residents of the courtyard can make use of this mound or post, **and** therefore residents of **both** the courtyard and the balcony **are prohibited.** If residents of two domains can conveniently use a single area and they did not establish an *eiruv* between their domains, they are all prohibited to carry in that area.

הָכִי נַמִי מִסְתַּבְּרָא, מִדְּקָתָנֵי סֵיפָא: בַּמֶּה דְּבָרִים אֲמוּרִים – בִּסְמוּכָה, אֲבָל בְּמוּפְלֶגֶת, אֲפִילּוּ גְּבוֹהַּ עֲשָׂרָה טְפָחִים – לֶחָצֵר. מַאי לֶחָצֵר? אִילֵּימָא לֶחָצֵר וְשָׁרֵי, אַמַּאי? רְשׁוּתָא דִּתַרְוַיְיהוּ הוּא!

The Gemara comments: **So too, it is reasonable** to explain the mishna in this manner, **as it was taught in the latter clause** of the mishna: **In what case is this statement said? When** the mound or embankment is **near** the balcony; **but in** a case where it is **distant** from it, **even** if it is **ten handbreadths high,** its use belongs **to the courtyard. What,** then, is the meaning of the phrase **to the courtyard** in this context? **If you say** it means **to the** residents of **courtyard, and** therefore the use of the mound or embankment **is permitted** to them, **why** should this be so? **It is the domain of** the residents of **both** the courtyard and the balcony, as the mound or embankment is positioned near enough to the balcony for its residents to use it as well.

אֶלָּא מַאי לֶחָצֵר – אַף לֶחָצֵר, וּשְׁנֵיהֶן אֲסוּרִין. הָכִי נַמִי, מַאי לֶחָצֵר – אַף לֶחָצֵר, וּשְׁנֵיהֶן אֲסוּרִין, שְׁמַע מִינַּהּ.

Rather, what is the meaning of the phrase **to the courtyard?** It means **also to the courtyard. And,** consequently, as the residents of both the courtyard and the balcony can use it, **both are prohibited** to carry there on Shabbat. **Here too,** in the earlier part of the mishna, **what is** the meaning of the clause **to the courtyard?** It likewise means **also to the courtyard, and** therefore **both** sets of residents are **prohibited** to carry. The Gemara concludes: Indeed, **learn from this** that this is the correct interpretation of this phrase.

NOTES

The difficulty raised against Rav – הַקּוּשְׁיָה עַל רַב: A similar question appears in the Jerusalem Talmud, in which the difficulty is resolved by claiming that the dispute between Rav and Shmuel is limited to a case where the distances for lowering and throwing are equal. Consequently, if the post is closer to the balcony and within three handbreadths of it, and the post is higher than ten handbreadths from the courtyard, Rav would concede that its use is reserved exclusively for the residents of the balcony.

A post in a courtyard – עַמּוּד בְּחָצֵר: Some commentaries accept the explanation in the Jerusalem Talmud that the residents of both the courtyard and the balcony have the right to use the post on weekdays. However, if the post belongs exclusively to one group of residents, the other group cannot impose restrictions upon them, even if its use is more convenient for the other group than for its owners.

HALAKHA

Those who live in the balcony – אוֹתָן הַדָּרִין בְּמִרְפֶּסֶת: With regard to the use of a mound or post in a courtyard, the same *halakha* applies to the residents of a balcony as to those who live in the upper story, in accordance with the opinion of Rav Huna. That is, if the mound or post is ten handbreadths high, the right to use it belongs solely to the residents of the balcony or upper story (*Shulḥan Arukh, Oraḥ Ḥayyim* 375:2).

תְּנַן: חוּלְיַית הַבּוֹר וְהַסֶּלַע שֶׁהֵן גְּבוֹהִין עֲשָׂרָה – לַמִּרְפֶּסֶת, פָּחוֹת מִכָּאן – לֶחָצֵר. אָמַר רַב הוּנָא: לְאוֹתָן הַדָּרִים בַּמִּרְפֶּסֶת.

The Gemara attempts to adduce further proof from the mishna to resolve the dispute between Rav and Shmuel. **We learned** in the mishna: **The embankments** that surround **a cistern or a rock that are ten handbreadths high** may be used **by the balcony;** if they are **lower than that** height, the right to use them belongs **to the courtyard.**[H] The Gemara assumes that the phrase to the balcony is referring to the residents of an upper story, who access their apartments through the balcony. The mishna indicates that if one set of residents can make use of a place by lowering and another set of residents can use it by throwing, the use of the place is granted to those who lower their objects, in accordance with the opinion of Shmuel and contrary to the opinion of Rav. The Gemara answers: **Rav Huna said** that the phrase to the balcony is to be understood here literally as referring **to those who live in** apartments that open directly onto **the balcony.**

תֵּינַח סֶלַע, בּוֹר מַאי אִיכָּא לְמֵימַר?

The Gemara asks: **Granted,** in the case of **a rock,** the residents of the balcony can use it conveniently, as its surface is more or less level with the balcony itself. But with regard to **a cistern, what can be said?** The water in the cistern is lower than the balcony and can be reached only by lowering a bucket down to it. How, then, can it be argued that the cistern is conveniently used by the residents of the balcony but not by the residents of the courtyard?

אָמַר רַב יִצְחָק בְּרֵיהּ דְּרַב יְהוּדָה: הָכָא בְּבוֹר מְלֵאָה מַיִם עָסְקִינַן. וְהָא חָסְרָא!

Rav Yitzḥak, son of Rav Yehuda, said: We are dealing here with a cistern full of water, as the water can be drawn from the cistern's upper portion, near the balcony. The Gemara raises an objection: **But doesn't** the cistern gradually **lose** its water as the liquid near the surface is drawn out? Although the water might at first reach the balcony, the water level gradually recedes. Eventually, the only way to reach the water will be by lowering a bucket into the cistern.

כֵּיוָן דְּכִי מַלְיָא שָׁרְיָא, כִּי חָסְרָא – נַמִי שָׁרְיָא. אַדְּרַבָּה, כֵּיוָן דְּכִי חָסְרָא אֲסִירָא, כִּי מַלְיָא נַמִי אֲסִירָא!

The Gemara answers: **Since** it **is permitted** to draw water from the cistern **when** it **is full,**[N] **it is likewise permitted** even **when it is lacking.** The Gemara counters this argument: **On the contrary,** you should say that **since** the cistern **is prohibited when it is lacking, it should likewise be prohibited** even **when it is full.**

אֶלָּא אָמַר אַבָּיֵי: הָכָא בְּבוֹר מְלֵיאָה פֵּירוֹת עָסְקִינַן. וְהָא חַסְרֵי!

Rather, Abaye said: Here we are dealing with a cistern full of produce, as the upper produce is near the balcony. The Gemara raises an objection: **But doesn't** the amount of produce also **diminish,** as the produce is removed, increasing the distance between the pile and the balcony?

בְּטִיבְלָא.

The Gemara answers: This teaching is referring **to untithed produce,** which one may not tithe on Shabbat. Since this produce may not be used, the height of the pile will remain constant for the duration of Shabbat.

דַּיְקָא נַמִי, דְּקָתָנֵי דּוּמְיָא דְּסֶלַע, שְׁמַע מִינַּהּ.

The Gemara comments: The language of the mishna **is also precise, as it teaches** the *halakha* of an embankment of a cistern **together with** that of **a rock.** Just as in the case of the rock only the upper surface is used, so too, in the case of the embankment of the cistern, the mishna is referring to the use of the surface of the cistern and not its contents. The Gemara concludes: Indeed, **learn from this** that this is the correct explanation.

וְלָמָּה לִי לְמִיתְנָא בּוֹר, וְלָמָּה לִי לְמִיתְנָא סֶלַע? צְרִיכָא, דְּאִי אַשְׁמְעִינַן סֶלַע – דְּלֵיכָּא לְמִיגְזַר, אֲבָל בּוֹר – לִיגְזוֹר, זִמְנִין דְּמַלְיָא פֵּירוֹת מְתוּקָּנִין – צְרִיכָא.

The Gemara asks: **But** if this is indeed correct, and the cistern and rock are similar in all respects, **why do I need** the *tanna* **to state** the case of **a cistern, and why do I need** him **to state** the case of **a rock** as well? The Gemara answers: **It was necessary** to teach both cases. **As had** the mishna **taught us** only about **a rock,** one might have said that only a rock may be used by the residents of the balcony, **as there is no** need **to decree** in case its height is diminished. **But** with regard to **a cistern,** perhaps **we should decree** and prohibit its use, as **at times it might be filled with tithed produce,** which may be removed and eaten, thereby diminishing its height. It was therefore **necessary** to teach us that this is not a concern, and a cistern, as well as a rock, may be used by the residents of the balcony.

HALAKHA

A cistern in a courtyard – בּוֹר שֶׁבְּחָצֵר: If a cistern in a courtyard full of water is located ten handbreadths above the floor of the courtyard and near the balcony, the residents of both the balcony and the courtyard are prohibited to make use of it. If it is full of non-tithed produce or anything else that may not be moved on Shabbat, it may be used by the residents of the courtyard (Rambam *Sefer Zemanim, Hilkhot Eiruvin* 4:18).

NOTES

It is permitted when full – מַלְיָא שָׁרְיָא: The argument that a cistern permitted at the beginning of Shabbat remains permitted the entire day is based on the established principle that anything permitted at the onset of Shabbat is permitted throughout Shabbat. However, this principle does not apply to this particular situation, due to the fact that it is foreseeable that the waters of the cistern will recede over the course of Shabbat, as it is there to be used. Consequently, the Gemara counters with the opposite claim: As it will be prohibited over the course of time, it should be prohibited from the beginning of Shabbat (Ritva).

HALAKHA

Walls and ledges – **כְּתָלִים וְזִיזִים**: If the residents of a courtyard and the residents of an upper story did not establish an *eiruv* together, any ledges positioned within ten handbreadths of the ground are available exclusively to the inhabitants of the courtyard; ledges within ten handbreadths of the upper story may be utilized exclusively by the inhabitants of the upper story. Any ledges in the middle are prohibited to both groups (*Shulḥan Arukh*, *Oraḥ Ḥayyim* 375:4).

NOTES

Above and below ten – **לְמַעְלָה וּלְמַטָּה מֵעֲשָׂרָה**: The phrases above ten and below ten can be understood in one of two ways. Above ten can mean ten handbreadths above the ground, or it can refer to the uppermost ten handbreadths of the post, and the meaning of below ten will be affected accordingly. The difficulty posed to Shmuel from the expression above ten is based on the assumption that the expression is referring to the uppermost ten handbreadths. Rabbi Naḥman's response indicates that the phrases above ten and below ten always mean above or below ten handbreadths from the ground, respectively (see the Ritva).

תָּא שְׁמַע: אַנְשֵׁי חָצֵר וְאַנְשֵׁי עֲלִיָּיה שֶׁשָּׁכְחוּ וְלֹא עֵירְבוּ – אַנְשֵׁי חָצֵר מִשְׁתַּמְּשִׁין בַּעֲשָׂרָה הַתַּחְתּוֹנִים, וְאַנְשֵׁי עֲלִיָּיה מִשְׁתַּמְּשִׁין בַּעֲשָׂרָה הָעֶלְיוֹנִים. כֵּיצַד? זִיז יוֹצֵא מִן הַכּוֹתֶל, לְמַטָּה מֵעֲשָׂרָה – לְחָצֵר, לְמַעְלָה מֵעֲשָׂרָה – לָעֲלִיָּיה.

Returning to the dispute between Rav and Shmuel, the Gemara suggests a different proof: **Come** and **hear** a *baraita*: **If the residents** of houses opening directly into **a courtyard and the residents of** apartments in **an upper story forgot and did not establish** an *eiruv* together, **the residents of the courtyard may use the lower ten** handbreadths of the wall near them, **and the residents of the upper story may use the upper ten** handbreadths adjacent to them. **How so?** If a **ledge protrudes from the wall below ten** handbreadths from the ground, its use is **for** the residents **of the courtyard;** but if it protrudes **above ten** handbreadths, its use is **for** the residents **of the upper story.**

הָא דְּבֵינֵי בֵּינֵי – אָסוּר!

The Gemara infers: **Consequently,** a ledge situated **between** this **and between** the other, i.e., in-between the courtyard and the upper story, **is prohibited.**[H] This middle area has the status of a place that can be used by one set of residents by lowering and by another set of residents by throwing, and yet they are both prohibited, in accordance with the opinion of Rav and in opposition to the opinion of Shmuel.

אָמַר רַב נַחְמָן: הָכָא בְּכוֹתֶל תִּשְׁעָה עָשָׂר עָסְקִינַן, וְזִיז יוֹצֵא מִמֶּנּוּ. לְמַטָּה מֵעֲשָׂרָה – לָזֶה בְּפֶתַח וְלָזֶה בְּשִׁלְשׁוּל, לְמַעְלָה מֵעֲשָׂרָה – לָזֶה בְּפֶתַח וְלָזֶה בִּזְרִיקָה.

Rav Naḥman said: No proof can be adduced from this teaching, as **here we are dealing with a wall of nineteen** handbreadths **that has a protruding ledge.** If the ledge protrudes **below ten** handbreadths from the ground, **for this** set of residents, those of the courtyard, it can be used **as an entrance, and for that** set of residents, those of the upper story, it can be used only **by lowering.** If the ledge protrudes **above ten** handbreadths, **for this** set of residents, those in the balcony, it can be accessed **as an entrance, and for that** set of residents, those of the courtyard, it can be used only **by throwing.** In this case, there is no middle area between the ten-handbreadths available to each set of residents. Consequently, this case cannot serve as a proof with regard to the dispute between Rav and Shmuel.[N]

Perek **VIII**
Daf **84** Amud **b**

NOTES

Within ten…they render it prohibited for one another – **דִּבְגוֹ עֲשָׂרָה...אָסְרָן אַהֲדָדֵי**: Abaye introduces an additional consideration. The status of a cistern beneath two domains situated within ten handbreadths of one another is not determined by the difficulty or ease of their use. Rather, the two domains are treated as one, even if one of them can access the water of the cistern only with great difficulty. For instance, even if the lower of two balconies requires both lowering and throwing to use the cistern, they are considered a single domain in this regard, due to their proximity.

תָּא שְׁמַע: שְׁתֵּי גְּזוּזְטְרָאוֹת זוֹ לְמַעְלָה מִזּוֹ, עָשׂוּ לָעֶלְיוֹנָה וְלֹא עָשׂוּ לַתַּחְתּוֹנָה – שְׁתֵּיהֶן אֲסוּרוֹת עַד שֶׁיְּעָרְבוּ!

The Gemara attempts to cite yet another proof to resolve the dispute between Rav and Shmuel. **Come** and **hear** a mishna: If a balcony extends over a body of water, and the residents of the balcony cut out a hole in the floor and constructed a partition ten handbreadths high around the hole, water may be drawn through the hole on Shabbat. If there are **two balconies** of this kind, **one above the other,** and **they erected** a partition **for the upper** balcony **but they did not erect** one **for the lower one, they are both prohibited** from drawing water, **unless they establish an** ***eiruv*** between them. This mishna apparently is referring to a case where the residents of the upper balcony draw water by lowering their buckets down, whereas the residents of the lower balcony hoist their bucket to the upper one and draw water from there, i.e., one balcony draws the water by lowering and the other by throwing. The mishna rules that they are both prohibited, in accordance with the opinion of Rav and contrary to the opinion of Shmuel.

אָמַר רַב אַדָּא בַּר אַהֲבָה: בְּבָאִין בְּנֵי תַּחְתּוֹנָה דֶּרֶךְ עֶלְיוֹנָה לְמַלְּאוֹת.

Rav Adda bar Ahava said: Here we are dealing with a case **where the residents** of the **lower** balcony **go up to the upper** balcony by means of a ladder **to draw** their water from there. Since they themselves are located in the upper balcony when they draw their water, both sets of residents gain access to their water by lowering.

אַבַּיֵי אָמַר: כְּגוֹן דְּקָיְימִין בְּתוֹךְ עֲשָׂרָה דַּהֲדָדֵי. וְלָא מִיבַּעְיָא קָאָמַר; לָא מִיבַּעְיָא עָשׂוּ לַתַּחְתּוֹנָה וְלֹא עָשׂוּ לָעֶלְיוֹנָה – דַּאֲסִירִי, דְּכֵיוָן דִּבְגוֹ עֲשָׂרָה דַּהֲדָדֵי קַיְימִין אָסְרָן אַהֲדָדֵי.

Abaye said: Here we are dealing with a case, **where** the two balconies **are situated within ten** handbreadths **of each other, and** the *tanna* **was speaking** in the style of: **There is no need.** In other words, the mishna should be understood in the following manner: **There is no need** to say that if **they erect** a partition **for the lower** balcony **but they did not erect** one **for the upper one, they are** both **prohibited** to draw water. The reason is **that since they are positioned within ten** handbreadths **of each other, they** render it **prohibited for one another** anyway.[N]

אֶלָּא אֲפִילּוּ עָשׂוּ לָעֶלְיוֹנָה וְלֹא עָשׂוּ לַתַּחְתּוֹנָה, סָלְקָא דַּעְתָּךְ אָמִינָא כֵּיוָן דְּלָזֶה בְּנַחַת וְלָזֶה בְּקָשֶׁה – לֵיתְבֵיהּ לָזֶה שֶׁתַּשְׁמִישׁוֹ בְּנַחַת, קָא מַשְׁמַע לָן: כֵּיוָן דִּבְגוֹ עֲשָׂרָה קַיָּימִין – אָסְרָן אַהֲדָדֵי.

Rather, the *halakha* is the same **even** if **they established** a partition for the **upper** balcony **and they did not establish** a partition **for the lower** one, despite the fact that **it might have entered your mind to say** the following: **Since for this,** the residents of the upper balcony, its use **is convenient, while for that** lower balcony, its use **is demanding,** as the lower balcony can draw water only by hoisting its bucket upward, the use of the hole **should** therefore **be granted to the one whose use is convenient.** This reasoning would render the hole permitted to the upper balcony and prohibited to the lower balcony. To counter this hypothetical argument, the mishna **teaches us** that **since** the upper and lower balconies **are located within ten** handbreadths of each other, they render it **prohibited for one another.**

כִּי הָא דְּאָמַר רַב נַחְמָן, אָמַר שְׁמוּאֵל: גַּג הַסָּמוּךְ לִרְשׁוּת הָרַבִּים – צָרִיךְ סוּלָּם קָבוּעַ לְהַתִּירוֹ. סוּלָּם קָבוּעַ – אִין, סוּלָּם עֲרַאי – לָא. מַאי טַעְמָא – לָאו מִשּׁוּם דְּכֵיוָן דִּבְתוֹךְ עֲשָׂרָה דַּהֲדָדֵי קָיְימִי אָסְרָן אַהֲדָדֵי?

This is **similar to** a teaching **that Rav Naḥman said** that **Shmuel said:** In the case of **a roof that is adjacent to a public domain,**[N] **there must be a fixed ladder** from the courtyard to the roof **to permit** the use of the roof to the residents of the courtyard. The Gemara infers: If there is **a fixed ladder, yes,** the residents of the courtyard may use the roof; if there is merely **a temporary ladder, no,** they are prohibited to use it. **What is the reason** for this distinction? Is it **not** that since the balcony and the public domain **are situated within ten** handbreadths **of each other,** the residents of both render it **prohibited for one another,** in accordance with the opinion of Abaye? Since the residents of the balcony are located within ten handbreadths of the public domain, the presence of people in the public domain renders the use of the roof prohibited for the inhabitants of the balcony. The only way for the members of the balcony to be permitted to use the roof is by means of a fixed ladder that has the status of a proper door.

מַתְקִיף לַהּ רַב פַּפָּא: וְדִילְמָא כְּשֶׁרַבִּים מְכַתְּפִין עָלָיו בְּכוּמְתָא וְסוּדְרָא!

Rav Pappa strongly **objected to this** argument, claiming that this proof can be refuted: **But perhaps** this applies only to a roof upon which **many people place their hats** [*kumta*][L] **and shawls** when they are in need of rest.[N] Even if the people in the public domain are not situated within ten handbreadths of the roof, they can still use it conveniently if they wish to place light objects upon it on a temporary basis. If there was not a fixed ladder, the residents of the courtyard would not be permitted to use the roof, as it serves the public domain as well. Consequently, no proof can be adduced from here either. In summary, no compelling proof has been found either for Rav's opinion or for Shmuel's opinion.

אָמַר רַב יְהוּדָה, אָמַר שְׁמוּאֵל:

Rav Yehuda said that **Shmuel said:**

NOTES

A roof that is adjacent to a public domain – גַּג הַסָּמוּךְ לִרְשׁוּת הָרַבִּים: According to the *Me'iri*, there is no balcony in this case at all. Rather, the roof of the house is lower than the public domain by less than ten handbreadths, which is why it is available to the people in the public domain. See *Tosafot*, who cite a slightly different explanation.

Hats and shawls – כּוּמְתָא וְסוּדְרָא: In contrast to Rashi, some commentaries explain that this does not refer exclusively to hats and shawls. Rather, it means that even if the members of the public domain use it solely for hats and shawls and nothing else, they are still considered to be utilizing this area. Consequently, it can indeed be said that the roof is an adjunct of the public domain (*Me'iri*).

LANGUAGE

Hat [*kumta*] – כּוּמְתָא: Seemingly related to the Arabic قبعة, *qubba'ah*, meaning a cap or a hat. The *ge'onim* explain that *kumta* means a soft hat that lies flat on the head.

Perek **VIII**
Daf **85** Amud **a**

בּוֹר שֶׁבֵּין שְׁתֵּי חֲצֵירוֹת, מוּפְלֶגֶת מִכּוֹתֶל זֶה אַרְבָּעָה וּמִכּוֹתֶל זֶה אַרְבָּעָה – זֶה מוֹצִיא זִיז כָּל שֶׁהוּא וּמְמַלֵּא, וְזֶה מוֹצִיא זִיז כָּל שֶׁהוּא וּמְמַלֵּא. וְרַב יְהוּדָה דִּידֵיהּ אָמַר: אֲפִילּוּ קַנְיָא.

If **a cistern** in a small alleyway **between two courtyards is separated** by **four** handbreadths **from the wall** of one courtyard **and** by **four** handbreadths **from the wall** of another courtyard, the resident of **this** courtyard **may extend a ledge of minimal size**[B] from his window in the direction of the cistern, as a sign that he is not using the domain of the other, **and he may** subsequently proceed to **draw** water from the cistern through the window. **And the** resident of the **other** courtyard **may** likewise **extend a ledge of minimal size and draw** water from the cistern through his widow. **And Rav Yehuda himself said:** An actual ledge is unnecessary, as it is enough **even** if one merely extends **a** simple **reed.**[N]

NOTES

Even a reed – אֲפִילּוּ קַנְיָא: Various explanations have been offered for the pertinent difference between a ledge and a reed. Some commentaries say that a ledge is something large and noticeable, as opposed to a reed, which is extremely thin and barely visible (Rashba). Others state that a ledge indicates something solid and stable, whereas a reed is an easily moveable object (Ritva).

BACKGROUND

A cistern between two courtyards – בּוֹר שֶׁבֵּין שְׁתֵּי חֲצֵירוֹת: The Gemara is describing a cistern located between the walls of two adjacent houses. The walls form a small street between the houses. Ledges protrude below each window in order to permit the drawing of water from the cistern, as indicated in the image below.

Cistern between two courtyards

אֲמַר לֵיהּ אַבָּיֵי לְרַב יוֹסֵף: הָא דְּרַב יְהוּדָה – דִּשְׁמוּאֵל הִיא. דְּאִי דְּרַב הָא אָמַר: אֵין אָדָם אוֹסֵר עַל חֲבֵירוֹ דֶּרֶךְ אֲוִיר.

Abaye said to Rav Yosef: This ruling **of Rav Yehuda,**[N] that some minimal sort of adjustment is required, **is** in accordance with the opinion of his teacher, **Shmuel. Since if** he holds in accordance with the opinion **of** his other teacher, **Rav,** this would present a difficulty, **as didn't** Rav **say: One person does not render it prohibited for another person** to perform an action **by way of the air,**[NH] if the place he is using is four handbreadths away from him? Consequently, not even a reed is required.

וְדִשְׁמוּאֵל מֵהֵיכָא? אִילֵימָא מֵהָא דְּאָמַר רַב נַחְמָן, אָמַר שְׁמוּאֵל: גַּג הַסָּמוּךְ לִרְשׁוּת הָרַבִּים – צָרִיךְ סוּלָּם קָבוּעַ לְהַתִּירוֹ. דִּילְמָא כִּדְרַב פַּפָּא!

The Gemara asks: **And from where** is it ascertained that this is the opinion **of Shmuel? If you say** we learn it **from that** teaching **which Rav Naḥman said** that **Shmuel said:** With regard to a low **roof adjacent to a public domain, there must be a fixed ladder** from the courtyard to the roof in order **to permit** the use of the roof to the residents of the courtyard, it might be inferred from here that the people in the public domain render it prohibited to use the roof because they can use it through the air, by throwing. However, this proof is inconclusive. **Perhaps,** this *halakha* can be understood **in accordance with the opinion of Rav Pappa:** Here we are dealing with a roof upon which people in the public domain place their hats and shawls when in need of rest. That would mean that this *halakha* does not involve use of the airspace at all.

אֶלָּא מֵהָא: זֶה מוֹצִיא זִיז כָּל שֶׁהוּא וּמְמַלֵּא, וְזֶה מוֹצִיא זִיז כָּל שֶׁהוּא וּמְמַלֵּא. טַעְמָא – דְּאַפֵּיק, הָא לָא אַפֵּיק – אָמְרִינַן: אָדָם אוֹסֵר עַל חֲבֵירוֹ דֶּרֶךְ אֲוִיר.

Rather, Shmuel's opinion is learned **from this** statement: **This** one, the resident of one courtyard, **may extend a ledge of minimal size and draw** water from the cistern through his window; **and the** resident of the **other** courtyard **may** also **extend a ledge of minimal size and draw** water through his window. **The reason** for this *halakha* **is that one extended** a ledge, **but if he did not extend** a ledge, **we say** that **one person renders it prohibited for another person by way of the air.** One resident would be prohibited to draw water from the cistern due to the other resident, who has equal access to the water in the cistern by way of the air.

וּדְרַב מֵהֵיכָא? אִילֵימָא מֵהָא – שְׁתֵּי גְּזוּזְטְרָאוֹת זוֹ לְמַעְלָה מִזּוֹ, עָשׂוּ מְחִיצָּה לָעֶלְיוֹנָה וְלֹא עָשׂוּ מְחִיצָּה לַתַּחְתּוֹנָה – שְׁתֵּיהֶן אֲסוּרוֹת עַד שֶׁיְּעָרְבוּ.

The Gemara asks: **And from where** is the opinion **of Rav** learned, that one person does not render it prohibited for another by way of the air? **If you say** it is derived **from that** which was taught in a mishna: If **two balconies** extend over a body of water, **one above the other,** and the residents **erected a partition for the upper** balcony **but they did not erect a partition for the lower one,** residents of **both** balconies **are prohibited** to draw water, **unless they established an** ***eiruv*** together.

וְאָמַר רַב הוּנָא, אָמַר רַב: לֹא שָׁנוּ אֶלָּא בִּסְמוּכָה, אֲבָל בְּמוּפְלֶגֶת אַרְבָּעָה – עֶלְיוֹנָה מוּתֶּרֶת וְתַחְתּוֹנָה אֲסוּרָה.

The Gemara continues. **And Rav Huna said** that **Rav said: They taught** that the residents of one balcony render it prohibited for the residents of the other balcony to draw water **only when** one balcony **is near** the other, i.e., horizontally within four handbreadths. **But** if each balcony is **four** handbreadths **removed** from the other, so that each can use the other only by means of the air, **the upper** balcony **is permitted** to draw water, **while the lower one is prohibited** to do so. This teaching indicates that one person does not render it prohibited for use by another by way of the air.

דִּלְמָא שָׁאנֵי הָכָא, דְּכֵיוָן דְּלָזֶה בִּזְרִיקָה וְשִׁלְשׁוּל, וְלָזֶה בְּשִׁלְשׁוּל לְחוּדֵיהּ – כְּלָזֶה בִּזְרִיקָה וְלָזֶה בְּפֶתַח דָּמֵי.

However, this proof is inconclusive, as **perhaps it is different here, since for the** residents of **this** lower balcony, their use of the area is relatively inconvenient, as they can use it only **by** way of **hoisting and lowering.** The residents of the lower balcony must hoist the bucket from the lower balcony to the upper one before lowering it from there to draw water; **whereas for** the residents of **the other one,** i.e., the upper balcony, use of the water is convenient, as they can utilize it **by** way of **lowering alone.** Consequently, this case **is similar to** that of an area that can be used by the residents of **one** courtyard only **by throwing and** by the residents of **another** courtyard **as an entrance.** Since it is easier for the upper balcony to draw water, the lower balcony does not render it prohibited for the upper balcony in this particular case.

אֶלָּא מֵהָא, דְּאָמַר רַב נַחְמָן, אָמַר רַבָּה בַּר אֲבוּהּ, אָמַר רַב: שְׁנֵי בָתִּים וְשָׁלֹשׁ חוּרְבּוֹת בֵּינֵיהֶם – זֶה מִשְׁתַּמֵּשׁ בְּסָמוּךְ שֶׁלּוֹ עַל יְדֵי זְרִיקָה, וְזֶה מִשְׁתַּמֵּשׁ בְּסָמוּךְ שֶׁלּוֹ עַל יְדֵי זְרִיקָה,

Rather, we can learn that this is the opinion of Rav **from that** teaching, **which Rav Naḥman said** that **Rabba bar Avuh said** that **Rav said:** If there are **two houses with three ruins**[H] **between them,** the resident of **this** house **may use** the ruin **adjacent to him by means of throwing** into the ruin through his windows that open out to that ruin, **and the** resident of **the other** house **may use** the ruin **adjacent to him by means of throwing** through his windows,

NOTES

This ruling of Rav Yehuda – הָא דְּרַב יְהוּדָה: Abaye is saying that Rabbi Yehuda's statement was not intended to conflict with the ruling of his teacher, Shmuel. Rather, Rabbi Yehuda merely explains and elucidates Shmuel's opinion. Indeed, Shmuel himself spoke of a ledge of minimum size. The phrase of minimum size can indicate either the smallest possible ledge or a specific size that is not particularly large. Rabbi Yehuda therefore stated that Shmuel's expression, of minimum size, does not necessarily refer to a ledge, and the ledge need not be of any defined size. Consequently, even a reed is sufficient (Rashba).

Prohibited…by way of the air – אוֹסֵר...דֶּרֶךְ אֲוִיר: Rav's opinion is not clarified by his statement concerning the *halakhot* applicable to ruins, as that statement can be explained in accordance with Shmuel's ruling. However, his explanation to Rabbi Elazar (85b) indicates that in his opinion, one whose only option is to use airspace does not impose restrictions on another person.

HALAKHA

Does not render it prohibited by way of the air – אֵין אוֹסֵר דֶּרֶךְ אֲוִיר: In the case of a cistern between two courtyards, even if it is four handbreadths away from the wall of each courtyard, the residents of both courtyards may draw water from it, despite the lack of a ledge. In addition, they do not render it prohibited for each other to utilize the cistern (Rambam), provided that they draw the water by way of the windows (Rema, based on Rashi and the *Maggid Mishne*). Some authorities maintain that if the cistern is within four handbreadths of the courtyards, the residents of both courtyards are prohibited from drawing its water (Rashi; *Shulḥan Arukh*, *Oraḥ Ḥayyim* 376:2).

Two houses with three ruins – שְׁנֵי בָתִּים וְשָׁלֹשׁ חוּרְבוֹת: With regard to two houses separated by three ruins, the residents of each house are permitted to use the ruin adjacent to their house by throwing objects into it through their windows (Rashi), and the middle ruin is permitted to both of them (*Shulḥan Arukh*, *Oraḥ Ḥayyim* 376:3).

וְהָאֶמְצָעִי – אָסוּר.

and the middle ruin **is prohibited** to both of them.

יָתֵיב רַב בְּרוּנָא וְקָאָמַר לְהָא שְׁמַעְתָּא. אֲמַר לֵיהּ רַבִּי אֶלְיעֶזֶר בַּר בֵּי רַב: אֲמַר רַב הָכִי? אֲמַר לֵיהּ: אִין. אַחֲוֵי לִי אוּשְׁפִּיזֵיהּ. אַחֲוֵי לֵיהּ. אֲתָא לְקַמֵּיהּ דְּרַב, אֲמַר לֵיהּ: אֲמַר מָר הָכִי? אֲמַר לֵיהּ: אִין.

Rav Beruna sat and stated this ***halakha*** in the name of Rav. **Rabbi Elazar, a student of the Torah academy, said to him: Did Rav** actually **say this?** Rav Beruna **said to him: Yes,** he did. He said to him: **Show me his** place of **lodging,** and I will go and ask him myself. **He showed him** where Rav lived. Rabbi Elazar **came before Rav** and **said to him:** Did **the Master** actually **say this? He said to him: Yes,** I did.

אֲמַר לֵיהּ: וְהָא מָר הוּא דַּאֲמַר: לָזֶה בְּשִׁלְשׁוּל וְלָזֶה בִּזְרִיקָה – שְׁנֵיהֶן אֲסוּרִין!

Rabbi Elazar then **said to** Rav: Since you prohibit using the middle ruin, you evidently maintain that one person renders it prohibited for another by way of the air. That being the case, it must be that you permit the resident of each house to use the adjacent ruin because one's use of the ruin, while not convenient for him, is more convenient than the other person's usage. **But wasn't it the Master** himself who **said:** With regard to a place that can be used by the residents of **the one** courtyard only **by lowering** an object down to it **and** by the residents of **another** courtyard only **by throwing** an object on top of it, so that neither courtyard has convenient access to it, **both** sets of residents **are prohibited** from using it, although lowering an object is more convenient than throwing it?

אֲמַר לֵיהּ: מִי סָבְרַתְּ דְּקָיְימִי כְּשׁוּרָה? לָא! דְּקָיְימִי כַּחֲצוּבָה.

Rav **said to him: Do you think that** we are dealing with a case of three ruins **positioned** alongside each other **in** a straight **line? No. They are** arranged in the form **of a tripod,**[N] i.e. in a triangular form. In other words, two of the ruins, each adjacent to one of the houses, are located next to each other; the third is positioned adjacent to one side of the other two, near both houses. The middle ruin is prohibited to the residents of both houses because both houses have equally inconvenient but direct access to it. However, each of the other ruins is permitted to the resident of the adjacent house, as he has direct access to it, while the resident of the other house can reach it only through the air of the ruin nearest to him, and Rav maintains that one person does not render it prohibited for use by another by way of the air.

אֲמַר לֵיהּ רַב פַּפָּא לְרָבָא: לֵימָא שְׁמוּאֵל לֵית לֵיהּ דְּרַב דִּימִי. דְּכִי אֲתָא רַב דִּימִי, אָמַר רַבִּי יוֹחָנָן: מָקוֹם שֶׁאֵין בּוֹ אַרְבַּע עַל אַרְבַּע – מוּתָּר לִבְנֵי רְשׁוּת הָרַבִּים וְלִבְנֵי רְשׁוּת הַיָּחִיד לְכַתֵּף עָלָיו, וּבִלְבַד שֶׁלֹּא יַחֲלִיפוּ.

Rav Pappa said to Rava: Let us say that **Shmuel,** who maintains that one renders it prohibited for another by way of the air, **does not agree with** the opinion **of Rav Dimi. When Rav Dimi came** from Eretz Yisrael to Babylonia, he said that **Rabbi Yoḥanan said: A place less than four by four** handbreadths in size is an exempt domain with respect to carrying on Shabbat. Consequently, if this place is located between a public domain and a private domain, **it is permitted** for both **the people in the public domain and the people in the private domain to adjust** the burden **on their shoulders in it, as long as they do not exchange** objects with each other by way of the exempt domain. According to Shmuel's opinion this should be prohibited due to the air of a different domain.

הָתָם רְשׁוּיוֹת דְּאוֹרָיְיתָא, הָכָא רְשׁוּיוֹת דְּרַבָּנַן, וַחֲכָמִים עָשׂוּ חִיזּוּק לְדִבְרֵיהֶם יוֹתֵר מִשֶּׁל תּוֹרָה.

Rava replied: **There,** Rabbi Yoḥanan is dealing **with** an exempt domain situated between a public domain and a private domain, the two existing **domains by Torah law.** In that case, the Sages did not prohibit the use of the place due to the air. By contrast, **here,** with regard to the air between private domains, we are dealing **with domains** between which carrying is prohibited **by rabbinic law, and the Sages reinforced their statements** even **more than those of the Torah;**[N] they added preventive measures in order to safeguard their decrees. Consequently, according to Shmuel, the Sages indeed decreed that one renders it prohibited for another by way of the air.

NOTES

In the form of a tripod – דְּקָיְימִי כַּחֲצוּבָה: The image below shows two houses with three ruins between them in a triangular form. Each house is close to one ruin and relatively far from another, while the use of the third ruin is equally inconvenient for both houses.

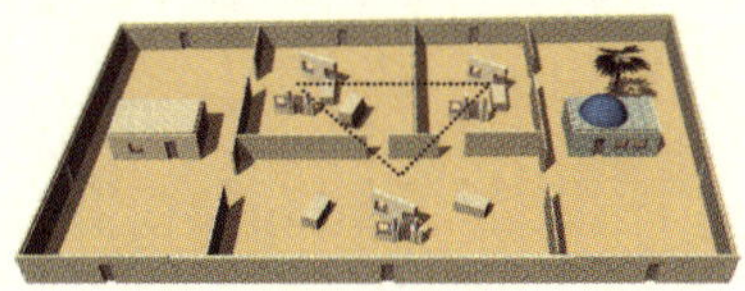

Arrangement of houses and ruins according to Rashi

The commentaries dispute the exact positioning of these houses and ruins:

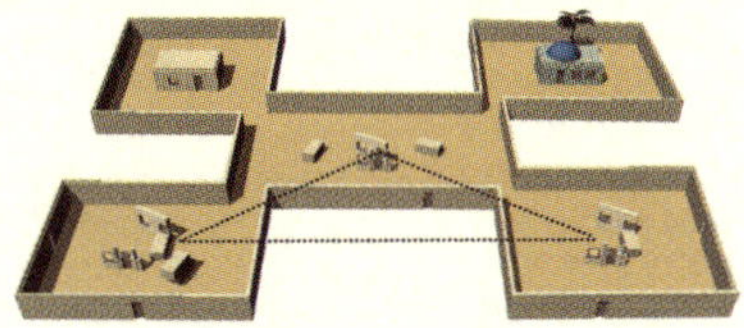

Arrangement according to Rabbi Zeraḥya HaLevi

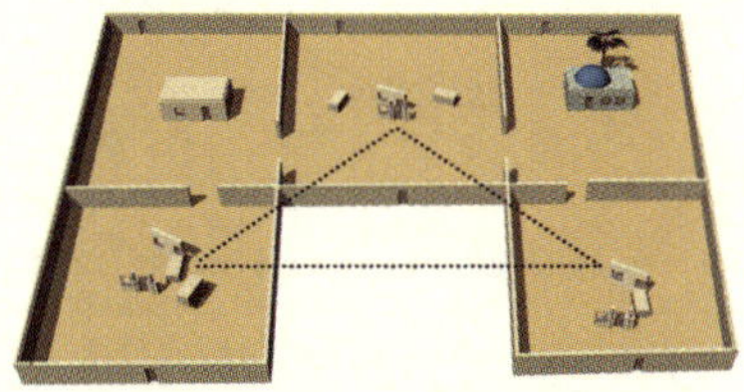

Arrangement according to Rabbeinu Yeruḥam and possibly Rabbeinu Ḥananel

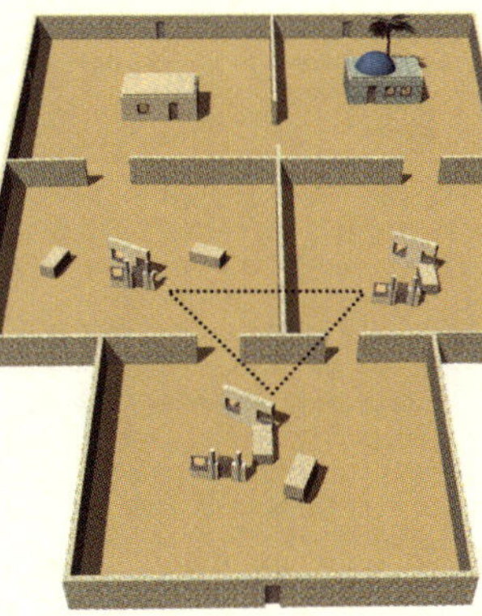

Arrangement according to the *Me'iri* and the Ritva

Domains from the Torah and from the Sages – רְשׁוּיוֹת דְּאוֹרָיְיתָא וּדְרַבָּנַן: This is problematic, as Rav himself stated, in reference to a wall between two courtyards, that the Sages reinforced their rulings more than those of the Torah. By saying so, he appears to contradict himself. The Rashba answers that Rav only prohibited two courtyards that actually use their shared wall, but not if airspace alone is involved.

אֲמַר לֵיהּ רָבִינָא לְרָבָא: מִי אָמַר רַב הָכִי? וְהָא אִיתְּמַר, שְׁנֵי בָתִּים מִשְּׁנֵי צִידֵּי רְשׁוּת הָרַבִּים, רַבָּה בַּר רַב הוּנָא אָמַר רַב: אָסוּר לִזְרוֹק מִזֶּה לָזֶה. וּשְׁמוּאֵל אָמַר: מוּתָּר לִזְרוֹק מִזֶּה לָזֶה!

Ravina said to Rava: But did Rav actually **say this,** that one person does not render it prohibited for use by another by way of the air? **But wasn't it stated** that *amora'im* disagreed with regard to **two houses** belonging to one person that stood **on two** opposite **sides of a public domain.**[H] **Rabba bar Rav Huna** said that **Rav said:** It is **prohibited to throw** an object **from one** house **to the other; and Shmuel said** that it is **permitted to throw from one to the other.** Rav apparently forbade the act of throwing due to the prohibited air of the public domain that lies between the two houses.

אֲמַר לֵיהּ: לָאו מִי אוֹקִימְנָא – דְּמִדְלֵי חַד וּמִתַּתֵּי חַד, זִימְנִין דְּמִגַּנְדַּר וְנָפֵיל וְאָתֵי לְאִיתּוּיֵי.

Rava **said to him: Wasn't it established that one** house was relatively **higher and the** other **one** was **lower** than the first? Rav prohibited throwing from one domain to the other, not due to the air of the public domain, but rather due to the difficulty of throwing from a low place to a higher one, as the thrown object **might sometimes roll and fall** back into the public domain **and** people might **come to pick it up**[N] and carry it from the public domain to the private domain. It was for this reason that Rav prohibited throwing an object from one house to another.

מתני׳ הַנּוֹתֵן אֶת עֵירוּבוֹ בְּבֵית שַׁעַר, אַכְסַדְרָה, וּמִרְפֶּסֶת – אֵינוֹ עֵירוּב. וְהַדָּר שָׁם – אֵינוֹ אוֹסֵר עָלָיו.

MISHNA With regard to **one who placed his** *eiruv* of courtyards **in a gatehouse**[H] or in **a portico,** a roofed structure without walls or with incomplete walls, **or** one who deposited it in **a balcony,** this **is not a valid** *eiruv.* **And one who resides there,**[H] in any of these structures, **does not render it prohibited** for the homeowner and the other residents of the courtyard to carry, even if he did not contribute to the *eiruv.*

בֵּית הַתֶּבֶן, וּבֵית הַבָּקָר, וּבֵית הָעֵצִים, וּבֵית הָאוֹצָרוֹת – הֲרֵי זֶה עֵירוּב, וְהַדָּר שָׁם אוֹסֵר, רַבִּי יְהוּדָה אוֹמֵר: אִם יֵשׁ שָׁם תְּפִיסַת יָד שֶׁל בַּעַל הַבַּיִת – אֵינוֹ אוֹסֵר.

If, however, one deposited his *eiruv* in **a hay shed or** in **a cowshed or** in **a woodshed or** in **a storehouse, this is** a valid *eiruv,* as it is located in a properly guarded place. **And one who resides there** with permission, if he neglected to contribute to the *eiruv,* he **renders it prohibited** for the homeowner and the other residents of the courtyard to carry. **Rabbi Yehuda says: If the homeowner has there,** in the hay shed or the other places listed above, **a right of usage,** i.e., if he is entitled to use all or part of the area for his own purposes, then the one who lives there **does not render it prohibited** for the homeowner, as the area is considered the homeowner's quarters, and the person living there is classified as a member of his household.

גמ׳ אָמַר רַב יְהוּדָה, בְּרֵיהּ דְּרַב שְׁמוּאֵל בַּר שֵׁילַת: כׇּל מָקוֹם שֶׁאָמְרוּ הַדָּר שָׁם אֵינוֹ אוֹסֵר – הַנּוֹתֵן אֶת עֵירוּבוֹ אֵינוֹ עֵירוּב, חוּץ מִבֵּית שַׁעַר דְּיָחִיד. וְכׇל מָקוֹם שֶׁאָמְרוּ חֲכָמִים אֵין מַנִּיחִין בּוֹ עֵירוּב – מַנִּיחִין בּוֹ שִׁיתּוּף, חוּץ מֵאֲוִיר מָבוֹי.

GEMARA **Rav Yehuda, son of Rav Shmuel bar Sheilat, said: Any place** with regard to which the Sages **said** that **one who resides there does not render it prohibited** for the other residents of the courtyard to carry, **one who places his** *eiruv* there, his **is not a valid** *eiruv,* **except for a gatehouse** that belongs **to an individual.**[N] If a structure is used as a passageway by only one person, he does not render it prohibited for the other residents of the courtyard, and an *eiruv* placed there is a valid *eiruv.* **And any place** with regard to **which the Sages said** that **a joining** of courtyards **may not be placed there, a merging** of alleyways **may be placed there, except for the airspace** of an **alleyway,** which is not inside one of the courtyards.[H]

מַאי קָא מַשְׁמַע לָן? תְּנֵינָא: הַנּוֹתֵן אֶת עֵירוּבוֹ בְּבֵית שַׁעַר, אַכְסַדְרָה, וּמִרְפֶּסֶת – אֵינוֹ עֵירוּב. עֵירוּב – הוּא דְּלָא הָוֵי, הָא שִׁיתּוּף – הָוֵי!

The Gemara asks: **What is he teaching us** by this? **We have** already **learned** this in the mishna: With regard to **one who placed his** *eiruv* **in a gatehouse** or in **an portico** or in **a balcony, it is not a valid** *eiruv.* It can be inferred from the mishna that **an** *eiruv,* **it is not, a merging** of the alleyway, **it is.** What, then, is novel in this statement?

בֵּית שַׁעַר דְּיָחִיד וַאֲוִיר דְּמָבוֹי אִיצְטְרִיכָא לֵיהּ, דְּלָא תְּנַן. תַּנְיָא נַמִי הָכִי: הַנּוֹתֵן אֶת עֵירוּבוֹ בְּבֵית שַׁעַר אַכְסַדְרָה וּמִרְפֶּסֶת, וּבֶחָצֵר וּבְמָבוֹי – הֲרֵי זֶה עֵירוּב. וְהָתְנַן: אֵין זֶה עֵירוּב! אֵימָא: הֲרֵי זֶה שִׁיתּוּף.

The Gemara answers: **It was necessary for him** to teach the *halakha* of **a gatehouse** that belongs **to an individual and** the *halakha* of **the airspace** of **an alleyway, which we did not learn** in the mishna. **This was also taught** in a *baraita*: **One who placed his** *eiruv* **in a gatehouse,** or in **a portico, or** in **a balcony, or in a courtyard, or in an alleyway, this is** a valid *eiruv.* **But didn't we learn** in the mishna that this **is not an** *eiruv*? Rather, you must **say** that the *baraita* should read: **This is** a valid **merging** of the alleyway.

HALAKHA

Two houses on two sides of a public domain – שְׁנֵי בָתִּים מִשְּׁנֵי צִידֵּי רְשׁוּת הָרַבִּים: If two houses on opposite sides of a public domain belong to the same person, or if an *eiruv* was established between them, it is permitted to throw from one house to the other, provided that one throws above ten handbreadths from the ground and the two houses are equal in height. If they are not of the same height, it is prohibited. However, it is permitted to throw an earthenware vessel or any other breakable item. If the houses are on opposite sides of a *karmelit*, it is permitted to throw from one to the other under all circumstances (*Shulḥan Arukh, Oraḥ Ḥayyim* 353:1).

His *eiruv* in a gatehouse – עֵירוּבוֹ בְּבֵית שַׁעַר: If one places his *eiruv* in a gatehouse, in a portico or on a balcony, it is not a valid *eiruv*, as an *eiruv* may be placed only in a house suitable for a residence (*Shulḥan Arukh, Oraḥ Ḥayyim* 366:3).

One who resides in a gatehouse – הַדָּר בְּבֵית שַׁעַר: One who resides in a gatehouse, portico, or balcony does not impose restrictions upon the other residents of the courtyard. However, if he lives in a cowshed, woodshed, hay shed, or storehouse, he does impose restrictions upon the other residents of the courtyard (*Shulḥan Arukh, Oraḥ Ḥayyim* 370:1).

The appropriate locations for placement of a merging of the alleyway – הַמָּקוֹם הָרָאוּי לְהַנָּחַת שִׁיתּוּף: A merging of the alleyway may be deposited even in places unsuitable for an *eiruv*, provided that the location is protected; however, it may not be deposited in the airspace of the alleyway (*Shulḥan Arukh, Oraḥ Ḥayyim* 386:1).

NOTES

And people might come to pick it up – וְאָתֵי לְאִיתּוּיֵי: The fact that the object fell from a private domain into the public domain is not in itself an issue of concern. As the person from whom the object fell undoubtedly did not intend to transfer the object into the public domain, this would be considered an act performed unawares, which is certainly not a transgression. However, if one forgot and brought the object back into the private domain, this would be considered an intentional act and would constitute a transgression.

A gatehouse that belongs to an individual – בֵּית שַׁעַר דְּיָחִיד: The exact opposite is stated in the Jerusalem Talmud, that the gatehouse of an individual is not considered a place of residence, and it therefore neither renders it prohibited for the other residents of the courtyard nor serves as a suitable location for an *eiruv*. Conversely, a gatehouse owned by a group of people has the full status of a residence, which means that an *eiruv* may be placed there and one who lives there imposes restrictions on carrying upon the other residents of the courtyard. The reason is apparently that a gatehouse owned by an individual is of no consequence. Therefore, the status of the resident there is negated in favor of the owner of the house. This is not the case with regard to a gatehouse owned by a group of inhabitants, who impose restrictions on each other in any event.

שִׁיתּוּף בְּמָבוֹי לָא מִינְטַר? אֵימָא בֶּחָצֵר שֶׁבַּמָּבוֹי.

The Gemara raises a difficulty: But if one places the food of the **merging** of the alleyway **in the alleyway** itself, it is **not** properly **guarded,** which means that it is as though he has not placed the merging of the alleyway there at all. Rather, you must **say** that the *baraita* should read: If he placed his merging of the alleyway **in a courtyard in the alleyway,** it is valid.

אָמַר רַב יְהוּדָה, אָמַר שְׁמוּאֵל: בְּנֵי חֲבוּרָה שֶׁהָיוּ מְסוּבִּין וְקָדַשׁ עֲלֵיהֶן הַיּוֹם, פַּת שֶׁעַל הַשֻּׁלְחָן סוֹמְכִין עֲלֵיהֶן מִשּׁוּם עֵירוּב. וְאָמְרִי לָהּ: מִשּׁוּם שִׁיתּוּף.

Rav Yehuda said that **Shmuel said:** If there were **a group** of people **who were dining** together on Shabbat eve, **and the day became sanctified for them,** i.e., Shabbat began while they were eating, **they may rely upon the bread on the table for an *eiruv*** of courtyards, so that they are all permitted to carry in the courtyard.[H] **And some say** they may rely on the bread **for a merging** of the alleyway.

אָמַר רַבָּה: וְלָא פְּלִיגִי; כָּאן – בִּמְסוּבִּין בַּבַּיִת, כָּאן – בִּמְסוּבִּין בֶּחָצֵר.

Rabba said: The two versions **do not disagree** with regard to whether the bread counts as an *eiruv* or a merging of the alleyway. Rather, **here,** the teaching that states it can be used as an *eiruv*, is referring to a case **where** they are **dining in the house,** as food deposited in a house can be used as an *eiruv* for the courtyard. By contrast, **there** it is referring to a situation **where** they are **dining in the courtyard,** and they may therefore rely on the bread only as a merging of the alleyway but not as an *eiruv*.

אֲמַר לֵיהּ אַבַּיֵּי לְרַבָּה, תַּנְיָא דִּמְסַיַּיע לָךְ: עֵירוּבֵי חֲצֵירוֹת בֶּחָצֵר, וְשִׁיתּוּפֵי מְבוֹאוֹת בַּמָּבוֹי. וְהָוֵינַן בָּהּ: עֵירוּבֵי חֲצֵירוֹת בֶּחָצֵר? וְהָתְנַן: הַנּוֹתֵן אֶת עֵירוּבוֹ בְּבֵית שַׁעַר, אַכְסַדְרָה, וּמִרְפֶּסֶת אֵינוֹ עֵירוּב! אֵימָא: עֵירוּבֵי חֲצֵירוֹת – בַּבַּיִת שֶׁבֶּחָצֵר, שִׁיתּוּפֵי מְבוֹאוֹת – בֶּחָצֵר שֶׁבַּמָּבוֹי.

Abaye said to Rabba: A *baraita* **was taught that supports you. Joinings of courtyards** are deposited **in a courtyard, and mergings of alleyways** are placed **in an alleyway. And we discussed** this *baraita* and raised a difficulty: How can it be that ***eiruvin* of courtyards** are deposited **in a courtyard? But didn't we learn** in the mishna: If **one deposited his *eiruv* in a gatehouse,** or in **a portico, or in** a **balcony it is not** a valid ***eiruv*?** The mishna clearly indicates that the *eiruv* may not be deposited in the airspace of a courtyard. Rather, you must **say** that the *baraita* should read as follows: ***Eiruvin* of a courtyard** are placed **in a house** in that **courtyard;** whereas **mergings of alleyways** are placed **in a courtyard** that opens **into** that **alleyway.**

״רַבִּי יְהוּדָה אוֹמֵר אִם יֵשׁ שָׁם תְּפִיסַת יָד״ וכו׳. הֵיכִי דָּמֵי תְּפִיסַת יָד? כְּגוֹן חֲצֵירוֹ שֶׁל בּוֹנְיָיס.

We learned in the mishna that **Rabbi Yehuda says: If** the homeowner **has there,** in the hay shed or one of the other places listed, **a right of usage,** the person living there does not render the courtyard prohibited. The Gemara asks: **What are the circumstances of a right of usage?** The Gemara answers: **For example, the courtyard of** a man named **Bonyas,** an extremely wealthy individual who allowed various people to take up residence on his property, and he kept some of his many possessions in the living quarters assigned to those people. As he retained the right to remove his articles from their apartments, those areas continued to be regarded as quarters belonging to Bonyas and the people living there were deemed members of his household.

בֶּן בּוֹנְיָיס אֲתָא לְקַמֵּיהּ דְּרַבִּי, אֲמַר לְהוּ: פַּנּוּ מָקוֹם לְבֶן מֵאָה מָנֶה. אֲתָא אִינִישׁ אַחֲרִינָא, אֲמַר לְהוּ:

The Gemara relates another incident involving Bonyas and his wealth: **The son of Bonyas came before Rabbi** Yehuda HaNasi. Realizing from his visitor's clothing that he was dealing with a wealthy individual, Rabbi Yehuda HaNasi **said to** his attendants: **Make way for one** who possesses **one hundred *maneh*,** i.e., one hundred times one hundred *zuz*, as one of this status deserves to be honored in accordance with his riches. Later, **another person came** before him, and Rabbi Yehuda HaNasi once again turned to his attendants and **said to them:**

HALAKHA

Members of a group who establish an *eiruv* – בְּנֵי חֲבוּרָה שֶׁמְּעָרְבִין: If a group of people are dining together when Shabbat begins, they may use the bread on the table as an *eiruv*. This option is available only if they are dining in a house, but not if they are eating in the courtyard (*Shulḥan Arukh, Oraḥ Ḥayyim* 366:11).

פַּנּוּ מָקוֹם לְבֶן מָאתַיִם מָנֶה. אָמַר לְפָנָיו רַבִּי יִשְׁמָעֵאל בְּרַבִּי יוֹסֵי: רַבִּי, אָבִיו שֶׁל זֶה יֵשׁ לוֹ אֶלֶף סְפִינוֹת בַּיָּם וּכְנֶגְדָּן אֶלֶף עֲיָירוֹת בַּיַּבָּשָׁה! אָמַר לוֹ: לִכְשֶׁתַּגִּיעַ אֵצֶל אָבִיו אֱמוֹר לוֹ: אַל תְּשַׁגְּרֵהוּ בְּכֵלִים הַלָּלוּ לְפָנַי.

Make way even more **for one who** possesses **two hundred** ***maneh*****. Rabbi Yishmael, son of Rabbi Yosei, said before him: My teacher,** Bonyas, **father of this one, has a thousand ships out at sea and, corresponding to them, a thousand towns on land.** He should be granted pride of place due to his exorbitant wealth. Rabbi Yehuda HaNasi **said to him: When you reach** his **father, tell him: Do not send him to me in these garments.** Dress him in accordance with his wealth and status, so that he will be honored accordingly.

רַבִּי מְכַבֵּד עֲשִׁירִים, רַבִּי עֲקִיבָא מְכַבֵּד עֲשִׁירִים. כִּדְדָרַשׁ רָבָא בַּר מָרִי: ״יֵשֵׁב עוֹלָם לִפְנֵי אֱלֹהִים חֶסֶד וֶאֱמֶת מַן יִנְצְרֻהוּ״, אֵימָתַי יֵשֵׁב עוֹלָם לִפְנֵי אֱלֹהִים – בִּזְמַן שֶׁחֶסֶד וֶאֱמֶת מַן יִנְצְרֻהוּ.

In explanation of this story, the Gemara comments: **Rabbi** Yehuda HaNasi would **honor the wealthy,**[N] and **Rabbi Akiva would** likewise **honor the wealthy, in accordance with Rava bar Mari's interpretation** of the verse: **"May he be enthroned before God forever; appoint mercy and truth, that they may preserve him"** (Psalms 61:8). **When may he be enthroned before God forever? When he appoints** [*man*] **mercy and truth that they may preserve him.**[N] Rava bar Mari explains the word *man* as referring to portions of food and interprets the verse as follows: If one provides food to others, he deserves to be enthroned before God, to be shown honor and respect. Consequently, it is proper to honor the wealthy who bestow such kindnesses.

רַבָּה בַּר בַּר חָנָה אָמַר: כְּגוֹן יָתֵד שֶׁל מַחֲרֵישָׁה,

Rabba bar bar Ḥana said: What is considered a right of usage? **For example,** if the homeowner stores **the pin of a plough** in his tenant's quarters. The tenant is prohibited to remove this pin from his residence on Shabbat due to its being set aside from use [*muktze*], and the homeowner therefore enjoys a fixed right of usage there.

אָמַר רַב נַחְמָן, תָּנָא דְּבֵי שְׁמוּאֵל: דָּבָר הַנִּיטָּל בְּשַׁבָּת – אוֹסֵר, דָּבָר שֶׁאֵינוֹ נִיטָּל בְּשַׁבָּת – אֵינוֹ אוֹסֵר.

Rav Naḥman said: A Sage **of the school of Shmuel taught** the following *baraita*: If the homeowner stores **an object that can be moved on Shabbat** with his tenant, the tenant's residence **renders** the other residence **prohibited**[H] if he neglected to join the *eiruv*. This is not considered a right of usage. If the **object** being stored is one **that cannot be moved on Shabbat,** the tenant's residence **does not render it prohibited for** them to use the courtyard.

תַּנְיָא נַמִי הָכִי: יֵשׁ לוֹ טֶבֶל, יֵשׁ לוֹ עֲשָׁשִׁית, וְכָל דָּבָר שֶׁאֵינוֹ נִיטָּל בְּשַׁבָּת – אֵינוֹ אוֹסֵר.

The Gemara adds: **So too, it was taught** in a *baraita* that if the tenant **has untithed produce** that may not be moved on Shabbat; or if **he has lumps** of glass or iron; **or anything** else **that may not be moved on Shabbat** that the homeowner deposited with him, the tenant **does not render it prohibited for** the other residents to use the courtyard.

מתני׳ הַמַּנִּיחַ בֵּיתוֹ וְהָלַךְ לִשְׁבּוֹת בְּעִיר אַחֶרֶת, אֶחָד נׇכְרִי וְאֶחָד יִשְׂרָאֵל – הֲרֵי זֶה אוֹסֵר, דִּבְרֵי רַבִּי מֵאִיר. רַבִּי יְהוּדָה אוֹמֵר: אֵינוֹ אוֹסֵר.

MISHNA **One who leaves his house,**[H] which is located in a shared courtyard, **and goes to spend Shabbat in a different town, whether** he is **a gentile or a Jew, he renders it prohibited** for the other residents to use the courtyard as though he were still at home; this is **the statement of Rabbi Meir.**[N] **Rabbi Yehuda says: He does not render it prohibited for** them, as he left behind him an empty residence.

רַבִּי יוֹסֵי אוֹמֵר: נׇכְרִי – אוֹסֵר, יִשְׂרָאֵל – אֵינוֹ אוֹסֵר, שֶׁאֵין דֶּרֶךְ יִשְׂרָאֵל לָבֹא בְּשַׁבָּת.

Rabbi Yosei says: A gentile renders it prohibited but **a Jew does not render it prohibited,** as **it is not the manner of a Jew to come** home **on Shabbat.** A Jew will not return home, therefore his empty residence does not render it prohibited. By contrast, a gentile might return over the course of Shabbat. Therefore, he is not considered to have fully uprooted himself from his house, and he renders it prohibited.

רַבִּי שִׁמְעוֹן אוֹמֵר: אֲפִילּוּ הִנִּיחַ בֵּיתוֹ וְהָלַךְ לִשְׁבּוֹת אֵצֶל בִּתּוֹ בְּאוֹתָהּ הָעִיר – אֵינוֹ אוֹסֵר, שֶׁכְּבָר הִסִּיעַ מִלִּבּוֹ.

Rabbi Shimon says: Even if the Jew **left his house and went to spend Shabbat with his daughter** who lived **in the same town, he does not render it prohibited.** Although he can return home at any time, it is assumed **that he has already removed from his mind** any thought of going back there and has established his Shabbat residence away from his home.

NOTES

Rabbi Yehuda HaNasi would honor the wealthy – רַבִּי מְכַבֵּד עֲשִׁירִים: One rather fanciful interpretation of this passage is that Rabbi Yehuda HaNasi would honor the wealthy so that others would learn from him. As a result, he too would be honored for his wealth rather than for his Torah studies, as he did not want to derive personal benefit from the honor of the Torah (Maharil, citing the Maharam).

Appoint mercy and truth that they may preserve him – חֶסֶד וֶאֱמֶת מַן יִנְצְרֻהוּ: Several explanations have been offered for this homiletic interpretation. Some commentaries explain that it is referring to wealthy people who give charity and offer kindness and assistance, thereby contributing to the betterment of the world. Others teach that the wealth of these people is preserved because they must use it for kindness and truth, and consequently, they deserve to be honored (*Arukh*). Yet other commentaries explain that the verse "May he be enthroned before God [*Elohim*] forever" is referring to great people and judges, who are also termed *elohim*. This is in recognition of the fact that the wealthy are granted a seat before the leaders of the generation because they perform acts of kindness and maintain the orderly operation of the world (Maharsha). In addition, it would be impossible for the Sages to sit before God and occupy themselves with Torah unless there were wealthy people busy doing mitzvot and attending to the needs of the community (Rabbi Zvi Hirsch Chajes).

Rabbi Meir's opinion – שִׁיטַת רַבִּי מֵאִיר: According to most commentaries, Rabbi Meir maintains that an empty residence is like any residence occupied by people and renders it prohibited for other residents to use the courtyard. In the Jerusalem Talmud, however, Rabbi Meir's reasoning is explained that there is always a chance that one might return to his home. Indeed, even a Jew in a different city can establish an *eiruv* and come home on Shabbat.

HALAKHA

An object that can be moved…renders it prohibited – דָּבָר הַנִּיטָּל...אוֹסֵר: If a homeowner permanently stores his items in the living quarters of his residents, the residents do not impose restrictions upon him. This *halakha* applies only to items that cannot be moved on Shabbat, either due to their weight or due to prohibition. In addition, this ruling pertains only to houses that belong to the homeowner. However, if the homeowner does not actually own these houses but merely possesses rights to them, the residents restrict each other (*Beit Yosef*, based on the Rambam). Some authorities state that if there are other residents in the courtyard, these residents impose restrictions even if the homeowner has access to his properties (Rema, based on Rabbeinu Yehonatan; *Shulḥan Arukh*, *Oraḥ Ḥayyim* 370:2).

One who leaves his house – הַמַּנִּיחַ בֵּיתוֹ: A Jew who leaves his home to spend Shabbat elsewhere and has no plans to return does not impose restrictions on the other residents of his courtyard. The *halakha* is in accordance with Rabbi Shimon's opinion, as Rav ruled in accordance with him in the Gemara. As for a gentile, if he went to a place from which he can return home on Shabbat, he imposes restrictions; he does not impose restrictions if he is more than a day's travel away from his home (Rambam). Rabbi Yosei's opinion is accepted as the *halakha*, as the halakha is ruled in his favor in disputes with Rabbi Yehuda. Additionally, he is supported by Rabbi Meir's opinion (*Maggid Mishne*). Some commentaries teach that even a gentile who left for a nearby place does not render it prohibited for other residents to carry. This ruling is in accordance with Rabbi Yehuda, as the *halakha* is in accordance with the lenient opinion in the *halakhot* of *eiruv* (Rosh; *Mordekhai*; *Sefer Mitzvot Gedolot*; Rema; *Shulḥan Arukh*, *Oraḥ Ḥayyim* 371:1).

גמ׳ אָמַר רַב: הֲלָכָה כְּרַבִּי שִׁמְעוֹן. וְדַוְקָא בִּתּוֹ, אֲבָל בְּנוֹ – לָא. דְּאָמְרִי אִינָשֵׁי: נְבַח בָּךְ כַּלְבָּא – עוּל, נְבַח בָּךְ גּוּרִיְיתָא – פּוּק:

GEMARA Rav said: **The *halakha* is in accordance with the** opinion of **Rabbi Shimon.** The Gemara comments: **And** this is the *halakha* **only** if one went to **his daughter's** house; **but** if he went to **his son's** house, **no,** this is not the *halakha.* One cannot be sure that he will be able to stay at his son's house, for his daughter-in-law might object to his presence and force him to return home. **As people say: If a dog barks at you, enter; if a female dog barks at you, leave.** In other words, the objections of a female, such as one's daughter-in-law, who will certainly not be opposed by her husband, are more powerful than those of a male, such as one's son-in-law.

מתני׳ בּוֹר שֶׁבֵּין שְׁתֵּי חֲצֵירוֹת אֵין מְמַלְּאִין מִמֶּנּוּ בְּשַׁבָּת, אֶלָּא אִם כֵּן עָשׂוּ לוֹ מְחִיצָה גָּבוֹהַּ עֲשָׂרָה טְפָחִים, בֵּין מִלְּמַטָּה, בֵּין מִתּוֹךְ אוֹגְנוֹ.

MISHNA In the case of **a cistern that is** located **between two courtyards,** situated partly in each courtyard,[B] **one may not draw** water **from it on Shabbat,** lest the residents of one courtyard draw water from the domain of the other courtyard, **unless a partition ten handbreadths high was erected for it** as a separation between the domains. This partition is effective **whether** it is **below,** in the water, **or whether it is within the** airspace of the cistern below the **rim,** above the surface of the water.

רַבָּן שִׁמְעוֹן בֶּן גַּמְלִיאֵל אוֹמֵר, בֵּית שַׁמַּאי אוֹמְרִים: מִלְּמַטָּה, וּבֵית הִלֵּל אוֹמְרִים: מִלְּמַעְלָה. אָמַר רַבִּי יְהוּדָה: לֹא תְּהֵא מְחִיצָה גְּדוֹלָה מִן הַכּוֹתֶל שֶׁבֵּינֵיהֶם.

Rabban Shimon ben Gamliel said:[N] This is the subject of an early dispute of *tanna'im,* as **Beit Shammai said** that the partition, which permits drawing water, must be placed **below; and Beit Hillel said** it should be positioned **above. Rabbi Yehuda said: A partition is no better than the wall between them.** A wall dividing the two courtyards passes over the cistern, therefore it is not necessary to erect an additional partition in the cistern's airspace.

גמ׳ אָמַר רַב הוּנָא: לְמַטָּה – לְמַטָּה מַמָּשׁ, לְמַעְלָה – לְמַעְלָה מַמָּשׁ. וְזֶה וָזֶה בַּבּוֹר. וְרַב יְהוּדָה אָמַר: לְמַטָּה – לְמַטָּה מִן הַמַּיִם, לְמַעְלָה – לְמַעְלָה מִן הַמַּיִם.

GEMARA **Rav Huna said:** When Beit Shammai said **below,** they meant **actually below,** near the water; the partition need not touch the water itself. When Beit Hillel said **above,** they meant **actually above,** higher than the water and near the rim of the cistern. **And both of these** are within the airspace of the **cistern. And Rav Yehuda said: Below** means **below the water,** so that part of the partition is inside the water; whereas **above** means **above the water,** in such a manner that the partition does not come into contact with the water.[B]

אֲמַר לֵיהּ רַבָּה בַּר רַב חָנָן לְאַבָּיֵי: הָא דְּאָמַר רַב יְהוּדָה "לְמַטָּה – לְמַטָּה מִן הַמַּיִם" מַאי שְׁנָא לְמַטָּה מַמָּשׁ דְּלָא – דְּעָרִיבִי מַיָּא, לְמַטָּה מִן הַמַּיִם נַמִּי – הָא עָרִיבִי מַיָּא!

Rabba bar Rav Ḥanan said to Abaye: With regard to **that** which **Rav Yehuda said: Below** means **below the water, what is different** about a case where the partition is **actually below,**[N] in the airspace cistern near the water, that led Rav Yehuda to say that one may **not** draw water in that case? It is **because** he was concerned lest **the water** of the two courtyards **become intermingled** beneath the partition. In a case where the partition is located **below the water,** near the bottom of the cistern, **as well, won't the water** of the two courtyards **become intermingled** above it?

BACKGROUND

Above and below – לְמַעְלָה וּלְמַטָּה: In the image below, which reflects Rav Huna's view, the upper partition is situated far above the level of the water, while the lower partition is positioned close to the water.

Cross section of a water cistern, in accordance with Rav Huna's view

In this image, reflecting Rav Yehuda's new wording of the conclusion as explained by Abaye, the lower partition is submerged, although it partly protrudes above the water level. A section of the upper partition also remains underwater.

Cross section of a water cistern, in accordance with Rav Yehuda's view

BACKGROUND

A cistern between courtyards – בּוֹר שֶׁבֵּין חֲצֵירוֹת:

Cistern located under a wall that separates two courtyards

NOTES

Rabban Shimon ben Gamliel's opinion – שִׁיטַת רַבָּן שִׁמְעוֹן בֶּן גַּמְלִיאֵל: Some commentaries explain that Rabban Shimon ben Gamliel accepts the ruling of the first *tanna.* He merely adds that this issue is the subject of a dispute between earlier *tanna'im.* Other authorities maintain that Rabban Shimon ben Gamliel disagrees with the first *tanna,* as he is of the opinion that the partition must be placed either below or above.

Actually below – לְמַטָּה מַמָּשׁ: The expression actually below does not seem to fit the context, as the partition is placed above the water, in the depths of the cistern. One explanation is that Rav Huna never heard the statement of the younger Rav Yehuda. Consequently, Rav Huna's statement must be understood as referring to the mishna itself, in which case the phrase actually below means that it is not enough for the partition to descend slightly below the edge of the cistern, but it must actually lie below its rim (Ritva). The *Me'iri* explains the phrase actually below literally, as he maintains that the partition must be placed right on the floor of the cistern, even if it is not visible from above at all.

אָמַר לֵיהּ: לָא שְׁמִיעַ לָךְ הָא דְּאָמַר רַב יְהוּדָה אָמַר רַב, וּמָטוּ בָּהּ מִשּׁוּם רַבִּי חִיָּיא: צָרִיךְ שֶׁיֵּרָאוּ רֹאשָׁן שֶׁל קָנִים לְמַעְלָה מִן הַמַּיִם טֶפַח.

Abaye **said to him: Didn't you hear that which Rav Yehuda said** that **Rav said, and some arrived** at this statement **in the name of Rabbi Ḥiyya: The tops of the reeds** of the partition **must be visible a handbreadth above** the surface of **the water?** This will ensure that there is a full partition between the two sides of the cistern.

וְתוּ, הָא דְּאָמַר רַב יְהוּדָה: "לְמַעְלָה" – לְמַעְלָה מִן הַמַּיִם", מַאי שְׁנָא לְמַעְלָה מַמָּשׁ דְּלָא – דְּעָרְבִי מַיָּא, לְמַעְלָה מִן הַמַּיִם נָמֵי – הָא עָרְבִי מַיָּא! אָמַר לֵיהּ: לָא שְׁמִיעַ לָךְ הָא דְּתָנֵי יַעֲקֹב קַרְחִינָאָה: צָרִיךְ שֶׁיִּשָּׁקַע רָאשֵׁי קָנִים בַּמַּיִם טֶפַח.

And Rabba bar Rav Ḥanan **further** asked: With regard to **that** which **Rav Yehuda said: Above** means **above the water,** we can inquire: **What is different** about a case where the partition is **actually above,** i.e., near the rim of the cistern that led Rav Yehuda to say that one may **not** draw water in that case? It is **because** he was concerned lest **the water** of the two courtyards **become intermingled** beneath the partition. However, even if the partition is **above the water** below the rim of the cistern, **the water** of the two courtyards will **also become intermingled** beneath it. Abaye **said to him: Haven't you heard that which Ya'akov from Karḥina taught: The ends of the reeds** of a partition **must be immersed** at least **a handbreadth** into **the water,** so that they divide the water in the cistern?[H]

וְאֶלָּא הָא דְּאָמַר רַב יְהוּדָה: קוֹרָה אַרְבַּע מַתֶּרֶת בְּחוּרְבָּה, וְרַב נַחְמָן אָמַר רַבָּה בַּר אֲבוּהּ:

But the Gemara raises a further question. **Rav Yehuda said:** If there is a cross **beam of four** handbreadths, it **permits** one to carry underneath it **in a ruin.** If a crossbeam four handbreadths wide is laid across the walls of a ruin, its edges are viewed as though they descended to the ground on each side, thereby forming partitions that permit one to carry under the cross beam. **And Rav Naḥman said** that **Rabba bar Avuh said:**

Perek **VIII**
Daf **86** Amud **b**

קוֹרָה אַרְבָּעָה מַתֶּרֶת בַּמַּיִם,

A cross **beam of four** handbreadths laid across a cistern located between two courtyards **permits** one to draw **water**[H] from that cistern.

הָא קָא אָזֵיל דְּלִי לְאִידָּךְ גִּיסָא וּמַיְיתִי! קִים לְהוּ לְרַבָּנַן דְּאֵין דְּלִי מְהַלֵּךְ יוֹתֵר מֵאַרְבָּעָה טְפָחִים. תַּחַת קוֹרָה.

With this in mind, the following difficulty arises: The **bucket** he uses to draw the water **might drift** under the cross **beam to the other side** of the cistern **and bring** water from the other courtyard. The Gemara answers: **The Sages have established that a bucket does not drift more than four handbreadths** from the point where it was lowered, and it will therefore stay on its original side of the partition.

מִיהָא הָא עָרְבִי מַיָּא! אֶלָּא: מִשּׁוּם דְּקַל הוּא שֶׁהֵקִילוּ חֲכָמִים בַּמַּיִם. כִּדְבָעָא מִינֵּיהּ רַבִּי טַבְלָא מֵרַב: מְחִיצָה תְּלוּיָה, מַהוּ שֶׁתַּתִּיר בְּחוּרְבָּה? אָמַר לֵיהּ: אֵין מְחִיצָה תְּלוּיָה מַתֶּרֶת אֶלָּא בַּמַּיִם, קַל הוּא שֶׁהֵקִילוּ חֲכָמִים בַּמַּיִם.

The Gemara raises a difficulty: **Nonetheless, the water becomes intermingled under the** cross **beam,** and consequently the bucket will bring up water from the other courtyard. **Rather,** it must be that the reason for the leniency is not that the cross beam actually prevents the flow of the water, but **because the Sages were lenient with regard to water.**[N] They allowed a partition suspended above the water to be considered as though it blocked the flow of the water. **As Rav Tavla asked of Rav:** With regard to **a suspended partition, does it permit** carrying **in a ruin?** Do we say that the remnants of the walls suspended in the air are considered as though they descended to the ground and closed off the area, thereby rendering it a private domain? Rav **said to him: A suspended partition** of this kind **permits** carrying **only** in the case **of water,** as **the Sages were lenient with regard to water.**

"אָמַר רַבִּי יְהוּדָה: לֹא תְּהֵא מְחִיצָה". אָמַר רַבָּה בַּר בַּר חָנָה, אָמַר רַבִּי יוֹחָנָן: רַבִּי יְהוּדָה בְּשִׁיטַת רַבִּי יוֹסֵי אֲמָרָהּ, דְּאָמַר: מְחִיצָה תְּלוּיָה מַתֶּרֶת אֲפִילּוּ בַּיַּבָּשָׁה.

The mishna teaches: **Rabbi Yehuda said:** There is no need for a partition in the cistern, as a **partition** inside a cistern **is no** better than the wall above it. **Rabba bar bar Ḥana said** that **Rabbi Yoḥanan said: Rabbi Yehuda stated this in accordance with the opinion of Rabbi Yosei, who said: A suspended partition permits** carrying **even on land,** as it is considered as though it descended to the ground and sealed off the area. Accordingly, there is no need to erect a partition inside the airspace of a cistern.

HALAKHA

A partition above a cistern – מְחִיצָה שֶׁעַל הַבּוֹר: It is prohibited to draw water from a cistern located between two courtyards, unless a partition ten handbreadths high is constructed over it. At least a handbreadth of this partition must be submerged beneath the water, with another handbreadth protruding above the water. It does not matter whether most of it is above or below the level of the water. The *halakha* is in accordance with Rabbi Yehuda's position, as his opinion is the focus of the Gemara's analysis (Rif; Rosh; Rambam; *Shulḥan Arukh, Oraḥ Ḥayyim* 376:1).

HALAKHA

A cross beam in water – קוֹרָה בַּמַּיִם: A cross beam four handbreadths wide that is placed over the opening of a cistern permits the residents of both courtyards to draw from it, as stated by Rabbi Naḥman (*Shulḥan Arukh, Oraḥ Ḥayyim* 376:1).

NOTES

The Sages were lenient with regard to water – קַל הוּא שֶׁהֵקִילוּ בַּמַּיִם: According to the Ra'avad, the rationale for this leniency is that water generally rises more than ten handbreadths above the ground level of the place where it is found. Consequently, the *halakhot* of domains and boundaries do not apply to the water itself. Other commentaries explain that as it is common for houses and courtyards to be constructed over cisterns of this type, the Sages were not stringent in this regard (Rashba). Yet other commentaries point out that the usual objection to suspended partitions, the concern that goats might break through, does not apply in this context. Even if the water contains fish, their breaking through from one side to the other would not be noticeable, as they are covered by the water (*Me'iri*).

דִּתְנַן: הַמְשַׁלְשֵׁל דְּפָנוֹת מִלְמַעְלָה לְמַטָּה בִּזְמַן שֶׁגְּבוֹהוֹת מִן הָאָרֶץ שְׁלֹשָׁה טְפָחִים – פְּסוּלָה, מִמַּטָּה לְמַעְלָה, אִם גְּבוֹהוֹת עֲשָׂרָה טְפָחִים – כְּשֵׁירָה.

As we learned in a mishna: **One who lowers *sukka* walls from above** going **downward, when** the walls **are three handbreadths higher than the ground,** the ***sukka* is invalid,** as they are not considered partitions;[H] but if he constructed walls **from below** going **upward, if they are ten handbreadths high** the *sukka* **is valid,** even if they do not reach the roofing.

רַבִּי יוֹסֵי אוֹמֵר: כְּשֵׁם שֶׁמִּלְמַטָּה לְמַעְלָה עֲשָׂרָה כָּךְ מִלְמַעְלָה לְמַטָּה עֲשָׂרָה.

Rabbi Yosei, however, **says: Just as** with regard to walls constructed **from below** going **upward, ten** handbreadths suffice, **so** too, in the case of walls built **from above** going **downward, ten** handbreadths are enough for it to be considered a whole wall, even if it more than three handbreadths above the ground. Similarly, Rabbi Yehuda maintains that a partition suspended above a cistern is considered as though it descended and sealed off the area.

וְלָא הִיא, לָא רַבִּי יְהוּדָה סָבַר לָהּ כְּרַבִּי יוֹסֵי, וְלָא רַבִּי יוֹסֵי סָבַר לָהּ כְּרַבִּי יְהוּדָה.

The Gemara rejects this argument: **But this is not so,**[N] for we can distinguish between the two opinions and claim that **neither Rabbi Yehuda holds** in accordance **with Rabbi Yosei, nor does Rabbi Yosei hold** in accordance **with Rabbi Yehuda.**

רַבִּי יְהוּדָה לָא סָבַר לָהּ כְּרַבִּי יוֹסֵי; עַד כָּאן לָא קָאָמַר רַבִּי יְהוּדָה – אֶלָּא בְּעֵירוּבֵי חֲצֵירוֹת דְּרַבָּנַן, אֲבָל סוּכָּה דְּאוֹרַיְיתָא – לָא.

The Gemara elaborates: **Rabbi Yehuda does not** necessarily **hold** in accordance **with Rabbi Yosei,** as a distinction can be made between the two cases. **Rabbi Yehuda stated** his opinion **only with regard to the joining of courtyards,** which are required **by rabbinic law, but** in the case of a ***sukka,*** **which** is required **by Torah law, no,** he did not say that we can rely on suspended partitions.

וְלָא רַבִּי יוֹסֵי סָבַר לָהּ כְּרַבִּי יְהוּדָה; עַד כָּאן לָא קָאָמַר רַבִּי יוֹסֵי – אֶלָּא בְּסוּכָּה דְּאִיסּוּר עֲשֵׂה הוּא, אֲבָל שַׁבָּת דְּאִיסּוּר סְקִילָה הוּא – לָא אָמַר.

And conversely, **Rabbi Yosei does not** necessarily **hold** in accordance **with Rabbi Yehuda,** as **Rabbi Yosei stated** his opinion **only with regard to a *sukka,*** which **is a prohibition** stated in the Torah **from a positive commandment.**[N] The prohibition is not written as a negative commandment, but it can be inferred from a positive commandment. Neglect of the positive commandment of *sukka* is not punishable by the court, therefore we are not stringent in this regard. **But** with regard to **Shabbat,** which is a **prohibition** punishable **by stoning,** Rabbi Yosei **did not state** his opinion. Consequently, Rabbi Yosei might agree that we must be very stringent with regard to all *halakhot* of Shabbat, even those that are rabbinic in origin.

וְאִם תֹּאמַר: אוֹתוֹ מַעֲשֶׂה שֶׁנַּעֲשָׂה בְּצִיפּוֹרִי עַל פִּי מִי נַעֲשָׂה? לָא עַל פִּי רַבִּי יוֹסֵי אֶלָּא עַל פִּי רַבִּי יִשְׁמָעֵאל בְּרַבִּי יוֹסֵי נַעֲשָׂה.

And if you ask: That incident, which occurred in Tzippori,[N] when they relied on suspended partitions on land for Shabbat, **on whose authority was it performed?** It was done **not on the authority of Rabbi Yosei, but** rather **it was performed on the authority of Rabbi Yishmael, son of Rabbi Yosei,** who maintains that a suspended partition renders it permitted to carry even if it is over land and even on Shabbat.

דְּכִי אֲתָא רַב דִּימִי, אֲמַר: פַּעַם אַחַת שָׁכְחוּ וְלֹא הֵבִיאוּ סֵפֶר תּוֹרָה מִבְּעוֹד יוֹם, לְמָחָר פָּרְסוּ סָדִין עַל הָעַמּוּדִים, וְהֵבִיאוּ סֵפֶר תּוֹרָה, וְקָרְאוּ בּוֹ.

The incident transpired in the following manner. **As when Rav Dimi came** from Eretz Yisrael to Babylonia, **he said:** It **once** happened that the people **forgot and did not bring a Torah scroll** to the synagogue on Friday **while it was still day,** which meant they were left without a scroll from which to read on Shabbat. **On the following day,** Shabbat, **they spread a sheet over the pillars**[B] positioned between the house where the scroll was kept and the synagogue, thereby forming a corridor with partitions suspended on each side. **And** in this manner **they brought the Torah scroll** to the synagogue **and read from it.**[B]

HALAKHA

Hanging walls – דְּפָנוֹת מְשׁוּלְשָׁלוֹת: If one hangs walls from above, so that they end three handbreadths above the ground, these walls do not have the status of a partition, as stated by the anonymous opinion in the mishna. As for partitions ten handbreadths in height, they are considered walls in every regard, even if they do not reach the roof (*Shulḥan Arukh, Oraḥ Ḥayyim* 630:9).

BACKGROUND

A sheet on pillars – סָדִין עַל גַּבֵּי עַמּוּדִים: The sheet serves as a suspended partition that forms a kind of closed corridor in the area over which it is spread. According to many commentaries, these sheets were spread over only a single row of pillars, as a result of which they merely formed a partition but not a covering.

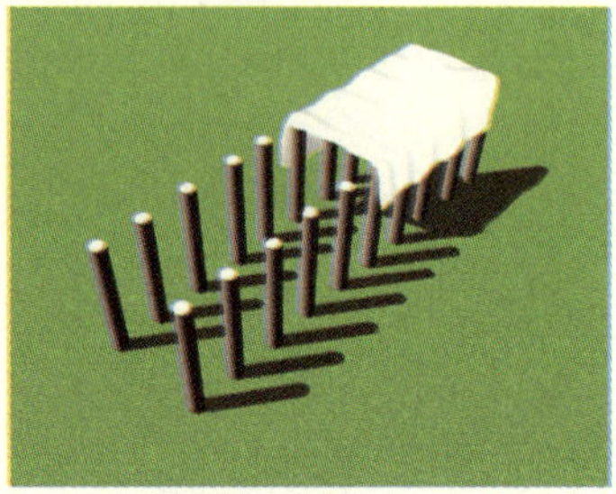

Sheet spread over a double row of pillars

The synagogue and a Torah scroll – בֵּית הַכְּנֶסֶת וְסֵפֶר תּוֹרָה: Synagogues in the talmudic period were not inside the towns but generally located outside of the towns' boundaries. Occasionally they were even at some distance from the towns. Apparently, this was so that several towns could share a single synagogue. As the synagogue was sometimes left unattended, Torah scrolls were not left in the synagogue's sanctuary. Rather, the scrolls were placed in a portable ark and locked in a room adjacent to the sanctuary, or placed in the inhabited house closest to the synagogue, from which they could be brought to the synagogue when necessary.

NOTES

But this is not so – וְלָא הִיא: Some commentaries maintain that the Gemara's wording indicates that this is not merely a possible rejection, as in that case it would have stated: And perhaps it is not so. Rather, this is a definitive rejection based on a tradition concerning the respective opinions of Rabbi Yehuda and Rabbi Yosei (*Ge'on Ya'akov*).

***Sukka* is a prohibition from a positive commandment – סוּכָּה דְּאִיסּוּר עֲשֵׂה:** This claim, which differentiates between a prohibition inferred from a positive commandment and one punishable by stoning, cannot be taken literally, especially with regard to the joining of courtyards, which is rabbinic in origin. It is unreasonable to assume that Rabbi Yosei is of the opinion that a hanging partition is invalid on Shabbat. If a hanging partition has the legal status of a partition, it must be classified as a partition in all cases. The correct conclusion is that Rabbi Yosei maintains that although a suspended partition is considered a partition according to Torah law, the Sages ruled that one should not rely on this partition for the stringent *halakhot* of Shabbat (Ritva).

That incident which occurred in Tzippori – אוֹתוֹ מַעֲשֶׂה שֶׁנַּעֲשָׂה בְּצִיפּוֹרִי: The *ge'onim* teach that this incident did not take place inside a courtyard, but in the public domain or on the margins of the public domain. The Ritva and the *Me'iri*, who cite similar explanations, explicitly state that this partition was actually constructed and used to permit carrying in the public domain. See Rashi's explanation of this incident.

פָּרְסוּ?! לְכַתְּחִילָּה מִי שָׁרֵי? וְהָא הַכֹּל מוֹדִים שֶׁאֵין עוֹשִׂין אֹהֶל עֲרַאי בְּשַׁבָּת!

The Gemara expresses surprise at the wording of this account: Did they actually **spread** sheets on Shabbat? **Is it permitted** to do so ***ab initio*? But doesn't everyone agree that one may not erect a temporary tent on Shabbat** *ab initio*?[H] Spreading sheets over pillars is considered constructing a temporary tent.

HALAKHA

A temporary tent on Shabbat – אֹהֶל עֲרַאי בְּשַׁבָּת: One may not erect even a temporary tent, *ab initio*, on Shabbat (*Shulḥan Arukh, Oraḥ Ḥayyim* 315:1).

אֶלָּא: מָצְאוּ סְדִינִין פְּרוּסִין עַל הָעַמּוּדִים, וְהֵבִיאוּ סֵפֶר תּוֹרָה, וְקָרְאוּ בּוֹ.

Rather, what happened was that **they found sheets spread over the pillars,** which they used as partitions, **and** in this manner **they brought the Torah scroll** to the synagogue **and read from it.**

אָמַר רַבָּה: רַבִּי יְהוּדָה וְרַבִּי חֲנַנְיָא בֶּן עֲקַבְיָא אָמְרוּ דָּבָר אֶחָד. רַבִּי יְהוּדָה – הָא דַּאֲמָרַן. רַבִּי חֲנַנְיָא בֶּן עֲקַבְיָא (דִּתְנַן,) רַבִּי חֲנַנְיָא בֶּן עֲקַבְיָא אוֹמֵר: גְּזוּזְטְרָא שֶׁיֵּשׁ בָּהּ אַרְבַּע אַמּוֹת עַל אַרְבַּע אַמּוֹת –

Rabba said: Rabbi Yehuda and Rabbi Ḥananya ben Akavya said the same thing. Both were very lenient with regard to the *halakha* of a partition over water. The ruling of **Rabbi Yehuda is that which we** just **said,** that the wall of the courtyard permits a cistern. The ruling of **Rabbi Ḥananya ben Akavya is as we learned: Rabbi Ḥananya ben Akavya says:** In the case of a **balcony that contains four cubits by four cubits,** which is suspended over water,

Perek **VIII**
Daf **87** Amud **a**

חוֹקֵק בָּהּ אַרְבַּע עַל אַרְבַּע וּמְמַלֵּא.

one may carve in it a hole of **four by four** handbreadths **and draw** water through it.[B] Even if there are no actual partitions around the hole, the section surrounding the hole is considered as though it were bent downward and formed partitions ten handbreadths high on all sides. Consequently, it is permitted to draw water through the hole.

BACKGROUND

One may carve in it a hole and draw through it – חוֹקֵק בָּהּ וּמְמַלֵּא: A balcony with a hole in its center is depicted below. In this case, the balcony itself is at least four by four cubits, with a hole in its center of four by four handbreadths. All the measurements in the diagram are in handbreadths. If the floor of the balcony is considered to be folded along the lines in the image, it forms a virtual shaft under the hole through which it is permitted to draw water.

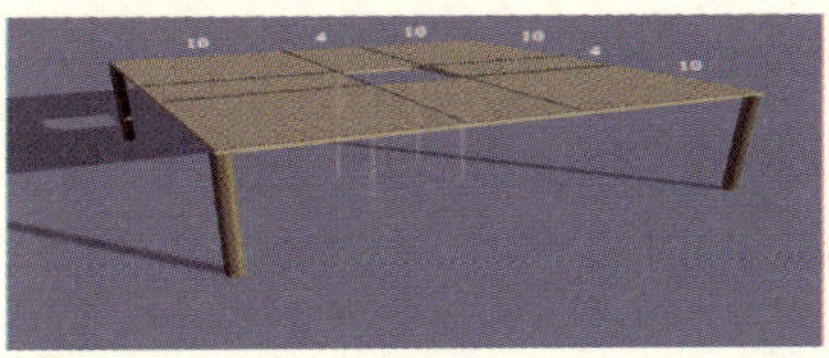

Balcony with a hole in its center and a virtual shaft

A balcony near a wall – גְּזוּזְטְרָא סְמוּכָה לַכּוֹתֶל: In the image below, the balcony is positioned within three handbreadths of the wall. The balcony is four cubits long and slightly more than eleven handbreadths wide. An area of slightly more than one handbreadth deep and four handbreadths wide is cut into the balcony near the building's wall. If the sections of the balcony were folded downward along the broken lines, they would form partitions of ten handbreadths in height on each side of the hole cut out of the floor of the balcony. Four cubits is twenty-four handbreadths, which suffices for ten handbreadths on each side, minus four handbreadths for the hole. The width of the balcony, which is slightly more than eleven handbreadths, is enough to cut slightly more than one handbreadth into the balcony and for ten handbreadths to be virtually folded so as to enclose the hole from the side parallel to the building's wall.

Balcony near a wall

אֲמַר לֵיהּ אַבַּיֵי: וְדִילְמָא לָא הִיא; עַד כָּאן לָא קָאָמַר רַבִּי יְהוּדָה הָתָם – אֶלָּא דְּאָמַר: "גּוֹד אַחֵית מְחִיצָּתָא", אֲבָל כּוֹף וְגוֹד – לָא.

Abaye said to him: But perhaps that is not so, as we can distinguish between the opinions. It is possible that **Rabbi Yehuda stated** his opinion **only there,** with regard to the wall of the courtyard and the cistern, **as he said** that we rely on the halakhic principle of **extend and lower the partition.** The partition above the cistern is considered as though it descended to the bottom. **But** the principle of **bend** the partition **and extend** it downward, as suggested by Rabbi Ḥananya ben Akavya, **no,** he does not accept this principle.

וְעַד כָּאן לָא קָאָמַר רַבִּי חֲנַנְיָא בֶּן עֲקַבְיָא הָתָם – אֶלָּא בְּיַמָּהּ שֶׁל טְבֶרְיָא, הוֹאִיל וְיֵשׁ לָהּ אוֹגָנִים, וַעֲיָירוֹת וְקַרְפֵּיפוֹת מַקִּיפוֹת אוֹתָהּ, אֲבָל בִּשְׁאָר מֵימוֹת – לָא.

And we can likewise say that **Rabbi Ḥananya ben Akavya stated** his opinion **only there,** in the case of the balcony, **with regard to the Sea of Tiberias,** i.e., the Sea of Galilee, **since it has** clearly defined **banks** around it, **and towns and enclosures surround it** on all sides. The Sea of Galilee is surrounded by clear boundaries on all sides and is therefore somewhat similar to a private domain in appearance. Consequently, even a minor adjustment is sufficient. **However, with regard to other waters, no,** Rabbi Ḥananya ben Akavya did not permit this practice.

אָמַר אַבַּיֵי: וּלְדִבְרֵי רַבִּי חֲנַנְיָא בֶּן עֲקַבְיָא, הָיְתָה סְמוּכָה לַכּוֹתֶל בְּפָחוֹת מִשְּׁלֹשָׁה טְפָחִים – צָרִיךְ שֶׁיְּהֵא אוֹרְכָּהּ אַרְבַּע אַמּוֹת וְרוֹחְבָּהּ אַחַד עָשָׂר וּמַשֶּׁהוּ.

Abaye said: And according to the statement of Rabbi Ḥananya ben Akavya, if the balcony **was less than three handbreadths** away **from the wall,** it is permitted to draw water from it in the following circumstances: **Its length must be four cubits, and its width** must be **eleven** handbreadths **and any amount.** By carving out a hole of slightly more than one handbreadth by four handbreadths on the side near the wall, alongside the other three handbreadths, one creates a hole of four handbreadths by four handbreadths. This hole is surrounded by partitions ten handbreadths high on each side. How so? The wall itself is one partition. The four-cubit length is viewed as bent down on both sides of the hole, forming two partitions of ten handbreadths; the remaining ten handbreadths of the width is seen as though it were bent down, which creates a partition on the fourth side of the balcony.[B]

הָיְתָה זְקוּפָה – צָרִיךְ שֶׁיְּהֵא גּוֹבְהָהּ עֲשָׂרָה טְפָחִים, וְרוֹחְבָּהּ שִׁשָּׁה טְפָחִים וּשְׁנֵי מַשֶּׁהוּיִין.

If the balcony was upright,[N] i.e., it had upright partitions on all sides (Rabbeinu Ḥananel),[B] **the height** of these partitions **must be ten handbreadths, and the width** of the balcony must be **six handbreadths and two** minimal **amounts.** This leaves slightly more than a handbreadth on each side of the hole of four handbreadths, on which he can stand.[B]

אָמַר רַב הוּנָא בְּרֵיהּ דְּרַב יְהוֹשֻׁעַ: הָיְתָה עוֹמֶדֶת בְּקֶרֶן זָוִית – צָרִיךְ שֶׁיְּהֵא גּוֹבְהָהּ עֲשָׂרָה טְפָחִים, וְרוֹחְבָּהּ שְׁנֵי טְפָחִים וּשְׁנֵי מַשֶּׁהוּיִין.

Rav Huna, son of Rav Yehoshua, said: If **it was positioned in a corner**[N] between two walls (Rabbeinu Ḥananel),[B] **the height** of the partition **must be ten handbreadths, and the** requisite **width** of the balcony must be **two handbreadths and two** minimal **amounts.** As he is able to stand, he is provided with actual partitions.[B]

וְאֶלָּא הָא דְּתַנְיָא, רַבִּי חֲנַנְיָא בֶּן עֲקַבְיָא אוֹמֵר: גְּזוּזְטְרָא שֶׁיֵּשׁ בָּהּ אַרְבַּע אַמּוֹת עַל אַרְבַּע אַמּוֹת – חוֹקֵק בָּהּ אַרְבָּעָה עַל אַרְבָּעָה וּמְמַלֵּא, הֵיכִי מַשְׁכַּחַתְּ לָהּ?

The Gemara asks: **However,** with regard to **that which is taught** in a *baraita* that **Rabbi Ḥananya ben Akavya said: If a balcony** that **has** an area of **four cubits by four cubits** is suspended above water, **one carves in it** a hole of **four by four** handbreadths **and** then **draws** water through it, under **what circumstances** can a balcony with these dimensions **be found?**

דַּעֲבִידָא כִּי אָסִיתָא.

The Gemara answers: It is necessary in the case of a balcony **that is built in the shape of a mortar,** where the balcony is positioned over the water on its own pillars and far removed from any wall. In that case, all of the partitions must be constructed from its floor space. And the balcony must be four cubits by four cubits in size.

BACKGROUND

Upright balcony – **גְּזוּזְטְרָא זְקוּפָה:** The image below illustrates Rabbeinu Ḥananel's interpretation. He explains that the discussion in the Gemara is referring to a balcony enclosed by partitions ten handbreadths in height. Consequently, the partition must be ten handbreadths high, while the requisite width of the porch is six handbreadths on all sides, leaving slightly more than one handbreadth on each side of the hole.

Upright balcony according to Rabbeinu Ḥananel

Upright balcony – **גְּזוּזְטְרָא זְקוּפָה:** Rashi's explanation is illustrated by this picture of a balcony that consists of a lone wooden board, ten handbreadths high and six handbreadths wide. This board is viewed as though it were bent inward by a handbreadth on each side, along the dotted lines. It forms a space four handbreadths long, between the broken lines, and four handbreadths wide, closed in by folding the board toward the wall. The board is considered to be joined to the wall by means of *lavud*.

Upright balcony according to Rashi

A balcony in a corner – **גְּזוּזְטְרָא בְּקֶרֶן זָוִית:** According to Rabbeinu Ḥananel, this case pertains to a triangular porch situated in a corner between two walls. It has a partition of ten handbreadths, and a floor that need be only two handbreadths along the walls, upon which one can stand while drawing water from below.

Balcony in a corner according to Rabbeinu Ḥananel

A balcony in a corner – **גְּזוּזְטְרָא בְּקֶרֶן זָוִית:** According to Rashi, it is sufficient if the corner porch is a post ten handbreadths high and two handbreadths wide. If this post is positioned within three handbreadths of one of the walls, it forms a partition ten handbreadths high and four handbreadths wide on one side. If it is within four handbreadths of the other wall, one handbreadth of the post is viewed as though it were bent toward that wall, forming another partition of four handbreadths. In this manner, the hole is surrounded on all sides.

Balcony in a corner according to Rashi

NOTES

Upright balcony – **גְּזוּזְטְרָא זְקוּפָה:** According to Rashi, this balcony has no floor and consists only of a partition positioned upright at a distance of four handbreadths from the wall. The ends of the balcony are viewed as though they are bent toward the wall, which creates a space of four by four handbreadths in the middle, surrounded by the wall on one side and the actual partition of the balcony on the opposite side. The other two partitions are formed by application of the principle of *lavud*.

Rabbeinu Ḥananel and other commentaries maintain that the term upright balcony is referring to a regular balcony with partitions ten handbreadths high on each side, enclosing a space of more than six by six handbreadths. In the center of the balcony there is a hole, four by four handbreadths in size. This leaves more than one handbreadth on each side for one's feet. It is necessary for there to be more than a handbreadth due to the height and the danger involved.

If it was positioned in a corner – **הָיְתָה עוֹמֶדֶת בְּקֶרֶן זָוִית:** According to Rashi, this case is referring to an upright board ten handbreadths high and slightly more than two handbreadths wide, positioned opposite the corner. This forms a space of four handbreadths in the middle, as the wall is a partition from two sides, while the other two partitions are formed with this board by means of the principle of *lavud*.

Rabbeinu Ḥananel explains that we are dealing with an upright balcony that closes off the corner between two walls in a triangular shape. The height of the third partition is ten handbreadths, while the floor need be only two handbreadths alongside the walls, so that it forms an area suitable for standing.

מתני׳ אַמַּת הַמַּיִם שֶׁהִיא עוֹבֶרֶת בֶּחָצֵר – אֵין מְמַלְּאִין הֵימֶנָּה בַּשַּׁבָּת, אֶלָּא אִם כֵּן עָשׂוּ לָהּ מְחִיצָּה גָּבוֹהַּ עֲשָׂרָה טְפָחִים בַּכְּנִיסָה וּבַיְּצִיאָה. רַבִּי יְהוּדָה אוֹמֵר: כּוֹתֶל שֶׁעַל גַּבָּהּ תִּידּוֹן מִשּׁוּם מְחִיצָּה.

MISHNA With regard to **a water channel**[N] **that passes through a courtyard,**[H] the residents **may not draw** water **from it on Shabbat, unless they erected for it a partition ten handbreadths high at the entrance and at the exit** of the courtyard. **Rabbi Yehuda says:** There is no need for a special partition, as the **wall that** runs **on top of it,** i.e., the courtyard wall, **is considered as a partition.**

אָמַר רַבִּי יְהוּדָה: מַעֲשֶׂה בְּאַמָּה שֶׁל אָבֵל שֶׁהָיוּ מְמַלְּאִין מִמֶּנָּה עַל פִּי זְקֵנִים בַּשַּׁבָּת. אָמְרוּ לוֹ: מִפְּנֵי שֶׁלֹּא הָיָה בָּהּ כַּשִּׁיעוּר.

Rabbi Yehuda said: There was **an incident involving a** water **channel** that passed through the courtyards **of** the town of **Avel, from which** the residents **would draw** water **from it on Shabbat by the authority of the Elders,** relying on the courtyard wall suspended above it. **They said to him:** It is **due to** the fact that channel **was not of the size** that requires a partition, i.e., it was less than ten handbreadths deep or less than ten handbreadths wide, it was permitted to draw water from it even without a partition.

גמ׳ תָּנוּ רַבָּנַן: עָשׂוּ לָהּ בַּכְּנִיסָה וְלֹא עָשׂוּ לָהּ בַּיְּצִיאָה, עָשׂוּ לָהּ בַּיְּצִיאָה וְלֹא עָשׂוּ לָהּ בַּכְּנִיסָה – אֵין מְמַלְּאִין הֵימֶנָּה בַּשַּׁבָּת, אֶלָּא אִם כֵּן עָשׂוּ לָהּ מְחִיצָּה עֲשָׂרָה טְפָחִים בַּיְּצִיאָה וּבַכְּנִיסָה. רַבִּי יְהוּדָה אוֹמֵר: כּוֹתֶל שֶׁעַל גַּבָּהּ תִּידּוֹן מִשּׁוּם מְחִיצָּה.

GEMARA **The Sages taught** in a *baraita*: **If they erected** a partition **for** the water channel **at the entrance but they did not erect** one **for it at the exit,** or **if they erected** a partition **for it at the exit but they did not erect** one **for it at the entrance, one may not draw** water **from it on Shabbat, unless they erected for it a partition ten handbreadths** high both **at the exit and at the entrance. Rabbi Yehuda says: The wall that** runs **on top of it,** i.e., the courtyard wall, **is considered as a partition.** Therefore, there is no need for a special partition.

אָמַר רַבִּי יְהוּדָה: מַעֲשֶׂה בְּאַמַּת הַמַּיִם שֶׁהָיְתָה בָּאָה מֵאָבֵל לְצִפּוֹרִי, וְהָיוּ מְמַלְּאִין הֵימֶנָּה בַּשַּׁבָּת עַל פִּי הַזְּקֵנִים.

Rabbi Yehuda said: There was **an incident involving the water channel that went from Avel to Tzippori,**[B] **and** the residents **would draw** water **from it on Shabbat by the authority of the Elders,** without any additional partition.

אָמְרוּ לוֹ: מִשָּׁם רְאָיָה?! מִפְּנֵי שֶׁלֹּא הָיְתָה עֲמוּקָּה עֲשָׂרָה טְפָחִים וְרוֹחְבָּהּ אַרְבָּעָה.

They said to him: Are you trying to bring **a proof from there?** That was either **due to** the fact that the channel **was not ten handbreadths deep or** because it was not **four** handbreadths **wide.** It lacked the requisite measure to be considered a domain in its own right. Everyone agrees that it is permitted to draw water from it even without an additional partition.

תַּנְיָא אִידָךְ: אַמַּת הַמַּיִם הָעוֹבֶרֶת בֵּין הַחַלּוֹנוֹת, פָּחוֹת מִשְּׁלֹשָׁה – מְשַׁלְשֵׁל דְּלִי וּמְמַלֵּא, שְׁלֹשָׁה – אֵין מְשַׁלְשֵׁל דְּלִי וּמְמַלֵּא. רַבָּן שִׁמְעוֹן בֶּן גַּמְלִיאֵל אוֹמֵר: פָּחוֹת מֵאַרְבָּעָה – מְשַׁלְשֵׁל דְּלִי וּמְמַלֵּא. אַרְבָּעָה – אֵין מְשַׁלְשֵׁל דְּלִי וּמְמַלֵּא.

It was taught in another *baraita*: With regard to **a water channel that passes between the windows**[BH] of two houses, if it is **less than three** handbreadths, **one may lower a bucket** from the window **and draw** water from it; however, if it is **three** handbreadths, **one may not lower a bucket and draw** water from it. **Rabban Shimon ben Gamliel says:** If it is **less than four** handbreadths, **one may lower a bucket and draw** water from it; but if it is at least **four** handbreadths, **one may not lower a bucket and draw** water.

בְּמַאי עָסְקִינַן? אִילֵימָא בְּאַמַּת הַמַּיִם גּוּפָהּ, וְאֶלָּא הָא דְּכִי אֲתָא רַב דִּימִי, אָמַר רַבִּי יוֹחָנָן: אֵין כַּרְמְלִית פְּחוּתָה מֵאַרְבָּעָה –

With regard to these measures of three and four handbreadths, the Gemara asks: **With what are we dealing** here? **If you say** this *halakha* is referring **to the water channel itself,** that it was three or four handbreadths wide, this presents a difficulty, **for when Rav Dimi came** from Eretz Yisrael to Babylonia, he said that **Rabbi Yoḥanan said: A** ***karmelit*** **cannot be less than four** handbreadths wide. The *karmelit* is an intermediate domain established by the Sages, whose status is between a public and a private domain. Any open area that is not a public thoroughfare, e.g., a field, sea, river, alleyway, or a lane, is classified as a *karmelit.* It is prohibited to carry an article four cubits within a *karmelit,* or to transfer an object from a private domain or a public domain to a *karmelit,* or vice versa. One who draws water through a window from a water channel into a house has carried from a *karmelit* to a private domain. Consequently, if the *tanna'im* of the *baraita* dispute the width of the channel, they are in effect disagreeing about the minimal size of a *karmelit.*

לֵימָא כְּתַנָּאֵי אֲמָרָהּ לִשְׁמַעְתֵּיהּ?

The Gemara resumes its question: **Let us say,** then, that **the teaching that** Rav Dimi **cited,** that a *karmelit* cannot be less than four handbreadths wide, was actually the subject of a dispute of ***tanna'im*** and not a unanimous *halakha.*

NOTES

A water channel and an inlet – אַמַּת מַיִם וּלְשׁוֹן יָם: The early commentaries ask: In the beginning of the tractate, the Sages stated that if an inlet entered a courtyard and the courtyard wall passed above it, it is permitted to use the water. Why doesn't the same principle apply to a water channel? The Rashba answers that since the water in the channel, as opposed to the water in an inlet, flows in and out of the courtyard, it does not become part of the courtyard.

BACKGROUND

Avel and Tzippori – אָבֵל וְצִפּוֹרִי: The water channel mentioned by Rabbi Yehuda ran for several kilometers from the town of Avel before joining the water supply of Tzippori, a relatively large city.

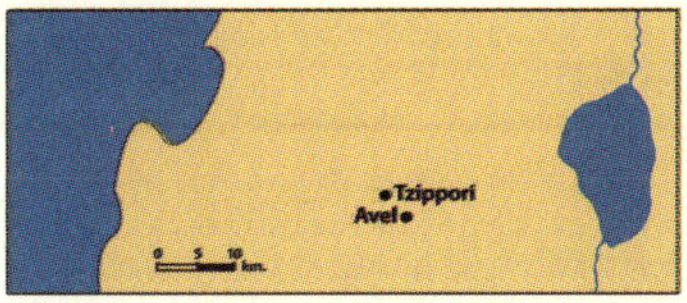

Map showing the relative locations of the towns of Avel and Tzippori

A water channel that passes between the windows – אַמַּת הַמַּיִם הָעוֹבֶרֶת בֵּין הַחַלּוֹנוֹת:

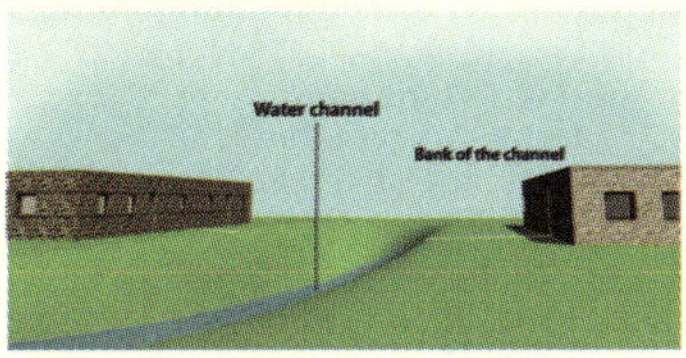

Water channel that passes between the windows of two houses

HALAKHA

A water channel in a courtyard – אַמַּת הַמַּיִם בְּחָצֵר: If a water channel ten handbreadths deep and four handbreadths wide passes through a courtyard, it is permitted to draw water from it only if a partition ten handbreadths high has been erected at its entrance and at its exit. A channel of smaller dimensions shares the status of the domain in which it is located (*Shulḥan Arukh, Oraḥ Ḥayyim* 356:1).

A water channel that passes between the windows – אַמַּת הַמַּיִם הָעוֹבֶרֶת בֵּין הַחַלּוֹנוֹת: If a water channel ten handbreadths deep and four handbreadths wide has partitions at both ends, each constructed from two parts, the partitions have the legal status of solid partitions if they are within three handbreadths of each other, and it is therefore permitted to draw water from the channel. If a water channel does not have such partitions, the residents may not draw water from the channel, in accordance with Ravina's explanation of the *baraita* (*Shulḥan Arukh, Oraḥ Ḥayyim* 356:1).

אֶלָּא בַּאֲגַפֶּיהָ, וּלְהַחֲלִיף.

The Gemara rejects the previous explanation. **Rather,** the measure of three or four handbreadths is referring not to the channel itself but **to the banks** of the channel, **and** it is stated **with regard to** an act of **exchange.** The dispute here does not concern the measure of a *karmelit,* but the measure of an exempt domain. It is permitted to transfer the empty bucket from the window, which is a private domain, by way of the channel's banks, which are exempt domains, to the water channel, which is a *karmelit,* and back again with the full bucket.

וְהָא כִּי אֲתָא רַב דִּימִי, אָמַר רַבִּי יוֹחָנָן: מָקוֹם שֶׁאֵין בּוֹ אַרְבָּעָה עַל אַרְבָּעָה – מוּתָּר לִבְנֵי רְשׁוּת הַיָּחִיד וְלִבְנֵי רְשׁוּת הָרַבִּים לְכַתֵּף עָלָיו, וּבִלְבַד שֶׁלֹּא יַחֲלִיפוּ!

The Gemara raises a difficulty: **But when Rav Dimi came** from Eretz Yisrael to Babylonia, **he said** that **Rabbi Yoḥanan said: A place that does not have** an area of **four by four** handbreadths is an **exempt domain.** Consequently, if this place is situated between a public domain and a private domain, **it is permitted for** both **the people of the private domain and for the people of the public domain to** adjust the burdens on their **shoulders on it, provided** that **they do not exchange** objects between them via the exempt domain. How, then, can the bucket be transferred from the window to the channel, and vice versa, by means of the banks?

הָתָם רְשׁוּיוֹת דְּאוֹרַיְיתָא,

The Gemara answers: **There,** Rav Dimi is referring to **domains by Torah law,** i.e., this *halakha* involves the transfer of objects from a private domain to a public domain via an exempt domain. The Sages forbade this activity, so that people would not transfer objects directly from the private domain to the public domain.

Perek **VIII**
Daf **87** Amud **b**

הָכָא רְשׁוּיוֹת דְּרַבָּנַן.

However, **here,** Rav Dimi is referring to **domains by rabbinic law.** As the transfer of objects from a private domain to a *karmelit* is prohibited only by rabbinic decree, the Sages did not prohibit this transfer when it is accomplished by way of an exempt domain.

וְהָא רַבִּי יוֹחָנָן בִּרְשׁוּיוֹת דְּרַבָּנַן נַמִי אָמַר, (דִּתְנַן:) כּוֹתֶל שֶׁבֵּין שְׁתֵּי חֲצֵירוֹת גָּבוֹהַּ עֲשָׂרָה טְפָחִים וְרוֹחַב אַרְבָּעָה – מְעָרְבִין שְׁנַיִם, וְאֵין מְעָרְבִין אֶחָד.

The Gemara raises a difficulty: **But Rabbi Yoḥanan said** that transferring objects from one domain to another by way of an exempt domain is prohibited **even in** the case of **domains** that apply **by rabbinic law. As we learned** in a mishna: In the case of **a wall that is between two courtyards,** if it is **ten handbreadths high and four** handbreadths **wide,** the residents **establish two *eiruvin*,** a separate one for each courtyard, **but they do not establish one** joint ***eiruv*.**

הָיוּ בְּרֹאשׁוֹ פֵּירוֹת – אֵלּוּ עוֹלִין מִכָּאן וְאוֹכְלִין, וְאֵלּוּ עוֹלִין מִכָּאן וְאוֹכְלִין.

If there was produce on top of the wall, **these,** the residents of one courtyard, **may ascend from this side and eat** them, **and those,** the residents of the other courtyard, **may ascend from the other** side **and eat** them, provided that they do not bring the produce down from the top of the wall to the courtyards.

נִפְרַץ הַכּוֹתֶל, עַד עֶשֶׂר אַמּוֹת – מְעָרְבִין שְׁנַיִם, וְאִם רָצוּ – מְעָרְבִין אֶחָד, מִפְּנֵי שֶׁהוּא כְּפֶתַח. יוֹתֵר מִכָּאן – מְעָרְבִין אֶחָד וְאֵין מְעָרְבִין שְׁנַיִם.

If **the wall is breached,** a distinction applies: If the breach is **up to ten cubits** wide, **they may establish two *eiruvin*, and if they wish, they may establish one *eiruv*, for it is like an entrance.** This breach is similar to any opening of less than ten cubits. If the breach is **more than this, they may establish one *eiruv*, but they may not establish two *eiruvin*.** A breach of this size nullifies the partition, as the two courtyards merge into a single domain.

וְהָוֵינַן בָּהּ: אֵין בּוֹ אַרְבָּעָה מַאי? אָמַר רַב: אֲוִיר שְׁתֵּי רְשׁוּיוֹת שׁוֹלֶטֶת בּוֹ, וְלֹא יָזִיז בּוֹ מְלֹא נִימָא.

And we discussed this mishna and raised a question: If this wall **is not four** handbreadths thick, **what is the** *halakha*? **Rav said:** In that case, **the air of two domains controls it.** As the wall is not broad enough to be considered a domain of its own, its top belongs to both courtyards, and it is therefore prohibited to both of them. Accordingly, **one may not move** anything **on** top of the wall even as much as **a hairsbreadth.**

וְרַבִּי יוֹחָנָן אָמַר: אֵלּוּ מַעֲלִין מִכָּאן וְאוֹכְלִין, וְאֵלּוּ מַעֲלִין מִכָּאן וְאוֹכְלִין.

And Rabbi Yoḥanan disagreed and **said: These,** the residents of one courtyard, **may carry up** their food **from** their courtyard to the top of the wall **and eat** it there, **and those,** the residents of the other courtyard, **may** likewise **carry up** their food **from** their courtyard **and eat** it there. The entire top of the wall has the status of an exempt domain that can be combined with either courtyard, provided that the residents of the different courtyards do not exchange food between them.

וְאַזְדָּא רַבִּי יוֹחָנָן לְטַעְמֵיהּ, דְּכִי אֲתָא רַב דִּימִי, אָמַר רַבִּי יוֹחָנָן: מָקוֹם שֶׁאֵין בּוֹ אַרְבָּעָה עַל אַרְבָּעָה – מוּתָּר לִבְנֵי רְשׁוּת הָרַבִּים וְלִבְנֵי רְשׁוּת הַיָּחִיד לְכַתֵּף עָלָיו, וּבִלְבַד שֶׁלֹּא יַחֲלִיפוּ!

And Rabbi Yoḥanan follows his regular line of **argument** here, **for when Rav Dimi came** from Eretz Yisrael to Babylonia, **he said** that **Rabbi Yoḥanan said: A place that contains less than four by four** handbreadths is an exempt domain. Consequently, if this place is located between a public domain and a private domain, **it is permitted for the people of the private domain and for the people of the public domain to load** their burdens **onto their shoulders in it, as long as they do not exchange** objects with each other by way of the exempt domain. Apparently, Rabbi Yoḥanan prohibited exchanging articles between two domains, even if they are rabbinic domains.

הַהִיא זְעֵירִי אֲמָרָהּ. וְלִזְעֵירִי קַשְׁיָא הָא!

The Gemara answers: **That** ruling concerning a wall between two courtyards, **Ze'eiri stated it** in the name of Rabbi Yoḥanan. Rav Dimi transmitted a different tradition of Rabbi Yoḥanan's opinion. The Gemara raises a difficulty: Nonetheless, **this** *halakha* concerning a water channel between two windows **is difficult according to Ze'eiri.**

מוֹקֵים לָהּ בְּאַמַּת הַמַּיִם גּוּפָהּ. וְרַב דִּימִי תַּנָּאֵי הִיא.

The Gemara answers: Ze'eiri **explains** that the measures mentioned in the *baraita* are referring **to the water channel itself.** That is to say, the dispute between Rabban Shimon ben Gamliel and the Sages does not concern the width of the banks of the channel but the width of the channel itself, as they dispute the basic parameters of a *karmelit.* **And** Ze'eiri maintains that the teaching of **Rav Dimi,** that a *karmelit* can be no less than four handbreadths wide, **is** in fact the subject of a dispute between *tanna'im.*

וְתֶיהֱוֵי כִּי חוֹרֵי כַּרְמְלִית!

The Gemara raises a difficulty: **And let** the water channel that passes through the courtyard **be** treated at least **like the cavities of a** ***karmelit,***[N] even if it is not wide enough to be considered a *karmelit* on its own. Just as the cavities in the wall of a private domain are considered a private domain even if they do not include the prescribed measure of a private domain, the water channel passing through the courtyard should likewise be considered as a cavity of the larger water channel in the street. It should therefore have the status of a *karmelit.*

אַבַּיֵּי בַּר אָבִין וְרַב חֲנִינָא בַּר אָבִין דְּאָמְרִי תַּרְוַיְיהוּ: אֵין חוֹרִין לְכַרְמְלִית.

The Gemara answers: **Abaye bar Avin and Rav Ḥanina bar Avin both said: There is no** category of **cavities for a** ***karmelit.*** As a *karmelit* is only a rabbinic in origin, the *halakha* is not so stringent with regard to this domain. Consequently, a *karmelit* does not annex nearby cavities.

רַב אַשִׁי אָמַר: אֲפִילּוּ תֵּימָא יֵשׁ חוֹרִין לְכַרְמְלִית – הָנֵי מִילֵּי בִּסְמוּכָה, הָכָא בְּמוּפְלֶגֶת.

Rav Ashi said: You can **even say** that in general **there are holes for a** ***karmelit,*** but **this applies only to** holes that are **adjacent** to the *karmelit,* and are therefore nullified by it. **Here, however,** we are dealing with a water channel **that is** far **removed** from the *karmelit.* Therefore, it does not assume the status of the *karmelit.*

רָבִינָא אָמַר: כְּגוֹן דַּעֲבַד לָהּ נִיפְקֵי אַפּוּמָּהּ.

Ravina said a different explanation of the dispute between Rabban Shimon ben Gamliel and the Rabbis: The measures of three and four handbreadths refer neither to the width of the water trench nor to the width of its banks. Rather, we are dealing with a case **where one fashioned outlets**[N] for the water channel[B] **at its ends,** i.e., one formed gaps in the partitions to allow the water to flow.

וְאָזְדוּ רַבָּנַן לְטַעְמַיְיהוּ, וְרַבִּי שִׁמְעוֹן בֶּן גַּמְלִיאֵל לְטַעְמֵיהּ.

And the Rabbis follow their regular line of **argument,** that the principle of *lavud* applies only to a gap less than three handbreadths wide. An opening less than three handbreadths is therefore considered completely closed, while one of four is not viewed as closed. **And Rabban Shimon ben Gamliel follows his** regular line of **argument,** that the principle of *lavud* applies even to a gap of four handbreadths.

NOTES

Let it be like the cavities of a ***karmelit*** **– תֶּיהֱוֵי כִּי חוֹרֵי כַּרְמְלִית:** Rabbeinu Ḥananel explains that essentially the Gemara is asking why the status of the windows of the house is not determined by that of the water channel. The water channel is a *karmelit*; therefore, the windows should be considered the cavities of a *karmelit*, and drawing water from the channel through the windows should be permitted. The answer given is that the *halakha* governing the cavities of a *karmelit* applies only to cavities that are adjacent to the *karmelit*, whereas here the windows are far from the *karmelit*. Consequently, it does not determine their status.

Where one fashioned outlets – דַּעֲבַד לָהּ נִיפְקֵי: According to some commentaries, Ravina is saying that when the *baraita* speaks of a water channel that passes between windows, it is not referring to the windows of the houses that are adjacent to the channel. Rather, the Gemara is speaking of the openings through which the channel passes (Rabbi Zeraḥya HaLevi).

BACKGROUND

Fashioned outlets for the water channel – עֲבַד לָהּ נִיפְקֵי:

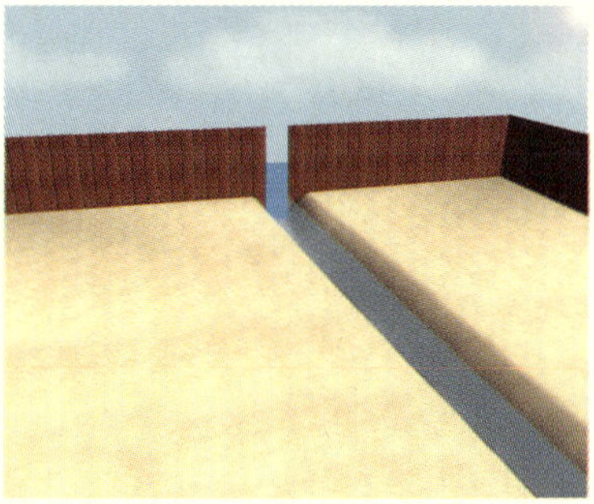

Water channel with a gap in the partition to enable water flow

מתני׳ גְּזוּזְטְרָא שֶׁהִיא לְמַעְלָה מִן הַמַּיִם – אֵין מְמַלְּאִין הֵימֶנָּה בְּשַׁבָּת, אֶלָּא אִם כֵּן עָשׂוּ לָהּ מְחִיצָה גְּבוֹהָה עֲשָׂרָה טְפָחִים, בֵּין מִלְּמַעְלָה בֵּין מִלְּמַטָּה.

MISHNA With regard to **a balcony that** extends **over** a body of **water,**[H] if a hole was opened in the floor, its residents **may not draw** water **from it** through the hole **on Shabbat, unless they erected for it a partition ten handbreadths high** around the hole. It is permitted to draw water by means of that partition, **whether** it is positioned **above** the balcony, in which case the partition is seen as descending downward, **or** whether it is placed **below** the balcony.[N]

וְכֵן שְׁתֵּי גְּזוּזְטְרָאוֹת זוֹ לְמַעְלָה מִזּוֹ, עָשׂוּ לָעֶלְיוֹנָה וְלֹא עָשׂוּ לַתַּחְתּוֹנָה – שְׁתֵּיהֶן אֲסוּרוֹת עַד שֶׁיְּעָרְבוּ.

And likewise, with regard to **two** such **balconies, one above the other,**[H] if **they erected** a partition **for the upper balcony but they did not erect** one **for the lower one,**[B] the residents **are both prohibited** from drawing water through the upper one, **unless they establish an** ***eiruv*** between them.

גמ׳ מַתְנִיתִין דְּלֹא כַּחֲנַנְיָא בֶּן עֲקַבְיָא. דְּתַנְיָא, חֲנַנְיָא בֶּן עֲקַבְיָא אוֹמֵר: גְּזוּזְטְרָא שֶׁיֵּשׁ בָּהּ אַרְבַּע עַל אַרְבַּע אַמּוֹת – חוֹקֵק בָּהּ אַרְבָּעָה עַל אַרְבָּעָה וּמְמַלֵּא.

GEMARA The Gemara comments: **The mishna is not in accordance with** the opinion **of Ḥananya ben Akavya, as it was taught** in a *baraita* that **Ḥananya ben Akavya says: If a balcony that contains four** cubits **by four cubits** is suspended above water, **one may carve out** a hole of **four** handbreadths **by four** handbreadths **in it and draw** water through it. The section of the floor surrounding the hole is considered as though it bent downward and formed a partition ten handbreadths high on all sides. Consequently, no other partition is necessary.

אָמַר רַבִּי יוֹחָנָן מִשּׁוּם רַבִּי יוֹסֵי בֶּן זִימְרָא: לֹא הִתִּיר רַבִּי חֲנַנְיָא בֶּן עֲקַבְיָא אֶלָּא בְּיַמָּהּ שֶׁל טְבֶרְיָא, הוֹאִיל וְיֵשׁ לָהּ אוֹגָנִים, וַעֲיָירוֹת וְקַרְפֵּיפוֹת מַקִּיפוֹת אוֹתָהּ. אֲבָל בִּשְׁאָר מֵימוֹת לֹא.

Rabbi Yoḥanan said in the name of Rabbi Yosei ben Zimra: Rabbi Ḥananya ben Akavya permitted a balcony that is not surrounded by partitions **only in** the case of **the Sea of Tiberias,** the Sea of Galilee, **as it has** clearly defined **banks** that are visible on all sides, **and towns and enclosures surround it.** It is therefore considered part of an inhabited area. **But with regard to other waters,** such as larger seas, **no,** he did not permit them.

תָּנוּ רַבָּנַן: שְׁלֹשָׁה דְּבָרִים הִתִּיר רַבִּי חֲנַנְיָא בֶּן עֲקַבְיָא לְאַנְשֵׁי טְבֶרְיָא: מְמַלְּאִין מַיִם מִגְּזוּזְטְרָא בְּשַׁבָּת, וְטוֹמְנִין בְּעָצָה, וּמִסְתַּפְּגִין בַּאֲלוּנְטִית.

Our Sages taught a *baraita*: **Rabbi Ḥananya ben Akavya permitted three activities to the inhabitants of Tiberias: They may draw water** from the sea **through** a hole cut out of **a balcony on Shabbat, and they may insulate** produce **in the pods** of legumes,[N] **and they may dry themselves** on Shabbat **with a towel** [*aluntit*].[L]

מְמַלְּאִין מַיִם מִגְּזוּזְטְרָא בְּשַׁבָּת – הָא דַּאֲמָרַן. וְטוֹמְנִין בְּעָצָה מַאי הִיא? דְּתַנְיָא: הִשְׁכִּים לְהָבִיא פְּסוֹלֶת, אִם בִּשְׁבִיל שֶׁיֵּשׁ עָלָיו טַל – הֲרֵי הוּא בְּ״כִי יוּתַּן״,

The Gemara clarifies this *baraita*: **They may draw water through** a hole cut out of **a balcony on Shabbat** is the *halakha* **that we stated** above. **And they may insulate** produce **in the pods** of legumes; **what is this** *halakha*? **As it was taught** in a *baraita*: If one **rose early** in the morning **to bring residue** from the field, e.g., the straw of wheat or the stalks or pods of legumes, in order to store his produce in them, the following distinction applies: **If** he rose early **because** the residue still **has dew on it,** and he wants to use this moisture for his produce, **this** instance **is considered** to be in the following category: **If** any water **be put.** Food or produce can contract ritual impurity only if it has come into contact with a liquid, either directly through the action of its owner, or without his direct intervention but with his approval. This is derived from the verse: "But if any water be put on the seed, and any part of their carcass falls on it, it shall be unclean to you" (Leviticus 11:38). Returning to our issue, if this person rose early because the residue still has dew on it, the produce he stores in it is rendered susceptible to ritual impurity, as it has come into contact with the dew with its owner's approval.

וְאִם בִּשְׁבִיל שֶׁלֹּא יִבָּטֵל מִמְּלַאכְתּוֹ – אֵינוֹ בְּ״כִי יוּתַּן״. וּסְתָם

And if one rose early only **in order not to neglect his** usual **work,** this **is not considered** an instance of **if it be put,** as it was not his intention to place the dew on the produce. Unintended contact with a liquid does not render food susceptible to ritual impurity. **And normally,** unless they specify otherwise,

HALAKHA

A balcony above water – גְּזוּזְטְרָא מֵעַל מַיִם: With regard to a balcony that extends over water, which has an entrance opening onto it from the house, it is only permitted to draw water from a hole in the middle of the balcony if it is enclosed by a partition ten handbreadths high, either above or below the balcony (*Shulḥan Arukh, Oraḥ Ḥayyim* 355:1).

Balconies one above the other – גְּזוּזְטְרָאוֹת זוֹ מֵעַל זוֹ: With regard to two balconies that extend over water, one above the other, which are not within ten handbreadths of each other, if the residents of the balconies jointly established a partition for the upper one but they did not establish one for the lower one at all, the residents of both balconies are prohibited to draw water through the holes in either balcony unless they establish a joint *eiruv* (*Shulḥan Arukh, Oraḥ Ḥayyim* 355:1).

NOTES

A partition above and below – מְחִיצָה לְמַעְלָה וּלְמַטָּה: The commentaries explain that the word above means they erected a partition beneath the balcony itself, while the word below indicates that they erected it inside the water (*Tosafot*; Ritva).

Insulating in the pods of legumes – טְמִינָה בְּעָצָה: Several commentaries explain that this *halakha* includes the act of insulating hot food inside the refuse of straw and stubble to preserve its heat. The mishna prohibits insulating food inside moist straw on Shabbat, as this might add heat to the food. Rabbi Ḥananya ben Akavya states that it is permitted to insulate food in the dry legume pods owned by the inhabitants of Tiberias on Shabbat, as they do not want the pods to be moist. Consequently, there is no cause for concern (Rabbeinu Ḥananel; *ge'onim*).

BACKGROUND

The partitions of a balcony – מְחִיצוֹת גְּזוּזְטְרָא: The image below is of a balcony with partitions built on top of it. In order to permit drawing water on Shabbat through the balcony, one could build the partitions on the bottom of the balcony, as portrayed in this image by the translucent partitions.

Balcony enclosed by partitions

LANGUAGE

Towel [*aluntit*] – אֲלוּנְטִית: From the Greek λέντιον, *lentiyon*, or from the Latin linteum, a linen towel.

HALAKHA

He may dry himself with a towel – **מִסְתַּפֵּג בַּאֲלוּנְטִית:** It is permitted to dry oneself with a towel on Shabbat, and even to bring it home. However, one may not give it to the bathhouse attendants because it is suspected that they will wring it out (*Shulḥan Arukh, Oraḥ Ḥayyim* 301:48).

Pouring is also permitted – **לִשְׁפּוֹךְ נַמִּי שָׁרֵי:** It is permitted to pour waste water through a hole in a balcony, just as it is permitted to draw water through it. The *halakha* is in accordance with the second version of Rabba bar Rav Huna's teaching in the Gemara (*Shulḥan Arukh, Oraḥ Ḥayyim* 355:1).

Balconies separated from one another – **גְּזוּזְטְרָאוֹת מוּפְלָגוֹת זוֹ מִזּוֹ:** With regard to two adjacent balconies more than four handbreadths apart, the residents of the upper balcony are permitted to draw water. They are not prohibited from doing so by the lower one, in accordance with Rav (*Shulḥan Arukh, Oraḥ Ḥayyim* 355:5).

LANGUAGE

Bathhouse attendants [*olayerin*] – **אוֹלַיָּירִין:** From the Latin olearius, which means a bathhouse attendant, or one who watches over the clothes at a bathhouse.

Pit [*uka*] – **עוּקָה:** A pit or a hole. The *Arukh* maintains that it is referring to a particular type of round hole. Others explain *uka* as an alternate form of *ḥuka*, a hollowed-out [*ḥakuka*] space.

אַנְשֵׁי טְבֶרְיָא כְּמִי שֶׁלֹּא יִבָּטֵל מִמְּלַאכְתּוֹ דָּמֵי.

the inhabitants of Tiberias are considered **like one** who does so in order **not to neglect his** usual **work.** Most of them are ordinary laborers. It can be assumed that if they rose early to bring home straw or stalks in which to store their produce, they did so only to save work time.

וּמִסְתַּפְּגִין בַּאֲלוּנְטִית מַאי הִיא? דְּתַנְיָא: מִסְתַּפֵּג אָדָם בַּאֲלוּנְטִית וּמַנִּיחָהּ בַּחַלּוֹן, וְלֹא יִמְסְרֶנָּה לְאוֹלַיָּירִין, מִפְּנֵי שֶׁחֲשׁוּדִין עַל אוֹתוֹ דָּבָר. רַבִּי שִׁמְעוֹן אוֹמֵר: אַף מְבִיאָהּ בְּיָדוֹ לְתוֹךְ בֵּיתוֹ.

The Gemara turns to the third activity that Rabbi Ḥananya ben Akavya permitted for the inhabitants of Tiberias: **And they may dry themselves with a towel. What is** this *halakha*? **As it was taught** in a *baraita*: **A person** who washed himself in cold water on Shabbat or a Festival **may dry himself with a towel**[H] **and place it on a window,** as there is no concern that he perform the prohibited labor of wringing out the towel. **And he may not give** the towel **to the bathhouse attendants** [*olayerin*][L] **because they are suspected with regard to that matter,** as they might wring out the towel before giving it to other bathers. Furthermore, one may not bring the towel home because if he does so, he might forget and wring it out. **Rabbi Shimon said: He may even bring** the towel **in his hand to his house,** as there is no concern lest he wring it.

אָמַר רַבָּה בַּר רַב הוּנָא: לֹא שָׁנוּ אֶלָּא לְמַלְּאוֹת, אֲבָל לִשְׁפּוֹךְ – אָסוּר.

Rabba bar Rav Huna: They taught the leniency of partitions surrounding a hole in a balcony **only** with regard **to drawing** water through the hole; **but to pour** waste water down the hole, it is **prohibited.**

מַתְקִיף לַהּ רַב שֵׁיזְבִי: וְכִי מָה בֵּין זֶה לְעוּקָה?

Rav Sheizvi raised an objection against this *halakha*: **And what is** the difference **between this** case of a hole in the balcony **and** that of **a pit** [*uka*][L] used in a courtyard for waste water? The Sages rule in the next mishna below that one who digs a pit with a capacity of two *se'a* in a small courtyard that is less than four cubits may pour waste water into the courtyard on Shabbat, even if the pit was full before Shabbat. He need not be concerned that this will cause water to flow out of the courtyard into the public domain on Shabbat.

הָנֵי תָּיְימִי, וְהָנֵי לָא תָּיְימִי.

The Gemara answers: **These** waters, which are poured out into the courtyard, **are** likely to be **absorbed** into the ground, and it is therefore uncertain that the water will indeed leave the courtyard. **But these,** the water poured through the hole into the body of water under the balcony, **will not be absorbed.** Therefore, one knows with certainty that the water will flow out beyond the permitted boundary.

אִיכָּא דְּאָמְרִי, אָמַר רַבָּה בַּר רַב הוּנָא: לָא תֵּימָא לְמַלְּאוֹת הוּא דְּשָׁרֵי, לִשְׁפּוֹךְ אָסוּר, אֶלָּא, לִשְׁפּוֹךְ נַמִּי שָׁרֵי. אָמַר רַב שֵׁיזְבִי: פְּשִׁיטָא! הַיְינוּ עוּקָה! מַהוּ דְּתֵימָא: הָנֵי תָּיְימִי, וְהָנֵי לָא תָּיְימִי, קָא מַשְׁמַע לַן.

Some say that **Rabba bar Rav Huna** actually **said: You should not say that it is** only **drawing** water through the hole in the balcony **that is permitted,** while **pouring** waste water through it **is prohibited; rather, pouring** waste water through the hole **is also permitted.**[H] **Rav Sheizvi said:** This is **obvious,** as **this is** exactly the same as the *halakha* of the **pit** discussed in the next mishna. The Gemara rejects this argument: It is necessary to specify both *halakhot*, **lest you say** there is a difference between the cases, as **these,** the water poured in the courtyard, **are** likely to be **absorbed** into the ground, **whereas these,** the water poured through the hole in the balcony, **will not be absorbed.** Rabba bar Rav Huna therefore **teaches us** that we do not distinguish between the two cases.

״וְכֵן שְׁתֵּי גְּזוּזְטְרָאוֹת זוֹ וכו׳״ אָמַר רַב הוּנָא, אָמַר רַב: לֹא שָׁנוּ אֶלָּא בִּסְמוּכָה, אֲבָל בְּמוּפְלֶגֶת – עֶלְיוֹנָה מוּתֶּרֶת.

We learned in the mishna: **And likewise,** if there are **two balconies, one** above the other, and a partition is erected for the upper balcony but is not erected for the lower one, it is prohibited for residents of both balconies to draw water through the upper one, unless they establish a joint *eiruv* between them. **Rav Huna said** that **Rav said: They taught** that one balcony renders it prohibited for residents of the other **only where** the one balcony **is near** the other, i.e., horizontally within four handbreadths. **But** if each balcony is **separated** by four handbreadths from the other,[H] so that the residents of each balcony can use the other only by means of the air, the residents of **the upper** balcony **are permitted** to draw water, while the residents of the lower one are prohibited from doing so.

וְרַב לְטַעְמֵיהּ, דְּאָמַר רַב: אֵין אָדָם אוֹסֵר עַל חֲבֵירוֹ דֶּרֶךְ אֲוִיר.

And Rav follows his regular line of **argument** here, **as Rav said: One person does not impose restrictions upon another person by way of the air.** Since the lower balcony is far from the higher one, it does not prohibit it, although it can make use of it by means of the vacant airspace between them, albeit with difficulty.

אָמַר רַבָּה, אָמַר רַבִּי חִיָּיא וְרַב יוֹסֵף, אָמַר רַבִּי אוֹשַׁעְיָא: יֵשׁ גָּזֵל בַּשַּׁבָּת, וְחוּרְבָּה מַחֲזִיר לַבְּעָלִים.

Rabba said that **Rabbi Ḥiyya said, and Rav Yosef said** that **Rabbi Oshaya said:** The *halakha* of **stealing applies to Shabbat** domains, **and a ruin must be returned to its owner.**

הָא גּוּפָא קַשְׁיָא! אָמְרַתְּ ״יֵשׁ גָּזֵל בַּשַּׁבָּת״ אַלְמָא קַנְיָא. ״וְחוּרְבָּה מַחֲזִיר לַבְּעָלִים״ אַלְמָא: לָא קַנְיָא!

The Gemara registers surprise: **This** ruling **itself is difficult,** i.e., it is self-contradictory. **You** first **said** that the *halakha* of **stealing applies to Shabbat** domains, which at this point is understood by the Gemara as referring to the following case: A person's house adjoins the ruin of another, and he observes that the ruin has been left deserted by its owner. If this person uses the ruin during the week, on Shabbat he may treat it as though it were his own, by carrying objects from his own house into the ruin and vice versa. **From here** we can infer that a stolen place **is acquired** for the purpose of Shabbat domains, although it does not belong to the person for other purposes. However, you subsequently said that **a ruin must be returned to its owner,** and **from here** we can infer that a ruin **is not acquired** for the purpose of Shabbat domains by the person who used it during the week, and therefore he may not carry objects from his own house into the ruin.

הָכִי קָאָמַר: יֵשׁ דִּין גָּזֵל בַּשַּׁבָּת. כֵּיצַד – דְּחוּרְבָּה מַחֲזִיר לַבְּעָלִים.

The Gemara answers: We should not understand this statement as suggested above, but rather **this is** what Rabbi Ḥiyya and Rabbi Oshaya **are saying: The *halakha* of** returning **stolen** property **applies to Shabbat**[N] domains. **How so?** This means **that a ruin must be returned to its owner.** In other words, one who uses a ruin during the week does not acquire it even for the purpose of Shabbat domains.

אָמַר רַבָּה: וּמוֹתְבִינַן אַשְׁמַעְתִּין: וְכֵן שְׁתֵּי גְּזוּזְטְרָאוֹת זוֹ לְמַעְלָה מִזּוֹ וכו׳. וְאִי אָמְרַתְּ יֵשׁ דִּין גָּזֵל בַּשַּׁבָּת, אַמַּאי אֲסוּרוֹת?

Rabba said: And we ourselves **raised an objection** against **our** own **teaching,** as we learned in the mishna. **And likewise,** if there are **two balconies, one above the other,** they prohibit one another. **But if you say** that **the *halakha*** against **stealing applies on Shabbat,** which means one may not use the domain of another, and he acquires no rights to it if he does so, **why** are the two balconies **prohibited** from using it. The lower one has no right to make use of the upper one.

אָמַר רַב שֵׁשֶׁת: הָכָא בְּמַאי עָסְקִינַן – כְּגוֹן שֶׁעָשׂוּ מְחִיצָה בְּשׁוּתָּפוּת.

Rav Sheshet said: We are dealing here with a situation **where, for example,** the residents of the upper balcony and the residents of the lower balcony **jointly erected a partition**[H] for the upper balcony. Consequently, the residents of the lower balcony share the right to use it with the residents of the upper one.

אִי הָכִי, כִּי עָשׂוּ לַתַּחְתּוֹנָה נַמִּי!

The Gemara raises a difficulty: **If so,** in a case **where they erected** a separate partition **for the lower** balcony, the residents of the upper balcony should **likewise** be prohibited to use it. As the residents of the lower one are partners in the upper one, they should prohibit its residents from using it.

כֵּיוָן דְּעָשׂוּ לַתַּחְתּוֹנָה – גִּלּוּי גַּלֵּי דַּעְתָּהּ דַּאֲנָא בַּהֲדָךְ לָא נִיחָא לִי.

The Gemara answers: **Since they erected** a separate partition **for the lower** balcony, **they** each thereby **revealed their intention** to the residents of the upper balcony **that: It is not my wish to be** partners **with you.** Consequently, they no longer prohibit the residents of the upper balcony from using it.

מתני׳ חָצֵר שֶׁהִיא פְּחוּתָה מֵאַרְבַּע אַמּוֹת, אֵין שׁוֹפְכִין בְּתוֹכָהּ מַיִם בַּשַּׁבָּת אֶלָּא אִם כֵּן עָשׂוּ לָהּ עוּקָה מַחֲזֶקֶת סָאתַיִם מִן הַנֶּקֶב וּלְמַטָּה.

MISHNA With regard to **a courtyard that is less than four cubits** by four cubits in area, **one may not pour** waste **water into it on Shabbat, unless a pit**[H] **was fashioned** to receive the water, and the pit **holds two *se'a*** in volume **from its edge below.**

בֵּין מִבַּחוּץ בֵּין מִבִּפְנִים, אֶלָּא שֶׁמִּבַּחוּץ צָרִיךְ לִקְמוֹר, מִבִּפְנִים אֵין צָרִיךְ לִקְמוֹר.

This *halakha* applies **whether** the pit was fashioned **outside** the courtyard **or** whether it was dug **inside** the courtyard itself. The **only** difference is as follows: **If** the pit was dug **outside** in the adjoining public domain, **it is necessary to arch over** it,[N] so that the water will not flow into the public domain. If it was dug **inside** the courtyard, **it is not necessary to arch over** it.

NOTES

The *halakha* of stolen property applies to Shabbat – יֵשׁ דִּין גָּזֵל בַּשַּׁבָּת: Although there is broad consensus among the commentaries as to the basic meaning of this statement, they differ with regard to the details. One explanation is that one who stole a ruin and changed it by building it up has acquired the ruin in terms of Shabbat boundaries. Nevertheless, the ruin must be returned to its owner in its current state. The Gemara's response is that the *halakhot* of theft in general do indeed apply on Shabbat. However, in the case of a ruin, as one has not acquired it by changing it, he has no rights to it (Rabbeinu Ḥananel).

The *ge'onim* explain that this phrase: The *halakha* of stolen property applies to Shabbat, is referring to one who stole a place on Shabbat. He has acquired it in terms of Shabbat boundaries and may use it. Conversely, the following phrase: A ruin must be returned to its owner, means that if a stolen ruin was restored to its rightful owner on Shabbat, it is considered returned, and it belongs to the original owner even with regard to the boundaries of Shabbat.

It is necessary to arch over it – צָרִיךְ לִקְמוֹר: Some commentaries add that if an arched cover is fashioned over it, the place has the status of the cavities of a public domain (Ra'avad). The Rambam states that this cover is only required to be arched for the sake of appearances, to separate the pit from the public domain. The *Darkei Moshe* explains that the cover is arched so the pit will not be left uncovered in the public domain. See Rashi and *Tosafot*, who cite the Rashbam.

HALAKHA

Jointly erected a partition – שֶׁעָשׂוּ מְחִיצָה בְּשׁוּתָּפוּת: If the residents of two adjacent balconies erect a partition together in one of the balconies in order to permit the drawing of water, they are nonetheless both prohibited from doing so, unless they establish a joint *eiruv*. If the inhabitants of one balcony erect a partition on their own, they are permitted to draw water, even if the other balcony does not have a partition and even if the occupants of the second balcony generally use the first one (*Magen Avraham*). If they jointly erect partitions for both balconies, they no longer prohibit one another, in accordance with Rav Sheshet (*Shulḥan Arukh, Oraḥ Ḥayyim* 355:5).

A courtyard and a pit – חָצֵר וְעוּקָה: In the case of a courtyard less than four by four cubits in area that is adjacent to a public domain, it is permitted to pour waste water into it on Shabbat only if a pit with the capacity of two *se'a* were dug in the courtyard to receive the water, or if this pit were dug outside the courtyard and covered with boards (*Shulḥan Arukh, Oraḥ Ḥayyim* 357:1).

HALAKHA

Arched drainage ditch – בִּיב קָמוּר: If four cubits of a ditch are arched over in the public domain, it is permitted to pour waste water into the drainage ditch in a courtyard on Shabbat, even if the water will flow outside. This *halakha* is in accordance with Rabbi Eliezer ben Ya'akov (*Tosafot*; *Shulḥan Arukh, Oraḥ Ḥayyim* 357:2).

Two upper stories and a pit – שְׁתֵּי דְיוֹטָאוֹת וְעוּקָה: In the case of a small courtyard less than four by four cubits in area and containing two upper stories, and the residents of only one of the stories dug a pit, if the residents established an *eiruv*, the residents of both stories are permitted to pour waste water into the pit. However, if they did not establish an *eiruv* together, the residents who dug a pit may pour into the pit, although the water will run down from it into the courtyard; but the residents of the other story, who did not establish an *eiruv*, are prohibited to pour even inside their house (*Shulḥan Arukh, Oraḥ Ḥayyim* 377:1).

LANGUAGE

Upper stories [*deyotaot*] – דִּיוֹטָאוֹת: From the Greek δίαιτα, *diaita*, a residence or a collection of rooms, among other meanings.

רַבִּי אֱלִיעֶזֶר בֶּן יַעֲקֹב אוֹמֵר: בִּיב שֶׁהוּא קָמוּר אַרְבַּע אַמּוֹת בִּרְשׁוּת הָרַבִּים – שׁוֹפְכִים לְתוֹכוֹ מַיִם בְּשַׁבָּת. וַחֲכָמִים אוֹמְרִים: אֲפִילּוּ גַּג אוֹ חָצֵר מֵאָה אַמָּה לֹא יִשְׁפּוֹךְ עַל פִּי הַבִּיב, אֲבָל שׁוֹפֵךְ הוּא לַגַּג וְהַמַּיִם יוֹרְדִין לַבִּיב.

Rabbi Eliezer ben Ya'akov says: In the case of a drainage **ditch whose** first **four cubits are arched over**[H] **in the public domain, one may pour** waste **water into it on Shabbat. And the Rabbis say: Even if a roof or a courtyard is a hundred cubits** in area, **one may not pour** water directly **onto the mouth of the** drainage **ditch. However, he may pour** it **upon the roof,** from which **the water spills into the drain** of its own accord.

הֶחָצֵר וְהָאַכְסַדְרָה מִצְטָרְפִין לְאַרְבַּע אַמּוֹת. וְכֵן שְׁתֵּי דְיוֹטָאוֹת זוֹ כְּנֶגֶד זוֹ, מִקְצָתָן עָשׂוּ עוּקָה, וּמִקְצָתָן לֹא עָשׂוּ עוּקָה, אֶת שֶׁעָשׂוּ עוּקָה – מוּתָּרִין, אֶת שֶׁלֹּא עָשׂוּ עוּקָה – אֲסוּרִין.

A courtyard and a portico, a roofed but unwalled structure in front of a house, **combine for the four cubits** by virtue of which it is permitted to pour water even into a courtyard that lacks a pit. **And likewise,** with regard to **two upper stories** [*deyotaot*],[L] **one opposite the other** in the same small courtyard, if the residents of **one** of them **fashioned a pit**[H] in the courtyard, **and the** residents of **the other did not fashion a pit, those who fashioned a pit are permitted** to pour their waste water into the courtyard, whereas **those who did not fashion a pit are prohibited** to do so.

גמ׳ מַאי טַעְמָא? אָמַר רַבָּה: מִפְּנֵי שֶׁאָדָם עָשׂוּי לְהִסְתַּפֵּק סָאתַיִם מַיִם בְּכָל יוֹם, בְּאַרְבַּע אַמּוֹת – אָדָם רוֹצֶה לְזַלְּפָן,

GEMARA The Gemara asks: **What is the reason** that a courtyard four by four cubits in area does not require a pit? **Rabba said: Because a person ordinarily uses two *se'a* of water a day,** and with regard to a courtyard **of** at least **four cubits** by four cubits, a **person wants to sprinkle** the water on the ground to prevent any dust from rising. Consequently, even if in practice the water does flow out of the courtyard, this effect is not necessarily his intention.

Perek **VIII**
Daf **88** Amud **b**

HALAKHA

A courtyard four by four – חָצֵר אַרְבַּע עַל אַרְבַּע: If a courtyard is long and narrow, i.e., sixteen square cubits in area, but not four by four cubits, it is permitted to pour into it as much water as one wishes. The *halakha* is in accordance with Rabbi Zeira, as he accepts the ruling of Rabbi Eliezer ben Ya'akov, whose teachings are clear and precise (*Shulḥan Arukh, Oraḥ Ḥayyim* 357:1).

NOTES

Long and narrow – אָרִיךְ וְקָטִין: Rabbeinu Ḥananel and the Ra'avad maintain that this dispute is referring to a courtyard four cubits long but less than four cubits wide. The early commentaries question their opinion: How is it possible for water to be absorbed in a place whose length is four cubits but whose width is of a minimal size? Notwithstanding this objection, the Gemara's comparison with Rabbi Eliezer ben Ya'akov's opinion concerning a drainage ditch, which is certainly less than four by four cubits in size, supports this interpretation (see Ritva).

BACKGROUND

Portico that extends along the entire courtyard – אַכְסַדְרָה מְהַלֶּכֶת עַל פְּנֵי כָּל הֶחָצֵר כּוּלָּהּ: The portico of this courtyard extends along the entire width of the courtyard. Consequently, the courtyard and portico together form a square.

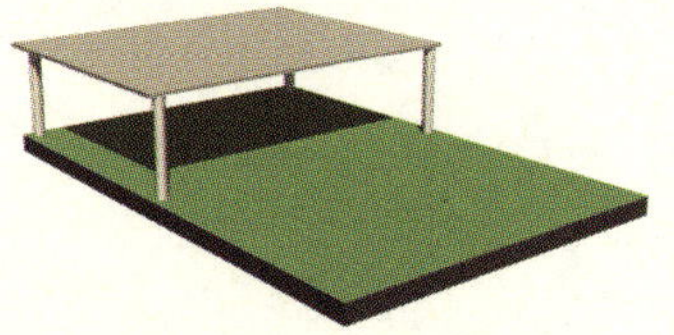

Portico extending along the entire width of a courtyard

פָּחוֹת מֵאַרְבַּע – שׁוֹפְכָן. אִי דְּעָבֵיד עוּקָה – שָׁרֵי, אִי לָא – אָסוּר.

But if the courtyard is **less than four cubits** by four cubits in area, **one** simply **pours** the water out, as the place is not fit for sprinkling. Therefore, **if one fashioned a pit, it is permitted** to pour out water; but if **not, it is prohibited** to do so, as one certainly intends for the water to flow outside.

רַבִּי זֵירָא אָמַר: אַרְבַּע אַמּוֹת – תָּיְימִי, פָּחוֹת מֵאַרְבַּע אַמּוֹת – לָא תָּיְימִי.

Rabbi Zeira offered a different reason and **said:** In a courtyard of **four cubits** by four cubits,[H] the water is likely to be **absorbed** into the ground. If it is **less than four cubits** in size, the water **will not be absorbed** but will flow out.

מַאי בֵּינַיְיהוּ? אָמַר אַבָּיֵי: אָרִיךְ וְקָטִין אִיכָּא בֵּינַיְיהוּ.

The Gemara asks: **What is** the practical **difference between** these two explanations? **Abaye said: There is** a difference **between them** with regard to a **long and narrow**[N] courtyard. As the area of this courtyard is also sixteen square cubits, it likewise absorbs the water. Rabbi Zeira would therefore rule that it does not require a pit. However, as this courtyard is not in need of sprinkling, it requires a pit according to Rabba.

תְּנַן: חָצֵר וְאַכְסַדְרָה מִצְטָרְפִין לְאַרְבַּע אַמּוֹת. בִּשְׁלָמָא לְרַבִּי זֵירָא – נִיחָא, אֶלָּא לְרַבָּה קַשְׁיָא!

We learned in the mishna: **A courtyard and a portico combine for the** requisite **four cubits,** permitted the pouring of water into a courtyard that lacks a pit. The Gemara asks: **Granted, according to** the opinion of **Rabbi Zeira,** this **works out well,** as the total area is large enough to absorb the water. **However, according to Rabba it is difficult,** for when the courtyard is joined with the portico it is no longer in the shape of a square, and it is therefore unfit for sprinkling.

תַּרְגְּמָא רַבִּי זֵירָא אַלִּיבָּא דְּרַבָּה: בְּאַכְסַדְרָה מְהַלֶּכֶת עַל פְּנֵי כָּל הֶחָצֵר כּוּלָּהּ.

Rabbi Zeira explained the mishna **in accordance with** the opinion of **Rabba,** by saying that it is referring **to a portico that extends along the entire courtyard,**[B] so that it adds to its width alone. Consequently, the courtyard and the portico together form a square of four by four cubits, an area that is fit for sprinkling.

תָּא שְׁמַע: חָצֵר שֶׁאֵין בָּהּ אַרְבַּע עַל אַרְבַּע אַמּוֹת – אֵין שׁוֹפְכִין לְתוֹכָהּ מַיִם בְּשַׁבָּת. בִּשְׁלָמָא לְרַבָּה – נִיחָא, אֶלָּא לְרַבִּי זֵירָא קַשְׁיָא!

The Gemara suggests: **Come and hear** a *baraita* that can decide this dispute. With regard to **a courtyard that is not four cubits by four cubits** in area, **one may not pour water into it on Shabbat.** The Gemara assumes that the *baraita*, which teaches that one may pour water only into a courtyard that it is four by four cubits, is precise in its wording. **Granted, according to Rabba,** this **works out well,** as he maintains that it is prohibited to pour water into a long and narrow courtyard. **However, according to Rabbi Zeira,** who maintains that the critical factor is the area of the courtyard, this is **difficult.**

אָמַר לָךְ רַבִּי זֵירָא: הָא מַנִּי – רַבָּנַן הִיא, וּמַתְנִיתִין רַבִּי אֱלִיעֶזֶר בֶּן יַעֲקֹב הִיא.

The Gemara answers that **Rabbi Zeira** can **say to you:** In accordance with **whose** opinion is **this** *baraita*? **It is** in accordance with the opinion of **the Rabbis** at the end of the mishna, who maintain that the area of the courtyard is of no importance, **whereas our** unattributed **mishna is** in accordance with the opinion of **Rabbi Eliezer ben Ya'akov,** according to whom the area is the decisive factor.

וּמַאי דּוּחְקֵיהּ דְּרַבִּי זֵירָא לְאוֹקְמָהּ לְמַתְנִיתִין כְּרַבִּי אֱלִיעֶזֶר בֶּן יַעֲקֹב? אָמַר רָבָא: מַתְנִיתִין קְשִׁיתֵיהּ; מַאי אִירְיָא דְּתָנֵי ״חָצֵר שֶׁהִיא פְּחוּתָה״ לִיתְנֵי ״חָצֵר שֶׁאֵין בָּהּ אַרְבַּע אַמּוֹת עַל אַרְבַּע אַמּוֹת״!

The Gemara asks: **And what forced Rabbi Zeira to establish the mishna in accordance with** the opinion of **Rabbi Eliezer ben Ya'akov?**[N] **Rava said: The mishna was difficult for him. Why** did the *tanna* **specifically teach** his ruling with respect to **a courtyard that is less** than four cubits, from which it can be inferred that if it has an area of four by four cubits it is permitted to pour water, even if it is not square in shape? **Let** the mishna **teach: A courtyard that is not four cubits by four cubits,** i.e., one that is not square shaped, even if it includes an area of sixteen square cubits.

אֶלָּא לָאו – שְׁמַע מִינָּהּ דְּרַבִּי אֱלִיעֶזֶר בֶּן יַעֲקֹב הִיא, שְׁמַע מִינָּהּ.

Rather, shouldn't one conclude from this argument that the unattributed section of the mishna is in accordance with the opinion **of Rabbi Eliezer ben Ya'akov?** The Gemara summarizes: Indeed, **conclude from this** that it is so.

וְהָא מִדְּסֵיפָא רַבִּי אֱלִיעֶזֶר בֶּן יַעֲקֹב, רֵישָׁא לָאו רַבִּי אֱלִיעֶזֶר בֶּן יַעֲקֹב!

The Gemara raises a difficulty with this conclusion: **But from** the fact that **a latter clause** of the mishna explicitly cites the opinion of **Rabbi Eliezer ben Ya'akov,** it can be inferred that **the first clause** does **not** represent the opinion of **Rabbi Eliezer ben Ya'akov.**

כּוּלָּהּ רַבִּי אֱלִיעֶזֶר בֶּן יַעֲקֹב הִיא, וְחַסּוּרֵי מִיחַסְּרָא וְהָכִי קָתָנֵי: חָצֵר שֶׁהִיא פְּחוּתָה מֵאַרְבַּע אַמּוֹת – אֵין שׁוֹפְכִין לְתוֹכָהּ מַיִם בְּשַׁבָּת, הָא אַרְבַּע אַמּוֹת – שׁוֹפְכִין, שֶׁרַבִּי אֱלִיעֶזֶר בֶּן יַעֲקֹב אוֹמֵר: בִּיב הַקָּמוּר אַרְבַּע אַמּוֹת בִּרְשׁוּת הָרַבִּים שׁוֹפְכִין לְתוֹכוֹ מַיִם בְּשַׁבָּת.

The Gemara rejects this argument: In fact, **the entire** mishna is in accordance with the opinion of **Rabbi Eliezer ben Ya'akov, and** as for its problematic style, the mishna **is incomplete and it teaches the following:** With regard to **a courtyard that is less than four cubits** in area, **one may not pour** waste **water into it on Shabbat. Consequently,** if it is **four cubits** in area, **one may pour** water into it, **as Rabbi Eliezer ben Ya'akov says:** If the first **four cubits of a** drainage **ditch were arched over in the public domain, one may pour** waste **water into it on Shabbat.**

״רַבִּי אֱלִיעֶזֶר בֶּן יַעֲקֹב אוֹמֵר: בִּיב הַקָּמוּר״.

We learned in the mishna that **Rabbi Eliezer ben Ya'akov says:** If the first four cubits of a drainage **ditch were arched over** in the public domain, it is permitted to pour waste water into it on Shabbat. However, the Rabbis say: One may pour water only upon the roof, from which it will spill into the drain of its own accord.

מַתְנִיתִין דְּלָא כַּחֲנַנְיָא. דְּתַנְיָא, חֲנַנְיָא אוֹמֵר: אֲפִילּוּ גַּג מֵאָה אַמָּה – לֹא יִשְׁפּוֹךְ, לְפִי שֶׁאֵין הַגַּג עָשׂוּי לִבְלוֹעַ אֶלָּא לְקַלֵּחַ,

The Gemara comments: **The mishna** was **not** taught **in accordance with** the opinion of **Ḥananya. For it was taught** in a *baraita* that **Ḥananya says: Even** with regard to **a roof one hundred cubits** in area, **one may not pour** water onto it, **because a roof is not apt to absorb** the water. **Rather, it** causes it **to run off.** Consequently, pouring water onto this roof is equivalent to pouring it directly outside.

תָּנָא: בַּמֶּה דְּבָרִים אֲמוּרִים – בִּימוֹת הַחַמָּה, אֲבָל בִּימוֹת הַגְּשָׁמִים – שׁוֹפֵךְ וְשׁוֹנֶה וְאֵינוֹ נִמְנַע. מַאי טַעְמָא? אָמַר רָבָא: אָדָם רוֹצֶה שֶׁיִּבָּלְעוּ מַיִם בִּמְקוֹמָן.

A *tanna* **taught: In what case is this statement,** that a pit is required, **said?**[N] **In the summer, but in the rainy season,**[H] **one may pour and repeat, and he need not hold back. What is the reason? Rava said: A person is** equally **willing for the water to be absorbed on the spot,** i.e., as there is abundant water in the courtyard during the rainy season, it will remain muddy in any case, and he therefore does not care whether the added waste water remains in the courtyard or if it flows out.

NOTES

To establish the mishna in accordance with Rabbi Eliezer ben Ya'akov – לְאוֹקְמָהּ לְמַתְנִיתִין כְּרַבִּי אֱלִיעֶזֶר בֶּן יַעֲקֹב: The Gemara's question is difficult to understand: There is a principle that the words of Rabbi Eliezer ben Ya'akov are clear and precise, and his opinion is therefore always accepted as the *halakha*. This should be sufficient reason to explain the mishna in accordance with his ruling. Apparently, this principle does not necessarily apply when Rabbi Eliezer ben Ya'akov maintains a sole dissenting opinion against the majority. Consequently, a different reason was required for establishing the mishna in accordance with Rabbi Eliezer ben Ya'akov, as the Gemara proceeds to explain (Ritva).

In what case is this statement said – בַּמֶּה דְּבָרִים אֲמוּרִים: The Ra'avad explains that the expression used here, in what case is this statement said, is referring to the entire mishna, which is why it appears at the end of the mishna. His interpretation incorporates the explanations of both Rashi and Rabbeinu Tam, who dispute the meaning of this phrase in this context (see *Tosafot*).

HALAKHA

In the rainy season – בִּימוֹת הַגְּשָׁמִים: It is permitted to pour as much water as one wishes into his courtyard in the rainy season, even a *kor* or two, which is thirty and sixty times more than a *se'a*, respectively. This leniency applies even if the courtyard is not four by four cubits, as stated in the *baraita*. This is in accordance with Abaye, whose ruling is accepted in the final conclusion of the Gemara (*Shulḥan Arukh, Oraḥ Ḥayyim* 357:1).

אֲמַר לֵיהּ אַבַּיֵי: וַהֲרֵי שׁוֹפְכִין, דְּאָדָם רוֹצֶה שֶׁיִּבָּלְעוּ, וְקָתָנֵי "לֹא יִשְׁפּוֹךְ"!

Abaye said to him: With regard to **waste** water poured into a drainage ditch, **that a person wants it to be absorbed** in the ditch itself, rather than flow out, **and** yet the mishna **teaches** that **one may not pour** water into the ditch.

אֲמַר לֵיהּ: הָתָם לְמַאי נֵיחוּשׁ לַהּ? אִי מִשּׁוּם קִלְקוּל חֲצֵירוֹ – הָא מִיקַלְקְלָא וְקָיְימָא, וְאִי מִשּׁוּם גְּזֵירָה שֶׁמָּא יֹאמְרוּ צִנּוֹרוֹ שֶׁל פְּלוֹנִי מְקַלֵּחַ מַיִם – סְתָם צִנּוֹרוֹת מְקַלְּחִים הֵם.

Rava **said to him: There,** during the rainy season, there is no reason to prohibit the practice, for **with regard to what need we be concerned? If** you say he wants the water to flow out into the public domain **because** he is concerned about **spoiling** and sullying **his courtyard,** it is **already spoiled** by the rainwater. **And if** you say it should be prohibited **due to a decree lest** people **say** that **so-and-so's gutter is flowing with water** on Shabbat, which might lead them to think he is watering his garden or violating some other prohibition, and they might act likewise even in the summer, this is not a relevant concern. As **gutters ordinarily flow** with water in the rainy season, people do not entertain this suspicion.

אָמַר רַב נַחְמָן: בִּימוֹת הַגְּשָׁמִים, עוּקָה מַחֲזִיק סָאתַיִם – נוֹתְנִין לוֹ סָאתַיִם, מַחֲזִיק סְאָה – נוֹתְנִין לוֹ סְאָה. בִּימוֹת הַחַמָּה, מַחֲזִיק סָאתַיִם – נוֹתְנִין לוֹ סָאתַיִם, סְאָה – אֵין נוֹתְנִין לוֹ כׇּל עִיקָּר.

Rav Naḥman said: In the rainy season, with regard to **a pit that holds two *se'a*, we grant him** permission to pour **two *se'a*** of water into it. If it **holds** only **one *se'a*, we grant him one *se'a*.** However, **in the summer,** if the pit has a capacity of **two *se'a*, we grant him two *se'a*;** if it holds only **one *se'a*, we do not grant him** permission to pour any water **at all.**

בִּימוֹת הַחַמָּה נָמֵי, מַחֲזִיק סְאָה נֵיתֵיב לֵיהּ סְאָה! גְּזֵרָה דִּלְמָא אָתֵי לִיתֵּן לֵיהּ סָאתַיִם. אִי הָכִי, בִּימוֹת הַגְּשָׁמִים נָמֵי לִיגְזוֹר!

The Gemara raises a difficulty: **In the hot season as well,** if the pit **holds one *se'a*, let us grant him one *se'a*,** for if he pours only this amount of water, it will not flow out into the public domain. The Gemara answers: This is prohibited due to **a decree lest he come to put two *se'a* into it.** The Gemara asks: **If so, in the rainy season let us also apply the** same **preventive measure.**

הָתָם מַאי נֵיחוּשׁ לַהּ? אִי מִשּׁוּם קִילְקוּל – הָא מִיקַלְקְלָא וְקָיְימָא, אִי מִשּׁוּם גְּזֵירָה שֶׁמָּא יֹאמְרוּ צִנּוֹרוֹ שֶׁל פְּלוֹנִי מְקַלֵּחַ מַיִם – סְתָם צִנּוֹרוֹת מְקַלְּחִין הֵן.

The Gemara answers: **There,** in the rainy season, there is no reason to prohibit the practice, for if one pours more water into a pit than it can take, **about what need we be concerned? If** you say he wants the waste water to flow out into the public domain **because** he is concerned about **spoiling** his courtyard, **it is already spoiled** by the rainwater. **If** you say it should be prohibited due to **a decree lest** people **say** that **so-and-so's gutter is flowing with water** on Shabbat, **gutters ordinarily gush** with water in the rainy season, as stated above.

אָמַר אַבַּיֵי: הִילְכָּךְ, אֲפִילּוּ כּוֹר וַאֲפִילּוּ כּוֹרַיִים.

Abaye said: Therefore, in accordance with this reasoning, one can pour **even a *kor* and even two *kor*[N]** of waste water into a small pit. As all gutters flow with water in the rainy season, there is no cause for any concern.

"וְכֵן שְׁתֵּי דְיוֹטָאוֹת זוֹ כְּנֶגֶד זוֹ". אָמַר רָבָא: אֲפִילּוּ עֵירְבוּ.

We learned in the mishna: **And likewise,** with regard to **two upper stories, one opposite the other** in the same courtyard, the residents of the one who dug a pit in the courtyard may pour water into it, while the residents of the other one who did not dig a pit in the courtyard are prohibited from doing so. **Rava said:** This *halakha* applies **even if** the residents of the two upper stories **established an *eiruv*** together.

אֲמַר (לֵיהּ) אַבַּיֵי: מַאי טַעְמָא? אִילֵימָא מִשּׁוּם נְפִישָׁא דְּמַיָּא – וְהָתַנְיָא: אַחַת לִי עוּקָה וְאַחַת לִי גִּיסְטְרָא בְּרֵיכָה וַעֲרֵיבָה, אַף עַל פִּי שֶׁנִּתְמַלְּאוּ מַיִם מֵעֶרֶב שַׁבָּת – שׁוֹפְכִין לְתוֹכָן מַיִם בְּשַׁבָּת!

Abaye said to him: What is the reason for this ruling? **If you say** it is **due to the increase** in the amount **of water,** as two upper stories pour out more water than one, **wasn't it taught** in a *baraita*: **The same *halakha*** applies to **a pit, and the same** applies to **a cracked** earthenware **vessel** used as a receptacle for water, or a small **pond, or a basin: Even though they were** already **filled with water on Shabbat eve, one may pour water into them on Shabbat.** It is evident from here that as long as the pit is the requisite size, there is no concern about the amount of water that will flow out from it.

אֶלָּא אִי אִיתְּמַר – הָכִי אִיתְּמַר: אָמַר רָבָא:

Rather, if it was stated it was stated as follows. Rava said:

NOTES

Even a *kor* and even two *kor* – אֲפִילּוּ כּוֹר וַאֲפִילּוּ כּוֹרַיִים: Some commentaries explain that the Sages instituted a fixed enactment that the residents always require a pit with a capacity of two *se'a*, without differentiating between the various cases (*Me'iri*). One explanation is that as an ordinary person uses two *se'a* on a daily basis, according to Rabba, the use of more than this amount is rare, and the accepted principle is that the Sages did not apply their decrees to uncommon cases.

לֹא שָׁנוּ אֶלָּא שֶׁלֹּא עֵירְבוּ, אֲבָל עֵירְבוּ – מוּתָּרִין.

They taught this *halakha* **only** with regard to a case **where** the residents of the two upper stories **did not establish an *eiruv*** together, **but if they established** a joint ***eiruv*, they are** all **permitted** to pour water into the courtyard.[H]

וְכִי לֹא עֵירְבוּ מַאי טַעְמָא לֹא? אָמַר רַב אַשִׁי: גְּזֵירָה דִּילְמָא אָתֵי לְאַפּוֹקֵי מְמָאנֵי דְּבָתִּים לְהָתָם.

The Gemara asks: **And where they did not establish an *eiruv*,**[N] **what is the reason** that the residents who did not dig a pit may **not** pour water into the courtyard? **Rav Ashi said:** It is **a decree, lest** people **come to take out vessels** filled with water **from** their **houses into** the courtyard, to pour into the pit. In the absence of an *eiruv*, this practice is prohibited.

הדרן עלך כיצד משתתפין

HALAKHA

If they established an *eiruv* or if they did not establish an *eiruv* – עֵירְבוּ וְלֹא עֵירְבוּ: With regard to the residents of two houses who live opposite one another, and whose houses face a single courtyard less than four cubits by four cubits in area, if they did not establish an *eiruv*, and only one of the houses dug a pit, the members of that household are permitted to pour into it, while the inhabitants of the other are prohibited from doing so. If they did establish an *eiruv*, they are all permitted to use the pit (*Shulḥan Arukh*, *Oraḥ Ḥayyim* 377:1).

NOTES

Two residents who did not establish an *eiruv* – שְׁתֵּי דְיוֹטוֹת שֶׁלֹּא עֵירְבוּ: Why aren't the residents of the house who established an *eiruv* also prohibited from pouring water? The others who failed to establish an *eiruv* should impose restrictions upon all the residents of the courtyard. One answer is that this is a case of indirect pouring into the pit, by way of the upper story, and the Sages did not extend their decree to such a case (Rosh).

Summary of **Perek VIII**

In addition to the *halakhot* of merging and joining cited again in this chapter, constituting a review and summary of matters discussed in the previous chapter, additional issues were elucidated. Emerging from the *halakhot* discussed in this chapter was the fact that the definition of residence in the context of the *halakhot* of *eiruv* differs from its definition in other areas of *halakha*. A principle governing the *halakhot* of *eiruv* is that the legal status of one who does not actually live in a given residence, even if he owns it, is not that of a resident; therefore, his status cannot impinge on the rights of the other residents of the courtyard. Furthermore, one who resides in a residence owned by another is not deemed a full-fledged resident if the owner maintains legal rights providing him access. The owner is deemed the primary resident for the purposes of the *eiruv*.

Similarly, the legal status of a place that serves as a passageway for several residences, e.g., a gatehouse or a balcony, is not that of a residence, and one who resides there is not deemed a resident.

While the concept of a residence may be restricted in one sense, it is expanded in the sense that a residence is not merely a place in which one has actual proprietary rights to reside. Any place adjacent to a residence to which tenants have access, and, in the formulation of the Sages, its use is convenient, is considered part of the residence. Based upon this principle, there was a discussion with regard to areas whose use is convenient for the residents of two separate residences or is inconvenient for residents of both.

As for the use of water on Shabbat, many of the *halakhot* are based on the principle: The Sages were lenient with regard to water. The primary reason for this leniency is due to the fact that it is difficult to determine boundaries with regard to water the way that one does with regard to land, as in water the boundaries are not discernible. In addition, water lacks the stability of land, as it is often in motion. Consequently, its passage from one spot is not observable nor is its position constant. Therefore, the Sages were lenient in several areas related to water, e.g., considering a partition suspended above the water's surface as if it extended down below the water's surface, thereby effectively creating partitions within the water and dividing it into distinct domains. Similar ordinances obviating the need for actual partitions in the water were also discussed.

With regard to pouring out waste water on Shabbat, it was determined that as long as a person does not pour the water from his domain directly into the public domain, but rather does so indirectly via a pit or a drainage ditch, it is permitted. Although the Sages ruled stringently in most cases involving indirectly carrying out objects on Shabbat, they ruled leniently with regard to water and its usage.

Image **Credits**